Dina Knorr

ErlebnisWandern mit Kindern

OSTTIROL

40 Wanderungen und Ausflüge

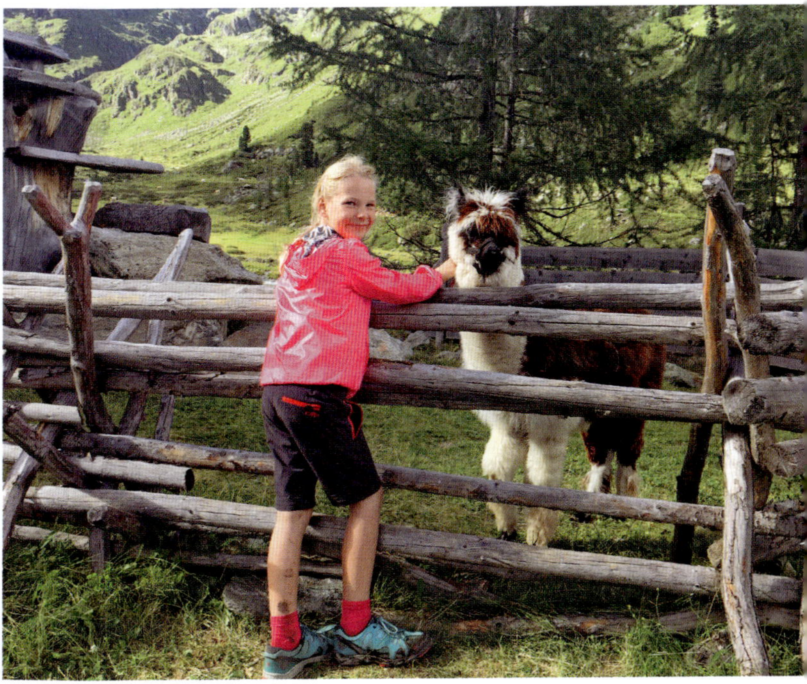

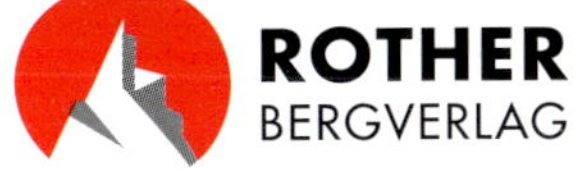

Vorwort

Osttirol muss so etwas wie meine Kindheitsliebe sein, anders ist es nicht zu erklären, dass ich nach jahrelanger Abstinenz nun ganz dem Wandern in dieser vielseitigen Region verfallen bin. Was mich als Kind längst nicht so begeistert hat, ist heute zu einer Leidenschaft geworden. Doch etwas ist anders. Während meine Eltern es damals bevorzugten, den Sommer mit uns Kindern auf einer einsamen Almhütte zu verbringen, uns (gefühlt jeden Morgen) um 6 Uhr aus den Betten zu rütteln, um wandern zu gehen, packen wir es heute langsamer an. Ich versuche, mich bei allen geplanten Aktivitäten in meine Kindheit zurückzuversetzen, und überlege, was mir als Kind besonders gut gefallen hat und was ich mir gewünscht hätte. Und genau das ist das A&O beim Wandern mit Kindern.

Nicht jedes Kind ist von Natur aus wanderfreudig, doch bei jedem Kind kann die Freude am Wandern geweckt werden. Wie heißt es so schön, die Mischung macht's, dazu ein Hauch von Kreativität gepaart mit der Eigenschaft, sich selbst noch mal wie ein Kind zu fühlen. Dann gelingt der Spagat zwischen den eigenen Wünschen und denen der Kinder. Osttirol macht es uns dabei ganz leicht. Da gibt es abenteuerliche Bergpfade, Gipfelkreuze, an denen ein Gipfelbuch wartet, und Hütten, die mit einer Einkehr locken. Dazu finden wir kristallklare Bergseen und Bäche, die zum Erfrischen einladen, Wasserfälle mit spektakulären Aussichtsplattformen, informative Naturlehrpfade, Murmeltiere, Steinböcke und Gämsen zum Beobachten. Für Kinder eine besonders tolle Erfahrung sind die geführten Rangertouren des Nationalparks Hohe Tauern, bei denen die Region, Pflanzen oder Tiere auf anschauliche Art und Weise vorgestellt werden. Als Freizeitprogramm bieten sich familienfreundliche Klettergärten, aufregende Sommerrodelbahnen, herrliche Badeseen und Schwimmbäder, eine abenteuerliche Raftingtour, der Besuch eines Tierparks und einiges mehr an. Osttirol lädt uns zu einem abwechslungsreichen Potpourri ein, bei dem Groß und Klein auf ihre Kosten kommen. Und den richtigen Mix zwischen Wander- und Freizeitprogramm zu finden, sollte hier nicht schwer sein.

Damit die Zusammenstellung noch etwas einfacher wird, finden sich in diesem Buch neben 40 Wandervorschlägen in unterschiedlichen Schwierigkeitsgraden auch zahlreiche Ausflugsziele zum Entdecken. Alle Touren sind wir in den letzten Jahren als Familie gewandert und freuen uns, sie mit diesem Erlebniswanderbuch auch anderen Familien ans Herz legen zu können. Und nun heißt es: Viel Freude in den Bergen Osttirols, beim Wandern, Erkunden, Erleben und Genießen!

im Frühjahr 2022

Dina Knorr

Inhalt

Rund um Lienz

Das Kalser Tal und die Großglocknerregion

Das Defereggental

Das Virgental

Rund um Matrei

Das Gschlösstal

Lesach- und Pustertal

Freizeit- und Schlechtwettertipps

Allgemeine Hinweise

Schwierigkeitskategorien

■ Leichte Wanderung

Diese Wanderungen sind überwiegend kurz und einfach zu bewältigen. Sie führen über Forst- und Almgüterfahrwege sowie leichte Bergpfade. Manche Touren können auch mit einem geländegängigen Kinderwagen durchgeführt werden. Sie eignen sich auch für einen spontanen Ausflug und bieten Outdoorspaß an Wasserfällen, Bächen oder auf kleinen Gipfeln. Zur Erleichterung des Aufstiegs können bei einigen Touren Bergbahnen genutzt werden.

■ Mittelschwere Wanderung

Touren dieser Kategorie verlaufen meist auf Bergpfaden und Steigen, die stellenweise steinig, felsig oder mit Wurzeln bewachsen sind. Es handelt es sich überwiegend um Tageswanderungen. Trittsicherheit ist hier erforderlich, teilweise auch Schwindelfreiheit. Entsprechende Ausdauer und Kondition für die angegebene Streckenlänge und die zu überwindenden Höhenmeter sollten vorhanden sein.

■ Schwierige Wanderung

Diese Touren eignen sich für Eltern mit größeren Kindern, die bereits über etwas Bergerfahrung verfügen. Zu den Anforderungen der mittelschweren Touren kommen noch steile und anstrengende Aufstiege hinzu, ausgesetzte Passagen sind möglich. Es sind zudem mehr Höhenmeter und/oder mehr Strecke zu bewältigen. Es handelt sich meist um lange Tagestouren, teils auch um 2-Tagestouren mit Hüttenübernachtung.

1

Anforderungen

Osttirol ist ein wahres Wanderparadies für Familien. Nicht umsonst betitelt der regionale Tourismusverband die Region auch mit dem Slogan »Berge für Zwerge«. Gleichzeitig ist Osttirol das »Bergtirol« und beheimatet mit dem Großglockner den höchsten Berg Österreichs. Nicht weniger spektakulär erhebt sich der Großvenediger vor einer imposanten Gletscherkulisse. Und so finden wir hier in dieser abwechslungsreichen Bergwelt neben einfachen Touren auch anspruchsvolle Routen, sodass sowohl Familien mit kleinen als auch solche mit großen Kindern die Region für sich entdecken können.

Zur Planung der Wanderungen sind alle Tourenvorschläge in diesem Buch nach den Schwierigkeitsgraden leicht, mittelschwer und schwierig eingeteilt (siehe »Schwierigkeitskategorien« links). Die Kategorisierung ist überwiegend abhängig von der Wegbeschaffenheit, der Streckenlänge und den Höhenmetern. Nähere Informationen zu den Anforderungen werden jeweils in der Kurzinformation der Tour aufgeführt.

Sowohl die farbige Dreiteilung der Tourenvorschläge als auch die Altersempfehlung zu den Touren sind aber nur als erster Anhaltspunkt zu verstehen. Letztendlich kennen Eltern ihre Kinder am besten und wissen, was ihnen zuzutrauen ist.

Bei einigen Touren bieten sich auch Varianten mit geringerer oder höherer Schwierigkeit an. Dies betrifft insbesondere Wanderungen, bei denen beispielsweise zwischen der Nutzung eines Forstwegs oder Steigs gewählt werden kann (z. B. Tour 6 Karlsbader Hütte) oder bei denen Varianten zur Verlängerung oder

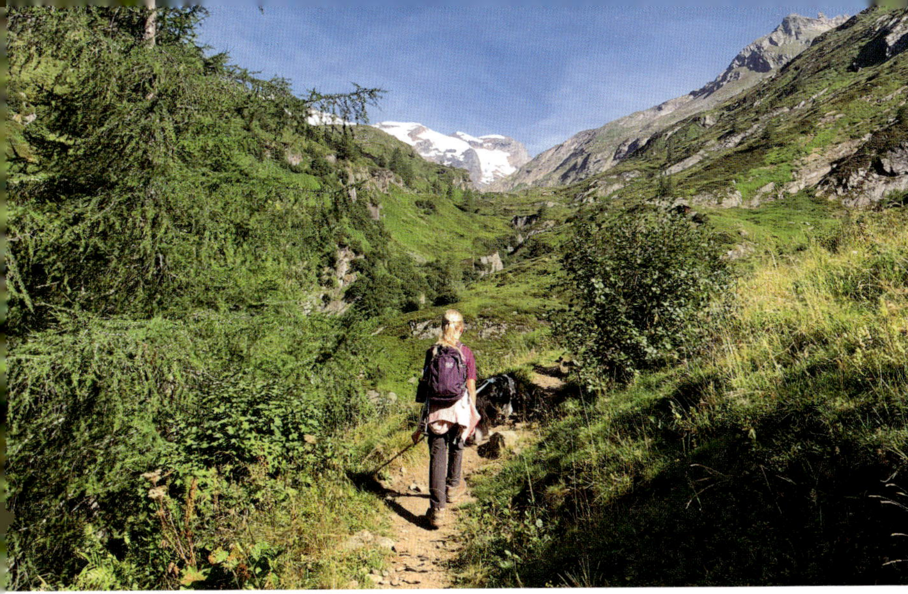

Auf dem Weg zur Essener und Rostocker Hütte (Tour 29).

Verkürzung angegeben sind (z. B. Tour 21 Dabaklamm und Bergeralm, Tour 22 Jagdhausalm). In den Kurzinfos der einzelnen Tourenbeschreibungen wird auf diese Möglichkeiten explizit hingewiesen.
Bei der Tourenplanung zu bedenken ist zudem, dass sich die Schwierigkeiten einer Wanderung aufgrund der Wetter- und Wegverhältnisse erhöhen können.

Gehzeiten

Die in diesem Wanderführer angegebenen Gehzeiten sind ohne Pausen, jedoch bereits mit familienfreundlichem Spielraum bemessen. Diese Zeiten können von den teilweise auf den Wegweisern vor Ort angebrachten Zeiten sowie der benötigten individuellen Zeit abweichen. Grundsätzlich ist die tatsächliche Gehzeit immer von mehreren Faktoren ab-

GPS-Tracks und Koordinaten der Ausgangspunkte

Zu diesem Erlebniswanderbuch stehen auf www.rother.de GPS-Tracks und Koordinaten der Ausgangspunkte zum kostenlosen Download bereit.
1. Auflage, Passwort: 329201seb
Sämtliche GPS-Daten wurden von der Autorin auf einer digitalen Karte erfasst. Verlag und Autorin haben die Tracks und Wegpunkte nach bestem Wissen und Gewissen überprüft. Dennoch können wir Fehler oder Abweichungen nicht ausschließen, außerdem können sich die Gegebenheiten vor Ort zwischenzeitlich verändert haben. GPS-Daten sind zwar eine hervorragende Planungs- und Navigationshilfe, erfordern aber nach wie vor sorgfältige Vorbereitung, eigene Orientierungsfähigkeit sowie Sachverstand in der Beurteilung der jeweiligen (Gelände-)Situation. Man sollte sich für die Orientierung auch niemals ausschließlich auf GPS-Gerät und -Daten verlassen.

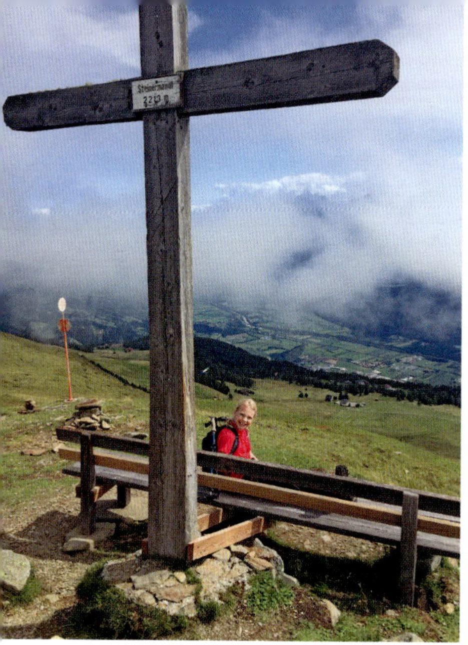

Das Steinermandl am Zettersfeld ist auch mit der Bergbahn erreichbar.

hängig. Sowohl die persönliche Kondition, die Ausdauer und Motivation als auch die Tagesform beeinflussen die Gehzeit, genauso wie das Wetter und die aktuellen Wegverhältnisse. Hinzu kommt, dass Familien mit kleineren Kindern nicht in dem gleichen Tempo wie Familien mit großen Kindern unterwegs sind. So ist es möglich, dass man das Ziel schneller oder langsamer erreicht als angegeben. Für die eigene Planung der Wanderung sollten immer genügend Zeitreserven für Pausen und Picknicks, für Entdeckungen in der Natur, zum Spielen am Wasser oder Baden oder auch zum Lesen und Betrachten der Schautafeln an den Naturlehrpfaden bedacht werden.

Altersangaben

Die Altersangaben in diesem Buch dienen lediglich der Orientierung, denn jedes Kind ist anders und auch die Tagesform variiert. Während die leichten (blauen) Touren schon mit Kindern im Kindergartenalter ein freudiges Erlebnis sind, sind die mittelschweren Wanderungen (rot) für Grundschul- und ältere Kinder geeignet. Besonders die schwierigen Touren (schwarz) eignen sich eher für Kinder und Jugendliche über 10 Jahren. Kriterien für die Einschätzung sind hierbei die Streckenlänge, die Höhenmeter, steile und anstrengende Aufstiege, schwierige Wegabschnitte oder seilversicherte Passagen. Grundsätzlich obliegt die Wahl der Wanderung aber den Eltern, denn sie können am besten einschätzen, was sie ihren Kindern zutrauen können und was nicht, was auch davon abhängt, wie bergerfahren und konditionsstark die Kinder sind.

Anfahrt

Zu allen Touren sind in der Kurzinfo Hinweise zur Anfahrt zum Startpunkt angegeben. Mit dem Auto erreicht man die Ausgangspunkte in Osttirol unproblematisch. Maut- und Parkgebühren sind da, wo sie anfallen und wo Kleingeld in der Tasche nicht fehlen darf, um unbemannte Schranken zu bedienen, erwähnt.
Das Nahverkehrsnetz in der Region ist gut ausgebaut, dennoch ist bei einigen Touren in der Kurzinfo die Anreise mit öffentlichen Verkehrsmitteln als »nicht empfehlenswert« gekennzeichnet. Dies ist insbesondere dann der Fall, wenn die letzte Bushaltestelle vom Einstiegspunkt sehr weit entfernt ist und der zusätzliche Fußweg mit Kindern unverhältnismäßig zur Steckenlänge der Tour ist. Die öffentlichen Verkehrsmittel in Osttirol können mit gültiger Gästekarte kostenlos genutzt werden. Informationen zu Fahrzeiten finden sich unter www.osttirol.com/service/gratisnutzung-der-verkehrsmittel.

Einige Wanderparkplätze sind tageweise mit dem Wanderbus von Lienz aus erreichbar. Die Nutzung ist mit Gästekarte ermäßigt und für Kinder unter 12 Jahren kostenlos. Für Gruppen ab fünf Personen ist eine Voranmeldung erforderlich. Aktuelle Informationen unter www.osttirol.com/entdecken-und-erleben/sommer/gut-zu-wissen/wanderbus.

Darüberhinaus gibt es in den einzelnen Tälern Osttirols auch Hütten- und Wandertaxis, die Gäste zu den Einstiegspunkten oder verschiedenen Hütten fahren. Dort wo auf Wandertaxis zurückgegriffen werden kann, ist in der Kurzinfo ebenso ein Hinweis enthalten.

Bergbahnen

Bei einigen Touren in diesem Buch können auch die Osttiroler Bergbahnen genutzt werden. Zum Abruf der aktuellen Öffnungszeiten und Fahrpreise sind die Webseiten der Betreiber in der Kurzinfo angegeben.

Für Familien, die häufig Bergbahnen nutzen und dazu gerne das vielseitige Freizeitprogramm in Osttirol auskosten möchten, lohnt sich ein Blick auf die »Osttirol's Glockner-Dolomiten Card«. Die Karte kann für drei oder sieben Tage erworben werden und beinhaltet je einmal täglich die Nutzung von sieben Bergbahnen, vier Schwimmbädern und dreizehn unterschiedlichen Freizeit-, Natur- und Kulturangeboten. Infos unter: www.osttirol.com/entdecken-und-erleben/sommer/osttirol-cards.

Einkehr und Übernachtung

In der Kurzinfo zu jeder Wanderung werden unter »Einkehr« sämtliche an der Route gelegene Gasthäuser, Hütten und Almen mit Angaben zu Öffnungszeiten, Telefonnnummern und Internetseiten aufgeführt. Hier findet man auch Hinweise zu Übernachtungsmöglichkeiten.

Wegkennzeichnungen

Grundsätzlich sind die im Buch vorgestellten Wanderungen in Osttirol alle gut ausgeschildert und markiert. An Startpunkten oder Abzweigen zeigen gelbe Wegweiser in Pfeilform in die entsprechende Richtung. Teil-

Am Berger See (Tour 26) laden die Bergerseehütte zur Einkehr, eine Badeplattform zum Sprung ins kalte Wasser und ein Tretboot zu einer Fahrt über den See ein.

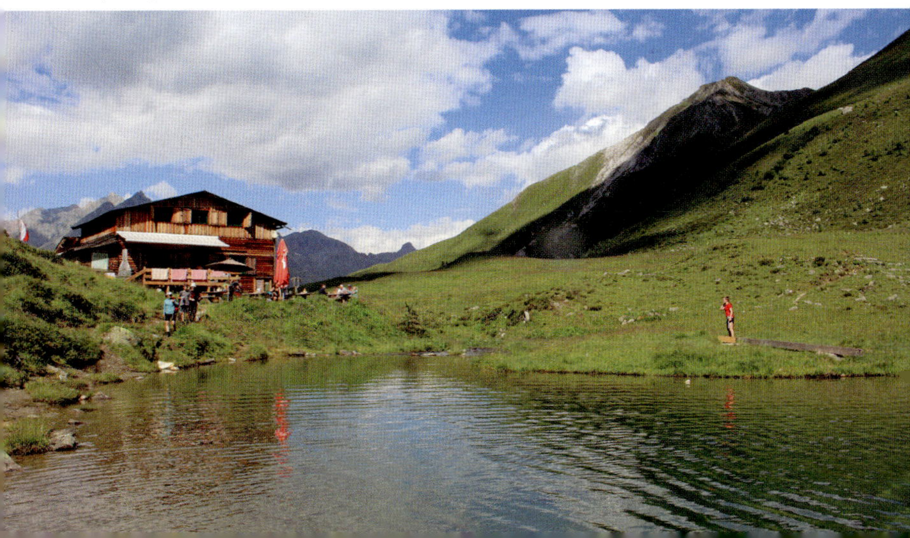

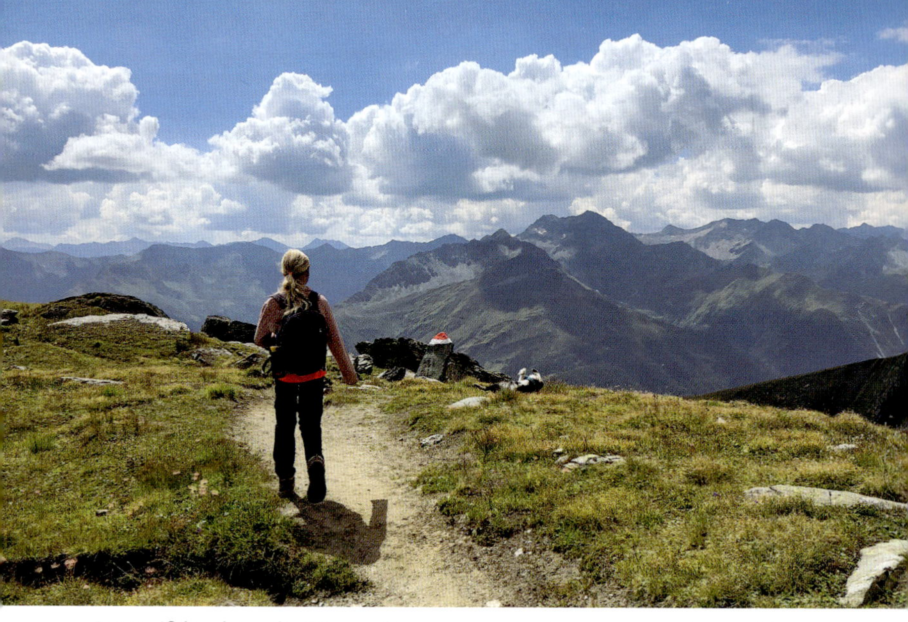

Rot-weiß leuchten die Wegmarkierungen und zeigen an, wo es lang geht.

weise sind auf den Wegweisern auch Gehzeiten angegeben. Dabei ist zu beachten, dass diese Zeiten gerade mit kleinen Kindern deutlich überschritten werden können, insbesondere, wenn viele Pausen gemacht werden oder am Wegesrand interessante Dinge zu entdecken sind. Dort wo keine Wegweiser stehen, dienen rot-weiß-rote Markierungen auf Steinen, Felsen oder an Bäumen der Orientierung.

Gefahren

Beim Wandern, besonders in höheren Lagen, können wir in Gefahr geraten. Nicht ohne Grund sind die Wanderungen deshalb in verschiedene Schwierigkeitsgrade eingeteilt und enthalten detaillierte Informationen zu den Anforderungen, sodass schon bei der Planung Gefahren in den Fokus gerückt werden und jeder für sich und seine Kinder die geeignete Tour auswählen kann.
Wer mit Kindern schwierige Touren unternimmt, sollte selbst ein sicherer und geübter Bergwanderer sein. Besondere Aufmerksamkeit gilt mit Kindern an ausgesetzten Stellen, wobei kleine Kinder hier an die Hand genommen werden sollten. Gleiches gilt auch bei zum Hang hin steilen und ggf. sogar gesicherten Passagen, an denen besonders bei feuchter Witterung Rutschgefahr besteht. Am sinnvollsten ist es, wenn immer ein Erwachsener vor und ein Erwachsener hinter den Kindern wandert. Insbesondere beim Abstieg sollte immer ein Elternteil vor den Kindern gehen; im Aufstieg können die Kinder auf übersichtlichem Gelände auch vorweg gehen.
Niemals sollten absichtlich Steine losgetreten oder geworfen werden, weil damit auch andere Wanderer in Gefahr gebracht werden können.

Wetterlage

Ein wichtiges und nicht zu unterschätzendes Thema bei der Planung und Durchführung einer Wanderung ist die Beobachtung der Wetterlage.

In den Bergen können sich Gewitter sehr schnell »zusammenbrauen«. Aktuelle Wetterberichte aus der Region sollten deshalb schon im Vorfeld der Wanderung studiert werden. Empfehlenswert ist der Wetterbericht auf www.bergfex.at oder die Nutzung der bergfex-Wetterapp. Hier lässt sich ein recht genauer und vor allem ortsgetreuer Bergwetterbericht anzeigen. Die Wetterdaten beruhen auf den Angaben der Zentralanstalt für Meteorologie und Geodynamik (ZAMG) www.zamg.ac.at.

Bei Gewitterwarnungen, starkem Regen oder Nebel sollte genau überlegt werden, ob es überhaupt sinnvoll ist, zum Wandern aufzubrechen. Mangelnde Sicht, ein rutschiger Untergrund, Blitz und Donner werden in den Bergen schnell zur Gefahr! Bei dementsprechendem Wetter ist es besser, auf das Freizeit- und Ausflugsprogramm auszuweichen und die Wanderung bei einer stabileren Wetterlage durchzuführen. Wer bereits unterwegs ist und eine Schlechtwetterfront heraufziehen sieht, sollte aus Sicherheitsgründen die Tour rechtzeitig abbrechen und umdrehen.

In höheren Lagen oder schattigen Taleinschnitten ist auch im Sommer noch mit Restschnee zu rechnen. Diese Schneefelder sollten besonders vorsichtig überquert werden, um Rutschgefahr zu vermeiden.

Zudem kann es durch eine aufziehende Wolkendecke plötzlich empfindlich kalt werden. Es ist nicht ungewöhnlich, dass eine Tour bei sommerlichen Temperaturen startet und es am Ziel kalt ist. Je nach Höhe des Zielpunktes der Wanderung ist eine den Wetterverhältnissen angepasste Kleidung erforderlich. Die Kurzinformationen zu den Touren enthalten entsprechende Hinweise.

Umgekehrt kann es in den Sommermonaten im Gelände oberhalb der Baumgrenze aber auch enorm heiß werden. In manchen Taleinschnitten staut sich außerdem teilweise regelrecht die warme Luft. Dann sind ein Sonnenschutz (Sonnencreme und eine Kopfbedeckung, ggf. auch Kleidung mit UV-Schutz) sowie ausreichende Pausen und genügend Trinkreserven unabdingbar. Steile Aufstiege in der Mittagshitze sind zu vermeiden.

Weidevieh

Vorsicht in den Bergen gilt ebenso bei Weidevieh. Auch wenn die Kühe und Pferde noch so friedlich grasend auf der Wiese stehen oder in der Sonne liegen und zum Streicheln verlocken, sollte immer Abstand gehalten werden. In den letzten Jahren hat die gemeinsame Beweidung der Almen durch Mutterkühe und Kälber enorm zugenommen und Begegnungen mit Weidevieh sind Alltag beim Wandern. Zur Vermeidung von unliebsamen Zusammentreffen sollte ruhig und ohne Blickkontakt an den Tieren vorbeigegangen wer-

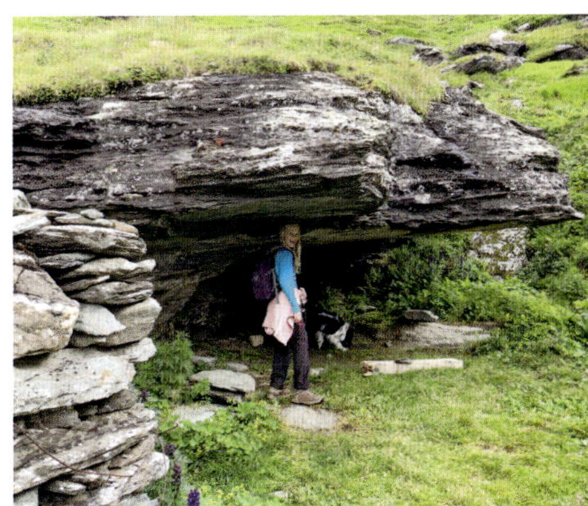

Ein überhängender Felsen bietet Unterschlupf bei schlechtem Wetter.

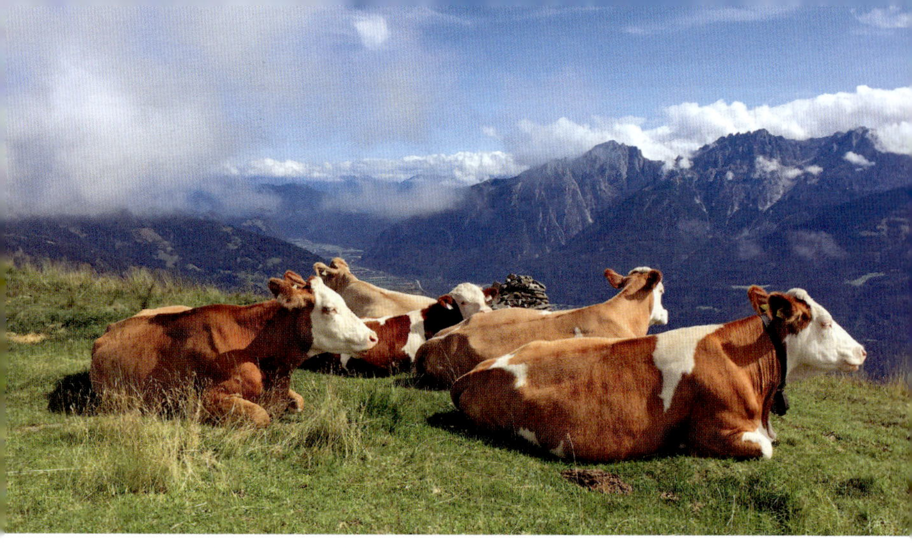

Vorsicht und der notwendige Abstand vor Weidevieh sollte immer gewahrt sein – auch wenn die Tiere noch so friedlich aussehen.

den. Hunde sind an der kurzen Leine zu führen. Sofern die Tiere unruhig werden, den Hund ableinen und um die Herde herumlaufen lassen, sodass die Aufmerksamkeit der Tiere nicht auf die Menschen gerichtet wird. Falls Tiere direkt auf dem Weg stehen und ein Ausweichen möglich ist, empfiehlt es sich, einen Bogen zu machen. Sollten sich Kühe doch einmal aufdringlich nähern, sind Wanderstöcke oder ein Ast sinnvoll, um Abstand zwischen sich und die Kuh zu bringen, außerdem lautes Rufen oder sich groß machen.

Notruf und alpines Notsignal

Mit dem Mobiltelefon kann man europaweit zentral Hilfe anfordern:

- Europäischer Notruf Tel. 112 (auch ohne SIM-Karte).
- Bergrettung Tel. 140

Da der Handyempfang in den Bergen oft eingeschränkt ist, sollte man zusätzlich das alpine Notsignal kennen: Es besteht aus einem optischen oder akustischen Zeichen, das sechsmal in der Minute abgegeben wird, gefolgt von einem einminütigen Pausenintervall. Diese Signalfolge wird so lange wiederholt, bis eine Antwort erfolgt. Sie besteht aus einem Zeichen, das dreimal pro Minute abgegeben wird und bedeutet »Ich habe verstanden«.

Ausrüstung

Das A und O beim Wandern ist das richtige Equipment. Hierzu zählen neben der Wanderkleidung auch wichtige Utensilien für unterwegs. Zu allen Touren sind in diesem Wanderführer Hinweise zur Wegbeschaffenheit und dem dafür benötigten Schuhwerk angegeben. Für leichte Wanderungen eignen sich zum Teil Trekkingsandalen oder einfache Sportschuhe mit gutem Profil. Touren, die ins Gebirge führen und hauptsächlich auf alpinen Steigen verlaufen (rote und schwarze Touren), erfordern einen gut sitzenden, knöchelhohen Bergschuh.

Grundsätzlich ist Funktionskleidung immer die erste Wahl. Eine Zipp-Off-Hose, die sich von einer langen schnell in eine kurze Hose umwandeln lässt, ist bei jedem Wetter ideal.

Ein Funktionsshirt und ein Fleece-Pulli sind obligatorisch und in den Rucksack gehört noch eine leichte Regenjacke.
Auch etwas Wechselkleidung, sowohl für die Kinder als auch die Eltern, sollte im Rucksack nicht fehlen. Insbesondere, wenn die Wanderung viele Möglichkeiten zum Spielen am Wasser bietet, sind ein Ersatz-T-Shirt, Socken in Reserve und bei kleinen Kindern auch eine Ersatzhose empfehlenswert. Und nach einem schweißtreibenden Anstieg freuen sich auch die Eltern über ein trockenes Shirt.
Bei Touren in größerer Höhe ist im Sommer noch mit Schneeresten zu rechnen. Dazu kommt, dass es sich bei weniger stabilen Wetterverhältnissen schnell abkühlen kann. Für die Tour 36 zur St. Pöltner Hütte über dem Felbertauern, an dem sich oft und gerne die Wolken halten, können auch im Sommer durchaus ein paar Handschuhe, Mütze und Schal von Nutzen sein.
Für unterwegs ist es praktisch, wenn die Kinder schon ihren eigenen Rucksack tragen und ein paar nützliche Utensilien für die Wanderung darin verstauen können. Kinderrucksäcke gibt es dafür in etlichen Größen und genauso wie für Erwachsene mit gepolsterten und verstellbaren Schulter- und Hüftgurten. Allerdings ist es sinnvoll, den Rucksack nur so voll zu packen, dass die Kinder ihn auch wirklich bequem tragen können. Im Zweifel sollte der Rucksack nur so groß und schwer sein, dass er bei Bedarf auch noch im Rucksack der Eltern Platz findet oder anderweitig getragen werden kann.

Kinder haben zwar beim Wandern gerne die Hände frei, dennoch unterstützen Teleskopwanderstöcke, die sich praktisch zusammenschieben lassen und einfach am Rucksack befestigt werden können, manchen Abstieg. Für den obligatorischen Stempel am Gipfel oder auf der Hütte und die Erinnerungen an die Wanderung ist für Kinder auch die Mitnahme eines Wandertagebuches eine perfekte Ergänzung. Ein Erste-Hilfe-Päckchen, Blasenpflaster und Sonnencreme gehören ebenso bei jeder Bergtour in den Rucksack.
Individuell kann natürlich noch weiteres Equipment benötigt werden und letztlich darf auch die Verpflegung nicht vergessen werden, denn eine genüssliche Brotzeit am Berg gehört zu jeder Wanderung dazu. Dazu zählen besonders im Sommer ausreichend Getränke, und zur Belohnung oder Motivation darf es auch mal etwas Süßes sein, wie Gummibärchen oder etwas Gipfelschokolade.
Wer außerdem eine Hüttenübernachtung plant, muss daran denken, auch genügend Platz im Rucksack für Übernachtungsutensilien und den Hüttenschlafsack zu haben.

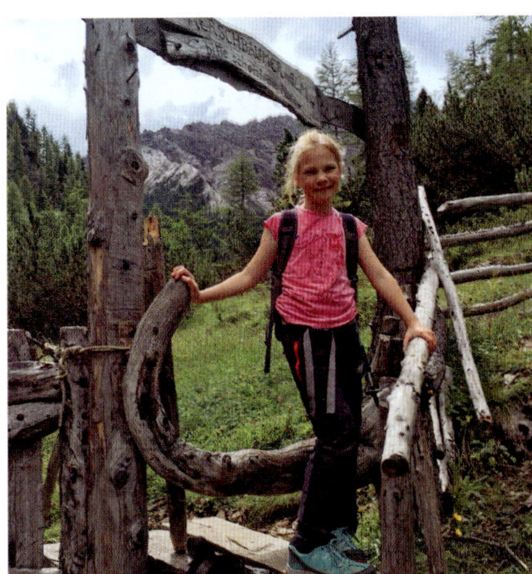

Wenn die Kinder ihren Rucksack selber tragen, sind die unterwegs benötigten Dinge immer schnell verfügbar.

Mit Kindern wandern

Motivationstipps für Kinder bei der Tourenvorbereitung

Was gibt es Schöneres, als mit der ganzen Familie in der Natur unterwegs zu sein, Gipfel zu erklimmen, hoch gelegene Hütten zu erreichen, gemeinsame Zeit zu verbringen und vom Alltag Abstand zu gewinnen? Was sich für Eltern großartig anhört, wenn das Wochenende oder der Jahresurlaub ansteht, deckt sich jedoch nicht immer mit den Vorstellungen der Kinder. Während sich die einen gerne an der frischen Luft bewegen und nicht lange zum Wandern überredet werden müssen, sehnen sich andere nach langem Schlafen, Faulenzen, Eis essen, einem Spielplatz oder dem Schwimmbad. Dann müssen verschiedene Interessen unter einen Hut gebracht werden.

Um eine Wanderung für Kinder interessant zu machen, benötigt es dann ein bisschen Kreativität. Viele Kinder mögen das Abenteuer, sie möchten etwas Spannendes erleben, von dem sie später ihren Freunden berichten können. Deshalb ist es sinnvoll, sich im Vorfeld genau zu überlegen, was die geplante Tour möglicherweise an Besonderheiten bietet. Kann die Wanderung mit einer Sage beeindrucken? Führt sie durch ein historisch bedeutsames Gebiet? Oder noch besser, wurde hier ein bekannter Film gedreht? Die Wanderung auf den Gipfel des Bösen Weibele (Tour 15) kann zum Beispiel mit einer solchen Legende aufwarten. Etwas Geschichte erfahren wir auf Tour 40 zur Sillianer Hütte am Weg des Friedens und als Filmkulisse diente der Laserzsee an der Karlsbader Hütte (Tour 6). Im »Hallo-Kinder-Kasten« oder unter den »Highlights« der jeweiligen Tour finden sich entsprechende Hinweise auf Besonderheiten.

Der Gedanke ans Tragen des Rucksacks ruft bei Kindern nicht unbedingt Begeisterungsrufe aus. Doch was, wenn der Rucksack für das nächste Abenteuer gepackt wird, bei dem auch ein paar Leckereien nicht fehlen dürfen? Dazu ein Fernglas für spannende Tierbeobachtungen, ein kleiner Block und Stifte, um unterwegs Aufzeichnungen zu machen oder Bilder zu zeichnen, und ein Fotoapparat – so macht schon das Packen Spaß und die Tour erst recht.

Jede Wanderung sollte einen Anreiz haben, zum Beispiel einen Gipfel, einen Bergsee oder eine Hütte als Ziel. Auf Berggipfeln befinden sich neben einem Gipfelkreuz auch häufig ein Gipfelbuch sowie ein Stempel. Der Eintrag ins Gipfelbuch ist das Highlight für Kinder, wenn sie das Ziel erreicht haben, und mit dem Stempel kann auch eine Erinnerung im Wanderführer oder im Wandertagebuch mit nach Hause genommen werden.

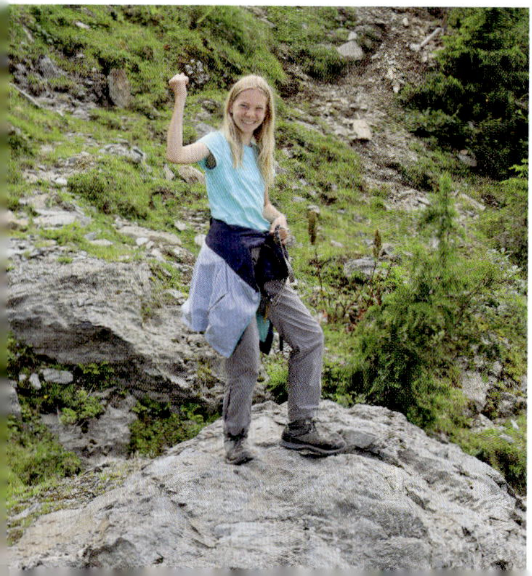

Felsen am Wegesrand, die unterwegs zu einer kleinen Kraxelei einladen, sind immer ein Vergnügen.

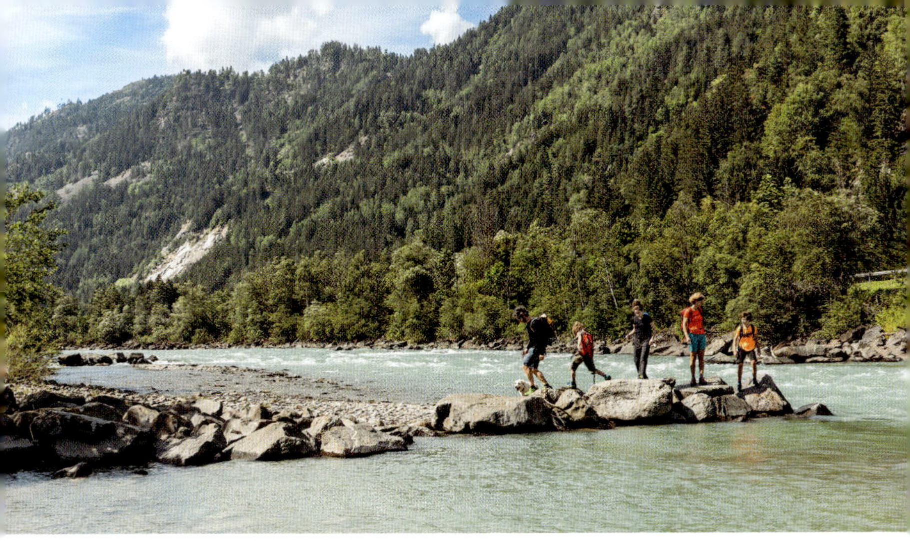

Wie hier am Iseltrail gibt es beim Wandern oft schöne Stellen für Wasserfreuden. Deshalb empfiehlt es sich, bei wasserreichen Touren Wechselkleidung und Handtücher einzupacken.

Der grandiose Ausblick vom Gipfel bringt auch Kinderaugen zum Leuchten und der bewältigte Aufstieg macht unwahrscheinlich stolz.
Ein leckeres Essen und ein erfrischendes Getränk auf einer bewirtschafteten Hütte sind eine willkommene Belohnung für fleißige Wanderkinder. Jede Hütte verfügt zudem über ein Hüttenbuch, in das sich die Wanderer eintragen können. Und wie auf den Gipfeln haben auch die Hütten einen Stempel zur Dokumentation der Wanderung. Meistens gibt es auch kleine Andenken wie Postkarten, Stocknägel oder Anstecknadeln zu erwerben, die eine schöne Erinnerung für zu Hause sind.

Das i-Tüpfelchen einer Hüttenwanderung ist die Übernachtung. So haben Groß und Klein genügend Zeit, auch die Umgebung rund um das Ziel zu entdecken. An manchen Hütten haben die Wirte Kinderspielgeräte aufgebaut, andernorts lädt die Natur zum Erkunden ein. In Bächen und Seen kann geplanscht oder sogar gebadet werden. Abends wartet dann ein gemütlicher Hüttenabend auf die ganze Familie, bei dem nicht nur gegessen, sondern auch in aller Ruhe Gesellschaftsspiele gespielt werden können. Ein herrliches Naturschauspiel sind die Sonnenunter- und Sonnenaufgänge sowie die unzähligen Sterne, die es am Nachthimmel zu sehen gibt. Vorschläge zu besonders schönen Übernachtungstouren finden sich zum Beispiel in Tour 27 zur Sajathütte oder Tour 36 zur St. Pöltner Hütte, aber auch viele andere Hütten sind ideal für eine Übernachtung mit Kindern. Infos dazu finden sich bei den Touren.

Wer außerdem die Möglichkeit hat, gemeinsam mit anderen Familien zu wandern, sollte davon Gebrauch machen. Nichts ist für Kinder schöner, als in Gesellschaft mit Freunden unterwegs zu sein, die Besonderheiten der Tour zusammen zu entdecken und die Erlebnisse der Tour miteinander zu teilen. Bei so viel Motivation vergessen Kinder beim gemeinsamen Wandern und Lachen gern alle Anstrengung.

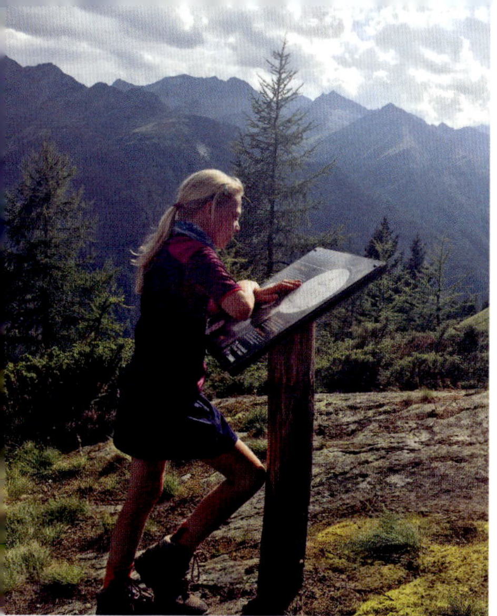

Hinweistafeln informieren auf vielen Touren über die Natur, die Pflanzen und Tiere.

Motivationstipps für unterwegs

Geschafft, endlich sind alle motiviert, freuen sich auf die Wanderung und es kann losgehen. Doch wer kennt es nicht? Am Wanderparkplatz angekommen, die Bergschuhe geschnürt, den Rucksack geschultert, die Wanderstöcke in der Hand, ertönt es aus dem Kindermund bereits nach wenigen Minuten: »Wann machen wir endlich Pause?«. Genervt die Augen verdrehen und hetzen hilft da nicht. Gut vorbereitete Eltern haben gleich eine Antwort parat, denn im Vorfeld wurden bereits ein paar wichtige Details, wie zum Beispiel interessante Orte für Zwischenstopps, bedacht. Da locken ein Picknick am Debantbach auf dem Weg zur Lienzer Hütte (Tour 9) oder die spektakuläre Aussichtsplattform in der Dabaklamm während der Wanderung zur Bergeralm (Tour 21).

Die kleinen Dinge am Wegesrand entdeckt, wer genau hinschaut.

Zwischendurch lohnt es, sich die Zeit zu nehmen, das eingepackte Fernglas hervorzuholen und die Umgebung nach besonderen Felsformationen, Höhlen, Gipfelkreuzen oder Tieren abzusuchen.

Eine einfache Motivationshilfe sind auch Naturlehrpfade, auf denen es von Station zu Station geht. Ein besonders abwechslungsreicher Lehrpfad verläuft durch das Ködnitztal (Tour 16).

Zudem macht es Kindern Spaß, unterwegs schöne Dinge zu sammeln. Ob Blüten oder Blätter von den herrlichen Bergblumen, die hinterher gepresst werden können, oder glitzernde Steine – am Wegesrand gibt es viel zu entdecken. Hierbei ist jedoch zu beachten, dass keine geschützten oder giftigen Pflanzen gepflückt werden. Wer unsicher ist, macht in diesem Fall besser ein schönes Erinnerungsfoto.

Und falls es doch mal langweilig wird oder die Stimmung kippt? Dann helfen unterwegs Spieleklassiker wie »Ich sehe was, was du nicht siehst«, lustige Wortspiele, Reimen oder Singen.

Wer darüber hinaus nach Motivationshilfen sucht, sollte es einmal mit einer geführten Rangerwanderung versuchen. Der Nationalpark Hohe Tauern bietet eine Vielzahl interessanter Touren an, die Spaß für die ganze Familie bringen. Im Rahmen der »BIG FIVE Wildtiersafari« geht es auf die Suche nach Murmeltieren, Steinböcken, Gämsen, Bartgeiern

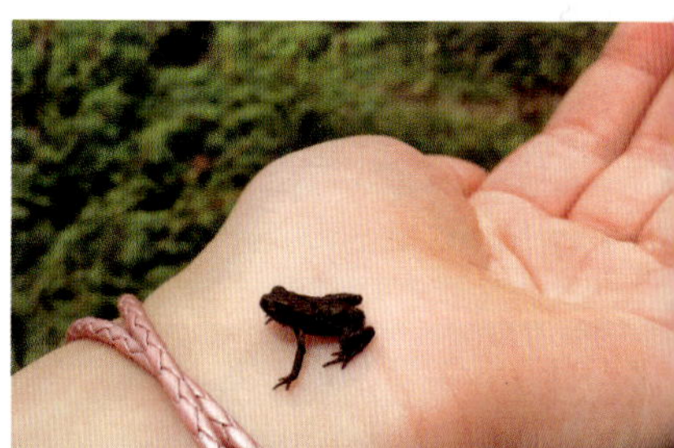

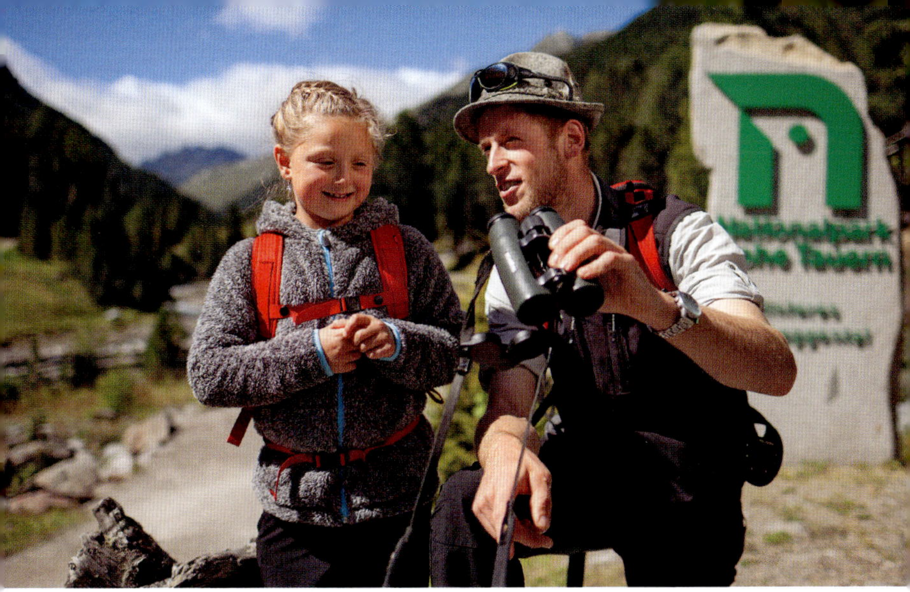

Die Ranger des Nationalparks Hohe Tauern vermitteln Kindern auf anschauliche Weise Wissenswertes über die Tier- und Pflanzenwelt.

und Steinadlern. Die Safari lässt sich auch prima mit Tour 16 verbinden. Die Wanderung »Mystik des Moores« entführt derzeit in eine fast vergessene Welt versteckt auf dem Zettersfeld oberhalb von Lienz. Die Tour 22 zur Jagdhausalm kann mit der Rangertour »Wildtierbeobachtungsturm Nature Watch von oben« kombiniert werden. Insgesamt gibt es eine Vielzahl von Möglichkeiten. Weitere Angebote sind auf der Webseite des Nationalparks Hohe Tauern zu finden (https://hohetauern.at/de/besuchen/tourenangebote.html).

Doch egal, ob es eine geführte Tour mit Ranger, eine Wanderung mit Freunden oder nur im kleinen Kreis mit der eigenen Familie ist, am Ende des Tages freuen sich alle über ein schönes, gemeinsames Erlebnis, das in Erinnerung bleibt und eventuelle Jammereien und Anstrengungen von unterwegs vergessen lässt. Das kann ein dicker Eisbecher zur Belohnung sein, ein Gipfelfoto mit der ganzen Familie, der gemütliche Spieleabend auf der Hütte – eben alles, bei dem die Augen strahlen und fröhliches Lachen ertönt.

Freizeit- und Schlechtwettertipps

Osttirol hat neben reichlich Möglichkeiten zum Wandern auch einiges an Programm rundherum zu bieten. Im Anschluss an die Tourenbeschreibungen enthält dieses Buch deshalb zur Ergänzung viele Freizeit- und Schlechtwettertipps. Hier ist für die ganze Familie, für Groß und Klein etwas dabei. Einige Tipps eignen sich als Tagesausflug, andere lassen sich auch perfekt als Belohnung nach einer Wanderung einsetzen oder sich mit dieser kombinieren. Das können ein Besuch im Hochseilgarten, der Ausflug in den Tierpark, ins Frei- oder Schwimmbad, die Besichtigung von Burgen und Schlössern, rasante Fahrten mit der Sommerrodelbahn und einiges mehr sein. Mit der »Osttirol's Glockner Dolomiten Card« (siehe auch Bergbahnen, S. 9) lässt sich dabei auch prima sparen.

Osttirol erwandern und entdecken

Diese Wanderung ist eine der schönsten, die wir in Osttirol unternehmen können! Mit diesem Satz könnte wahrlich jede Tourenbeschreibung in diesem Wanderbuch beginnen. Und tatsächlich ist es so, dass, wenn wir uns am Ende eines Urlaubs in Osttirol entscheiden müssten, welche Wanderung die schönste war, die Entscheidung schwerfällt. Jede Tour hat ihre Besonderheiten und Highlights: Osttirols naturbelassene und urtypische Landschaft entdecken wir zum Beispiel auf Tour 34 im Zedlacher Paradies. Auf Tour 22 wandern wir durch wildromantische Täler zum jahrhundertealten Almdorf der Jagdhausalm. Wir blicken auf majestätisch anmutende Gebirgszüge, wandern entlang von rauschenden Flüssen und besuchen kristallklare Bergseen oder tosende Wasserfälle, wie den Frauenbach Wasserfall (Tour 8).

Wer Osttirol und damit auch den Nationalpark Hohe Tauern, den größten Nationalpark Mitteleuropas, erkundet, begibt sich gleichzeitig auch auf eine Weltreise, und was könnte es mit Kindern Aufregenderes geben? Das türkisgrüne Wasser des Klapfsees (Tour 37) versetzt uns in die Karibik. Auf Tour 32 entlang der Isel spüren wir einen Hauch des Yukon Rivers. Kalt und arktisch wird es auf dem Weg zur Neuen Prager Hütte mit atemberaubendem Blick auf das Schlatenkees (Tour 35). Fast wie in Kanada fühlen wir uns auf der Nilljochhütte (Tour 31). Und so zieht sich eine abwechslungsreiche Landschaft durch Osttirol, deren Erkundung Groß und Klein viel Spaß bereitet.

Die Sonnenstadt Lienz, die diesen Titel nicht umsonst trägt, ist der Verwaltungssitz des Bezirks Lienz, der deckungsgleich mit Osttirol ist. Die Innenstadt besticht im Sommer mit südländischem Flair, zahlreichen kleine Cafés, die zum Eis essen einladen, schnuckeligen Häusern und Gassen sowie ihren farbenprächtigen Blumenarrangements und Palmen. Vor dem traumhaften Hintergrund der Lienzer Dolomiten liegt das Städtchen malerisch eingebettet in den Talboden, wo sich das Pustertal, das Isel- und das Drautal vereinigen.

Das Zettersfeld und die nähere Umgebung von Lienz

Gegenüber den Lienzer Dolomiten liegt das Zettersfeld, die Sonnenterrasse der Lienzer. Es ist ein besonders kinderfreundliches Wander- und Urlaubsgebiet in Osttirol, weshalb in diesem Buch gleich fünf Touren diesem Ort gewidmet sind. Erreichbar ist das Zettersfeld über die kostenpflichtige Mautstraße von Lienz über Thurn oder mit der Bergbahn. Wer einmal hier oben auf gut 1900 m Höhe ist und den Blick auf die gegenüberliegenden Lienzer Dolomiten genießt, möchte hier nicht mehr runter – und braucht es auch nicht. Gleich vier familienfreundliche Hotels und Gasthöfe laden zu einem Urlaub ein, bei dem neben Wandern auch viel Spaßprogramm geboten wird.

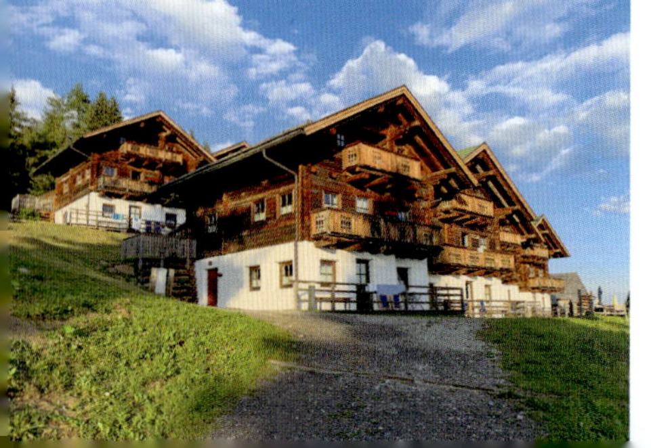

Das zum Sporthotel Hochlienz gehörende Almdorf am Zettersfeld.

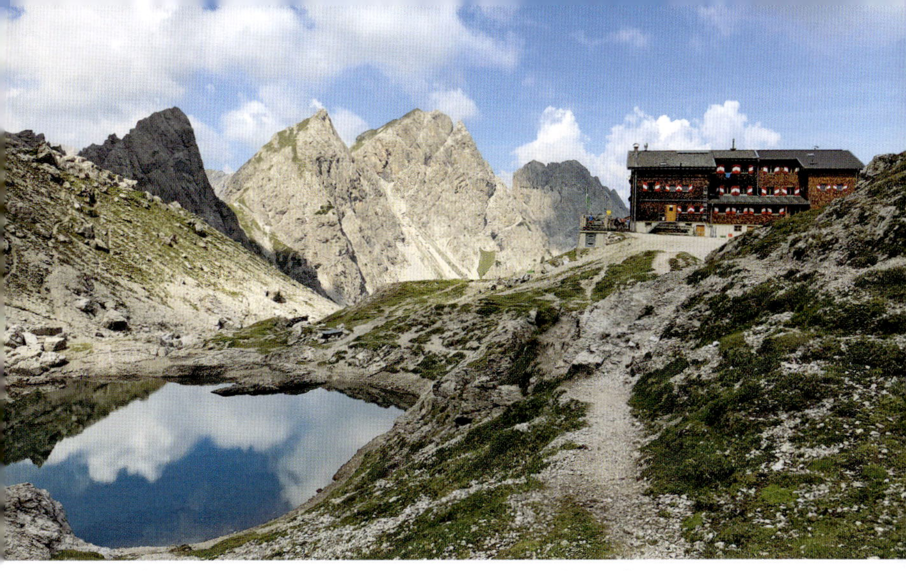

Die Karlsbader Hütte im Herzen der Lienzer Dolomiten (Tour 6).

Während wir bei den Wanderungen am Zettersfeld das imposante Panorama der Lienzer Dolomiten bewundern können, laden uns selbige auch dazu ein, tief in ihre schroffe Bergwelt einzutauchen. Zwei bewirtschaftete Hütten sind beliebte Wanderziele für die ganze Familie: die Karlsbader Hütte im Laserz (Tour 6) sowie die Kerschbaumeralm (Tour 7). Auf der Rückseite des Zettersfelds befindet sich das idyllische Debanttal, das zu einer informativen Wanderung über den Natur- und Kulturlehrweg zur Lienzer Hütte (Tour 9) einlädt. Hier wandern wir auch inmitten der Schobergruppe, die sich Osttirol und Kärnten teilen. Zwei der in diesem Buch beschriebenen Hüttentouren führen zu Zielen, die sich streng genommen schon auf Kärntener Seite befinden. Während wir zur Wangenitzseehütte (Tour 10) von Osttiroler Seite aus dem Debanttal aufsteigen, müssen wir für die Wanderung zur Adolf-Noßberger-Hütte (Tour 13) einen Abstecher über den Iselsberg nach Kärnten ins Gradental machen. Weil die Hütte sich aber unmittelbar an der Grenze der Bundesländer befindet und die Anfahrt ähnlich lang ist wie in die Osttiroler Täler, darf sie in diesem Wanderbuch nicht fehlen.

Das Kalser Tal und die Großglocknerregion

Die Region um das Kalser Tal und den Großglockner, dessen markante Erscheinung das gesamte Ködnitztal überstrahlt, ist ein beliebtes Ziel, das Familien und Profi-Bergsteiger gleichermaßen begeistert. Gut frequentiert sind die Wege zur Luckner- und Stüdlhütte (Touren 16 und 17). Deutlich weniger los ist auf dem Weg zur Glorer Hütte (Tour 18) oder auf dem Kalser Talrundweg (Tour 20), in dessen Verlauf eine spannende Hängebrücke und ein unterhaltsamer Spielplatz warten. Von Huben aus erreichen wir das Tal und den von einer beeindruckenden Bergkulisse umgebenen Hauptort Kals am Großglockner über die Kalser Landesstraße, die auch direkt an dem gewaltigen Schleierwasserfall vorbeiführt (Freizeittipp G2).

Das Defereggental

Das Defereggental mit seinen Orten Hopfgarten, St. Jakob und St. Veit gilt als eines der ursprünglichsten Hochgebirgstäler der Alpen, und so ist es nicht verwunderlich, dass sich auch die ältesten Almen Österreichs hier verstecken. Die als »Klein Tibet« bekannte Jagdhausalm (Tour 22) mit ihren Steinhäusern befindet sich weit abgelegen in einem Seitenarm des Defereggentals in der Nähe zur Grenze Italiens. Unweit am Staller Sattel befindet sich der malerische Obersee, der im Sommer zu einem Seerundgang sowie einem erfrischenden Badevergnügen einlädt (Tour 25). Wer mit Kindern hochalpin hinauf möchte, wird im Defereggental mit der Tour zur Barmer Hütte (Tour 23) fündig. Ein mit der Seilbahn erreichbares Ausflugsziel ist die Ochsenlacke, an der abenteuerliche Spielstationen auf die Kinder warten (Freizeittipp F4). Das Defereggental ist auch das Tal des Wassers. Nicht nur, dass wir bei vielen Wanderungen Berührung mit dem nassen Element haben, nein, frisches Quellwasser kommt hier auch aus sämtlichen Wasserleitungen.

Das Virgental

Inmitten der Venedigergruppe befindet sich das Virgental mit den Orten Virgen selbst und Prägraten am Großvenediger im Talschluss. Virgen besticht mit charmanten Bauernhäusern, die liebevoll mit üppigem Blumenschmuck dekoriert sind. Das Virgental zweigt bei Matrei ab, endet an den Umbalfällen und verfügt über wunderschöne Seitentäler, die allesamt ein herrliches Spektrum an Wanderungen anbieten. Besonders die Umbalfälle (Tour 30) sind für Kinder ein absolutes Highlight, das, vielleicht sogar in Verbindung mit einer Kutschfahrt, lange in Erinnerung bleiben wird. Einzigartig ist auch die Sajathütte (Tour 27), das Schloss in den Bergen. Das eindrucksvolle Gebäude thront vor dem Sajatkar und ist bereits aus dem Tal gut sichtbar.

Auf dem Weg zur Bergerseehütte im Virgental (Tour 26).

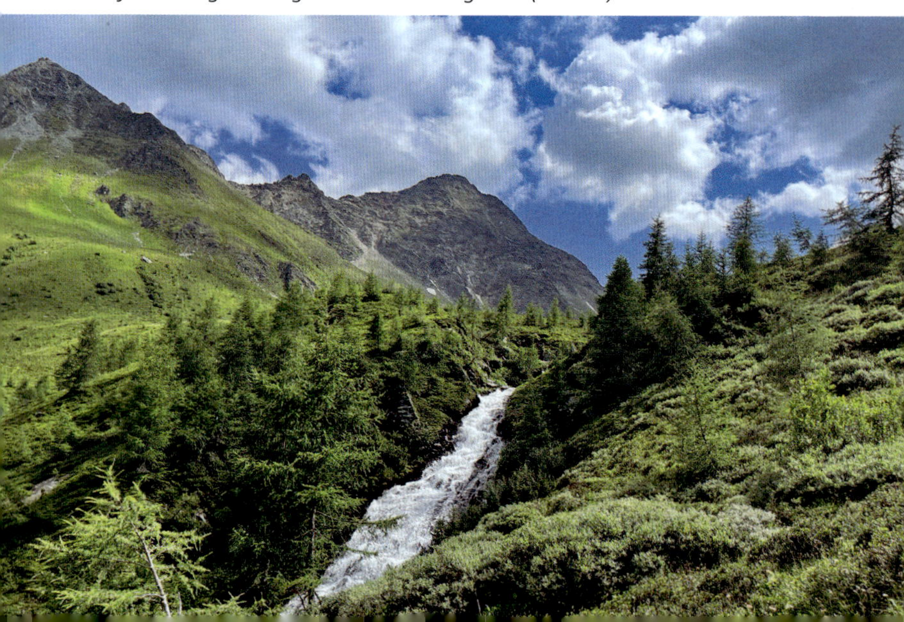

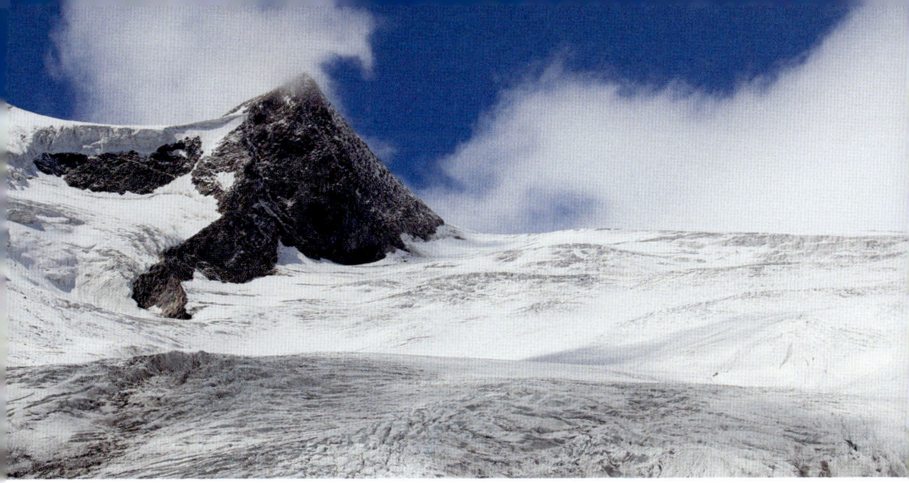

Auf dem Weg zur Neuen Prager Hütte warten spektakuläre Ausblicke auf das Schlatenkees (Tour 35).

Das Gschlösstal

Unmittelbar in der Nähe des Felbertauerntunnels beginnt das Gschlösstal. Die zauberhaften Almsiedlungen Außergschlöss und Innergschlöss prägen das Bild dieses Tals vor der großartigen Kulisse der Venedigergruppe und des Gletschers Schlatenkees. Der Talschluss wird auch als der schönste der Ostalpen bezeichnet. In dieser grandiosen Landschaft wandern wir mit Blick auf den Gletscher bis zur Neuen Prager Hütte (Tour 35).

Das Pustertal

Das Pustertal ist die Verbindung zwischen Osttirol und Südtirol. Wer das Tal auf einer Autofahrt erkunden möchte, nimmt die Pustertaler Höhenstraße zwischen Leisach und Abfaltersbach und kann dabei den Wildpark Assling (Freizeittipp F2) besuchen. Sillian ist der Hauptort des Pustertals und befindet sich unmittelbar an der Grenze zu Italien. Die gleichnamige Sillianer Hütte lädt zu einer einfachen Wanderung ein (Tour 40). Im Wichtelpark (Freizeittipp C4) können sich Kinder auf dem Abenteuerspielplatz, im Hochseilgarten oder beim Minigolf auspowern.

Das Lesachtal

Kurz vor Sillian im Pustertal biegt die Gailtal Straße ab und bringt uns ins Lesachtal. Der höchstgelegene Ort ist Obertilliach, der im Sommer ein mediterranes Flair versprüht. Mit der Seilbahn geht es von hier hinauf zum Golzentipp (Tour 39), wo neben dem Wandern auch Entdecken und Spielen auf dem Programm stehen. Durch das enge Tal schlängelt sich die Gail und über etliche Seitentäler gelangen wir zu herrlichen Wanderzielen wie dem Klapfsee und der Porzehütte (Tour 37). Wer es aufregender mag und mit wanderfreudigen Kids unterwegs ist, sollte sich die Wanderung zur Obstansersee-Hütte (Tour 38) vornehmen.

So birgt jedes der Osttiroler Täler seine speziellen Eigenheiten und garantiert einen Mix aus abenteuerlichen Wanderungen und Freizeitaktivitäten. Nach einem anstrengenden Tag oder während der Einkehr auf einer Hütte darf dann auch geschlemmt werden. Gerichte wie die traditionellen Osttiroler Schlipfkrapfen oder ein Kaiserschmarren sind dabei die Highlights für Kinder.

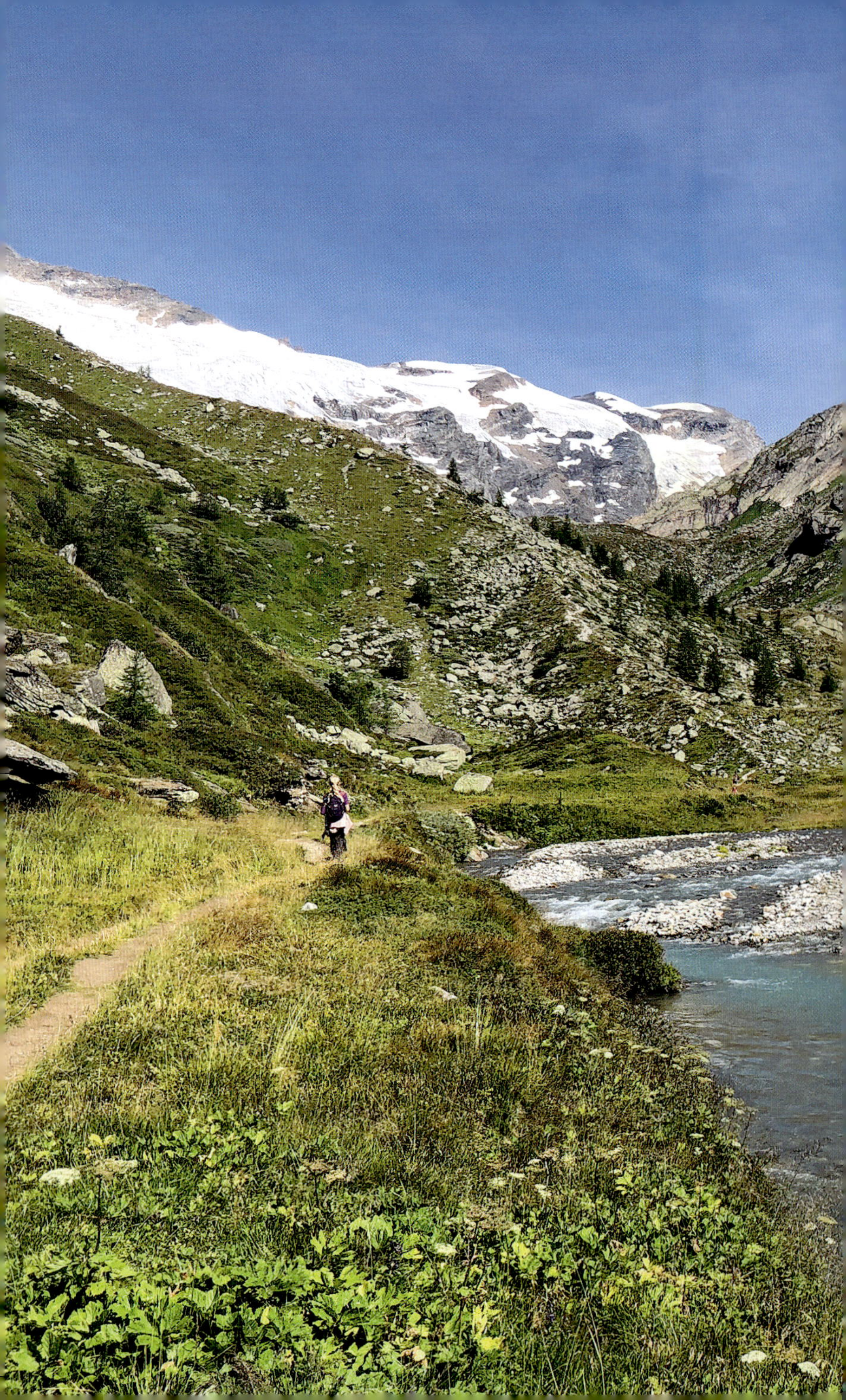

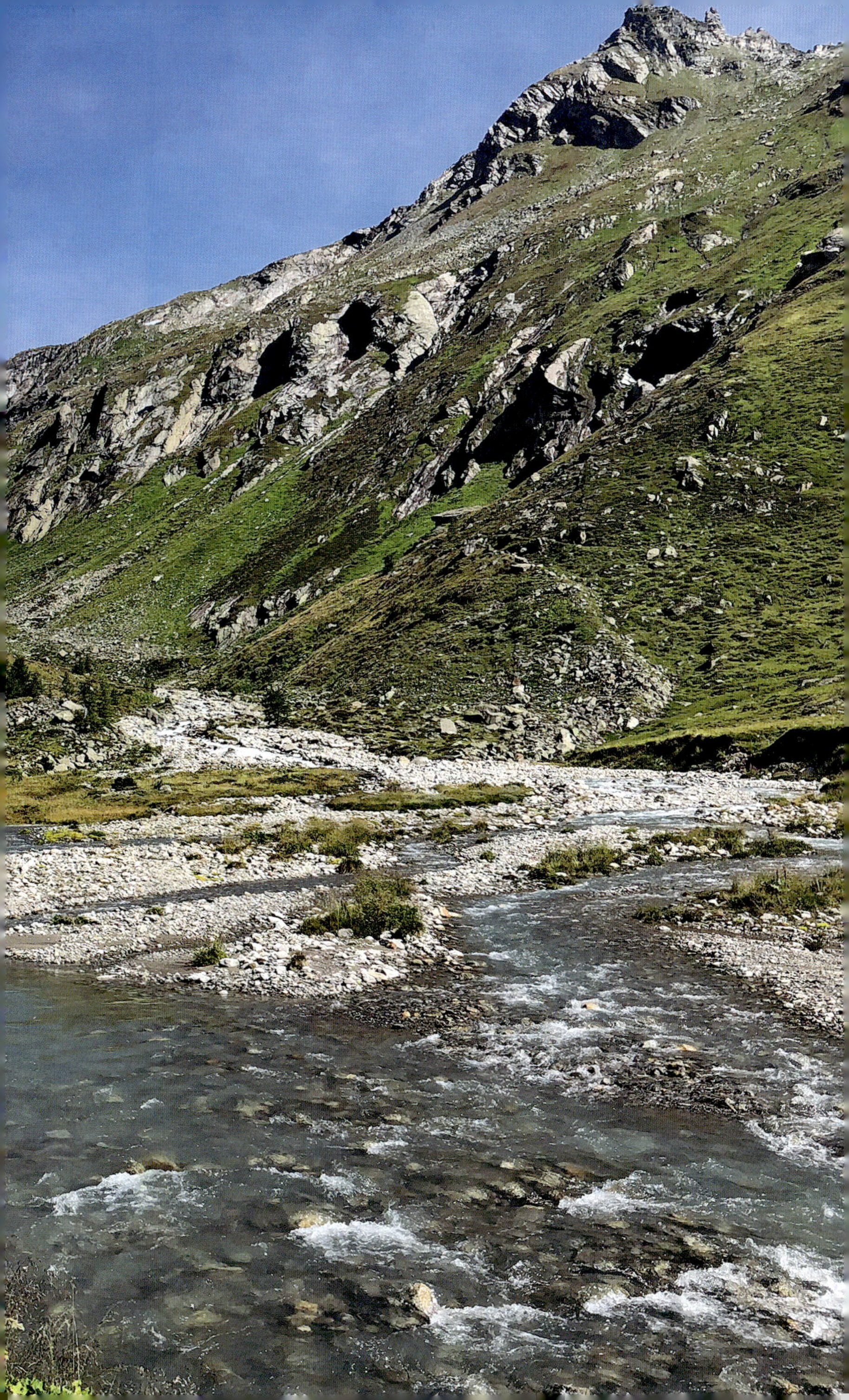

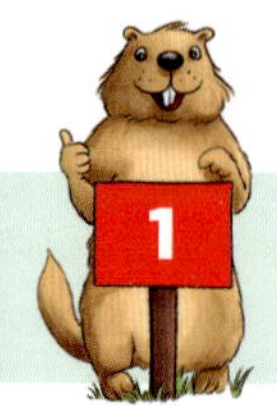

2.30 Std. | 7.0 km | ↗ 270 m | ↘ 270 m | ab 5 Jahren

1 Neualplseen, 2438 m

Über den nördlichen Goiselemandlweg

Erfrischende Seenrunde mit Einblicken ins Debanttal
Das Zettersfeld ist die Sonnenterrasse der Lienzer und Ausgangspunkt für die schönsten Wanderungen. Erst mit der Seilbahn und anschließend mit dem Sessellift geht es fröhlich bergauf, und so ist der Auftakt für die Wanderung bereits ein ganz besonderes Erlebnis. Die umliegenden markanten Gipfel der Lienzer Dolomiten sowie des Goiselemandl und der Schleinitz, dem Hausberg der Lienzer, bilden ein faszinierendes Bergpanorama, das uns auf dieser Tour begleitet. Idyllisch im Talkessel am Fuße der imposant aufragenden Sattelköpfe und der Schleinitz schlummern die Neualplseen und laden zum Steine schnippen und Planschen ein. Platz, um hier die Picknickdecke auszubreiten und ein Sonnenbad zu genießen, ist reichlich gegeben.

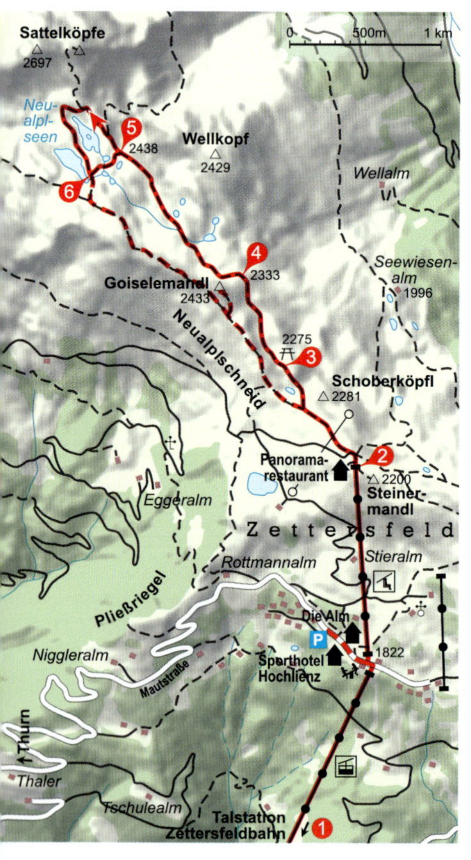

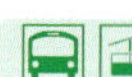     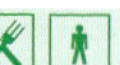

Ausgangspunkt: Talstation Zettersfeldbahn, 728 m (Navi: Zettersfeldstr. 38, 9900 Lienz); großer, kostenfreier Parkplatz direkt an der Seilbahn.
Anreise mit ÖV: Mit der Postbus-Linie 1 (Gaimberg – Lienz Bf – Tristach) oder der Linie 2 (Amlach – Lienz Bf – Gaimberg) bis zur Haltestelle Gaimberg Zettersfeldbahn (die Nutzung mit Gästekarte ist kostenlos).
Anfahrt mit Pkw: Alternativ empfiehlt sich die Auffahrt auf das Zettersfeld über die kostenpflichtige Mautstraße von Thurn (Navi: Zettersfeld 1, 9900 Lienz); kostenloser Parkplatz auf der rechten Seite kurz vor Erreichen des Sporthotels Hochlienz. Mit dem Sessellift weiter aufs Steinermandl.
Bergbahn: Informationen und Preise unter www.lienzer-bergbahnen.at.
Ausrüstung: Knöchelhohe Bergschuhe, Picknick- und Badesachen.
Anforderungen: Etwas Trittsicherheit ist erforderlich, insbesondere beim Abstieg über die Treppenstufen ins Blockkar, ansonsten ist der Weg aber unschwierig.
Einkehr: Unterwegs keine. An der Bergstation: **Steinermandl Panoramarestaurant**, Zettersfeld Steinermandl, 9900 Lienz, Tel. +43 664 2458484, www.

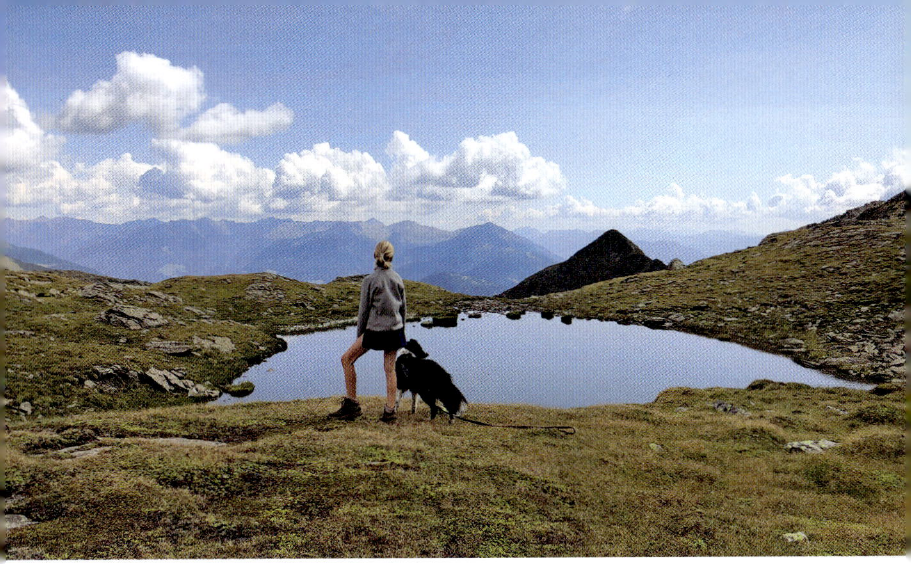

Unterwegs zu den Neualplseen bieten sich spektakuläre Ausblicke.

steinermandl.com, geöffnet zu den Betriebszeiten der Bergbahnen.
Am Zettersfeld: **Die Alm**, Zettersfeld 4, 9904 Thurn, Tel. +43 676 6615785, geöffnet zu den Betriebszeiten der Bergbahnen; **Sporthotel Hochlienz**, Zettersfeld 1, 9904 Thurn/Lienz Tel. +43 4852 6661, www.sporthotel-hochlienz.at.
Variante: Für den Rückweg von den Neualplseen kann auch der Weg über die Neualplschneid genutzt werden. Dieser verläuft parallel zum Hinweg entlang des Berghangs und über den Grat (etwa gleich lang, aber etwas anspruchsvoller als die Hauptroute). Der Weg ist auf dem Hinweg zu den Seen von unten aus sichtbar. Er ist ausgeschildert, setzt allerdings neben Trittsicherheit auch etwas Schwindelfreiheit voraus, da es ein paar ausgesetzte Passagen gibt. Für die Variante biegen wir nach etwa Dreiviertel des Seenrundwegs rechts ab (Wegpunkt 6) und an der nächsten Möglichkeit links. Der Rückweg lässt sich so auch mit dem kurzen Aufstieg aufs Goiselemandl von der Neualplschneid ausgehend verknüpfen (siehe Tour 5).

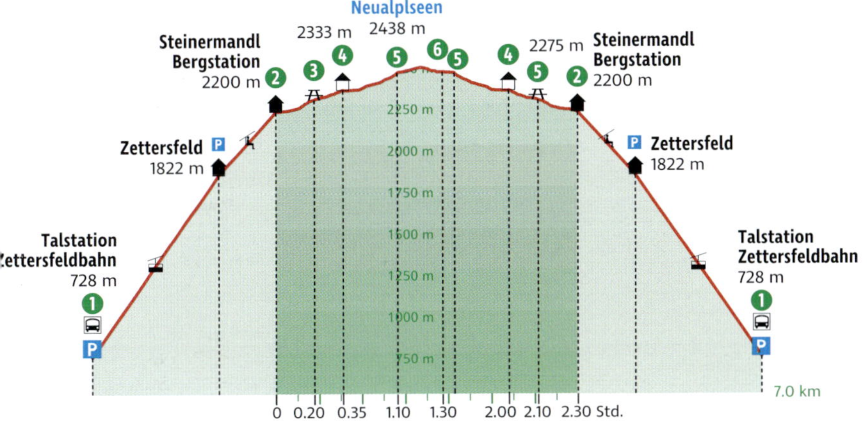

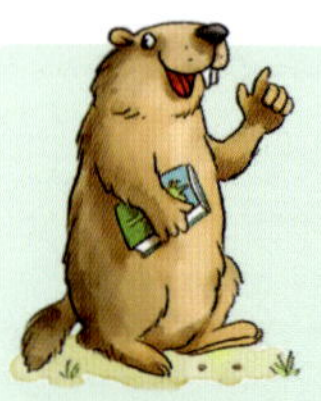

Hallo Kinder,

rund um das Steinermandl befindet sich das Zuhause zahlreicher Murmeltiere. Mit etwas Geduld könnt ihr die drolligen Tiere beim Fressen und Spielen beobachten. Murmeltiere leben in ausgedehnten Tunnelsystemen, die sie unter der Erde buddeln und die bis zu 70 Meter lang sein können. Ihre Eingänge sind oft unverkennbar. Sicher habt ihr die hohen Pfeiftöne, die die Murmeltiere als Warnzeichen für ihre Artgenossen abgeben, schon mal gehört. Wisst ihr auch, was sie bedeuten? Ein einzelner schriller Pfiff warnt vor einem Angriff aus der Luft, zum Beispiel von einem Raubvogel. Mehrere Pfiffe sollen auf einen möglichen Feind am Boden oder in der Luft aufmerksam machen; dazu zählen oft auch Wanderer oder freilaufende Hunde. Verhaltet euch also immer ruhig, wenn ihr Murmeltiere beobachten wollt, denn sonst verschwinden sie ganz schnell in ihren Höhlen.

Nach der bequemen Auffahrt mit der Seilbahn und dem Sessellift von der **Talstation der Zettersfeldbahn ❶** bis zur **Steinermandl Bergstation ❷** verlassen wir den Sessellift nach rechts hin zum Ausgang und gehen anschließend ein paar Meter nach links abwärts auf den Almgüterfahrweg zu. Auch hier halten wir uns für wenige Meter noch nach links auf dem breiten Hauptweg, bevor wir rechts dem Wegweiser zu den Neualplseen folgen und den gemütlichen Steig für den Aufstieg wählen.

Murmeltiere beim Sonnenbaden.

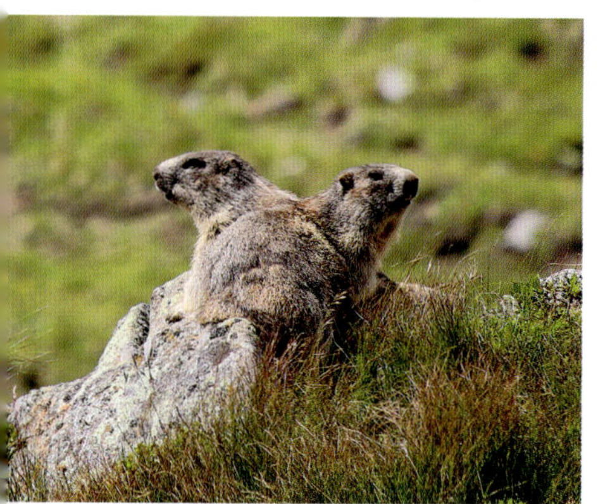

Das pyramidenförmige Goiselemandl und die dahinter majestätisch aufragende Schleinitz im Blick, folgen wir dem Steig durch die herrlichen Wiesen bergan und erreichen die Panoramatafel am Neualplkamm mit einem **Rastplatz ❸**. Hier öffnet sich nun der Blick hinein ins Debanttal. Auf dem nördlichen Goiselemandlweg passieren wir die Bergkuppe des Goiselemandl auf der rechten Seite und gelangen wenig später zu einem **Unterstand ❹** auf einem Felsvorsprung. Über 40 breit

Highlights

★ Fahrt mit Gondelbahn und Sessellift.

★ Mit etwas Glück kann man rund um das Steinermandl Murmeltieren begegnen.

★ Wunderschöne Seenlandschaft zum Spielen, Planschen und Picknicken.

★ Einkehr im Panoramarestaurant Steinermandl direkt neben der Bergstation des Sessellifts. Hier ist auch ein Spielplatz geplant (Stand 2022).

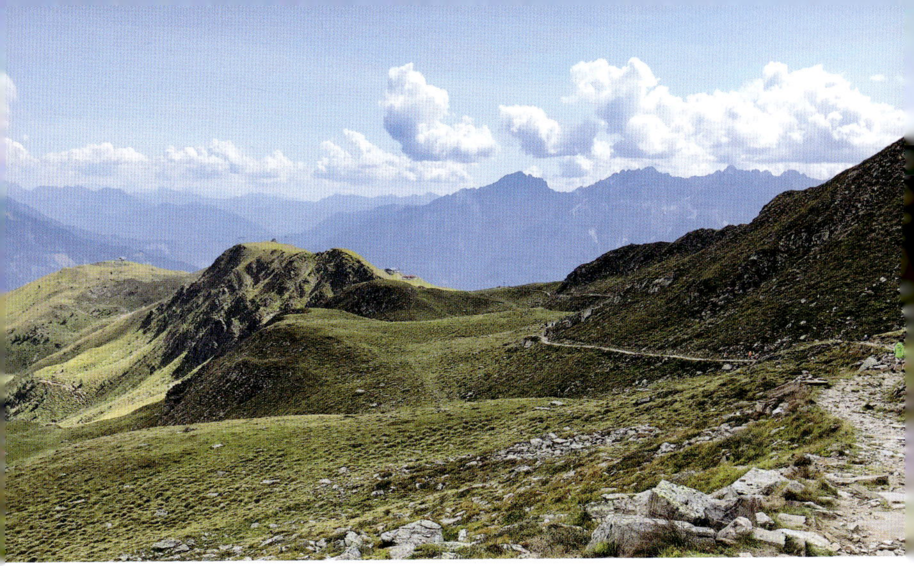

Aussichtsreich schlängelt sich der Wanderweg durch die Landschaft.

angelegte Treppenstufen führen uns an dieser Felsnase jetzt ein paar Höhenmeter hinunter in das weitläufige Blockkar. Große Felsblöcke reihen sich dicht aneinander und der Weg führt mitten durch dieses alpine Ambiente. Doch bald darauf wechselt das Landschaftsbild, und nun wandern wir auf einem naturbelassenen Steig durch grüne Wiesentäler. Dabei passieren wir einen plätschernden Bach und einen steinernen Rastplatz. Schließlich erreichen wir die **Neualplseen ❺**, 2438 m.

Am dortigen Abzweig halten wir uns nach rechts und laufen gegen den Uhrzeigersinn um die Seenplatte. An den seichten Ufern blüht im Sommer das Wollgras und in dem ersten der beiden großen Seen, an dem wir vorbeikommen, liegt eine kleine Insel mit einem Holzkreuz. Hier am Seeufer ist der ideale Ort, um die Picknickdecke auszupacken, die Füße im Wasser zu kühlen, zu planschen oder Steinchen zu schnippen. Unmengen kleiner Saiblinge tummeln sich im seichten Wasser und können aus nächster Nähe beobachtet werden. An den umliegenden Berghängen weiden Schafe.

Ist die Pause beendet, setzen wir den Weg um die Seen im leichten Auf und Ab fort, passieren den Abzweig der **Variante ❻** (siehe Kurzinfo) und gelangen schließlich wieder an den Anfang des Rundwegs ❺. Von hier aus wandern wir nun rechts abbiegend auf dem bekannten Weg zurück zur **Bergstation Steinermandl ❷**.

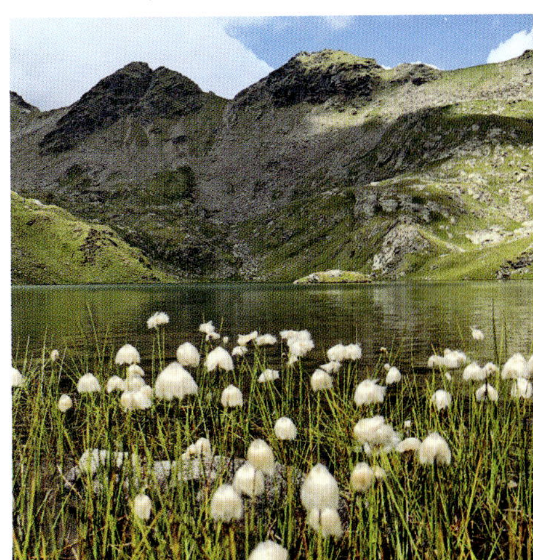

Wunderschön anzusehen ist das blühende Wollgras im Sommer.

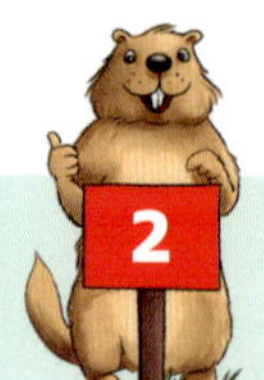

3.00 Std. | 8.2 km | ↗ 490 m | ↘ 490 m | ab 6 Jahren

2 Zettersfeld Rundwanderung, 2200 m

Über den Nußdorfer Berg und die Rottmannalm

Zu den Steinmännchen am Steinermandl

Diese Wanderung vereint die gesamte Palette der Highlights am Zettersfeld. Zahlreiche Einkehrmöglichkeiten, jeweils mit Spielplatz, locken von Ort zu Ort. Bis zur Naturfreundehütte wandert es sich zur Einstimmung ganz gemütlich, dann folgt der sportliche Aufstieg über den Nußdorfer Berg durch schattigen Bergwald. Oben angekommen können wir das atemberaubende Panorama auf die Lienzer Dolomiten genießen und den Gleitschirmfliegern beim Start zuschauen. Etwas oberhalb des Steinermandl ragen große Steinmännchen empor, und der kleine zusätzliche Aufstieg dorthin lohnt sich, um einen Blick in das malerische Debanttal zu erhaschen und selbst ein Steinmännchen dazuzubauen. Zurück führt der Weg vorbei an der idyllisch gelegenen Rottmannalm. Bevor es wieder ins Tal geht, bietet sich eine Einkehr am Zettersfeld Zentrum an.

   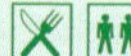

Ausgangspunkt: Wanderparkplatz am Zettersfeld, 1832 m (Navi: Zettersfeld 1, 9900 Lienz). Anfahrt über die kostenpflichtige Mautstraße von Thurn. Der kostenlose Parkplatz liegt an der rechten Straßenseite kurz vor dem Sporthotel Hochlienz.
Anreise mit ÖV: Mit der Postbus-Linie 1 (Gaimberg – Lienz Bf – Tristach) oder Linie 2 (Amlach – Lienz Bf – Gaimberg) bis zur Haltestelle Gaimberg Zettersfeldbahn (die Nutzung mit Gästekarte ist kostenlos). Von dort Auffahrt auf das Zettersfeld mit der Seilbahn (Infos und Preise: www.lienzer-bergbahnen.at).
Ausrüstung: Knöchelhohe Bergschuhe.

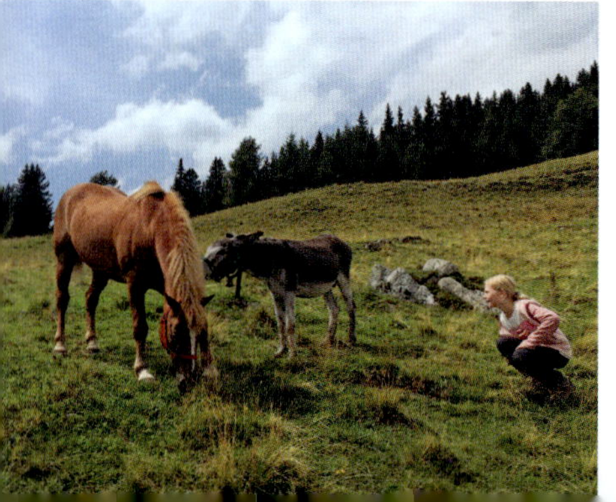

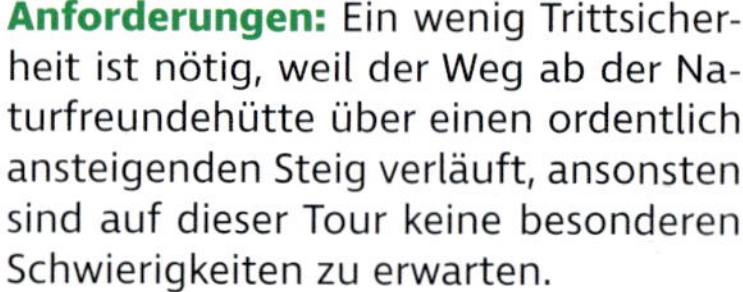

Anforderungen: Ein wenig Trittsicherheit ist nötig, weil der Weg ab der Naturfreundehütte über einen ordentlich ansteigenden Steig verläuft, ansonsten sind auf dieser Tour keine besonderen Schwierigkeiten zu erwarten.
Einkehr: **Sporthotel Hochlienz**, Zettersfeld 1, 9904 Thurn/Lienz, Tel. +43 4852 6661, www.sporthotel-hochlienz.at. **Die Alm**, Zettersfeld 4, 9904 Thurn, Tel. +43 676 6615785, geöffnet zu den Betriebszeiten der Bergbahnen. **Alpengasthof Bidner**, Zettersfeld 24, 9905 Gaimberg, Tel. +43 4852 63645, www.alpengasthof-bidner.at, täglich geöffnet, durchgehend warme Küche 11.30–19.30 Uhr. **Mecki's Alm**, Obernussdorf 41, 9990 Nußdorf-Debant, Tel. +43 664 1158315, www.meckisalm.at, saisonal wechselnde Öffnungszeiten. **Naturfreundehütte** (Vinzenz Biedner Hütte), Obergaimberg 35, 9905 Gaimberg, Tel. +43 4852 69852, www.vinzenz-biednerhuette.naturfreunde.at. **Steinermandl Panoramarestaurant**, Zettersfeld Steinermandl, 9900 Lienz, Tel. +43 664 245 8484, www.steinermandl.com, geöffnet zu den Betriebszeiten der Bergbahnen.

Tiere auf der Alm: Ein respektvoller Umgang ist wichtig.

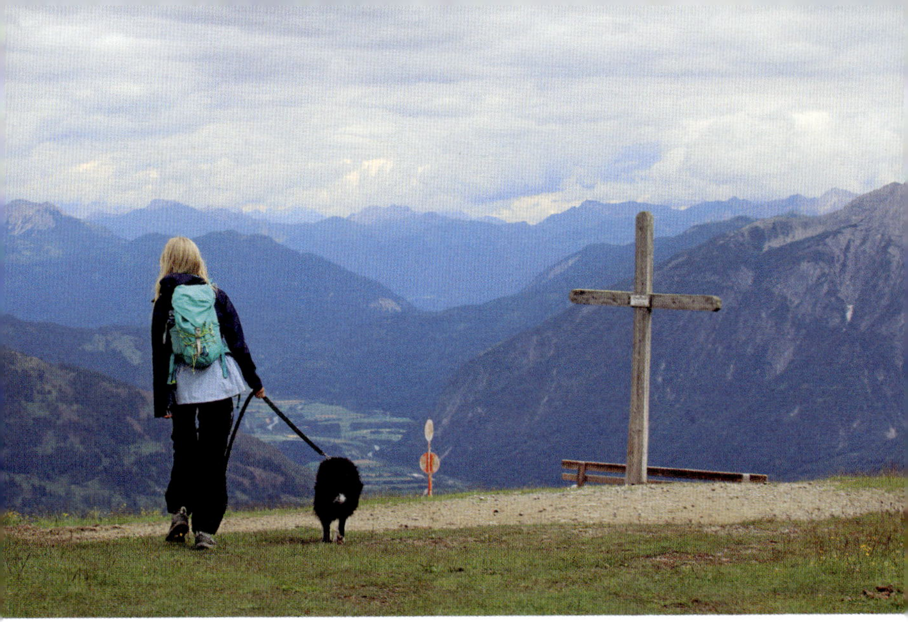

Blick durch das Kärntner Tor vom Gipfelkreuz des Steinermandl.

Vom **Wanderparkplatz am Zettersfeld** ❶ gehen wir zunächst ein Stück auf der anfangs noch asphaltierten Straße bergab, passieren das Sporthotel Hochlienz und **Die Alm** ❷ sowie die beiden Stationen der Zettersfeldbahn und folgen der Beschilderung in Richtung Mecki's Alm und Naturfreundehütte. Der ab hier beginnende Almgüterfahrweg führt uns vorbei am **Alpengasthof Bidner** ❸, an einigen Almhütten und durch ein schattiges Waldstück, ehe wir auf einer größeren Lichtung ankommen. Während es nach rechts auf dem Fahrweg bergab ins Tal geht, zweigen wir links ab, lassen **Mecki's Alm** ❹ hinter uns und wandern weiter geradeaus in Richtung **Naturfreundehütte** ❺, 1850 m. Hier besteht eine letzte Einkehrmöglichkeit, bevor der anstrengende Aufstieg in Richtung Steinermandl über den Nußdorfer Berg beginnt. Der liebevoll gestaltete Naturspielplatz vor der Hütte lässt mit Sicherheit jedes

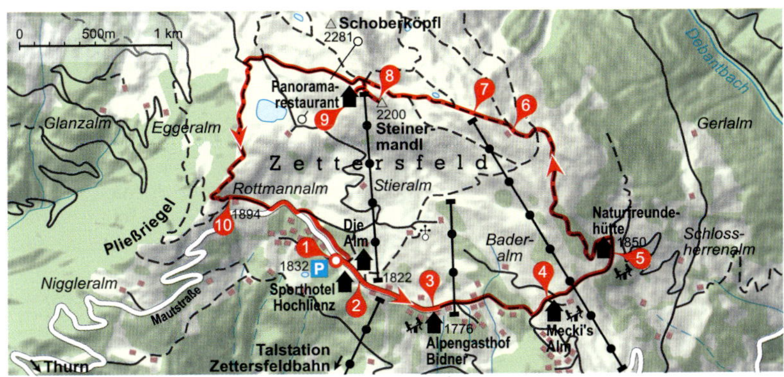

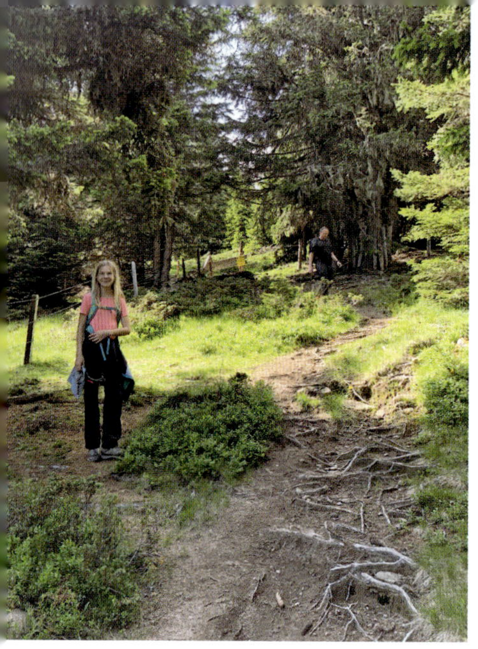

Highlights

★ Zahlreiche Einkehrmöglichkeiten mit erlebnisreichen Spielplätzen. Bei gutem Wetter mit Hüpfburg am Gasthaus Bidner und einem Wasserspielplatz an Mecki's Alm. Auch am Steinermandl ist ein neuer Spielplatz geplant (Stand 2022).

★ Liebevoll gestalteter Abenteuerspielplatz an der Naturfreundehütte mit kleiner Kletterwand, Hangrutsche und Schaukeln.

★ Viele Murmeltiere auf dem Weg bis zum Steinermandl.

★ Steinmännchen bestaunen und selbst bauen am Steinermandl.

Wurzeliger Pfad auf dem Nußdorfer Berg.

Kinderherz höherschlagen, sodass an ein schnelles Vorbeigehen sowieso nicht zu denken ist.

Anschließend steigen wir über den direkt hinter der Naturfreundehütte etwas unscheinbar nach links abbiegenden Pfad bergan. Hier befinden wir uns nun auf dem **Erlebnisweg Nußdorfer Berg**. In etlichen Serpentinen winden wir uns im Zick-Zack höher und höher. Der dichte Fichtenwald verschafft uns dabei an warmen Sommertagen einen angenehmen Schatten. Nachdem wir den Wald hinter uns gelassen haben, führt uns der Steig über offenes Gelände durch Heidekraut und Alpenröschen. An ein paar auffälligen Felsen haben wir die erste Möglichkeit, Murmeltiere zu sichten. Mit dem Blick ins Debanttal geht es weiter bis zu einem kleinen **Skihüttl** ❻ am Berghang. Hinter der Hütte erhebt sich ein unübersehbarer Bergrücken, den es zu überwinden gilt und über den wir die **Bergstation des Faschingalmskilifts** ❼ erreichen. Auch hier ist das Zuhause vieler Murmeltiere. Es lohnt sich, einen Moment zu verweilen. Das Steinermandl ist jetzt bereits in Sichtweite und auf dem links abgehenden Almgüterweg trennen uns nur noch wenige Minuten von der nächsten Einkehrmög-

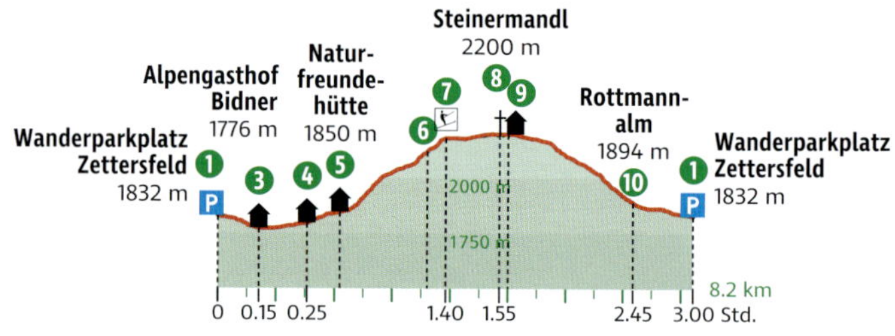

lichkeit. Ein Foto am Gipfelkreuz des **Steinermandl** ❽, 2200 m, ist Pflicht, bevor es auf die Sonnenterasse des **Panoramarestaurants** ❾ geht, von der aus wir den Blick über die Lienzer Dolomiten schweifen lassen und den Gleitschirmfliegern beim Starten zusehen können. Außerdem lohnt sich noch der kleine Abstecher zu den Steinmännchen, die sich etwas weiter oberhalb am Berghang befinden, um ein eigenes daneben zu errichten.

Für den Abstieg folgen wir den Wegweisern in Richtung Rottmannalm und wandern vom Steinermandl links abzweigend zunächst ein Stück weiter entlang der geschotterten Fahrstraße. Etwas oberhalb des Speicherteiches biegen wir rechts ab über die Wiesen und folgen dem natürlichen Steig. Entlang des Weges öffnet sich nun das Tal zu unserer Rechten und gibt den Blick in Richtung Neue Thurner Alm frei. Weiter abwärts führt uns der beschauliche Pfad noch einmal durch ein kleines Nadelwäldchen, bevor wir die

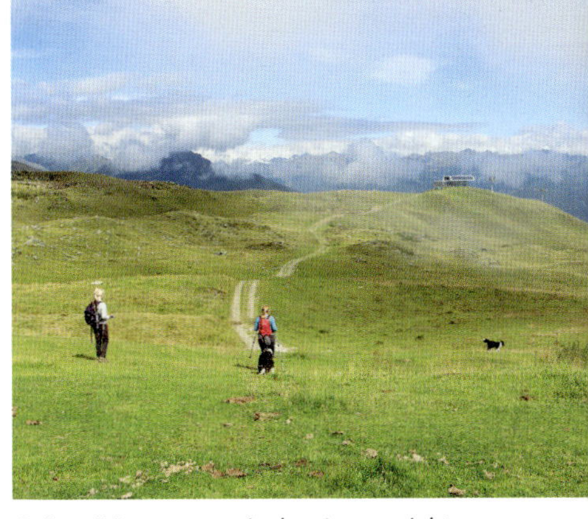

Grüne Wiesen, soweit das Auge reicht.

Rottmannalm ❿, 1894 m, erreichen. Vor dem Gebäude biegen wir links ab und gehen auf dem Zufahrtsweg hinunter zur Zettersfeldstraße. Dieser können wir nun erneut links abbiegend bis zum Wanderparkplatz folgen. Schöner ist es jedoch, etwas oberhalb und parallel zur Straße zu laufen. Hierzu biegen wir am Abzweig zum Steinermandl links ab, gehen wenige Meter bergauf und halten uns dann nach rechts, bis wir wieder am **Wanderparkplatz** ❶ ankommen.

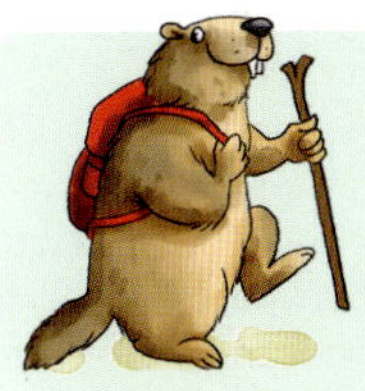

Hallo Kinder,

sicher sind euch bei euren Wanderungen in den Bergen schon häufig Steinmännchen begegnet. Ein paar besonders eindrucksvolle Exemplare findet ihr auf dieser Tour oberhalb des Steinermandl – sie sind nicht zu übersehen. Die zu hohen Türmen aufgestapelten Steine wurden in früheren Zeiten als Wegmarkierungen benutzt; heutzutage werden sie auch als Kunstobjekte oder Fotomotive an besonderen Orten errichtet. Die Steinmännchen gibt es in allen Größen, und wenn ihr Lust habt, dann baut doch noch eins dazu.

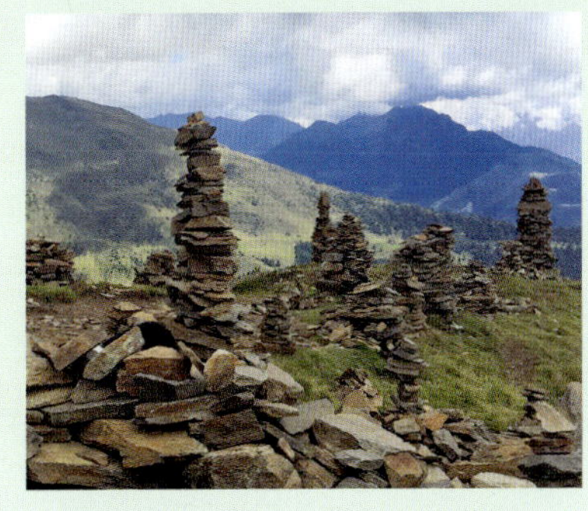

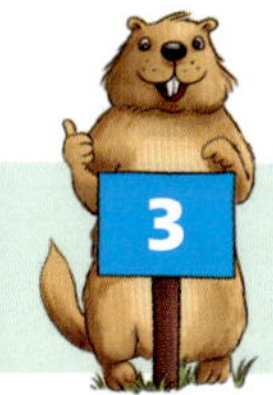

2.00 Std. | 4.4 km | ↗ 140 m | ↘ 140 m | ab 5 Jahren

3 Spieltour auf dem Zettersfeld

Vom Zettersfeld Zentrum

Entlang des Minigolf-Parcours zur Naturfreundehütte

Kinder zum Wandern zu motivieren kann nicht einfacher sein als bei dieser Tour im Familienpark am Zettersfeld. Insgesamt 15 liebevoll aus Holz gestaltete Minigolfbahnen mit fröhlichen Tierfiguren und spannenden Hindernissen begleiten uns auf dem Hin- und Rückweg zur Naturfreundehütte. Die einzelnen Bahnen haben es in sich und fordern Konzentration: An einigen Stellen wird es wackelig, woanders plätschert das Wasser, mal wird etwas Schwung benötigt, ein anderes Mal Vorsicht und Genauigkeit. Minigolfschläger und Bälle können während der Öffnungszeiten der Bergbahn an der Talstation des Sesselliftes gegen Entgelt ausgeliehen werden. Dazu gibt es ein kleines Begleitheft mit Geschichten zu den einzelnen Stationen sowie einen Stift, um die Punkte aufzuschreiben. Neben den Spielstationen warten auch tolle Kinderspielplätze bei den Gasthöfen entlang des Weges auf kleine Wanderer.

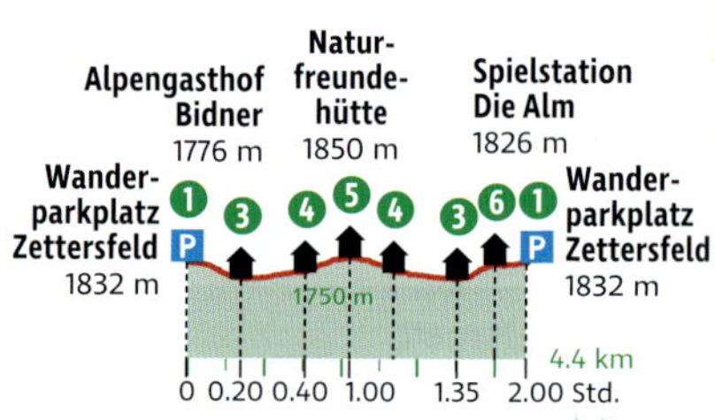

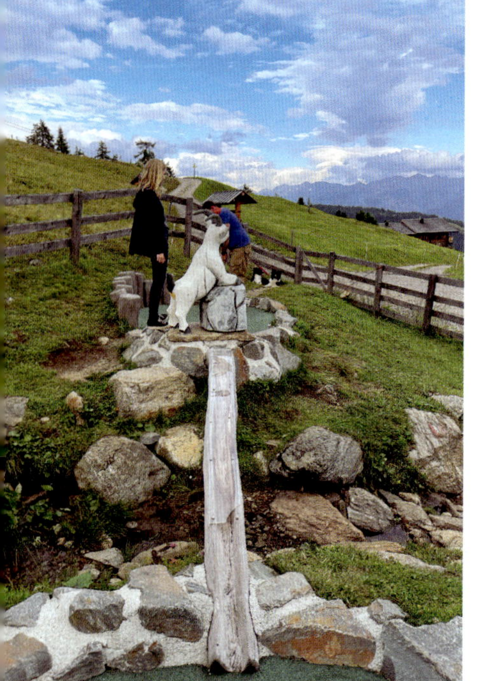

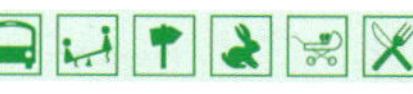

Ausgangspunkt: Wanderparkplatz am Zettersfeld, 1832 m (Navi: Zettersfeld 1, 9900 Lienz). Anfahrt über die kostenpflichtige Mautstraße von Thurn; kostenloser Parkplatz rechts der Straße kurz vor dem Sporthotel Hochlienz.
Anreise mit ÖV: Mit der Postbus-Linie 1 (Gaimberg – Lienz Bf – Tristach) oder Linie 2 (Amlach – Lienz Bf – Gaimberg) bis zur Haltestelle Gaimberg Zettersfeldbahn (die Nutzung mit Gästekarte ist kostenlos). Von dort Auffahrt auf das Zettersfeld mit der Seilbahn (Infos und Preise: www.lienzer-bergbahnen.at).
Ausrüstung: Trekkingsandalen oder Sportschuhe.
Anforderungen: Der Weg stellt keine besonderen Anforderungen. Bis auf ein kleines Stück zu Beginn der Tour überwiegend befestigte Wege und Almgüterfahrwege, die auch mit einem ge-

Die »Ziege« wartet an Mecki's Alm.

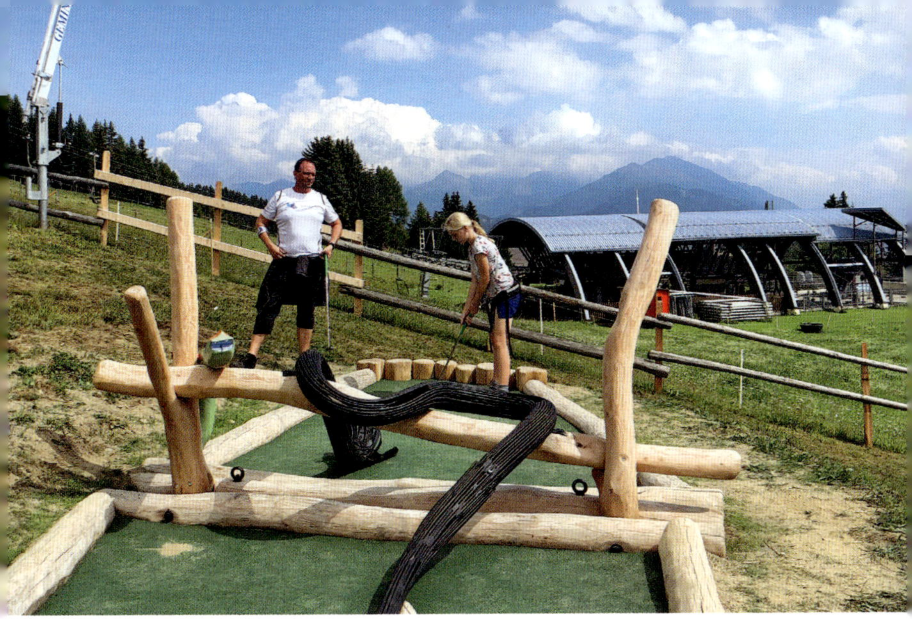

Die »Schlange« ist die letzte Herausforderung des Minigolf-Parcours.

ländegängigen Kinderwagen befahren werden können.

Einkehr: Sporthotel Hochlienz, Zettersfeld 1, 9904 Thurn/Lienz, Tel. +43 4852 6661, www.sporthotel-hochlienz.at. **Die Alm**, Zettersfeld 4, 9904 Thurn, Tel. +43 676 6615785, geöffnet zu den Betriebszeiten der Bergbahnen. **Alpengasthof Bidner**, Zettersfeld 24, 9905 Gaimberg, Tel. +43 4852 63645, www.alpengasthof-bidner.at, täglich geöffnet, durchgehend warme Küche 11.30–19.30 Uhr. **Mecki's Alm**, Obernussdorf 41, 9990 Nußdorf-Debant, Tel. +43 664 1158315, www.meckisalm.at, saisonal wechselnde Öffnungszeiten. **Naturfreundehütte** (Vinzenz Biedner Hütte), Obergaimberg 35, 9905 Gaimberg, Tel. +43 4852 69852, www.vinzenz-biednerhuette.naturfreunde.at.

Hinweise: Der Familienpark kann im Sommer während der Öffnungszeiten der Zettersfeldbahn (9–16.30 Uhr) genutzt werden. Preise und Infos: www.lienzer-bergbahnen.at/de/sommer-ausflugsziele/aktivitaeten-mit-kindern/. Die Gehzeit ist von der Spielzeit auf den einzelnen Parcours abhängig und kann somit deutlich länger sein als angegeben.

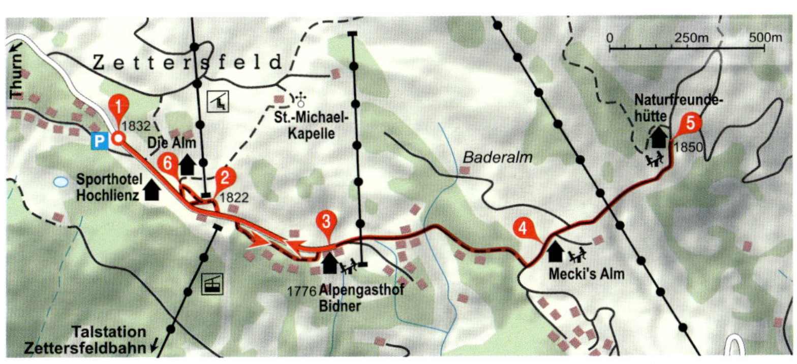

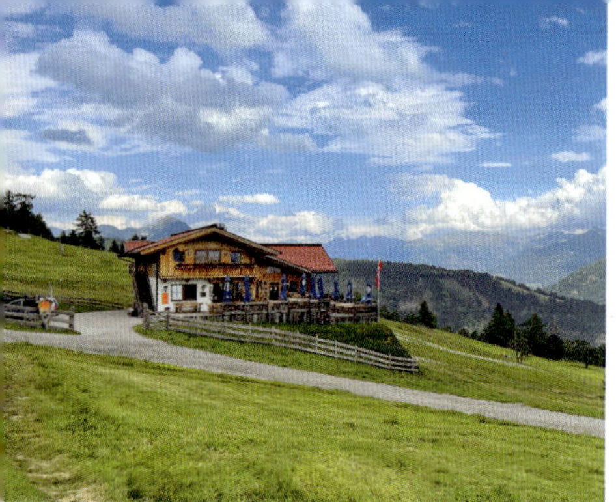

Zahlreiche Einkehrmöglichkeiten laden unterwegs zum Verweilen ein.

Vom **Wanderparkplatz am Zettersfeld ❶** führt uns der Weg zunächst zur **Talstation des 4er-Sesselliftes Steinermandl ❷**. Doch hier steigen wir nicht ein und fahren nach oben, sondern besorgen uns lediglich das benötigte Equipment für die Wanderung – nämlich Minigolfschläger, Bälle, Stift und Geschichtenbüchlein zu den Spielstationen. Es empfiehlt sich, die Stationen in der angegebenen Reihenfolge zu spielen, sodass auch auf dem Rückweg noch für Spaß gesorgt ist.

Um zum ersten Minigolfparcours zu gelangen, verlassen wir die Talstation nach rechts und gehen ein Stück bergab in Richtung der Bergstation der Zettersfeldseilbahn. Hier beginnt der eigentliche Teil unserer Spiel-Wanderung. Die ersten Spielstationen auf dem Weg zum Alpengasthof Bidner befinden sich an einem kleinen Pfad, der etwas versteckt auf der rechten Seite parallel zum Fahrweg verläuft. Der vierte Parcours liegt mitten auf dem Spielplatz des **Alpengasthofs Bidner ❸**, und hier bietet sich die erste Möglichkeit zu einer gemütlichen Verschnaufpause. Während die Eltern es sich auf einer Bank bequem machen, können die Kids den Spielplatz mit einem Kletterturm und einer Krabbelröhre aus Holz oder die Hüpfburg erkunden.

Anschließend wenden wir uns an der Vorderseite des Gasthofs nach rechts und setzen die heitere Wanderung auf dem Fahrweg fort. Die Talstation des Skiliftes lassen wir rechts unten liegen. Vorbei an einigen urigen Almhütten und durch den schattenspendenden Wald geht es mit leichter Steigung bergan und wir spazieren von einem Minigolfparcours zum Nächsten. Etwas später verlassen wir den Wald durch ein Holztor. Rechts oberhalb am Hang lädt eine Bank zur Pause ein und auch die nächste Spielstation ist schon in greifbarer Nähe. Am nächsten Abzweig halten wir uns links und sehen schon **Mecki's Alm ❹**. Ein Wasserspielplatz lädt hier zum Erkunden ein und auf der Sonnenterrasse können wir die Aussicht genießen.

Wir passieren die Alm etwas oberhalb und wandern immer geradeaus den Hang entlang. An dem kommenden Abzweig, an dem wieder eine Bank zur Pause einlädt, folgen wir weiter unserem Weg vorbei an weitläufigen Almwiesen, auf denen im Sommer auch ein Pferd und ein Esel weiden. Auch auf diesem Wegstück erwarten uns ein paar Minigolfstationen. Nach einem kurzen Abstieg erreichen wir die **Naturfreundehütte ❺**. Sie ist

Highlights

★ Abwechslungsreicher Abenteuer-Minigolf-Parcours über die gesamte Strecke (kostenpflichtig).

★ Mehrere Einkehrmöglichkeiten mit großen Kinderspielplätzen: am Alpengasthof Bidner mit Hüpfburg, an Mecki's Alm mit Wasserspielplatz und an der Naturfreundehütte mit kleiner Kletterwand, Hangrutsche und Schaukeln.

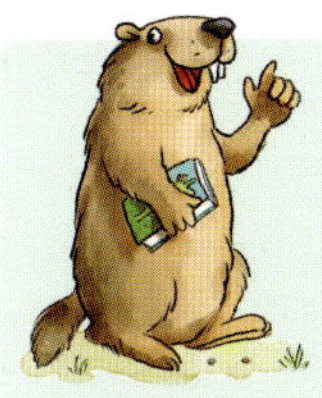

Hallo Kinder,

Minigolf ist ein lustiges Spiel, das aber durchaus Konzentration erfordert. Mittels eines Minigolfschlägers müsst ihr versuchen, einen kleinen Ball über das Spielfeld zu bewegen und in ein Loch zu befördern. Verschiedene Hindernisse erschweren euch das Ganze. Insgesamt habt ihr 6 Schläge pro Bahn. Schafft ihr es nicht, mit 6 Schlägen den Ball in das Loch zu bringen, gibt es einen Strafpunkt und die Runde ist zu Ende. Auch wenn ihr den Ball aus der Bahn schlagt, gibt es einen Strafpunkt. Es gewinnt derjenige, der auf allen Bahnen zusammengerechnet die wenigsten Schläge benötigt hat. Also bleibt immer ruhig und konzentriert euch, dann schafft ihr das mit Links und zeigt euren Eltern, wie es geht.

der Wendepunkt der Tour, von dem aus es nach einer weiteren Minigolfpartie zurückgeht. Doch vorher wartet noch der große Naturspielplatz auf die kleinen Besucher.
Der Rückweg verläuft fast genau wie der Hinweg, bis auf die Ausnahme, dass wir am Alpengasthof Bidner nicht wieder über den Spielplatz auf den kleinen Pfad abzweigen, sondern dem Fahrweg weiter bergauf folgen. Dabei treffen wir auf die vorletzte Spielrunde. An der Talstation des Sesselliftes gehen wir zunächst vorbei und geben noch nicht vorschnell die Minigolfschläger ab, denn die letzte Station des Abenteuer-Minigolfs befindet sich beim Gasthaus **Die Alm ❻**. Erst nachdem das Spiel entschieden ist, führt uns der Weg erneut zur **Talstation ❷**, wo wir die Ausrüstung zurückgeben, und daraufhin die letzten Meter zum **Wanderparkplatz ❶**.

Reichlich Spaß für Groß und Klein ist entlang des Weges geboten.

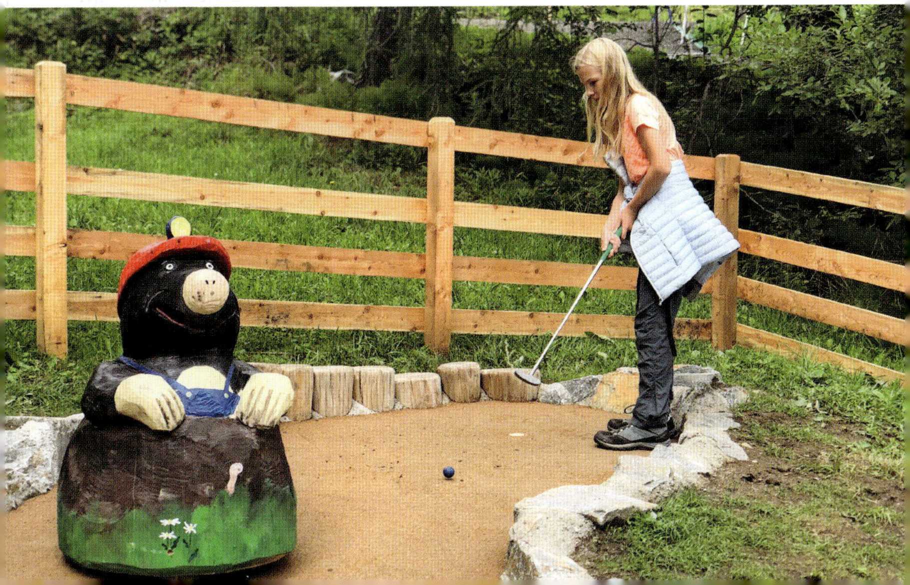

4

4.00 Std. | 9.6 km | ↗ 500 m | ↘ 500 m | ab 6 Jahren

Neue Thurner Alm, 2052 m

Rundwanderung über den Sonnensteig

Idyllische Almwanderung ins Helenental

Diese Wanderung von Alm zu Alm übers Zettersfeld in das benachbarte Tal unterhalb der Schleinitz zeigt die gesamte Schönheit des Almsommers. Hier oben erleben wir hautnah das Leben der Bergbauern und ihrer Tiere. Friedlich grasen Kühe und Pferde auf den endlos erscheinenden Weiden, gackern die Hühner und mähen die Menschen an den steilen Hängen das Gras. Urige Holzhütten schmiegen sich an den Berg. Frisches Wasser fließt aus den Quellen und sorgt für eine herrliche Erfrischung. Eine Genusswanderung für die ganze Familie.

Ausgangspunkt: Wanderparkplatz am Zettersfeld, 1832 m (Navi: Zettersfeld 1, 9900 Lienz). Anfahrt über die kostenpflichtige Mautstraße von Thurn; kostenloser Parkplatz an der rechten Straßenseite kurz vor dem Sporthotel Hochlienz.
Anreise mit ÖV: Mit der Postbus-Linie 1 (Gaimberg – Lienz Bf – Tristach) oder Linie 2 (Amlach – Lienz Bf – Gaimberg) bis zur Haltestelle Gaimberg Zettersfeldbahn (die Nutzung mit Gästekarte ist kostenlos). Von dort Auffahrt auf das Zettersfeld mit der Seilbahn (Infos und Preise: www.lienzer-bergbahnen.at).
Ausrüstung: Gut profilierte Trekking- oder Bergschuhe. Leckereien für ein Picknick an der Rottmannalm und der Neuen Thurner Alm.
Anforderungen: Die Wege sind überwiegend gut ausgebaut, nur beim Abstieg von der Rottmannalm über den Sonnensteig und auf dem Rückweg Richtung Speicherteich ist ein Steig zu nutzen. Für diese zwei Abschnitte ist etwas Trittsicherheit nötig, insgesamt ist die Tour aber nicht schwierig.
Einkehr: Unterwegs keine. Am Ausgangspunkt: **Die Alm**, Zettersfeld 4, 9904 Thurn, Tel. +43 676 6615785, geöffnet zu den Betriebszeiten der Bergbahnen. **Sporthotel Hochlienz**, Zettersfeld 1, 9904 Thurn/Lienz, Tel. +43 4852 6661, www.sporthotel-hochlienz.at.

Noch ein paar Schritte weiter und die Rottmannalm ist erreicht.

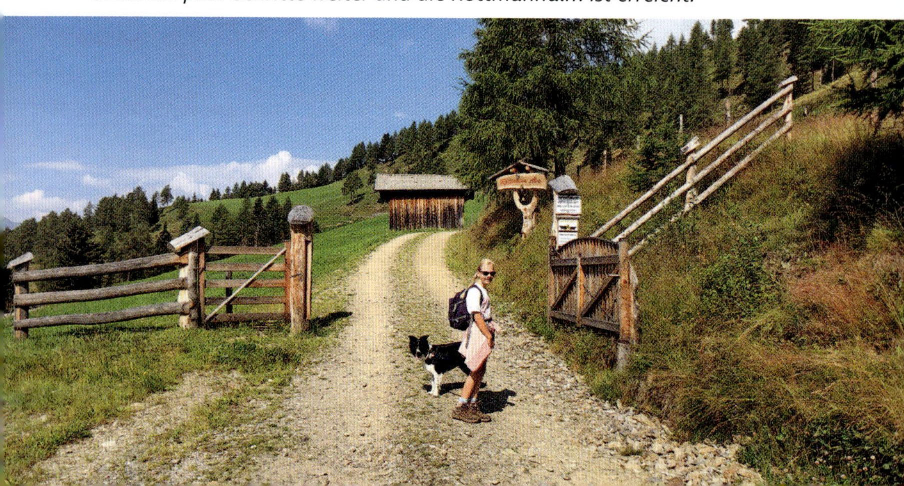

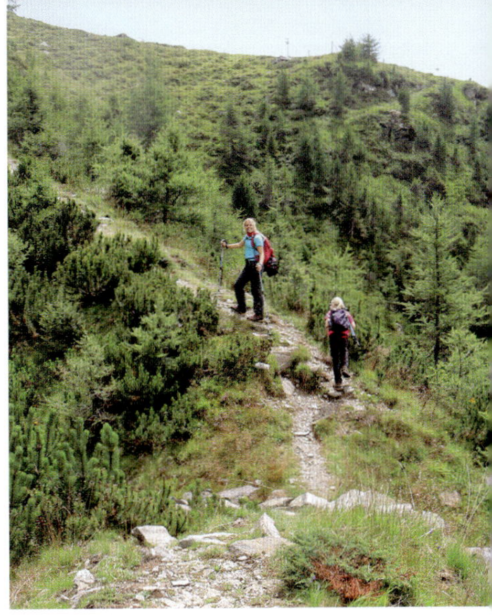

Am Übergang vom Helenental zum Zettersfeld.

Vom **Wanderparkplatz am Zettersfeld ❶** gehen wir zunächst einen kurzen Bogen in Richtung Sporthotel, steigen vorher aber nach links zu den Almappartements auf und zweigen kurz darauf ein weiteres Mal links ab, um auf den parallel zur Straße verlaufenden Wanderweg in Richtung Rottmannalm zu gelangen. Wir überqueren das Gatter über die Tritthilfe und bewegen uns jetzt auf dem breiten Weg gemächlich bergan. Am Almgüterfahrweg zum Steinermandl halten wir uns links, passieren das Tor und erreichen die Zettersfeldstraße, der wir nun ein kurzes Stück nach rechts folgen müssen. Hinter der Kurve führt uns der Weg dann zur **Rottmannalm ❷**, 1894 m, die wir etwas weiter oben am Hang bereits erkennen können. Oben angekommen, lädt eine urige Sitzgruppe zu einer Pause ein. Die Alm ist nicht bewirtschaftet, aber aus einer Quelle fließt frisches Wasser für eiskalten Trinkgenuss.

Rechts neben der Alm durchschreiten wir dann ein kleines Holztor und umrunden das Gebäude. Wir folgen dem Wegweiser »Sonnensteig«. In einem S-förmigen Bogen geht es vorbei an den duftenden Almwiesen und alsbald erreichen wir ein unscheinbares Gatter. Hier beginnt der **Sonnensteig**, der uns jetzt abwärts in das angrenzende Tal leitet. Der dichte Wald, der den Hang begrünt, und die üppige Vegetation schaffen ein nahezu urwaldähnliches Gefühl, während wir Schritt für Schritt nach unten steigen. Durch ein weiteres Gatter erreichen wir schließlich wieder einen breiten Wanderweg, an dem wir nach links abzweigen. Auf gleicher Höhe bleibend, wandern wir

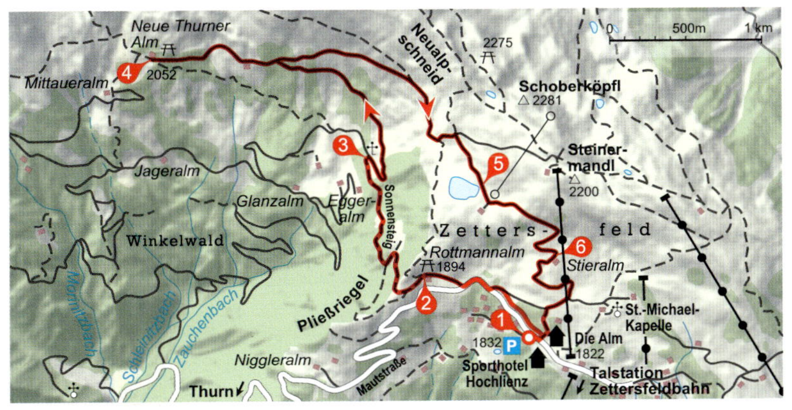

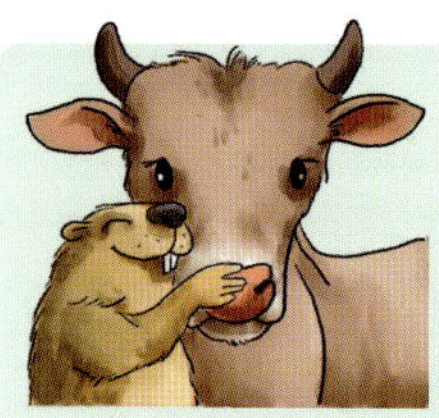

Hallo Kinder,

nicht nur Kühe und Schafe sind in den Sommermonaten auf den Almen anzutreffen, sondern auch Pferde. Auf dem Zettersfeld bei der Stieralm weidet im Sommer eine besonders große Herde. Pferde verschiedenster Rassen und Größen genießen den Aufenthalt hier oben. Und tatsächlich ist es so, dass sowohl die Umgebung den Pferden gut tut als auch die Pferde der Umgebung. Ein Bergsommer auf der Alm ist für Pferde genauso ein Urlaub wie für euch – erholsam. Hier oben wachsen gesunde Bergkräuter, die die Tiere fressen und die zu ihrem Wohlbefinden beitragen können. Außerdem helfen die Pferde bei der Landschaftspflege, denn sie mögen auch gerne die Pflanzen, die die Kühe verschmähen und die sich sonst zu stark ausbreiten würden.

parallel zum Hang. Unser Weg macht eine leichte Rechtswendung und trifft später an einem **Jesuskreuz** ❸ auf den Fahrweg, der von Thurn heraufkommt und zu den Almen des Tales führt. Auf einer Bank unter dem Kreuz können wir eine kurze Pause einlegen. Im Anschluss halten wir uns nach rechts und folgen nun dem Fahrweg bergauf, der uns auf direktem Weg zur Neuen Thurner Alm bringt. Verstreut liegen zahlreiche Almhütten im Sonnenschein und die Zufahrtswege schlängeln sich durch das hübsche Tal, über dem das imposante Massiv der Schleinitz thront. An der **Neuen Thurner Alm** ❹, 2052 m, empfängt uns schließlich ein schöner Picknickplatz mit Bänken und Tisch und einem traumhaften Blick auf Lienz, die Dolomiten, das Schleinitzhüttl und die Schleinitz. Frisches Wasser sprudelt aus einer Quelle in einen Trog, und so können wir uns herrlich erfrischen und dabei das atemberaubende Panorama genießen, ehe wir die Rundwanderung fortsetzen.

Zunächst gehen wir ein Stück zurück in die Richtung, aus der wir gekommen sind. Bald treffen wir auf einen Wegweiser, der uns den Weg zum Steinermandl ankündigt. Hier schwenken wir nach links und haben wieder ein Stück bergauf vor uns. Wir passieren einen urigen Holzunterstand, und etwas weiter fließt erneut frisches Quellwasser aus dem Berg. Kurz bevor der breite Wanderweg in einer Sackgasse endet, knickt ein urtümlicher Steig rechts ab. Dieser geleitet uns nun durch eine Mulde bis auf den gegenüberliegenden Hang des Zettersfelds.

Dort angekommen nehmen wir den Weg halb links, durchqueren die

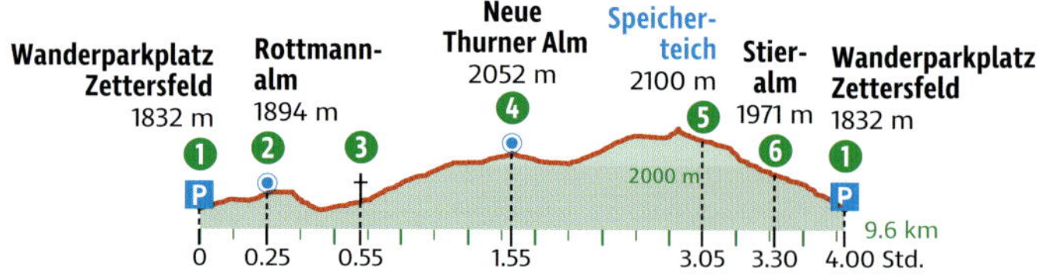

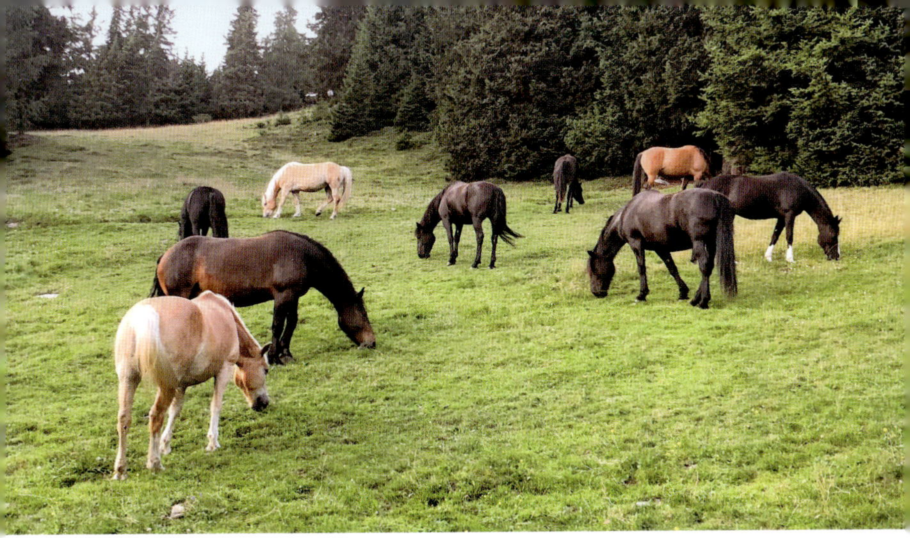

Auf den Weiden am Zettersfeld genießen die Pferde die Sommermonate.

Wiese und kommen zum Fahrweg, an dem wir rechts abzweigen. Am **Speicherteich ❺** auf dem Lackenboden, der im Sonnenlicht glitzert, können wir wieder die traumhafte Aussicht auf die Umgebung genießen und auf einer der Bänke Platz nehmen. Alsdann passieren wir eine idyllische Almhütte und einen Skilift. Auf den Weiden grasen friedlich die Kühe, und nachdem wir ein Tor durchquert haben, geht es in den Bereich der **Stieralm ❻**, auf deren Wiesen im Sommer etliche Pferde und Ponys weiden. Nach ein paar Kehren nähern wir uns einer Kreuzung. Links geht es über eine Brücke zur St.-Michael-Kapelle, wir aber bleiben noch ein Stück auf dem Weg, bevor wir links über den Skihang zum Zettersfeld absteigen und bald darauf wieder am Ausgangspunkt sind. Zu guter Letzt stehen am Zettersfeld noch zwei Einkehrmöglichkeiten zur Verfügung. Wir können uns für eine sonnige Pause mit Blick auf den Berg von der Terrasse des Sporthotels entscheiden, während der die Kinder auf dem hoteleigenen Spielplatz noch eine Runde toben können, oder für einen Aufenthalt auf der Alm mit Panoramaaussicht auf die Lienzer Dolomiten.

Highlights

- ★ Idyllische Rundwanderung am Zettersfeld.
- ★ Pausenplatz an der Rottmannalm sowie an der Neuen Thurner Alm mit frischem Quellwasser.
- ★ Aussichtsreicher Rastplatz am Speicherteich.
- ★ Pferde und Ponys bei der Stieralm.

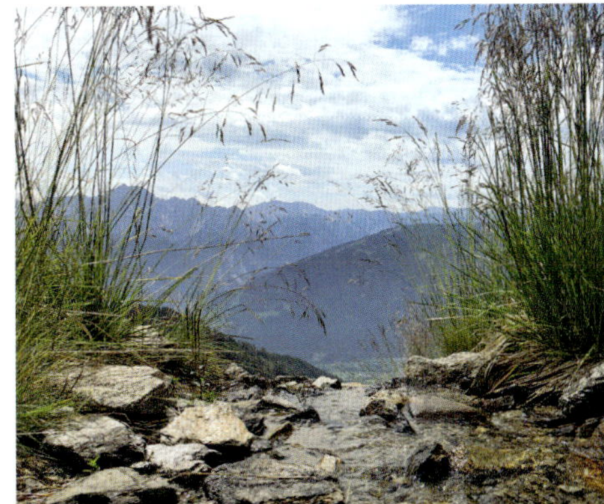

Kaltes Wasser sorgt unterwegs für Erfrischung.

2.30 Std. | 6.7 km | ↗ 240 m | ↘ 620 m | ab 6 Jahren

5 Goiselemandl, 2433 m

Vom Steinermandl auf's Goiselemandl

Kleiner Gipfel, großer Ausblick – die Pyramide vom Zettersfeld

Das Goiselemandl, von den Einheimischen meist als »Goisele« bezeichnet, ist ein markanter Gipfel vor dem großartigen Panorama der Schleinitz. Seine pyramidenförmige Gestalt ragt spitz aus dem Landschaftsbild empor und fällt sofort ins Auge. Ein so charakteristisches Aussehen ist nicht vielen Gipfeln vergönnt. Ein wenig erinnert der Anblick des Goiselemandl an den Großglockner, der der große Bruder sein könnte. Der Aufstieg auf das Goisele ist allerdings wesentlich einfacher und eine kinderfreundliche Tour, die zunächst mit einer gemütlichen Auffahrt mit dem Sessellift zum Steinermandl beginnt.

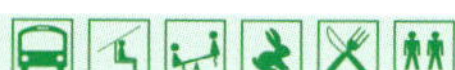

Ausgangspunkt: Wanderparkplatz am Zettersfeld, 1832 m (Navi: Zettersfeld 1, 9900 Lienz). Anfahrt über die kostenpflichtige Mautstraße von Thurn. Der kostenlose Parkplatz liegt an der rechten Straßenseite kurz vor dem Sporthotel Hochlienz.

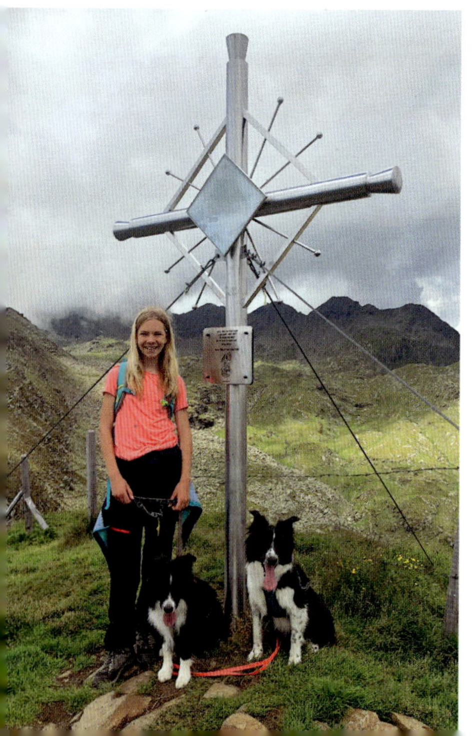

Anreise mit ÖV: Mit der Postbus-Linie 1 (Gaimberg – Lienz Bf – Tristach) oder mit Linie 2 (Amlach – Lienz Bf – Gaimberg) bis zur Haltestelle Gaimberg Zettersfeldbahn (die Nutzung mit Gästekarte ist kostenlos). Von dort Auffahrt auf das Zettersfeld mit der Seilbahn (Infos und Preise: www.lienzer-bergbahnen.at).

Ausrüstung: Knöchelhohe Bergschuhe.

Anforderungen: Etwas Trittsicherheit ist erforderlich, weil der Weg über einen Steig führt; grundsätzlich aber einfach zu gehen und ohne schwierige Passagen.

Einkehr: Am Ausgangspunkt: **Die Alm**, Zettersfeld 4, 9904 Thurn, Tel. +43 676 6615785, geöffnet zu den Betriebszeiten der Bergbahnen; **Sporthotel Hochlienz**, Zettersfeld 1, 9904 Thurn/Lienz, Tel. +43 4852 6661, www.sporthotel-hochlienz.at.

An der Bergstation: **Steinermandl Panoramarestaurant**, Zettersfeld Steinermandl, 9900 Lienz, Tel. +43 664 245 8484, www.steinermandl.com, geöffnet zu den Betriebszeiten der Bergbahnen.

Kurzvariante: Statt nur für den Aufstieg bis zum Steinermandl den Sessellift zu nutzen, kann dieser natürlich, insbesondere mit kleineren Kindern, auch für den Abstieg gewählt werden.

Am Goiselemandl: Stolz kommen die Kinder am Gipfelkreuz an.

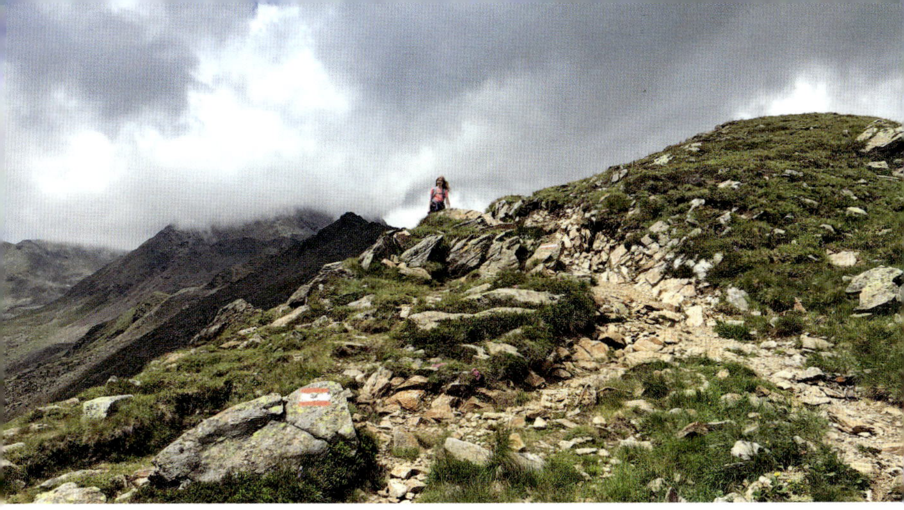

Je höher wir kommen, desto steiniger wir der Weg zum Goiselemandl.

Unser Startpunkt ist der **Wanderparkplatz am Zettersfeld ❶**. Von hier aus wandern wir zunächst ein kurzes Stück bergab in Richtung der **Talstation des Sesselliftes ❷**, den wir bereits vor Augen haben. Nach der aussichtsreichen Auffahrt erreichen wir die Bergstation **Steinermandl ❸**, 2200 m, steigen nach rechts aus und halten uns gleich darauf links den kleinen Hügel hinab zur großen **Infotafel ❹**. Dort beginnt der Aufstieg zum Goiselemandl. Wir verlassen den Almgüterfahrweg und zweigen nach rechts ab, um dem aussichtsreichen Steig zu folgen. Inmitten der weitläufigen Almwiesen geht es kontinuierlich bergan. Dabei haben wir das Ziel stets im Blick. Wir kreuzen einen Skilift und am nächsten Abzweig halten wir uns links. Der alpine Pfad schlängelt sich über den Bergrücken. Etwas weiter unten am Hang erkennen wir

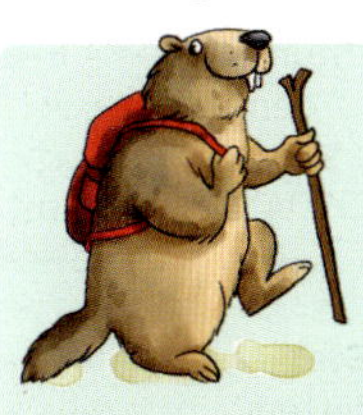

Hallo Kinder,

diese Wanderung beginnt mit einer fröhlichen Fahrt mit dem Sessellift, sodass ihr die ersten Höhenmeter bequem zurücklegen und euch den Sommerwind um die Nase wehen lassen könnt, während ihr den Ausblick genießt. Sessellifte und Seilbahnen sind heutzutage in den Bergen weit verbreitet und ein beliebtes Transportmittel. Ursprünglich wurden sie entwickelt, um Materialien den Berg hinauf zu transportieren. Auch heute noch werden mit Materialseilbahnen zum Beispiel Lebensmittel und Werkzeuge zu Schutzhütten gebracht, die mit dem Auto nicht erreichbar sind. In China und Japan soll es bereits vor Jahrtausenden die ersten ganz einfachen Seilbahnen gegeben haben; die Sessellifte und Seilbahnen, wie ihr sie heute kennt, haben ihren Ursprung im Wintersport-Tourismus, der etwa ab 1930 einsetzte. Die höchste Seilbahn Österreichs befindet sich übrigens am Pitztaler Gletscher und führt hinauf bis auf 3440 Meter.

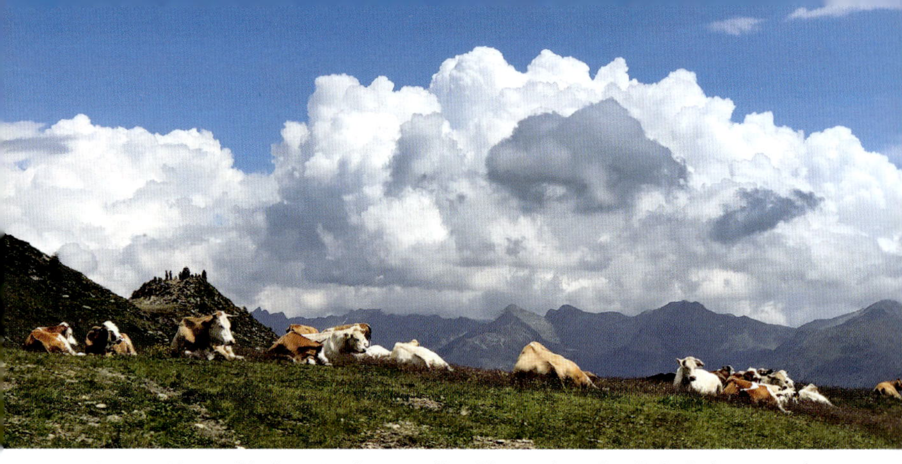

Immer Abstand halten! Auch wenn die Kühe noch so friedlich da liegen und zum Streicheln verlocken.

den Speicherteich und auf der gegenüberliegenden Talseite begleitet uns das imposante Panorama der Lienzer Dolomiten. Am nächsten Abzweig haben wir das Ziel schon fast erreicht. Hier biegen wir rechts ab und steigen nun steil zum Gipfel empor. Die Passage ist im Großen und Ganzen unschwierig. Zur nach links abfallenden Flanke begleitet uns ein Zaun, sodass an dieser Stelle für ein sicheres Gefühl gesorgt ist. Am Gipfelplateau des **Goiselemandl** ❺, 2433 m, erwartet uns ein grandioser Ausblick in Richtung Schleinitz und Sattelköpfe. Wir erkennen die Neualplschneid, über die sich ein Steig windet, und etwas weiter unten den Weg zu den Neualpseen, die sich allerdings hinter den Bergkuppen verstecken (siehe Tour 1).

Nach einer ausgiebigen Pause geht es wieder bergab. Auf demselben Weg wie beim Aufstieg erreichen wir die **Bergstation Steinermandl** ❸, an der wir wieder auf den Almgüterfahrweg treffen. Diesem folgen wir jetzt, indem wir links abbiegen und hinter der Bergstation vorbeiwandern. Vorab können wir aber noch im Panoramarestaurant Steinermandl einkehren und uns stärken, bevor wir entweder mit dem Sessellift zurückfahren oder den Abstieg zu Fuß in Angriff nehmen.

Für den Abstieg verlassen wir den Fahrweg am nächsten Abzweig nach rechts und folgen dem breiten Wiesenweg bergab. Dieser führt uns sanft durch einen Geländeeinschnitt, der im Winter als Familienskipiste dient. Wir passieren ein Kuhgatter und einen meist etwas matschigen Bereich, in dem sich die Kühe gerne aufhalten. Erneut ein bisschen tiefer richten wir den Blick nach links und

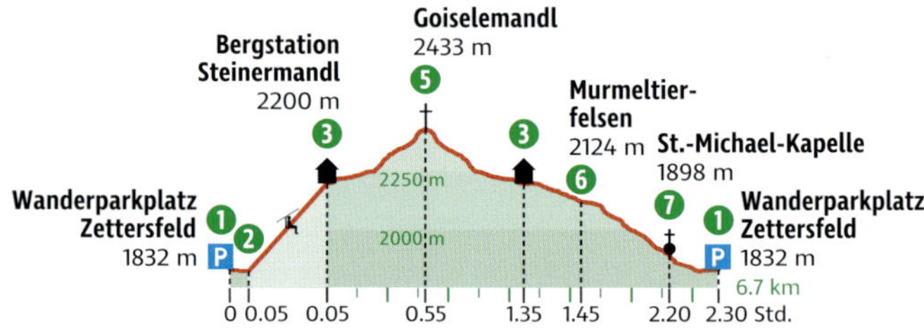

verhalten uns ganz ruhig, denn am **Murmeltierfelsen 6** haben wir eine gute Möglichkeit, die munteren Gesellen zu beobachten.
Anschließend wandern wir unterhalb des Faschingalmliftes weiter und müssen nun gut aufpassen, um die kommende Weggabelung nicht zu verpassen. Der kleine Pfad versteckt sich zwischen den Wiesen, ist aber markiert und wir halten uns hier nach rechts. Etwas später wird der Weg breiter und nach einem Linksknick können wir bereits die **St.-Michael-Kapelle 7** erkennen. Auf dem Platz vor der Kapelle bietet sich eine kurze Rast an, bevor es die letzten Meter zurück zum Ausgangspunkt geht. Entlang einer im Sommer meist eingezäunten Wiesenfläche – wenn wir Glück haben, weiden hier Pferde –, steigen wir den Berg weiter ab, indem wir uns nach links orientieren. Der hübsche Steig quert ein kleines Gatter. Dann durchwandern wir einen kleinen Bergwald mit urigen Fichten und erreichen alsbald wieder die offene Fläche des Zettersfelds. Noch einmal geht es durch ein Holztor, dann stehen wir schon fast auf der Terrasse der **Alm**. Hier können wir nun abschließend noch einkehren oder wir wandern rechter Hand auf der Zettersfeldstraße die letzten Meter zum **Wanderparkplatz 1** zurück.

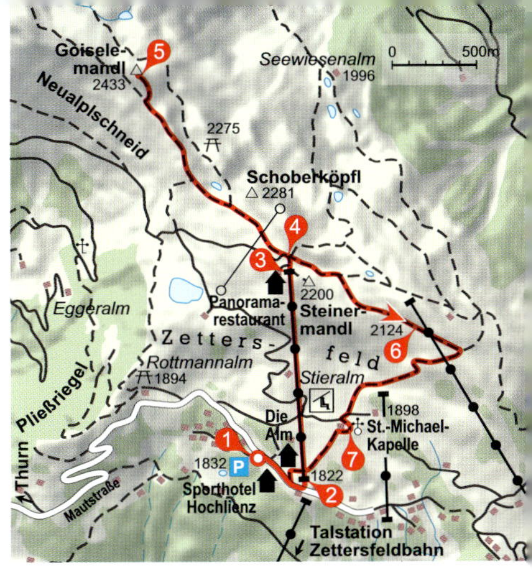

Highlights

★ Fröhliche Auffahrt mit dem Sessellift aufs Steinermandl.

★ Aussichtsreicher und markanter Gipfel mit herrlichem Ausblick.

★ Etliche Murmeltiere rund um das Steinermandl.

★ Einkehrmöglichkeiten mit Panoramaaussicht am Steinermandl (hier ist auch ein Spielplatz geplant; Stand 2022) und am Ausgangspunkt.

Am Murmeltierfelsen können wir mit etwas Glück und Geduld die putzigen Gesellen entdecken.

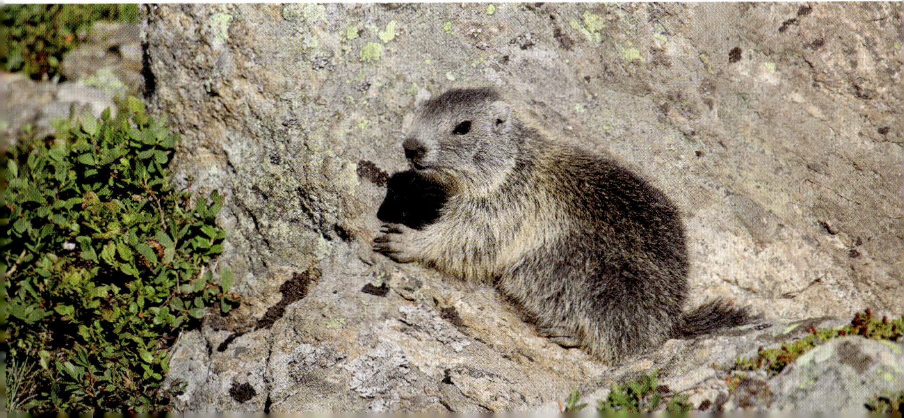

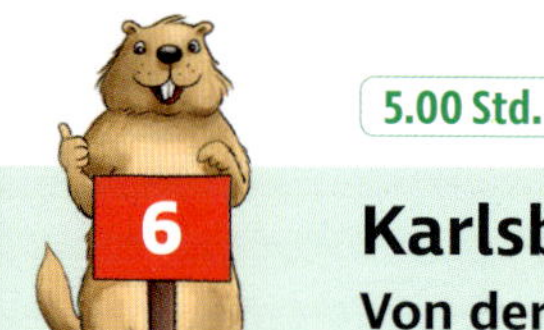

5.00 Std. | 12.7 km | ↗ 680 m | ↘ 680 m | ab 6 Jahren

Karlsbader Hütte, 2260 m

Von der Dolomitenhütte

Zum Laserzsee im Herzen der Lienzer Dolomiten

Eindrucksvoll thront die Karlsbader Hütte auf ihrem sonnigen Hochplateau im Herzen der majestätischen Lienzer Dolomiten. Mit ihrer Lage am tiefblauen Laserzsee zählt sie zu den schönsten Schutzhütten Osttirols. Die familienfreundliche Wanderung zur Karlsbader Hütte führt über einen Almgüterfahrweg und kann sogar mit Kinderwagen durchgeführt werden, wenngleich es dabei schon ein wenig anstrengend werden kann, diesen Kilometer für Kilometer über teils grob schottrigen Boden hinaufzuschieben. Lediglich bei der Umrundung des Laserzsees muss auf den Kinderwagen verzichtet werden. Wer es abenteuerlicher mag, kann während des Auf- und Abstiegs auch einen Steig nutzen und damit die Streckenlänge verkürzen. Der Steig kreuzt mehrfach den Hauptweg und kann wechselweise ausgewählt werden.

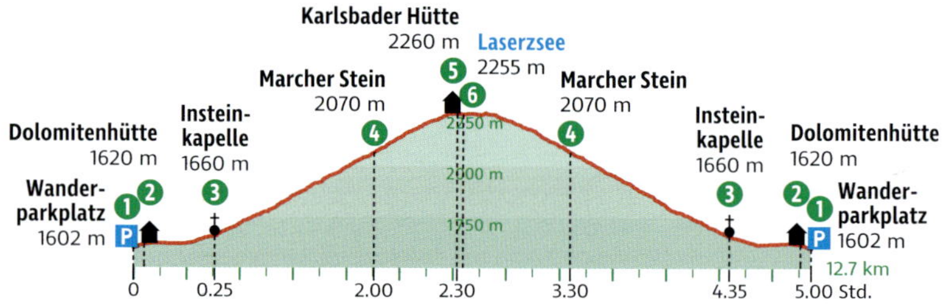

Das letzte Wegstück zur Karlsbader Hütte über den Steig bietet Spaß beim Kraxeln.

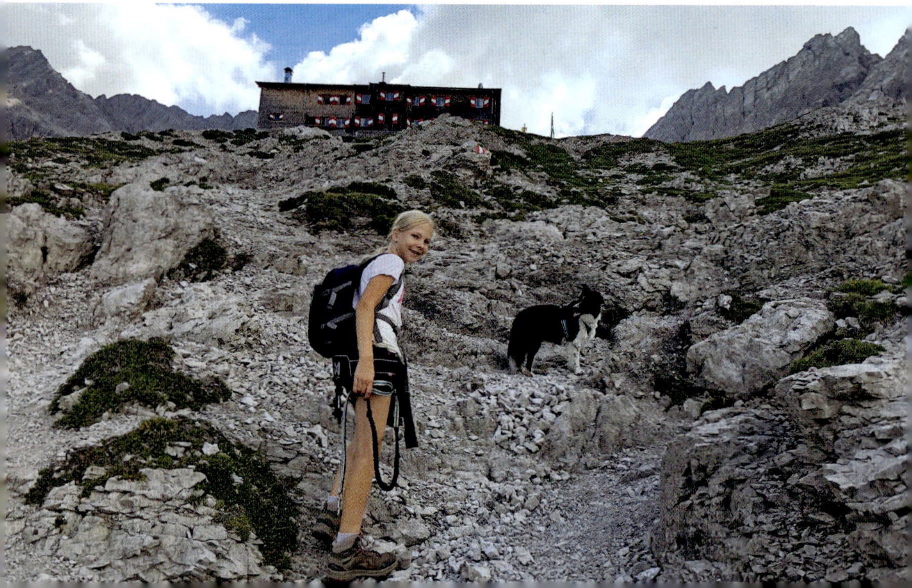

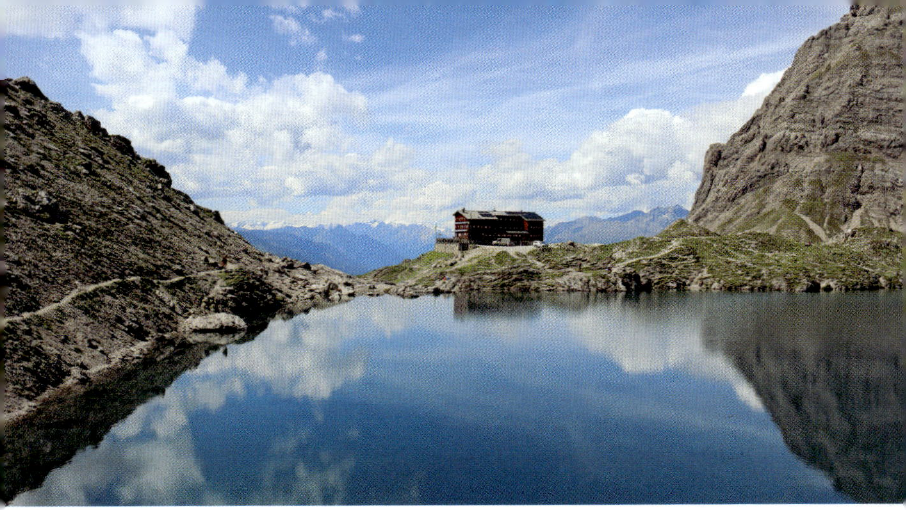

Die Karlsbader Hütte am tiefblauen Laserzsee.

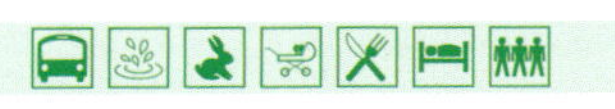

Ausgangspunkt: Parkplatz Dolomitenhütte, 1602 m (Navi: Dolomitenhütte 1, 9908 Amlach). Anfahrt von Lienz über Tristach und die Mautstraße ab Kreithof (Infos und Preise: www.dolomitenstrasse.at).
Anreise mit ÖV: Wanderbus ab Bahnhof Lienz zur Dolomitenhütte (verkehrt nur in den Sommerferien im Juli und August, nicht täglich, die Nutzung mit der Gästekarte ist ermäßigt; Kinder unter 12 Jahren fahren gratis, ab 5 Personen ist eine Voranmeldung erforderlich; Infos und Fahrzeiten unter www.osttirol.com/entdecken-und-erleben/sommer/gut-zu-wissen/wanderbus/).
Ausrüstung: Knöchelhohe Bergschuhe, falls der Steig genutzt wird, ansonsten ist für den Forstweg festes Schuhwerk ausreichend. Proviant für unterwegs sowie ein Handtuch für etwas Wasserspaß am Laserzsee.
Anforderungen: Einfache Wanderung, die auch für geländegängige Kinderwagen geeignet ist. Abschnittsweise (ohne Kinderwagen) kann ein Steig genutzt werden, der zwischendurch immer wieder auf den Fahrweg trifft. Dieser ist teilweise recht steil und anstrengend zu begehen, im Allgemeinen aber nicht schwierig. Der letzte Abschnitt zur Hütte über den Steig ist felsig, weshalb hier etwas Trittsicherheit nötig ist. Aufgrund der Streckenlänge ist etwas Ausdauer und Kondition erforderlich. Mit kleinen Kindern bietet sich auch eine Übernachtung auf der Hütte an.
Einkehr: **Karlsbader Hütte**, Tel. +43 664 9759998, www.karlsbaderhuette.at, geöffnet Juni bis September, Übernachtung in Matratzenlagern oder Zimmern möglich. **Dolomitenhütte**, Tel. +43 664 2253782, www.dolomitenhuette.at, Sommer und Winter geöffnet, Übernachtung in Zimmern möglich (sehr frühzeitige Reservierung nötig).

Highlights

★ Die Lage der Dolomitenhütte direkt am Abhang eines Felsen bietet einen spektakulären Anblick.

★ Große Wiese zum Spielen und Rasten direkt an der Insteinkapelle.

★ Unterwegs sind Begegnungen mit Schafen und – mit etwas Glück – auch mit Murmeltieren möglich.

★ Einkehr in der Karlsbader Hütte am tiefblauen Laserzsee, der zum Spielen am Wasser einlädt.

★ Die zerklüfteten Felswände der Lienzer Dolomiten bieten schönstes Hochgebirgsflair.

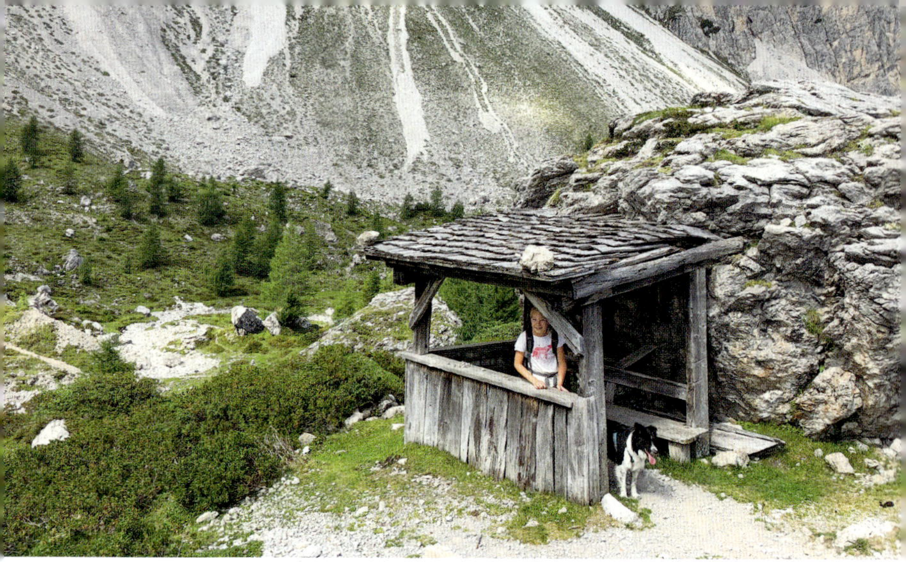

Gemütlicher Pausenplatz im Unterstand am Marcher Stein.

Der Ausgangspunkt zu dieser Wanderung ist der **Parkplatz Dolomitenhütte ❶** auf der Rückseite des Rauchkofels, der markant über Lienz thront. Von hier aus starten wir auf dem Forstweg in Richtung **Dolomitenhütte ❷**, 1620 m, die wir in nur wenigen Minuten erreichen. Ihre spektakuläre Lage am Rande eines senkrecht abfallenden Felsens wird erst deutlich, wenn wir ein Viehgatter passiert und ein weiteres kurzes Stück Weg zurückgelegt haben. Mit zunächst gemäßigter Steigung führt uns der Weg dann in das Tal hinein und wir erreichen die **Insteinkapelle ❸**, die an gefallene Krieger und verunglückte Bergsteiger erinnert. Kurz dahinter können wir uns an einer Quelle erfrischen, ehe es nun merklich aufwärts geht.

Wir folgen dem geschotterten Forstweg, der sich durch den Schatten spendenden Lärchenwald schlängelt, und kreuzen mehrfach den Steig. Zu unserer Linken ragen die Felswände

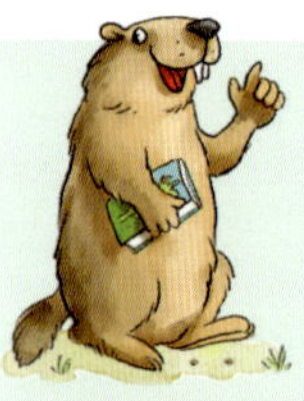

Hallo Kinder,

wer hätte das gedacht, dass sich inmitten der Lienzer Dolomiten ein Filmschauplatz befindet?! Im Jahr 2021 erschien der Film »Der Boandlkramer und die ewige Liebe«, (ab 6 Jahren), der in Osttirol gedreht wurde. Drehorte für die Komödie mit Hauptdarstellern wie Michael »Bully« Herbig (als der Tod, bairisch: der Boandlkramer) und Hape Kerkeling (als Teufel) waren der Laserzsee und der Weg zwischen Dolomiten- und Karlsbaderhütte, auf dem ihr bei dieser Tour wandert. Der Film war das letzte Werk des bekannten Regisseurs Joseph Vilsmaier. In dieser lustigen Komödie verliebt sich der Boandlkramer in die Gefi (gespielt von Hanna Herzsprung) und geht einen Pakt mit dem Teufel ein.

der Laserzwand empor und zu unserer Rechten die charakteristischen Zacken der Gamswiesenspitzen.
Schließlich erreichen wir den sogenannten **Marcher Stein ❹**, einen beeindruckenden Felsblock am Wegesrand, hinter dem sich ein kleiner Unterstand mit Sitzbank befindet. An dem Felsen erinnert eine Bronzetafel an den Bergführer Matthias Marcher, den Erschließer dieser Bergwelt. Von hier aus öffnet sich der Blick nach links ins Tal hinein und wir können die Karlsbader Hütte bereits erkennen. Es ist noch ein Stück zu gehen, aber nachdem wir das Ziel schon unmittelbar vor Augen haben, wandern wir umgeben von der eindrucksvollen Bergkulisse motiviert weiter. Während der am Marcher Stein erneut abzweigende Steig unten entlang des Laserzbachs durch den Talkessel führt und erst nahe der Karlsbader Hütte über einen Felsbuckel nach oben verläuft, macht der Forstweg einen weitläufigen Schwenk zur linken Talseite, ehe er uns in einem letzten Rechtsbogen zur **Karlsbader Hütte ❺**, 2260 m, bringt. Hier haben wir uns eine Einkehr verdient, entweder im Sonnenschein auf der Außenterrasse mit herrlichem Panorama auf die umliegenden Gipfel oder im gemütlichen Inneren der Hütte.
Zu den Highlights der Tour gehört die anschließende Umrundung des Laserzsees. In seiner glatten blauen Oberfläche spiegeln sich die majestätischen Gipfel. Mehrere kleine Pfade führen uns von der Hütte nach rechts, vorbei einem kleinen See, zum großen **Laserzsee ❻**, den wir gegen den Uhrzeigersinn komplett umrunden. Der Weg ist steinig, etwas

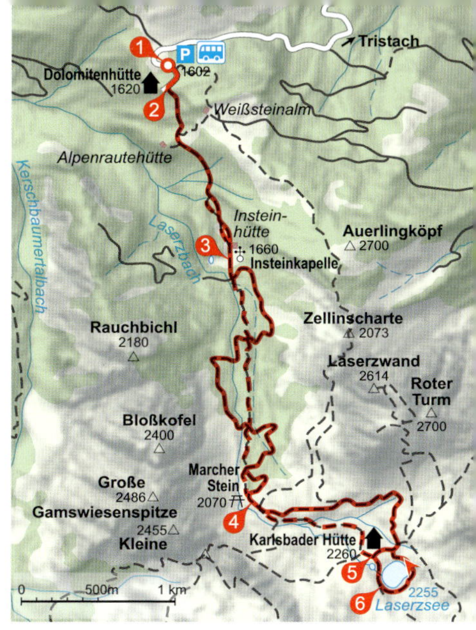

abenteuerlich, aber nicht schwierig und verläuft oberhalb des Ufers im leichten Auf und Ab. Zwischendurch gibt es immer wieder Möglichkeiten, ans Wasser zu gehen.
Wir erreichen nach der Umrundung wieder den Hüttenweg, dem wir für den Abstieg genauso wie auf dem Hinweg folgen. Kurz vor dem Parkplatz bietet sich noch die Gelegenheit zur Einkehr in der **Dolomitenhütte ❷**, bevor es heimwärts geht.

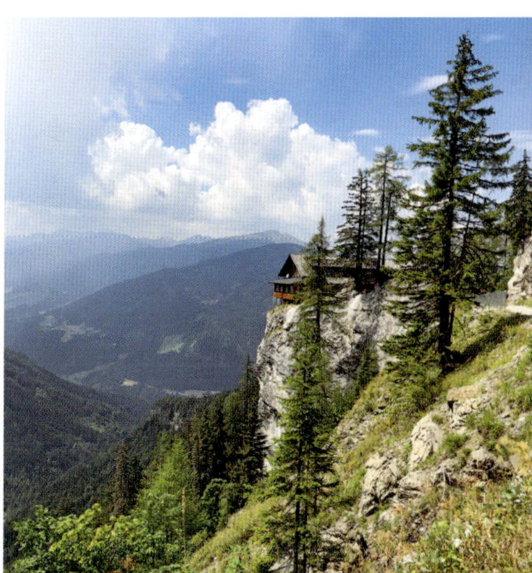

Spektakuläre Lage am Fels: die Dolomitenhütte.

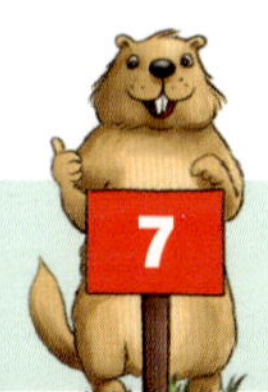

5.30 Std. | 10.6 km | ↗ 820 m | ↘ 820 m | ab 6 Jahren

Kerschbaumeralm Schutzhaus, 1902 m

Entlang des Kerschbaumertalbachs

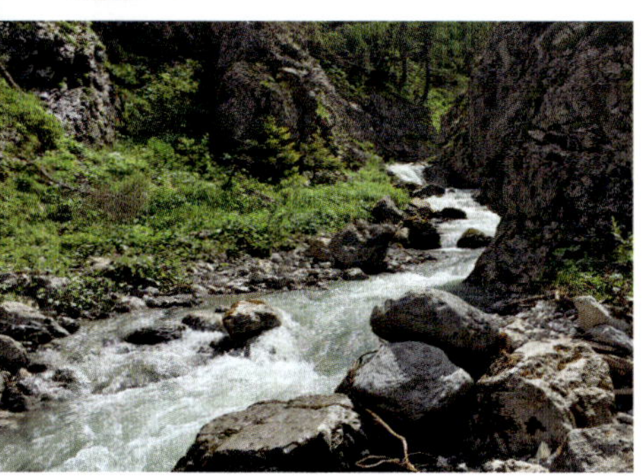
Der Kerschbaumertalbach.

Rauschendes Wasser und ein wildromantisches Hochtal

Unterschiedlicher und atemberaubender kann sich das Element Wasser auf einer Wanderung nicht präsentieren. Gleich zu Beginn stürzt sich der Galitzenbach tosend unterhalb dem Klammbrückl durch die steilen Felswände und bietet ein einzigartiges Naturschauspiel. Kurz darauf besuchen wir die beschauliche Hirschbrunnquelle, während wir am Klapffall wieder die Wassergewalten spüren. Durch die Ebene des Kerschbaumertals schlängelt sich der Kerschbaumertalbach über sein steinernes Bett und lädt zum Wassertreten ein. Nach all dem lockt umgeben von majestätischen Gipfeln die Kerschbaumeralm mit hausgemachten Speisen.

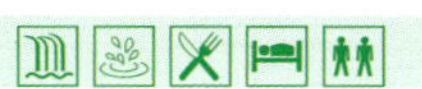

Ausgangspunkt: Kostenfreier Wanderparkplatz Klammbrückl, 1096 m (Navi: N46.790469, E12.764547). Anfahrt von Lienz über die B100 Richtung Leisach-Gries, nach ca. 1,5 km links abbiegen und über eine Holzbrücke dem Straßenverlauf und der Beschilderung in Richtung Kerschbaumeralm und Klammbrückl folgen, eine schmale Asphalt-/Schotterstraße führt den Berg hinauf bis zum Ausgangspunkt.
Anreise mit ÖV: Nicht möglich.
Ausrüstung: Knöchelhohe Bergschuhe, ausreichend Proviant für unterwegs.
Anforderungen: Trittsicherheit ist erforderlich; bis zum Beginn der Materialseilbahn verläuft die Tour auf einem Almgüterfahrweg, anschließend über einen Steig. Aufgrund der Streckenlänge und des Höhenunterschieds sind auch Ausdauer und Kondition nötig.
Einkehr: Kerschbaumeralm Schutzhaus, Kerschbaumeralm 1, 9908 Amlach, Tel. +43 664 3034647 oder +43 664 2202725, www.kerschbaumer-alm.com, geöffnet von Juni bis September, Übernachtung möglich (4 Zimmer, 20 Lager, Reservierung nur telefonisch).

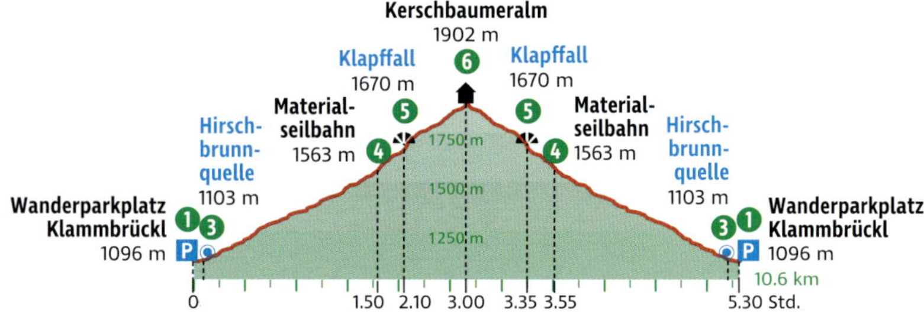

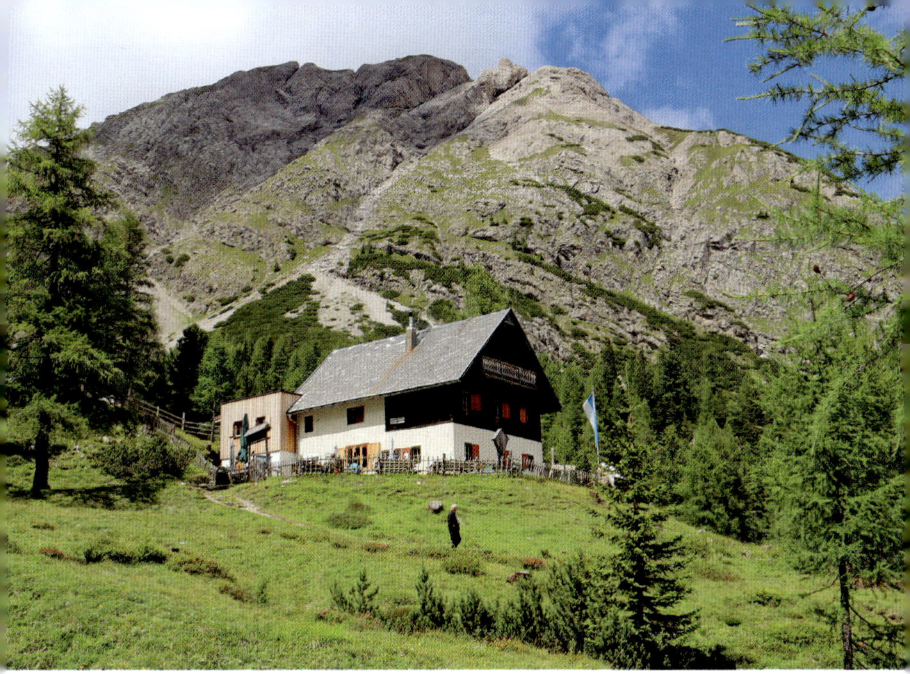

Das Kerschbaumeralm Schutzhaus liegt idyllisch im Talschluss vor einer großartigen Bergkulisse.

Der erlebnisreiche Teil der Tour beginnt bereits mit der Auffahrt über die schmale und kurvige Straße zum Ausgangspunkt am **Wanderparkplatz Klammbrückl ❶**. Von hier aus folgen wir zu Fuß den Wegweisern in Richtung Kerschbaumeralm. Das **Klammbrückl ❷** selbst erreichen wir nach nur kurzer Strecke. Für den Aufstieg zur Kerschbaumeralm wandern wir daran jedoch rechts vorbei; es lohnt sich allerdings, einen kurzen Abstecher auf die Brücke zu machen, um zu sehen, wie spektakulär sich der Galitzenbach rauschend seinen Weg durch die steilen und engen Felswände bahnt.

Nur kurze Zeit später gelangen wir zur **Hirschbrunnquelle ❸**, die sich etwas links unterhalb des Weges befindet. Ein Rastplatz lädt zum Verweilen ein, während das frische Quellwasser in einen Trog plätschert. Dann folgen wir weiter dem Forstweg durch schattigen Wald in das Tal hinein. Zwischendurch kreuzen wir immer wieder einen Steig, der

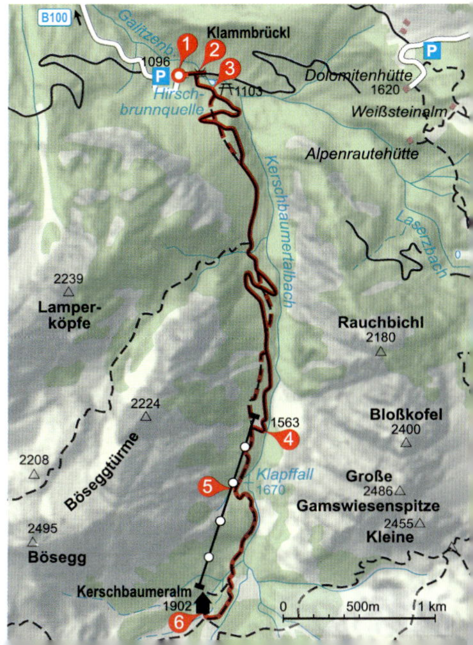

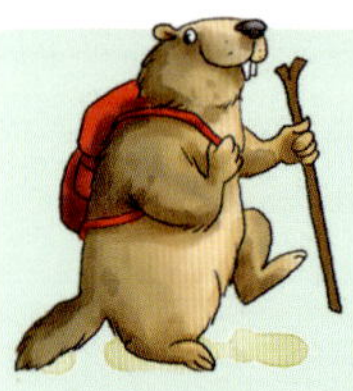

Hallo Kinder,

etwas oberhalb des Klammbrückls vereinen sich der Kerschbaumertalbach und der Laserzbach zum Galitzenbach, der sich in seinem weiteren Verlauf durch die steilen Felswände der Galitzenklamm stürzt. Vom Klammbrückl bekommt ihr einen ersten aufregenden Einblick in die Klamm. Für noch mehr Abenteuer lohnt sich im Anschluss an die Tour oder für einen separaten Tag ein Ausflug in den Wassererlebnispark Galitzenklamm selbst. Hier könnt ihr auf Holzstegen in die Klamm vordringen und euch hinterher noch auf dem Wasserspielplatz oder im Hochseilgarten austoben (siehe Freizeittipp C2).

alternativ für den Aufstieg genutzt werden kann und den Weg etwas abkürzt. Je höher wir gelangen, desto lichter wird die Vegetation. Fichten und Lärchen säumen den Weg und das Panorama wird kontinuierlich alpiner. Schroffe Felswände ragen rund um uns herum in dem immer enger werdenden Talkessel auf. Wir erreichen die Talstation der **Materialseilbahn** ❹ zur Kerschbaumeralm und wenig später endet auch der Forstweg und geht in einen alpinen Steig über. Auf einer Höhe von 1670 m sehen wir den **Klapffall** ❺, der über die vor uns liegende Felsstufe rauscht. Der Wegverlauf wird deutlich steiler und wir gewinnen

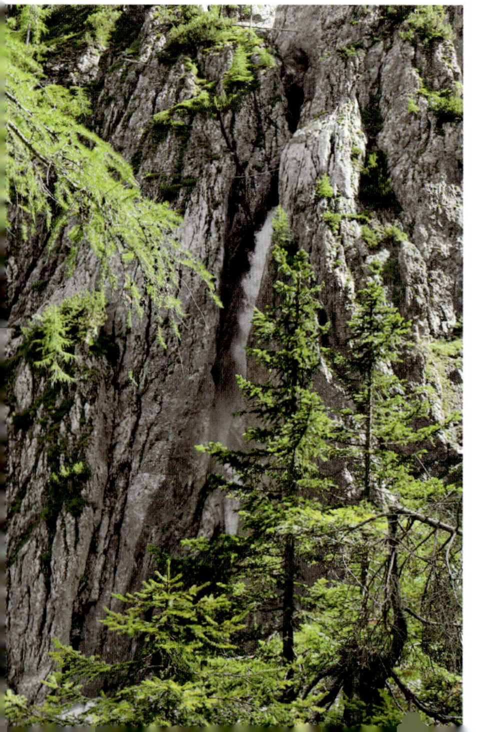

Highlights

★ Beeindruckender Blick vom Klammbrückl in die tiefe Klamm des Galitzenbachs.

★ Auffüllen der Trinkflaschen an der Hirschbrunnquelle.

★ Der Klapffall ist ein Hingucker am Wegesrand, durch dessen Schlucht sogar ein Klettersteig führt (Verborgene Welt, Schwierigkeit C/D für Geübte).

★ Füße kühlen und Spielen am Kerschbaumertalbach.

★ Einkehr im Kerschbaumeralm Schutzhaus in eindrucksvoller Lage vor markanten Gipfeln wie der Weittalspitze oder dem Kreuzkofel. Eine Seilbahn zwischen den Bäumen lockt zu einer heiteren Fahrt.

Der Klapffall, durch dessen Schlucht auch der Klettersteig verläuft.

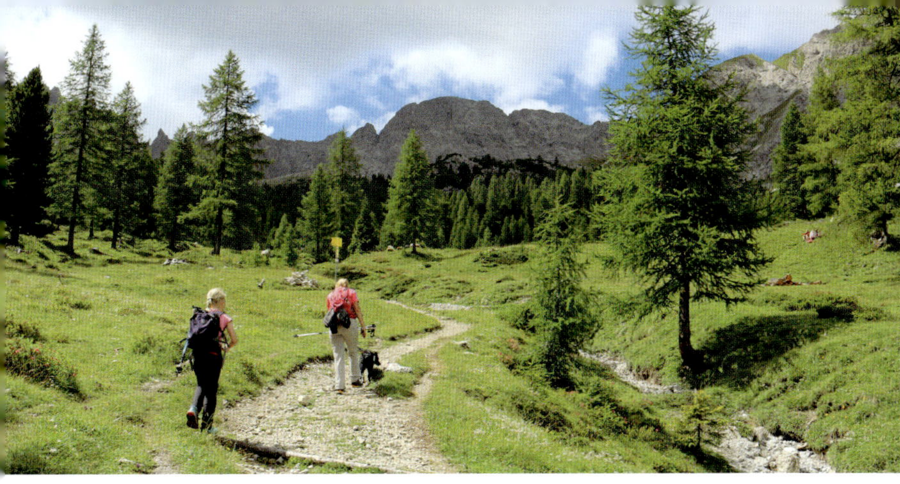

Lärchen säumen den Weg durch das Kerschbaumertal.

jetzt schnell an Höhe. Ein Geröllbett ist zu passieren, dann geht es teilweise über Stufen in Serpentinen aufwärts, bis die Geländestufe überwunden ist.

Oben ankommen liegt uns das wildromantische Kerschbaumertal zu Füßen. Der gleichnamige Bach rauscht durch die weitläufige Hochebene. Ein kühles Fußbad bietet sich hier an. Alpenrosen blühen. Zirben und Fichten begleiten uns längs des Pfades, der gemächlich ansteigt. Den Bach zu unserer Linken wandern wir immer geradeaus, unser Ziel erblicken wir aber erst kurz bevor wir es erreichen. Der Weg macht noch eine kurze Rechtskurve, dann stehen wir am **Kerschbaumeralm Schutzhaus ❻**, 1902 m, das auch liebevoll »Kerschi« genannt wird. Leckere hausgemachte Speisen verwöhnen hier die Wanderer. Für Kinder oder jung gebliebene Erwachsene gibt es eine Seilbahn, die zwischen die Bäume gespannt ist und zu einer heiteren Partie einlädt.

Der Rückweg verläuft wie der Hinweg und wir genießen dabei das Panorama in der entgegengesetzten Richtung. Zum Schluss können wir unsere Wasservorräte noch einmal an der **Hirschbrunnquelle ❷** füllen und am Klammbrückl einen letzten Blick in die Galitzenklamm werfen, bevor wir wieder den **Wanderparkplatz Klammbrückl ❶** erreichen.

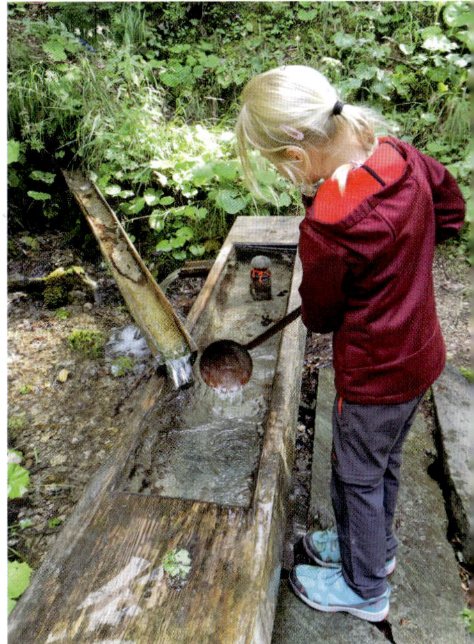

An der Hirschbrunnquelle können die Kinder Wasser schöpfen.

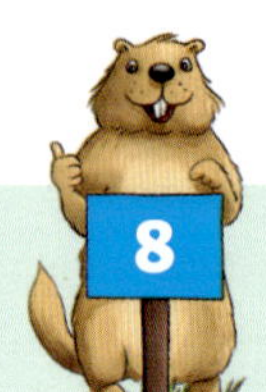

1.30 Std. | 3.8 km | ↗ 80 m | ↘ 80 m | ab 3 Jahren

Frauenbach Wasserfall

Rundweg von Wacht durch die Lavanter Forchach

Interessanter Naturlehrpfad und ein Hauch von Urwald
Neben dem eindrucksvollen Frauenbach Wasserfall, den wir von zwei Aussichtsplattformen aus bestaunen, wartet bei dieser Wanderung auch ein besonders schöner und kinderfreundlicher Lehrweg zu zahlreichen Naturschönheiten auf kleine und große Besucher. Zunächst wandern wir entlang des Frauenbachs, der sich im Sommer nur als kleines Rinnsal durch sein breites Schotterbett schlängelt, dann durch einen urigen Wald, in dem auch zahlreiche Orchideensorten zu entdecken sind. Unter den Bäumen wuchert eine faszinierende, dichte Vegetation, die im Sommer zahlreiche Schmetterlinge anlockt. An der Auenlaue finden wir zu guter Letzt noch einen schönen Pausenplatz, an dem wir die Tour ausklingen lassen können.
Die Wanderung ist allerdings nicht täglich begehbar (siehe »Wichtiger Hinweis«). Bitte informieren Sie sich vorab über die aktuellen Zugangszeiten.

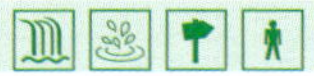

Ausgangspunkt: Kostenfreier Parkplatz im Lavanter Ortsteil Wacht, 645 m (Navi: Jakobsweg, 9900 Lavant Wacht). Anfahrt von Lienz über Tristach; alternativ über die B100 Richtung Kärnten, hinter Dölsach dann rechts Richtung Lavant abbiegen.
Anreise mit ÖV: Nicht empfehlenswert.
Ausrüstung: Trekkingsandalen oder Sportschuhe, Picknickutensilien sowie Badesachen, damit die Kinder im Frauenbach planschen können.

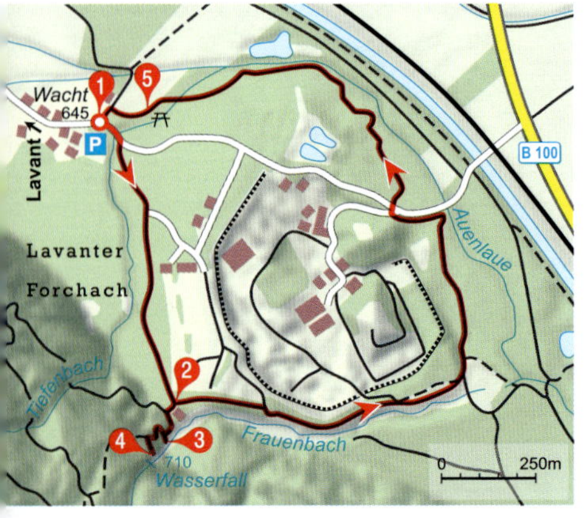

Anforderungen: Einfache Rundwanderung auf dem Lehrpfad. Größtenteils kinderwagengeeignet mit Ausnahme des Aufstiegs zu den Aussichtsplattformen am Wasserfall. Der Steig ist zur Seite hin mit einem Holzzaun gesichert und verläuft anfangs über eine Metallgittertreppe.
Einkehr: Unterwegs keine.
Wichtiger Hinweis: Der Wasserfall und ein Teilstück des Rundweges sind nicht täglich begehbar, da das Gelände für Schießübungen des österreichischen Bundesheers genutzt wird. Die jeweils wöchentlich variierenden Zugangszeiten können beim Tourismusverband Osttirol unter Tel. +43 50 212212 erfragt werden. Eine rote Fahne markiert die aktuellen Übungszeiten vor Ort. Das Gelände darf dann nicht betreten werden!

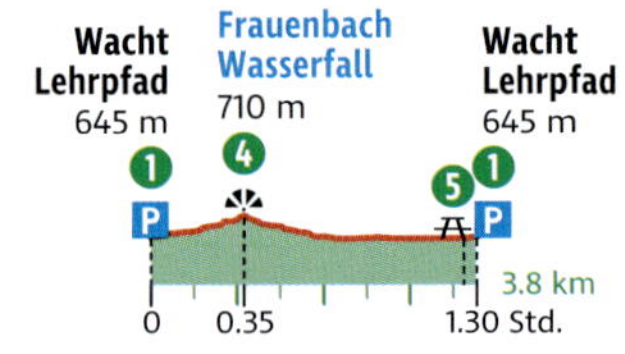

In zwei Kaskaden stürzt der Frauenbach Wasserfall über die Felsen.

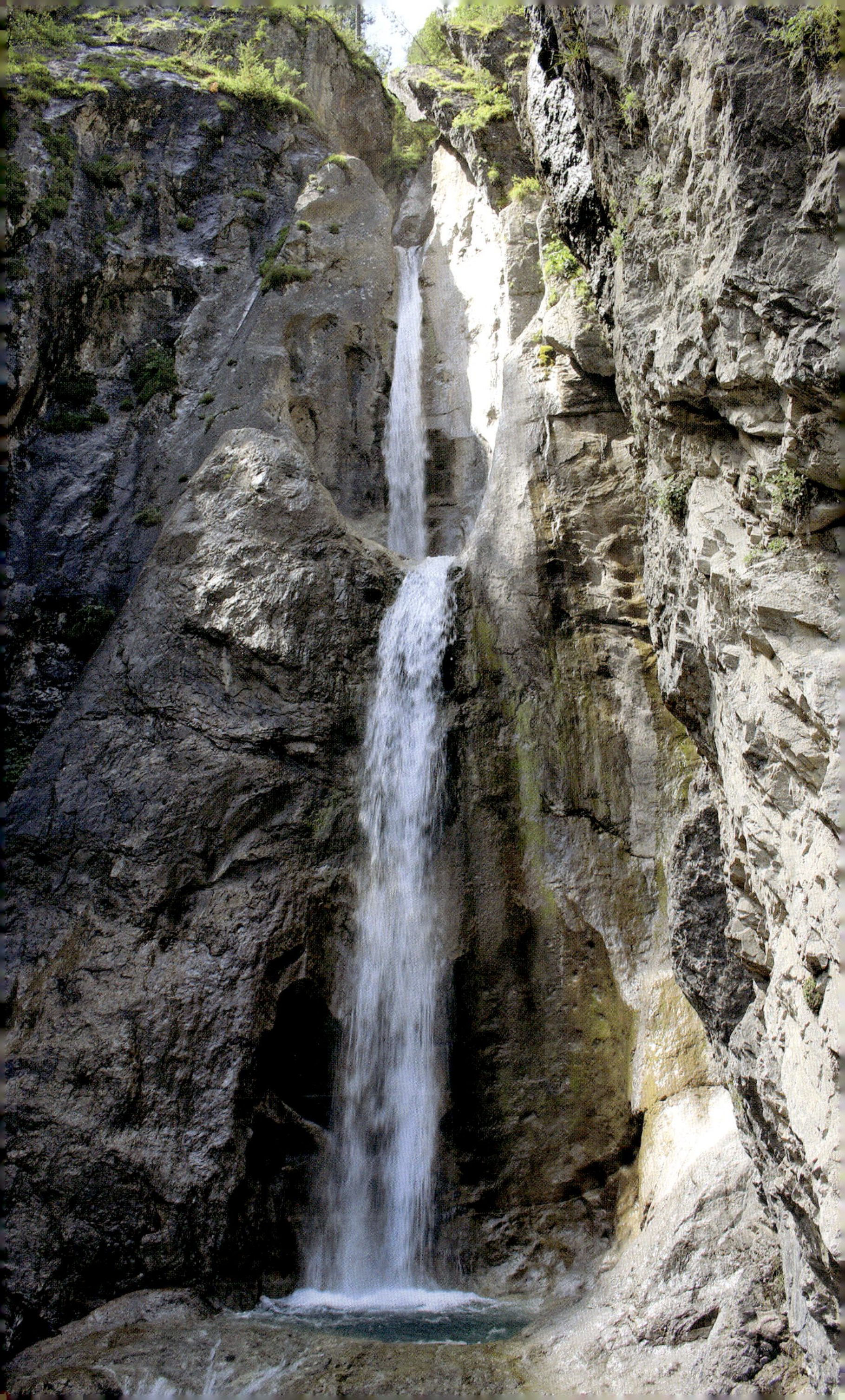

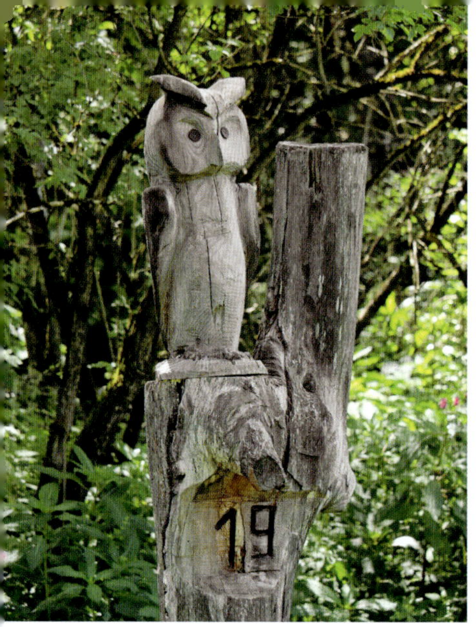

Am Naturlehrpfad gibt es viel zu entdecken.

Ausgangspunkt der Wanderung ist der Parkplatz im Lavanter Ortsteil **Wacht ❶** direkt an der Straße. Gegenüber befindet sich das Portal des Naturlehrpfads. Wir wandern gegen den Uhrzeigersinn, folgen für ein paar Schritte der Straße ortsauswärts und biegen bald rechts ab. Auf einem breit angelegten Forstweg, der etwas weiter hinten auch noch Parkmöglichkeiten bietet, gehen wir geradewegs in den Wald hinein. Mehrere Tafeln des Lehrpfades informieren uns über die Entstehung der Lavanter Forchach – dem Schwemmkegel des Frauenbachs – sowie über die hier vorkommenden Orchideenarten, nach denen wir nun Ausschau halten können. Dabei vergeht die Zeit bis zum Erreichen des Wasserfalls wie im Flug. Ein **Holzschild ❷** mit der Aufschrift »Frauenbach Wasserfall« weist uns den nun beginnenden Steig hinauf. Über ein paar im Waldboden angelegte Stufen schreiten wir der Schlucht entgegen. Dann erklimmen wir eine Metallgittertreppe, ehe sich der Pfad, der zum Rand hin mit einem Holzzaun gesichert ist, der ersten **Aussichtsplattform ❸** zuwendet und wir den Frauenbach Wasserfall aus nächster Nähe betrachten können. Imposant stürzt er sich über die mächtigen Felsen der Hochstadelnordwand hinab. Besonders an dieser Stelle lässt sich der feine Sprühnebel des Wasserfalls herrlich auf der Haut spüren. Anschließend steigen wir über den schmalen Steig weiter hinauf in die Schlucht, um auch die obere **Plattform ❹** zu besuchen. Etliche Liebesschlösser verzieren das Geländer dieses Aussichtsplatzes, von dem aus

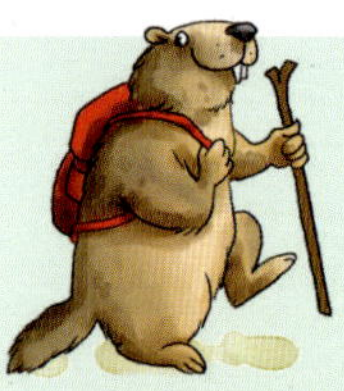

Hallo Kinder,

der Frauenbach Wasserfall ist ein Naturjuwel an der Hochstadelnordwand. Von zwei spektakulären, über dem Hang schwebenden Aussichtsplattformen könnt ihr die Kraft des Wassers bestaunen und den feinen Sprühnebel auf der Haut spüren. Im Laufe der Zeit hat das Wasser zwei Pools in den Felsen ausgehöhlt, in denen das Wasser im Sonnenlicht türkisblau glitzert. Unterhalb des tosenden Wasserfalls fließt der Frauenbach eher gemächlich durch sein steiniges Bachbett. Hier habt ihr die Gelegenheit, im Wasser zu planschen oder ein Picknick zu machen, bevor ihr euch auf den Rundweg begebt, auf dem es noch so einiges zu entdecken gibt.

Highlights

★ Der tosende Frauenbach Wasserfall mit zwei imposanten Felsstufen und spektakulären Aussichtsplattformen.

★ Bademöglichkeit im Frauenbach unterhalb des Wasserfalls.

★ Naturlehrpfad durch die »Lavanter Forchach« – ein orchideenreiches Naturjuwel.

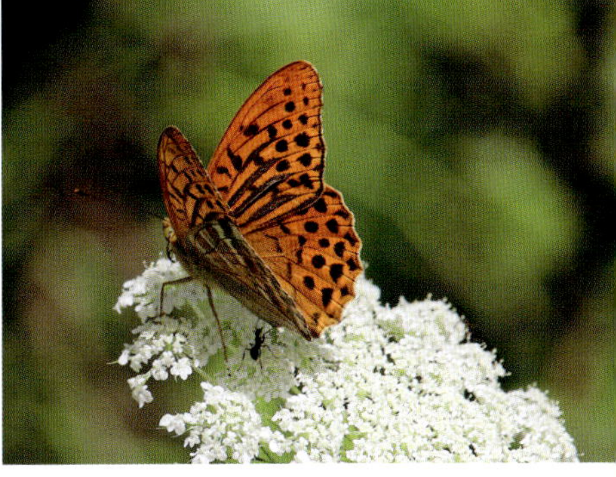

Schmetterlinge in den leuchtendsten Farben tummeln sich auf den Blüten.

wir in die bläulich schimmernden Gumpen hinunterschauen können. Während wir zu einer Seite den eindrucksvollen Wasserfall bestaunen, blicken wir in der Gegenrichtung ins Tal und auf den sich dort unten friedlich schlängelnden Frauenbach. Schließlich machen wir uns an den Abstieg und haben unten angekommen noch die Möglichkeit, am Bach zu rasten und zu planschen.

Dann gehen wir zurück bis zum Beginn des Wasserfallsteiges ❷ und halten uns jetzt nach rechts, um weiter dem Naturlehrweg zu folgen. Dieser verläuft nun eine ganze Weile parallel zum Frauenbach. Über ein paar angelegte Kaskaden fließt er ins Tal und in sein kontinuierlich breiter werdendes Kiesbett, in dem er manchmal kaum noch zu erkennen ist. In einem Linksbogen müssen wir uns später allerdings vom Bach abwenden, denn es geht wieder in den Wald hinein. Die Vegetation ist hier so dicht, dass sie undurchdringlich wirkt und ein Paradies für die Waldbewohner bietet. An der nächsten Abzweigung an einer Hauptstraße müssen wir etwas achtsam sein. Zum einen fahren hier große Lastfahrzeuge in flottem Tempo zum nahegelegenen Kieswerk, zum andern kann die Beschilderung des Lehrpfads etwas Unsicherheit stiften. Unser Weg führt uns nicht geradewegs weiter über die Hauptstraße, sondern wir müssen uns erst etwas nach links, parallel zur Straße halten, bevor wir sie kreuzen und unseren Weg entlang der Auenlaue fortsetzen. Hier treffen wir erneut auf eine üppige Vegetation und die Infotafeln des Lehrpfads. Gemütlich schreiten wir über den gepflegten Wiesenweg und entdecken kurz vor dem Ende der Tour noch einen hübsch angelegten **Rastplatz ❺**. Einige Bänke stehen im Halbkreis und laden zur Pause ein. Zum Ausgangspunkt ist es danach nicht mehr weit. An der folgenden Weggabelung biegen wir links ab und kommen nach ein paar Schritten direkt am Parkplatz in **Wacht ❶** an.

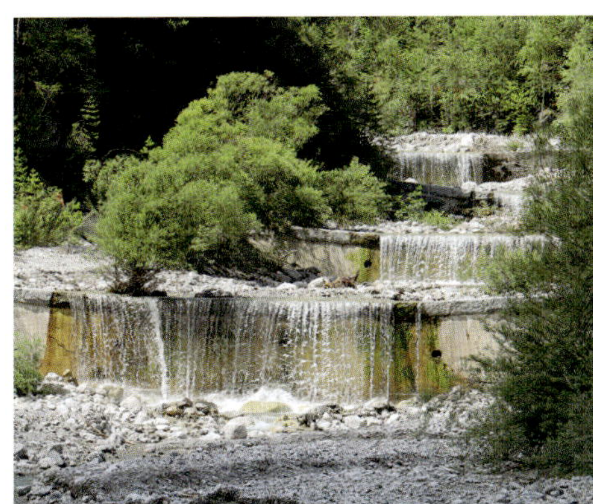

In Miniatur-Wasserfällen fließt der Frauenbach unten durchs Tal.

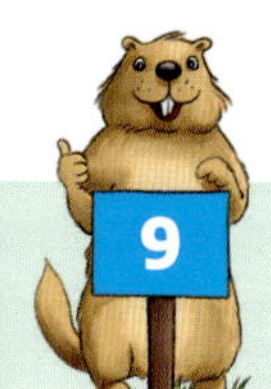

3.00 Std. | 6.9 km | ↗ 320 m | ↘ 320 m | ab 5 Jahren

Lienzer Hütte, 1974 m

Über den Natur- und Kulturlehrpfad

Auf abenteuerlichen Pfaden entlang des Debantbachs

Das malerische Debanttal ist Schauplatz dieser abwechslungsreichen und informativen Rundwanderung. Der Debantbach, der mal friedlich gluckernd und mal tosend durch sein Bachbett rauscht, begleitet uns dabei stets. Zu Beginn leitet uns der Natur- und Kulturlehrpfad durch Moorwiesen. An den sumpfigen Ufern blüht das Wollgras und Libellen schwirren durch die Luft. Wir hüpfen von Stein zu Stein und wandern auf Holzbohlenwegen durch die Landschaft. Mehrmals leiten urige Holzbrücken über den Debantbach. Idyllische Almen liegen im Sonnenschein. Pferde, Kühe und sogar Schweine grasen auf den weitläufigen Wiesen. Für die Kinder gibt es unterwegs viele Kleinigkeiten zu entdecken und an der Lienzer Hütte wartet ein liebevoll gestalteter Spielplatz auf kleine Wanderer.

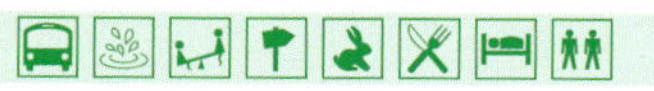

Ausgangspunkt: Kostenfreier Wanderparkplatz Seichenbrunn, 1668 m (Navi: Debanttal 110/2, 9990 Debanttal). Anfahrt von Lienz über die Kärntner Straße (B100) und die Ortschaft Nußdorf, das Debanttal ist ausgeschildert, Straße zunächst asphaltiert, später geschottert.
Anreise mit ÖV: Mit dem Wanderbus ab Bahnhof Lienz bis Parkplatz Seichenbrunn (verkehrt nur in den Sommerferien im Juli und August, nicht täglich; die Nutzung mit Gästekarte ist ermäßigt, für Kinder unter 12 Jahren gratis, ab 5 Personen ist eine Voranmeldung erforderlich; aktuelle Infos und Fahrzeiten unter www.osttirol.com/entdecken-und-erleben/sommer/gut-zu-wissen/wanderbus/).
Ausrüstung: Knöchelhohe Bergschuhe für den Natur- und Kulturlehrpfad, für den Almgüterfahrweg sind Trekkingsandalen oder feste Schuhe ausreichend. Ein Handtuch im Rucksack ist sinnvoll, wenn die Kinder gerne am Wasser spielen mögen.
Anforderungen: Der Natur- und Kulturlehrpfad führt teilweise über Holzbohlenwege und einen Steig, über den häufig Wasser von den umliegenden Bächen fließt, sodass es hier matschig und rutschig sein kann. Etwas Trittsicherheit ist daher ratsam. Insgesamt aber ein leichter und für Kinder sehr interessanter Weg.
Einkehr: **Lienzer Hütte**, Tel. +43 4852 69966, Homepage: www.lienzerhuette.com, geöffnet Anfang Juni bis Anfang Oktober, Übernachtung möglich (100 Schlafplätze in Zweibett- und Familienzimmern sowie Matratzenlagern, Buchung ausschließlich telefonisch, familienfreundliche Hütte aus der Kategorie »Mit Kindern auf Hütten«).
Hofalm mit Almmuseum, Tel. +43 664 8685630, geöffnet in den Monaten zwischen Almauf- und Almabtrieb.
Variante: Die Hofalm und die Lienzer Hütte sind auch bequem und mit dem Kinderwagen über den Almgüterfahrweg zu erreichen.

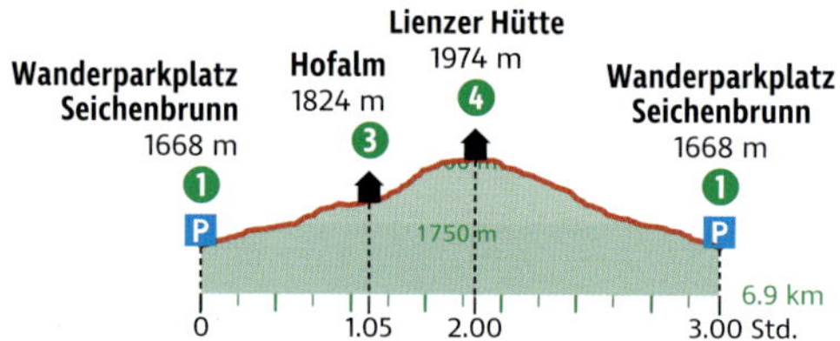

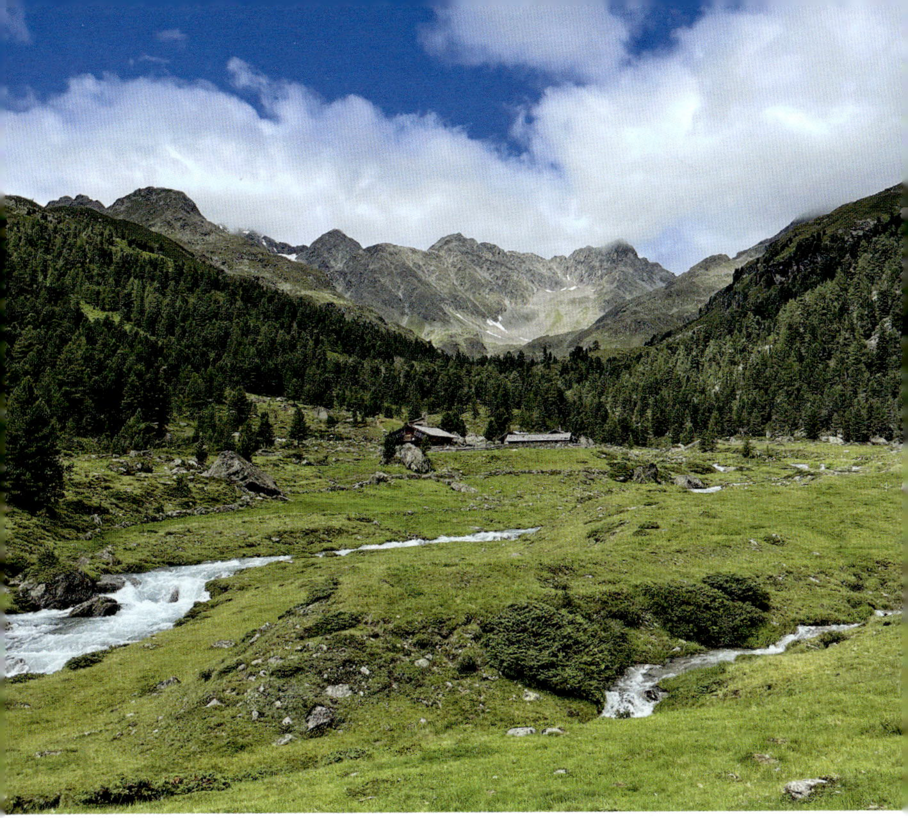

Zahlreiche Stellen am Debantbach laden zum Spielen am Wasser ein.

Vom tief im Debanttal gelegenen **Wanderparkplatz Seichenbrunn ❶** folgen wir für ein paar Schritte dem Almgüterfahrweg in Richtung Lienzer Hütte, verlassen ihn aber bei der ersten Gelegenheit nach rechts. Hier beginnt nun der **Natur- und Kulturlehrpfad ❷**. Zahlreiche Schautafeln entlang des Weges informieren einprägsam über Flora und Fauna sowie über die Besonderheiten des Debanttals mit seinem Moor. Während wir dem Pfad folgen, versuchen wir die Tiere und Pflanzen, die uns gezeigt werden, in der Realität zu finden. Der kleine Weg verläuft auf der linken Seite des Baches. Nach dem ersten Teilstück des Lehrpfads treffen wir nochmals auf den Fahrweg, den wir jedoch abermals kurz darauf rechts abbiegend verlassen und weiter durch die feuchten Wiesen wandern, aus denen von überall das Wasser zu quellen scheint.

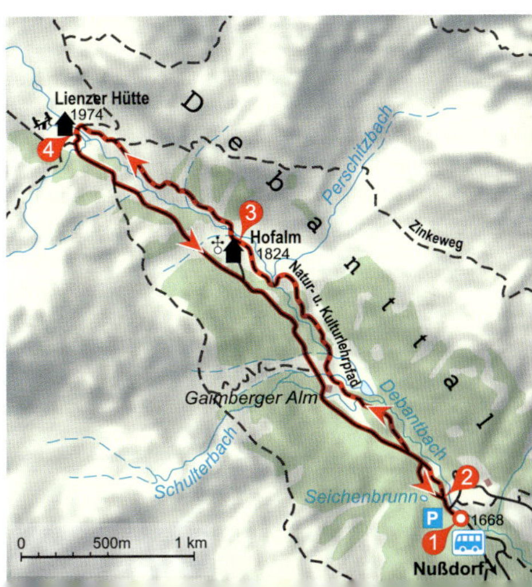

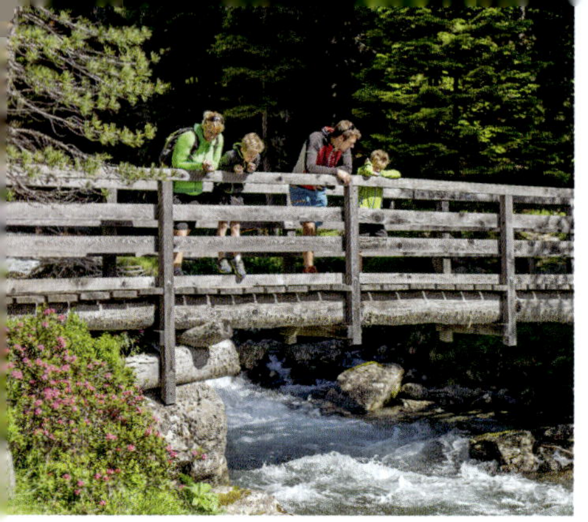

Trockenen Fußes geht es über den Bach.

Wir überqueren den Schulterbach über eine Brücke und dann auch zum ersten Mal den Debantbach. Auf der anderen Seite setzen wir den Weg fort. Die Natur wirkt wie gemalt. Ein Stück geht es über Stufen durch den Nadelwald und weiter über grüne Wiesen, auf denen zahlreiche Gesteinsbrocken liegen, die wie hingeworfen erscheinen. Wasserfälle strömen über den Berghang zu unserer Rechten.

Kurz vor der Hofalm wechseln wir erneut die Bachseite. Stellenweise sind die Wege durch die sumpfige und feuchte Umgebung recht matschig und so ist der Verlauf des Weges ziemlich abenteuerlich.

Die bezaubernde **Hofalm ③**, 1824 m, lockt mit einem liebevoll angelegten Almmuseum, in dem unter anderem alte Haustierrassen vorgestellt werden und erklärt wird, wie Butter mit der Hand hergestellt wird. Etwas oberhalb der Alm steht eine wunderschöne, aus Stein gemauerte Kapelle. Die Hofalm selbst lädt mit hausgemachten Produkten zu einer schmackhaften und liebevoll auf dem Holzbrett arrangierten Jause, die zeigt, dass hier mit Herzblut gearbeitet wird. Rund um die Alm tummeln sich Kühe, Schweine und Hühner, und so gibt es für die Kinder hier viel zu entdecken.

Anschließend wandern wir hinter der Alm weiter parallel zum hier breit dahinfließenden Debantbach, den wir bald darauf abermals überqueren. Nun wird der Weg zunächst etwas trockener und zwischen mit Flechten behangenen Fichten geht es über den Steig aufwärts. Doch schon bald quert wieder ein Bach unseren Weg. Blaubeerbüsche stehen dicht gedrängt und locken im

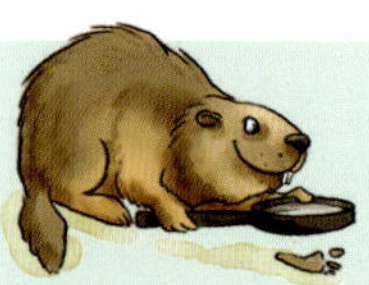

Hallo Kinder,

an den Gewässern entlang des Natur- und Kulturlehrpfads gibt es viele Lebewesen zu entdecken. In den Sommermonaten tummeln sich am flachen Ufer in den moorigen Tümpeln oft zahlreiche Kaulquappen, und mit etwas Glück seht ihr auch Molche. Auch andere Amphibien wie Eidechsen und Schlangen fühlen sich hier wohl. Sie sonnen sich gerne auf Felsen oder schlängeln sich zwischen den Alpenrosen und dem steinigen Untergrund hindurch. Etwas oberhalb der Lienzer Hütte befindet sich ein versteckt gelegener kleiner See. Schaut euch hier doch einmal genauer um!

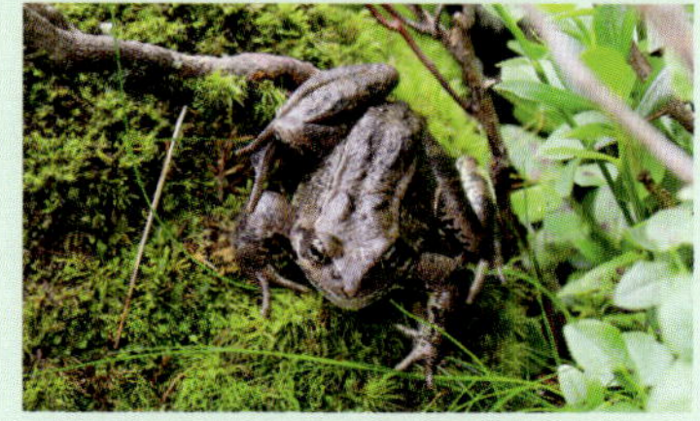

Highlights

★ Informativer Natur- und Kulturlehrpfad mit vielen Schautafeln, der teilweise über Holzbohlenwege durch die Moorlandschaft führt.

★ Der Debantbach bietet tolle Möglichkeiten zum Abkühlen.

★ Almmuseum, Kapelle und Jausenstation mit hausgemachten Milch- und Käseprodukten an der Hofalm.

★ Kreativ gestalteter Kinderspielplatz an der Lienzer Hütte.

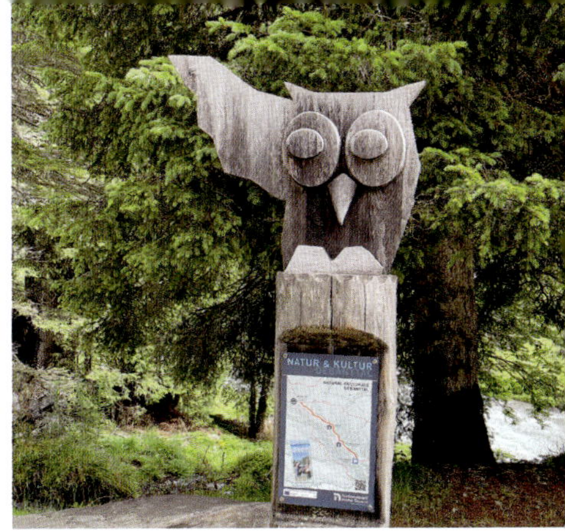

Der Lehrpfad hält eine Menge anschaulicher Infos für Kinder parat.

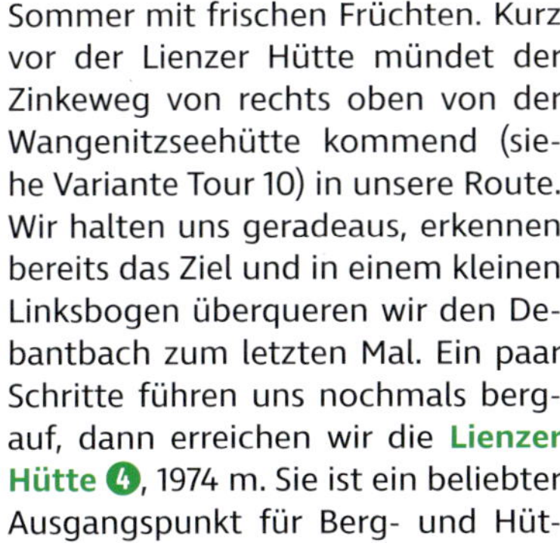

Sommer mit frischen Früchten. Kurz vor der Lienzer Hütte mündet der Zinkeweg von rechts oben von der Wangenitzseehütte kommend (siehe Variante Tour 10) in unsere Route. Wir halten uns geradeaus, erkennen bereits das Ziel und in einem kleinen Linksbogen überqueren wir den Debantbach zum letzten Mal. Ein paar Schritte führen uns nochmals bergauf, dann erreichen wir die **Lienzer Hütte ❹**, 1974 m. Sie ist ein beliebter Ausgangspunkt für Berg- und Hüttentouren und bei schönem Wetter gut besucht. Ein kreativ angelegter Holzspielplatz lädt Kinder zum Toben ein. Und zu guter Letzt bietet der breite Debantbach unterhalb der Hütte noch die ideale Abkühlung.

Auf dem Rückweg zum Parkplatz folgen wir jetzt dem Almgüterweg, der kontinuierlich auf der rechten Seite des Debantbaches verläuft und uns in einer knappen Stunde zurück zum **Wanderparkplatz Seichenbrunn ❶** bringt.

Am Spielplatz an der Lienzer Hütte kann nach Herzenslust getobt werden.

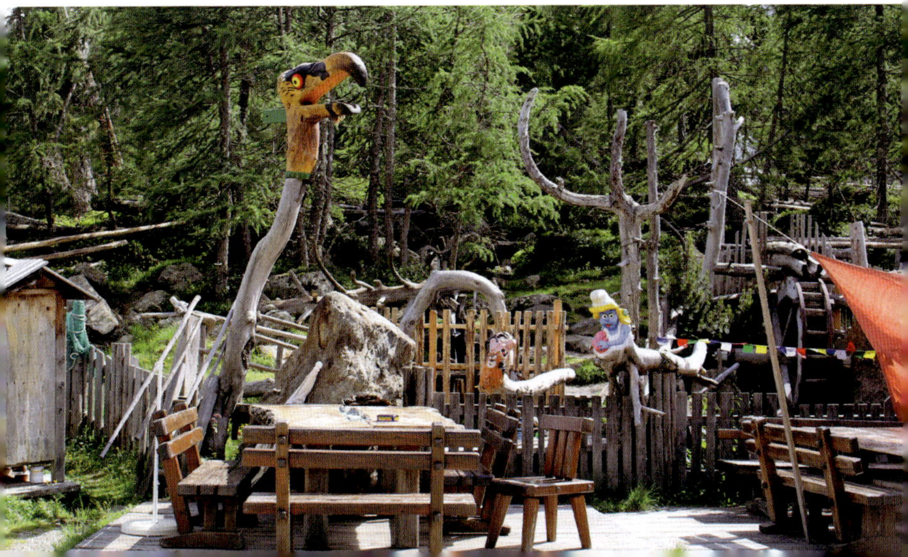

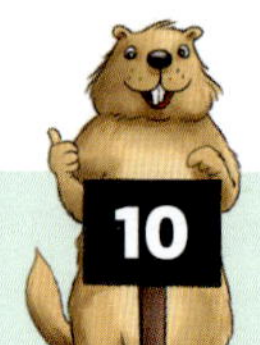

6.00 Std. | 10.5 km | ↗950 m | ↘950 m | ab 10 Jahren

10 Wangenitzseehütte, 2508 m

Über die Untere Seescharte

Tiefblaue Seen an der höchsten Hütte der Schobergruppe

Die Wangenitzseehütte, die malerisch auf einem Felsplateau oberhalb des gleichnamigen Sees sowie dem direkt nebenan liegenden Kreuzsee thront, ist die höchste Schutzhütte der Schobergruppe. Die Wanderung dorthin bietet, egal wohin wir schauen, großartige Panoramen. Schon während des Aufstiegs durch schattigen Wald und blühende Almwiesen werden wir mit dem Blick in das naturbelassene Debanttal belohnt. Die kleine Hochebene der Unteren Seescharte lädt zu einer willkommenen Pause nach dem anstrengenden steilen Aufstieg ein, bevor es, erneut mit einem atemberaubenden Blick, vom Grat ins Nachbartal hinabgeht, in dem die tiefblauen Bergseen und die Hütte schon sichtbar sind.

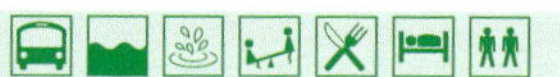

Ausgangspunkt: Kostenfreier Wanderparkplatz Seichenbrunn, 1668 m (Navi: Debanttal 110/2, 9990 Debanttal). Anfahrt von Lienz über die Kärntner Straße (B100) und die Ortschaft Nußdorf, das Debanttal ist ausgeschildert, Straße zunächst asphaltiert, später geschottert.

Anreise mit ÖV: Mit dem Wanderbus ab Bahnhof Lienz bis Parkplatz Seichenbrunn (verkehrt nur in den Sommerferien im Juli und August, nicht täglich; die Nutzung mit Gästekarte ist ermäßigt, für Kinder unter 12 Jahren gratis, ab 5 Personen ist eine Voranmeldung erforderlich; aktuelle Infos und Fahrzeiten unter www.osttirol.com/entdecken-und-erleben/sommer/gut-zu-wissen/wanderbus/).

Ausrüstung: Knöchelhohe Bergschuhe, Picknicksachen für unterwegs sowie Badesachen für mutige Kids, die sich in die eiskalten Seen trauen.

Anforderungen: Etwas Trittsicherheit nötig, aufgrund der Streckenlänge und der zu bewältigenden Höhenmeter sollten auch Ausdauer und Kondition vorhanden sein. Der Weg verläuft auf einem Steig; der Aufstieg zur Unteren Seescharte ist steil, führt teilweise über Stufen und ist dementsprechend anstrengend. Die Überquerung der Unteren Seescharte selbst ist unschwer.

Einkehr: Wangenitzseehütte, Tel. +43 4826 229, www.wangenitzseehuette.com, geöffnet während der Sommersaison, Übernachtung möglich (es stehen komfortable Mehrbettzimmer zur

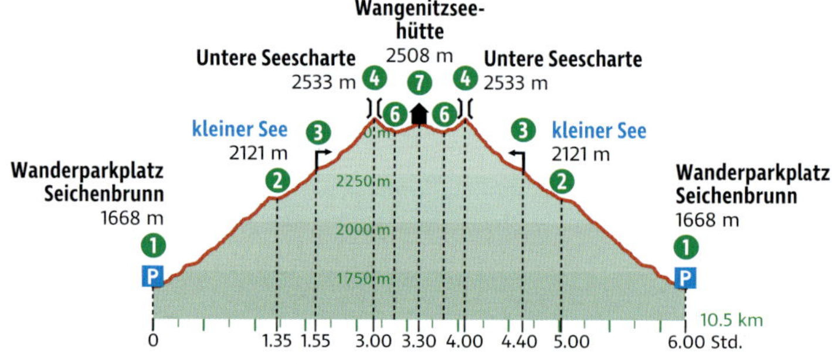

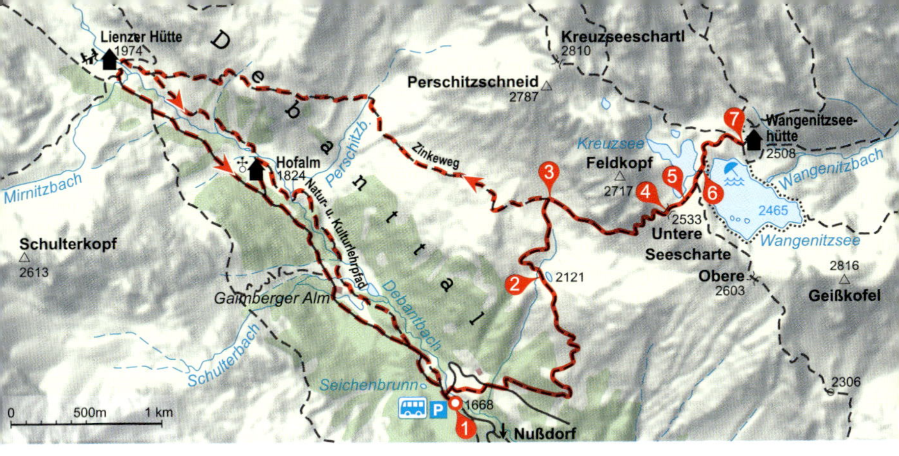

Verfügung, Reservierung ausschließlich telefonisch).

Variante: Wer die Wanderung verlängern möchte und dabei eine Übernachtung auf der Wangenitzseehütte in Betracht zieht, kann für den Abstieg auch den Weg über die Lienzer Hütte wählen. In diesem Fall wandern wir gemäß dem Hinweg zunächst zurück bis zur Unteren Seescharte. Von hier steigen wir ebenso weiter ab, bis wir auf den Abzweig des Zinkewegs 3 treffen, den wir schon vom Aufstieg kennen. Hier zweigen wir jetzt nicht links ab, sondern halten uns geradeaus. Parallel zum Hang wandern wir immer weiter in das Debanttal hinein. Kurz vor der Lienzer Hütte verlieren wir in einigen Zick-Zack-Kehren schnell an Höhe und bald darauf erreichen wir die Lienzer Hütte. Von hier aus geht es wie bei Tour 9 zurück zum Parkplatz Seichenbrunn – entweder auf dem Forstweg oder auf dem Natur- und Kulturlehrpfad. Die Gehzeit verlängert sich damit auf rund 8.30 Std. Dabei sind insgesamt 1030 Höhenmeter zu überwinden. Der Abschnitt über den Zinkeweg zur Lienzer Hütte ist nicht schwieriger als der Aufstieg zur Wangenitzseehütte.

Auf dem Klettersteig um den Wangenitzsee geht es auch über eine abenteuerliche Hängebrücke.

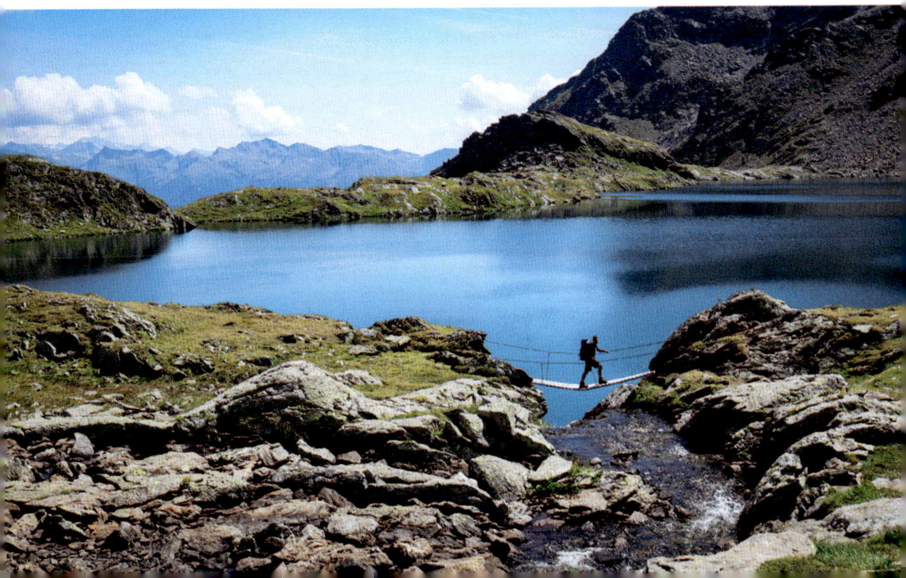

Highlights

★ Aufstieg zur höchsten Schutzhütte in der Schobergruppe mit wunderbarem Berg- und Seenpanorama.

★ Kleiner Kinderspielplatz in Hüttennähe.

★ Hausgemachte Speisen auf der Hütte.

★ Ein einstündiger Klettersteig um den Wangenitzsee und ein neu sanierter Klettergarten laden Eltern und Kinder mit Klettererfahrung zu Abenteuern am Fels ein. Ein Klettersteigset kann auf der Hütte ausgeliehen werden. Der Klettersteig verläuft am Westufer in unmittelbarer Nähe zum Wasser entlang steiler Felswände. Höhepunkt ist eine kleine Hängebrücke über den Bach zwischen Kreuzsee und Wangenitzsee.

Am **Wanderparkplatz Seichenbrunn** ❶ queren wir zu Beginn der Wanderung das aus Holz gezimmerte Nationalpark-Gatter und halten uns gleich darauf rechts, um den Debantbach zu überschreiten. Nach nur wenigen Schritten verlassen wir den Forstweg und biegen ein weiteres Mal rechts ab. Auf einem Steig wandern wir nun kontinuierlich bergan durch die Almwiesen. Der schmale Pfad schlängelt sich bergauf und führt uns etwas später durch einen idyllischen Nadelwald. Zwischendurch bieten sich immer wieder herrliche Panoramen zurück ins Tal. Nachdem wir die Baumgrenze hinter uns gelassen haben, erreichen wir ein traumhaft gelegenes Hochplateau mit weitläufigen Almwiesen. An einem **kleinen See** ❷, der beschaulich in einer Mulde liegt, bietet sich ein erster Pausenplatz an. Während wir picknicken, können wir den Blick durch das Debanttal und über die gegenüberliegende Bergkette schweifen lassen und die Füße nach dem steilen Aufstieg im Wasser kühlen.

Danach geht es in einem leichten Bogen weiter über die Wiesen bergauf bis zu einem **Abzweig** ❸, an dem sich der Steig in Richtung Wangenitzseehütte und Lienzer Hütte (über den Zinkeweg) teilt. Wir halten uns rechts und steigen weiter bergan in Richtung der Unteren Seescharte. Es wird nun merklich steiler und in zahlreichen Serpentinen windet sich der Weg nach oben, Trittstufen erleichtern stellenweise den Aufstieg.

Der Zick-Zack-Kurs scheint kein Ende zu nehmen. Der Blick hinauf versucht die verbleibende Entfernung abzuschätzen, und dann ist es endlich geschafft: Wir stehen auf dem breiten Grat der **Unteren Seescharte** ❹, 2533 m, und werden mit einer grandiosen Aussicht belohnt. Während der Blick zu einer Seite über das Debanttal gleitet, gibt die andere Seite nun das traumhafte Panorama auf die Wangenitzseehütte und die Seenplatte frei. Ein Holzkreuz steht ungefähr auf der Mitte der Scharte.

Zwischen schroffen Felsblöcken geht es dann ein Stück steil bergab bis zu den beiden Seen. Als Erstes passieren wir den **Kreuzsee** ❺ zu unserer Linken, an dessen flachem Ufer im Sommer das Wollgras blüht. Über einen wackelig erscheinenden Holzsteg überqueren wir den aus dem Kreuzsee ablaufenden Bach, der den bis zu 48 Meter tiefen **Wangenitzsee** ❻, 2465 m, speist. Etwas weiter rechts überspannt die zum Klettersteig um den Wangenitzsee gehörende Hängebrücke den Bach, der sich dort seinen Weg durch einen Felseinschnitt bahnt.

Unser Weg führt uns zwischen den Seen entlang und bringt uns schließ-

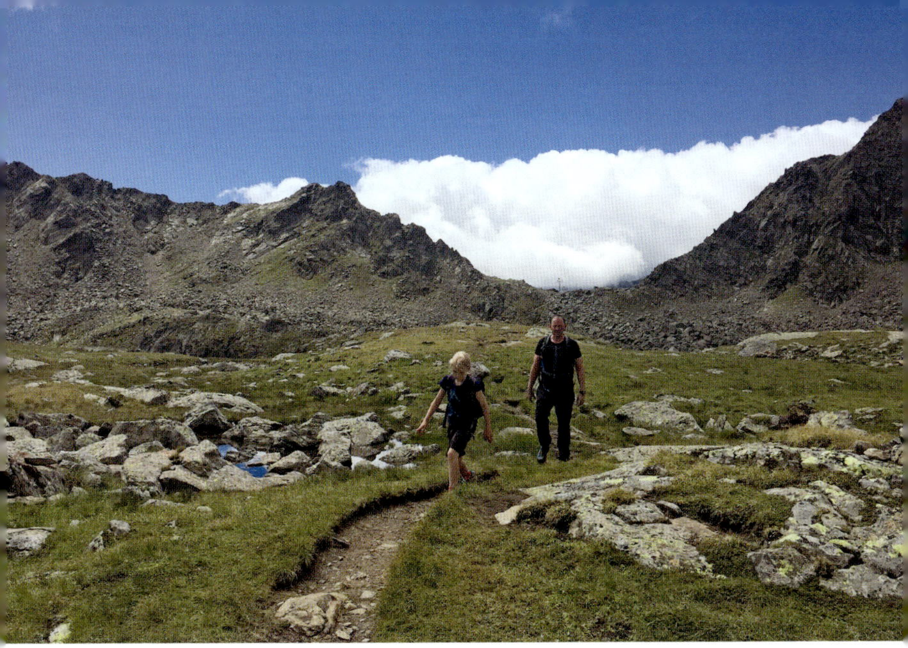

Die grünen Wiesen und großen Felsblöcke eignen sich perfekt für eine Pause.

lich in einem leichten Bogen nach rechts die letzten paar Höhenmeter hinauf zur **Wangenitzseehütte ❼**, 2508 m. Hier können wir nun auf der Sonnenterrasse oder in der warmen Stube Platz nehmen und das Panorama mit Bergen und Seen genießen. Bevor wir uns auf demselben Weg auf den Rückweg machen, schnippen wir noch ein paar Steinchen am Seeufer oder wagen sogar ein erfrischendes Bad.

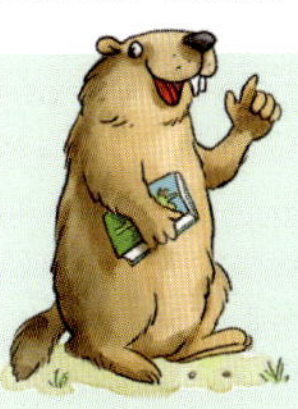

Hallo Kinder,

schon der Name der Hütte, zu der ihr heute wandert, lässt darauf schließen, dass sich in unmittelbarer Nähe ein Bergsee befindet – der Wangenitzsee. Tatsächlich liegt direkt daneben sogar noch ein zweiter – der Kreuzsee. Bergseen können auf unterschiedliche Arten entstehen – sie können einen natürlichen, aber auch einen künstlichen Ursprung haben. Wenn ihr schon mal auf einer Staumauer oberhalb eines Sees gestanden habt, wisst ihr sicher, dass der vor euch liegende Stausee ein durch Menschenhand geschaffener See ist. Solche Seen gibt es auch in den Alpen. Der Wangenitz- und der Kreuzsee sind jedoch natürlich entstandene Bergseen – eine Staumauer findet ihr hier nicht. Auf natürliche Art und Weise entstehen Bergseen zum Beispiel in Mulden, die von Gletschern ausgeschürft wurden und in denen sich nach dem Abschmelzen des Eises Wasser sammelt. Auch durch einen Bergrutsch, durch den das Wasser plötzlich umgeleitet und aufgestaut wird, kann sich ein See bilden.

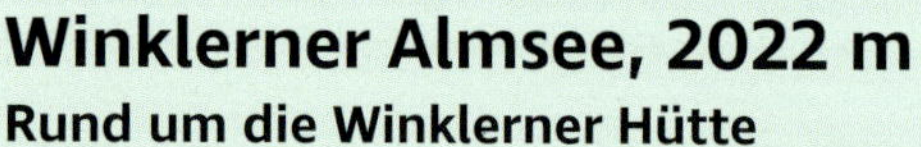

ab 5 Jahren

11

Winklerner Almsee, 2022 m

Rund um die Winklerner Hütte

Natur- und Wasserfreuden an der Grenze zu Kärnten

Malerisch eingebettet liegt der Winklerner Almsee in einer idyllischen Bergmulde. Das Wasser schimmert grün und an den flachen Uferbereichen gedeiht das immer wieder bezaubernd anzusehende Wollgras mit seinen lustigen, weißen Wollköpfen. Während dieser Wanderung begleitet uns das Krächzen der Tannenhäher, die fleißig die Zirbenzapfen abernten und Vorräte für den Winter anlegen. Der familienfreundliche und recht flache Steig verläuft genau an der Grenze von Tirol zu Kärnten und lädt immer wieder zu kleinen Pausen ein, um die kleinen Dinge am Wegesrand zu betrachten.

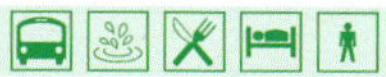

Ausgangspunkt: Wanderparkplatz Winklerner Hütte, kurz vor der Roaner Alm, 1884 m (Navi: N46.873085, E12.84261). Anfahrt über die B100 von Lienz Richtung Nußdorf-Debant, weiter über die B107 zum Iselsberg-Pass, hier nach links der Beschilderung folgen.
Anreise mit ÖV: Wanderbus ab Bahnhof Lienz bis Parkplatz Roaner Alm (verkehrt nur in den Sommerferien im Juli und August, nicht täglich; die Nutzung mit Gästekarte ist ermäßigt, für Kinder unter 12 Jahren gratis, ab 5 Personen ist eine Voranmeldung erforderlich; Infos und Fahrzeiten unter www.osttirol.com/entdecken-und-erleben/sommer/gut-zu-wissen/wanderbus/). Von der Roaner Alm nimmt man den Wanderweg in Richtung Winklerner Hütte und biegt am querenden Wanderweg nach links auf die Hauptroute zum Winklerner Almsee ein.
Ausrüstung: Trekkingschuhe. Zum Abtrocknen nach dem Wasserspaß gegebenenfalls ein Handtuch einpacken, für ein Picknick am See etwas Proviant.
Anforderungen: Einfache Wanderung auf einem leichten Bergpfad.
Einkehr: **Winklerner Hütte**, Penzelberg 27, 9841 Winklern, Tel. +43 664 5313113, www.winklernerhuette.at, geöffnet von Ende Mai bis Ende Oktober sowie im Winter, Übernachtung möglich. Abseits der Hauptroute: **Roaner Alm**, Iselsberg 102, 9992 Iselsberg, Tel. +43 664 7952638, www.roaner-alm.at, geöffnet von Pfingsten bis Ende Oktober, Übernachtung möglich.

Die flachen Ufer des Winklerner Almsees laden zum Steinchen schnippen ein.

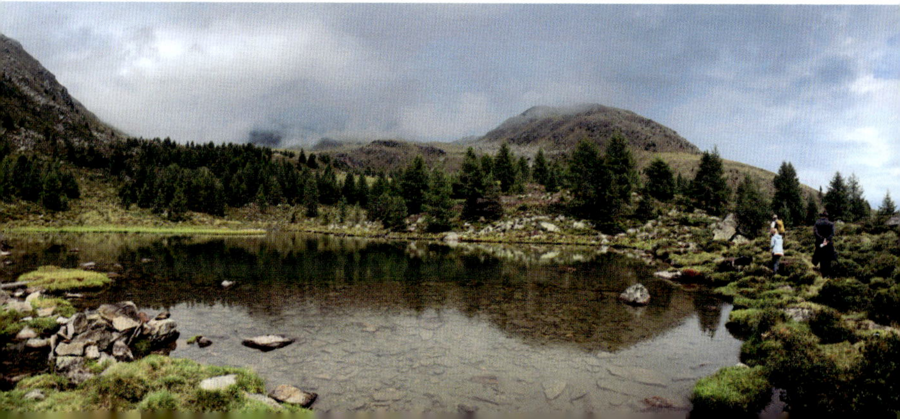

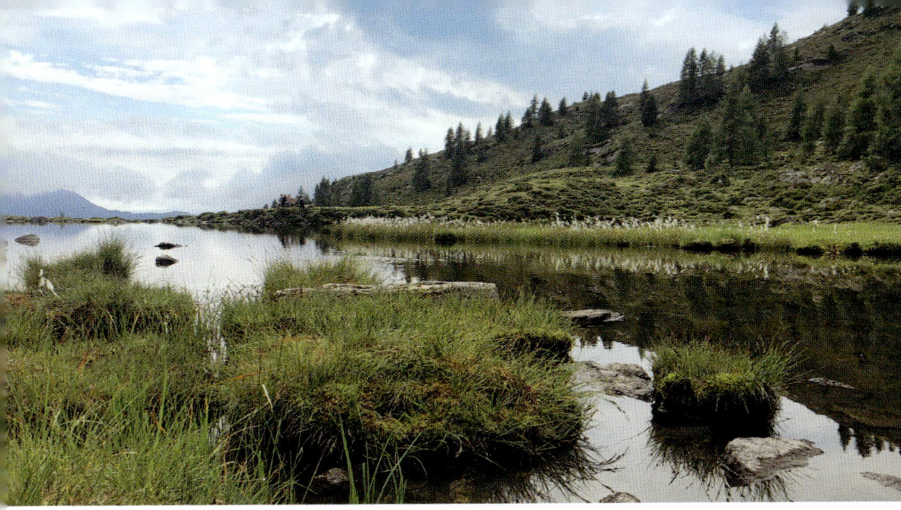

Winzige Inseln liegen an den Ufern des Winklerner Almsees.

Wir verlassen den **Wanderparkplatz Winklerner Hütte** ❶ an seinem Ende über einen kleinen Steig bergauf und treffen wenige Schritte oberhalb auf den Almgüterfahrweg zur Winklerner Hütte. Hier zweigen wir nach links ab, um wenig später erneut links abzubiegen. Nun sind wir auf dem urigen Bergpfad unterwegs, der uns gemächlich dem Ziel näherbringt. Parallel zum Weg verläuft ein ordentlich aufgereihter Holzzaun, der genau auf der Landesgrenze von Tirol und Kärnten steht und die Almgebiete voneinander trennt. Inmitten unzähliger Beerensträucher wandern wir bergan. Nicht alle der Beeren sind essbar! Rauschbeeren, die äußerlich fast genauso aussehen wie Blaubeeren, innen drin jedoch kein blaues, sondern klares Fruchtfleisch haben, sollten am Strauch bleiben, denn sie sind ungenießbar.

Highlights

- ★ Wanderung durch vielfältige Almenlandschaft direkt auf der Grenze zwischen Tirol und Kärnten.
- ★ Steinchen schnippen, planschen und picknicken am grün schimmernden Winklerner Almsee.
- ★ Einkehr in der Winklerner Hütte und/oder der Roaner Alm.

Wir nähern uns der Baumgrenze, durchwandern üppige Bestände an Fichten, Lärchen und Zirben und können den Gipfel des Straßkopfs sehen. Dann macht der Weg einen leichten Bogen nach rechts, wir verlassen die Landesgrenze und befinden uns nun gänzlich auf Kärntener Gebiet. Der Weg führt uns durch die

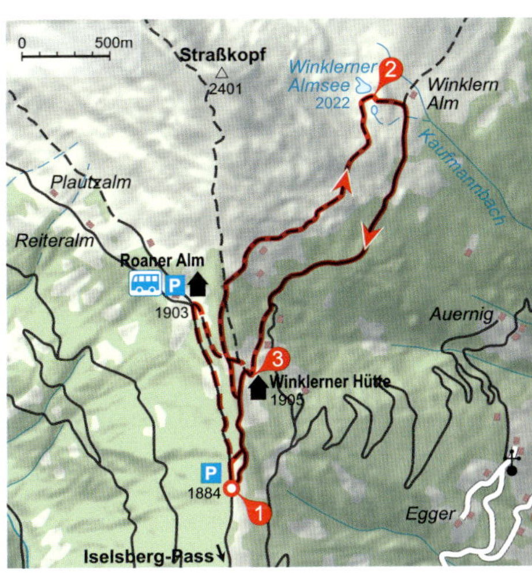

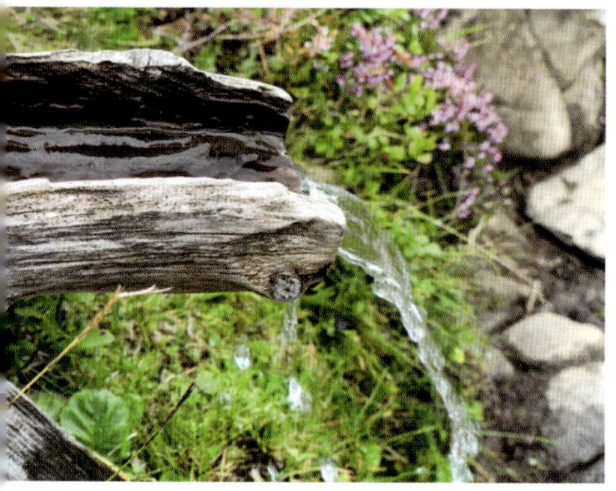

Kaltes Quellwasser – der ideale Durstlöscher unterwegs.

offene Almlandschaft und wir treffen auf eine Quellfassung, aus der frisches Wasser sprudelt und zu einem erfrischenden Schluck einlädt. Inmitten der Almwiesen leuchtet das lilablühende Heidekraut und dann kommt er in Sichtweite, der glasklare Gebirgssee. Wir steigen noch ein paar Meter bergab und haben schließlich das seichte Ufer des **Winklerner Almsees** ❷ erreicht. Auf der gegenüberliegenden Seite wartet eine geschwungene Holzliege auf neue Gäste, die die Ruhe am Seeufer genießen möchten. Währenddessen können die Kinder am Ufer nach Fröschen, Kaulquappen und Bergmolchen Ausschau halten. Durch die feuchten und moorigen Wiesen plätschert das Wasser.

Nach der Pause wenden wir uns nach rechts vom Winklerner Almsee ab und wandern erneut ein Stück abwärts, bis wir die nächste Weggabelung erreichen. Hier halten wir uns

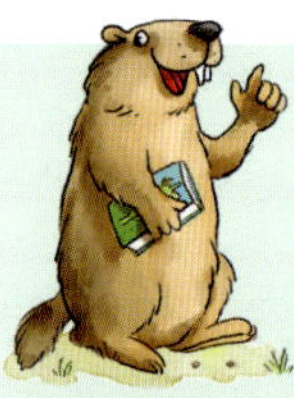

Hallo Kinder,

in den Bergen sprudelt an vielen Orten frisches Wasser aus Quellen, Bächen, Wasserfällen oder Seen. Die Verlockung, einen Schluck des kalten Wassers zu trinken, ist groß. Folgende Voraussetzungen sollten erfüllt sein, damit ihr das Wasser aus den Bergen trinken könnt:

- Sprudelt das Wasser direkt aus einer Quelle, ist es trinkbar.
- Eine Faustregel der Nationalpark-Ranger besagt: Wenn das Wasser siebenmal über einen Stein geflossen ist, könnt ihr es trinken.
- Vom Wasserfall, der über Felsen fließt, könnt ihr trinken, denn Felsen oder Steine reinigen das Wasser.
- Quellwasser in der Nähe von Almen, das z. B. über eine Holzrinne läuft, ist in der Regel sauber.

Vorsicht ist dennoch angesagt:

- Trinkt nie Wasser mit sichtbaren Verunreinigungen.
- Trinkt nie aus stehenden Gewässern.
- Trinkt kein Wasser, das aus stehenden Gewässern herausfließt.
- Trinkt nie Wasser aus Gletscherabflüssen, denn der Gletscherschliff verunreinigt das Wasser.
- Entspringt die Quelle in einer Wiese, achtet darauf, dass oberhalb keine verstorbenen Tiere liegen, die das Wasser verunreinigen.
- Trinkt das Wasser immer aus eurer Handfläche oder einem hellen Becher, damit ihr Verunreinigungen erkennen könnt.

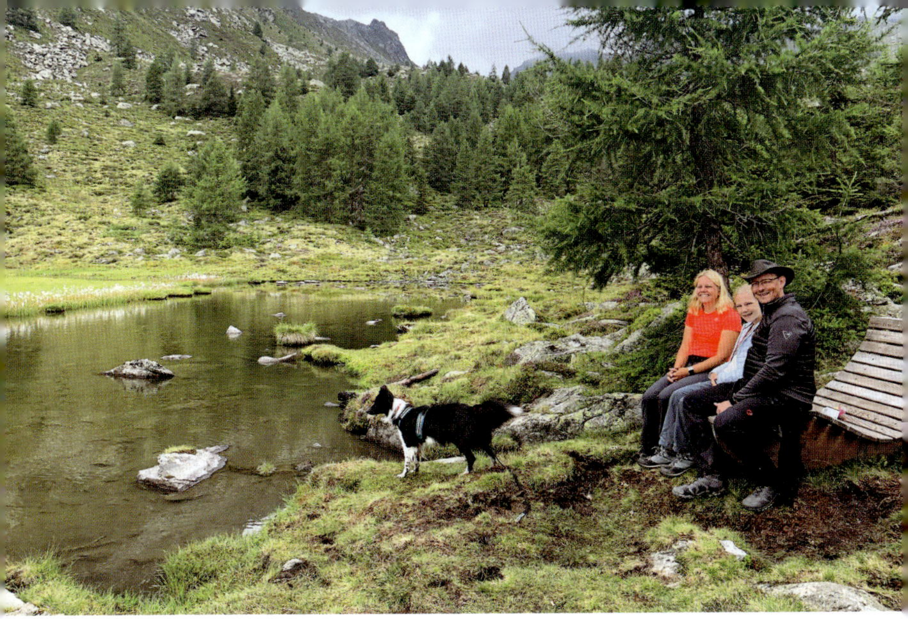

Die geschwungene Holzliege ist der optimale Platz, um eine gemütliche Rast am See einzulegen.

abermals nach rechts. Unweit einer kleinen Almhütte, der Winklern Alm, sprudelt frisches Trinkwasser in einen Trog und wir können unseren Durst löschen. Etwas weiter bahnt sich ein Bach seinen Weg über ein Geröllbett. Wir drehen ein paar der Steine um, betrachten die Unterseite und entdecken Eintagsfliegenlarven, die für eine gute Wasserqualität sprechen und kurz darauf sogar Strudelwürmer, die nur in sehr gutem Wasser zu finden sind. Immer geradeaus wandern wir anschließend abwechselnd durch Almwiesen und Wald, bis wir die **Winklerner Hütte ❸**, 1905 m, erreichen. Bevor es zum Ausgangspunkt zurückgeht, lohnt es sich, hier einzukehren.

Danach bleiben wir auf dem breiten Wanderweg, der auch als Almgüterfahrweg dient und uns bis zum Abzweig an der Zufahrtstraße bringt. Ein letztes Mal biegen wir rechts ab und erreichen nach ein paar Schritten wieder den **Wanderparkplatz ❶**. Von hier aus können wir noch mit dem Auto oder zu Fuß einen kurzen Abstecher zur Roaner Alm machen. Dazu folgen wir der Straße einfach noch ein Stück ins Tal hinein, bis wir an der Alm, die ebenfalls mit einer Einkehrmöglichkeit aufwartet, ankommen. Alternativ können wir auch den Wanderweg, ohne Umweg über den Parkplatz, direkt von der Winklerner Hütte zur Roaner Alm nehmen.

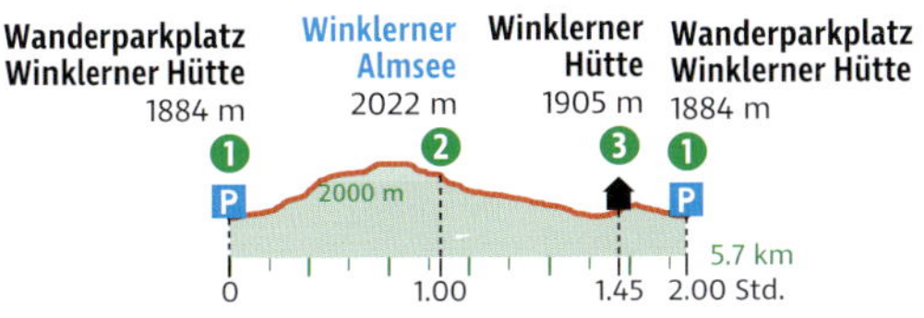

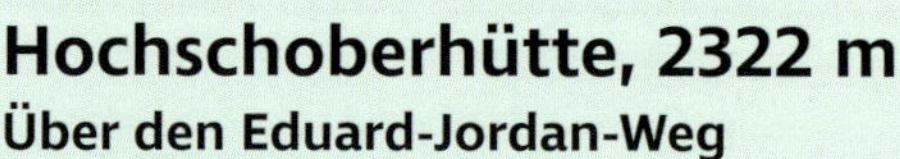

ab 6 Jahren

12

Hochschoberhütte, 2322 m

Über den Eduard-Jordan-Weg

Entlang des erfrischenden Leibnitzbachs

Auf dem Weg zur Hochschoberhütte ist für Kinder eine Menge Wasserspaß garantiert. Der Leibnitzbach ist unser ständiger Begleiter und sprudelt munter entlang des Weges. So einige Male passieren wir den Bach über urige Holzbrücken und wandern immer tiefer hinein in das ursprüngliche Leibnitztal. Unterwegs bieten sich an vielen Stellen Möglichkeiten zum Wassertreten und Planschen. Der idyllische Aufstieg verläuft anfangs durch schattigen Nadelwald, später durch offenes Gelände und stets im Angesicht der Schobergruppe mit einzigartigen Panoramen.

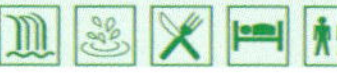

Ausgangspunkt: Kostenfreier Parkplatz Leibnitzbach-Brücke, 1693 m (Navi: N46.915087, E12.664938), Anfahrt über die B108 von Lienz Richtung Felbertauern, kurz hinter Ainet rechts abbiegen und in Richtung Oberleibnig fahren, der Beschilderung Hochschoberhütte auf einer zunächst asphaltierten, später geschotterten Straße folgen.
Anreise mit ÖV: Nicht möglich.
Ausrüstung: Knöchelhohe Bergschuhe, etwas Proviant für ein Picknick unterwegs und ggf. ein Handtuch zum Abtrocknen nach dem Spielen am Bach.
Anforderungen: Etwas Trittsicherheit ist für den einfachen Steig (Eduard-Jordan-Weg) vom Parkplatz bis zur Hütte erforderlich; vom Parkplatz bis auf Höhe Leibnitzalm/Schneider-Hütte (nicht bewirtschaftet) kann auch alternativ der Forstweg genutzt werden.
Einkehr: Hochschoberhütte, Leibnitzbachbrücke, 9951 Ainet, Tel. +43 4853 52163, www.hochschoberhuette.at, geöffnet von Mitte Juni bis Mitte September, Übernachtung möglich (Schlafplatz Reservierungsanfrage an: info@hochschoberhuette.at).

Nicht immer ist eine Brücke da, manchmal geht es auch abenteuerlich mitten durch den Bach.

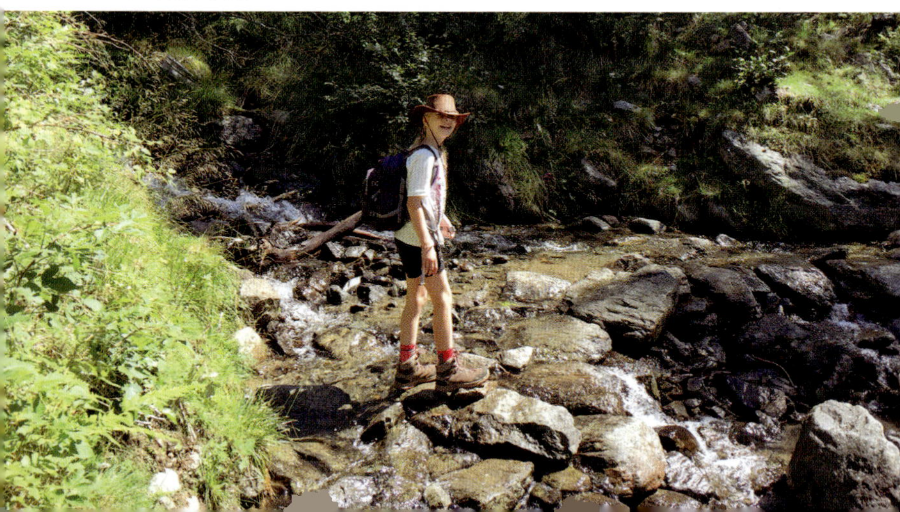

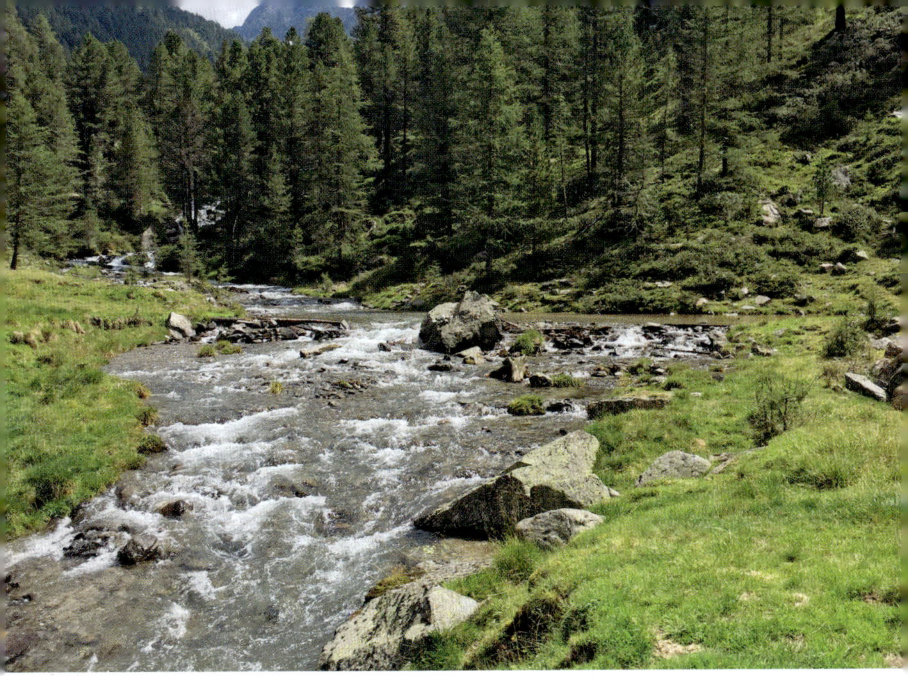

An den flachen Ufern des Leibnitzbachs lassen sich wunderbar die Füße kühlen.

Vom **Parkplatz Leibnitzbach-Brücke** ❶ führen auf dem ersten Teilstück des Aufstiegs zwei Routen bergan. Wir können den Forstweg wählen, die landschaftlich schönere und auch nicht bedeutsam schwierigere Wegführung verläuft aber über den Eduard-Jordan-Weg, einen Steig, der sich längs des malerischen Leibnitzbachs den Berg hinaufschlängelt. Als Erstes überqueren wir vom Parkplatz aus den Leibnitzbach, biegen kurz darauf rechts ab und passieren das Leibnitz-Gatterl, ein kleines Holztor, das als Eingangspforte ins Leibnitztal dient. Hier beginnt der Eduard-Jordan-Weg. Entlang des sprudelnden Baches geht es durch den mystisch anmutenden Lärchen- und Zirbenwald immer bergauf. Dabei ergeben sich zahlreiche Möglichkeiten, kurz am Wasser zu verweilen und die Füße abzukühlen. Über eine hölzerne Brücke gelangen wir auf die andere Seite des Bachs, der nun zu unserer Linken plätschert, und stei-

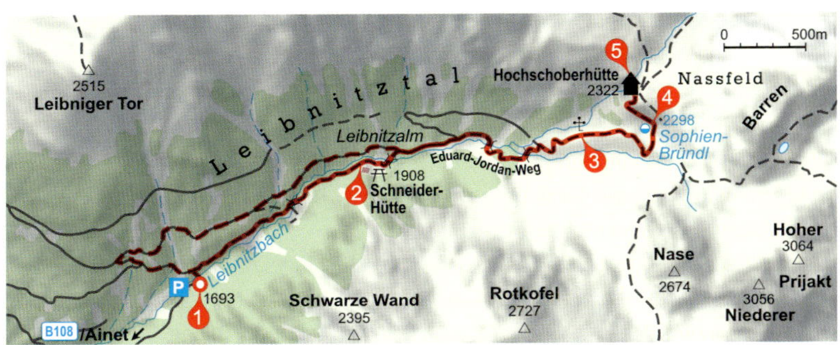

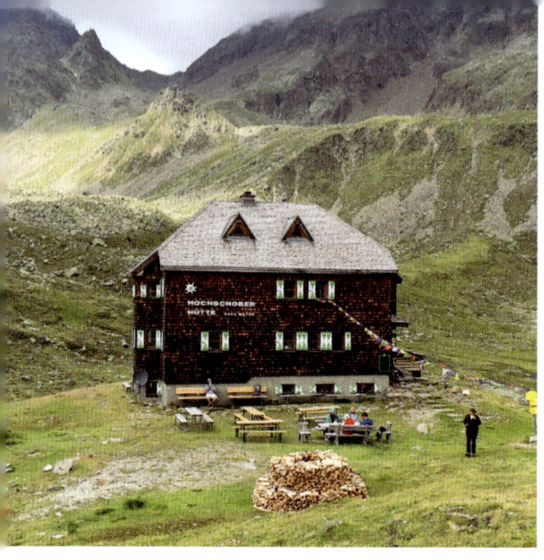

Highlights

★ Wasserreiche Wanderung durch das Leibnitztal mit vielen Möglichkeiten zum Planschen und Spielen am Leibnitzbach.

★ Wunderbare Picknickplätze am Wegesrand.

★ Frisches Trinkwasser am Sophien-Bründl.

Die Hochschoberhütte auf ihrem Logenplatz.

gen im schattigen Wald weiter empor. Auf der Leibnitzalm mit der winzigen **Schneider-Hütte ❷**, 1908 m, befindet sich ein Picknickplatz mit Tisch und Bank, der zur Jause einlädt. Von hier aus blicken wir weit hinein in das Leibnitztal, auf die umliegende Bergkette und erkennen ein ganzes Stück weiter oben schon das Ziel, die Hochschoberhütte, die auf einem Felsen zu thronen scheint. Auf der Alm fließt der Leibnitzbach breit auseinander und bietet eine schöne Möglichkeit für Kinder, im Wasser zu planschen, einen Staudamm zu bauen oder Steine zu schnipsen.

Der nahegelegene Wegweiser kündigt noch einen Marsch von 1.15 Std. bis zur Hochschoberhütte an, und gut gestärkt wandern wir abermals über eine Brücke auf die gegenüberliegende Bachseite. Ein kurzes Stück weiter treffen wir auf den alternativen Aufstiegsweg, der hier endet. Von hier aus gibt es nur noch den Steig bergauf. Zwei weitere Male überqueren wir über Holzbrücken den Leibnitzbach, dann lichtet sich die Vegetation deutlich, und bevor der Endspurt zur Hütte beginnt, bietet sich an einem **Jesuskreuz ❸** eine letzte Möglichkeit zur Rast.

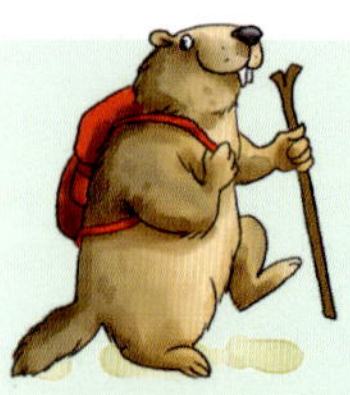

Hallo Kinder,

wenn ihr auf der Hochschoberhütte ankommt, dann schaut euch im Inneren einmal um und sucht nach dem Hüttenbuch. Jeder Wanderer, der auf einer Hütte ankommt, sollte sich darin eintragen. Neben eurem Namen tragt ihr hier zum Beispiel auch ein, wann ihr angekommen seid und wann ihr weiterwandert. Ebenso solltet ihr Start und Ziel eurer Wanderung und Kontaktdaten eintragen. Hüttenbücher haben nämlich einen sinnvollen Nutzen. Sie finden sich auf jeder Schutzhütte und dienen dazu, in Not geratene Wanderer und Bergsteiger durch die Bergrettung besser lokalisieren zu können. So können die Retter einschätzen, wann der Wanderer losgegangen ist, wohin er wollte und wo er bestenfalls aufzufinden ist. Gleiches gilt übrigens auch für Gipfelbücher.

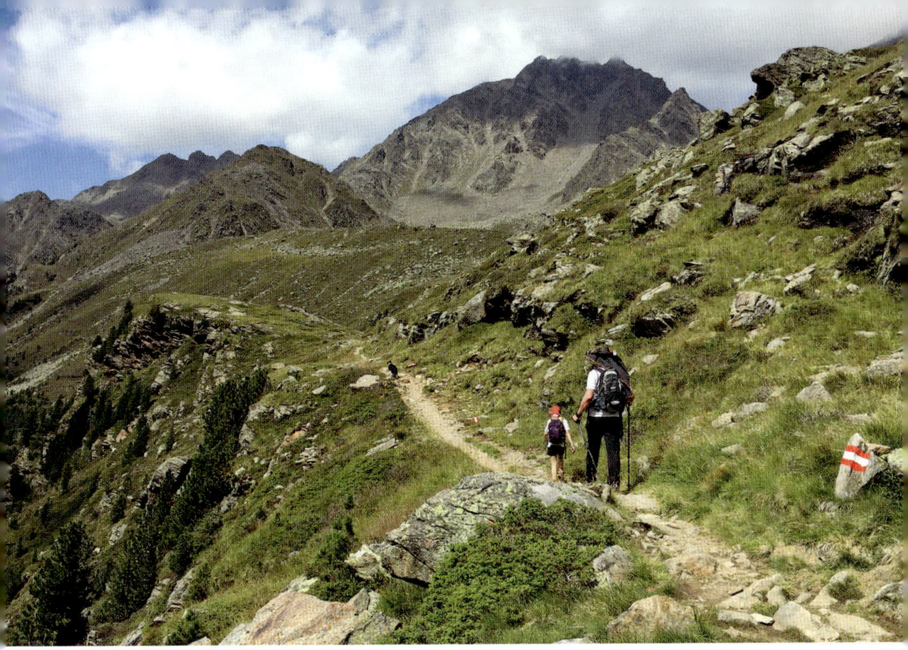

Die letzte Höhenstufe ist fast geschafft und das Ziel ist nah.

Vom Ziel trennt uns nun nur noch eine Geländestufe, über die der Leibnitzbach eindrucksvoll als Wasserfall ins Tal rauscht. Durch das offene Gelände, grüne Bergwiesen und vorbei an zahlreichen Felsbrocken verläuft der Steig in einem Bogen nach rechts, schwenkt wieder nach links und führt den Hang hinauf. Am **Sophien-Bründl** ❹, einer erfrischenden Quelle, nehmen wir einen kalten Schluck Wasser, bevor wir die letzten Meter bis zur Hütte hinaufsteigen.

Die **Hochschoberhütte** ❺, 2322 m, liegt malerisch auf dem Nassfeld, einem Bergplateau, umgeben von den Gipfeln der Schobergruppe. Von überall sprudeln Bäche ins obere Leibnitztal, das mit einer ursprünglichen Bergidylle aufwartet – ein unvergesslicher Anblick. Für den Rückweg können wir uns in der Hütte mit hausgemachten Schmankerln aus der österreichischen Küche stärken.

Anschließend wandern wir auf dem Anstiegsweg wieder hinunter zum **Parkplatz Leibnitzbach-Brücke** ❶ und genießen dabei aus neuer Perspektive immer wieder traumhafte Aussichten auf die Berge.

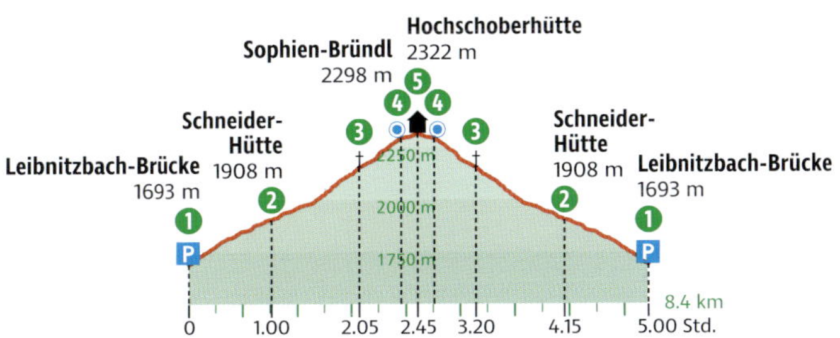

5.00 Std. | 11.9 km | ↗ 890 m | ↘ 890 m | ab 8 Jahren

13 Adolf-Noßberger-Hütte, 2488 m

Durch das Gradental

Tour für tüchtige Bergkinder mit abenteuerlichen Belohnungen

Die Adolf-Noßberger-Hütte im idyllischen Gradental wird auch liebevoll »Nossi« genannt. Der familienfreundliche Rundweg führt entlang imposanter Wasserfälle durch das malerische Gradenmoos, ein Hochmoor, auf dem im Sommer Pferde und Kühe weiden, vorbei an geheimnisvollen Seen, die vom Gradenbach gespeist werden, bis hin zum Gradensee selbst, dessen türkis schimmerndes Wasser eine ganz mystische Ausstrahlung hat. Eine Tour, auf der die Natur beeindruckt und bei der am Ziel nicht nur eine köstliche Einkehr wartet. Für Abenteuerlustige ist hier mit einer Seilrutsche über den See, einem Klettergarten und Vielem mehr Spaß garantiert. Um all die Highlights ausgiebig genießen zu können, bietet sich auch eine Übernachtung auf der Hütte an.

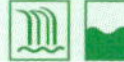  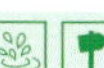  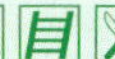  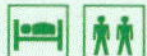

Ausgangspunkt: Kostenfreier Wanderparkplatz Gradental/Gradenalm, 1640 m (Navi: Putschall, 9843 Großkirchheim/Putschall). Anfahrt von Lienz über den Iselsberg-Pass, in Winklern links weiter Richtung Heiligenblut, in Putschall links ins Gradental abbiegen und der geschotterten Straße bis zum Parkplatz folgen.
Anreise mit ÖV: Nicht empfehlenswert.
Ausrüstung: Knöchelhohe Bergschuhe, Proviant für unterwegs, Badesachen.
Anforderungen: Trittsicherheit und Schwindelfreiheit sind erforderlich, genauso wie Kondition und Ausdauer für die recht lange Strecke. Der Weg führt über alpine Bergpfade, die größtenteils unschwierig zu begehen sind. An ein paar ausgesetzten Stellen sorgen Seilsicherungen für ein gutes Gefühl und sind besonders beim Abstieg auf dem felsigen Untergrund hilfreich.
Einkehr: Adolf-Noßberger-Hütte, Putschall 40, 9843 Großkirchheim, Tel. +43 4852 61043, mobil: +43 676 4966931, www.nossberger.at, geöffnet von Mitte Juni bis Mitte September, Übernachtung möglich (3- und 4-Bettzimmer und mehrere kleine Personenlager, Reservierungspflicht).

Blick auf das Gradenmoos aus Richtung des Tierleitenwegs.

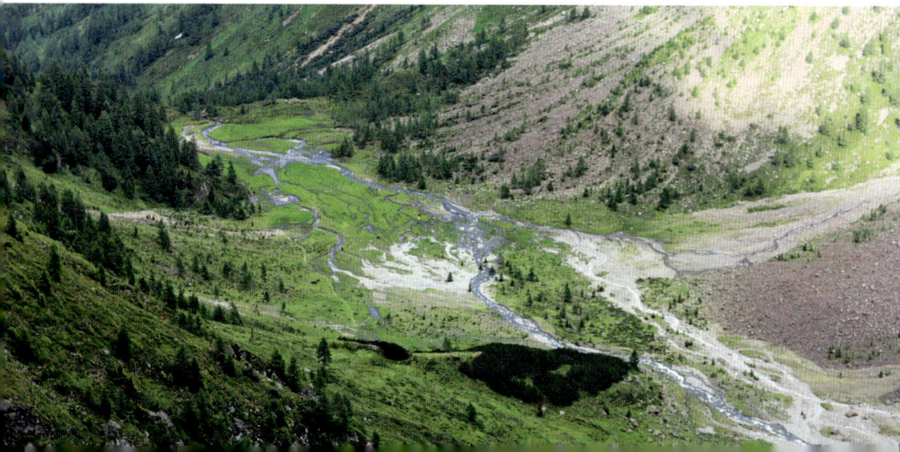

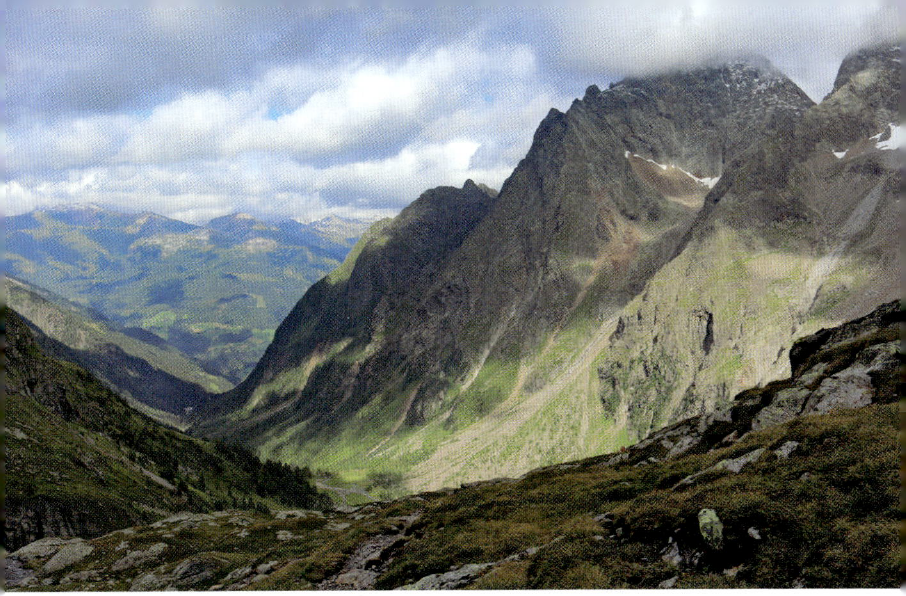

Die Welt zu Füßen – Panoramaausblick in das Gradental.

Vom **Parkplatz Gradental/Gradenalm** ❶ folgen wir dem Naturlehrpfad, dessen Eingang von einem markanten hölzernen Torbogen mit der Aufschrift »Nationalpark Hohe Tauern Naturlehrweg Gradental« überspannt wird (gegen ein kleines Entgelt ist der Naturführer Gradental beim Nationalpark Hohe Tauern erhältlich). Sanft fallen die Hänge von den Seiten ab ins Tal und ein lichter Nadelwald empfängt uns. Auf den Wiesen liegen verstreut zahlreiche Felsblöcke. Parallel zum Gradenbach, der zu unserer Rechten ins Tal fließt, wandern wir zunächst mit leichter Steigung und später etwas steiler in Serpentinen bergan. Wir durchqueren ein kleines Holztor, mit dem Hinweis, dass ab hier Hunde anzuleinen sind, da wir uns dem Gradenmoos nähern, wo Kühe und Pferde weiden.

Nachdem wir die ersten gut 300 Höhenmeter überwunden haben, erreichen wir das **Gradenmoos** ❷, 1913 m, an der Baumgrenze. Hier lädt ein herrlich gelegener Rastplatz zur

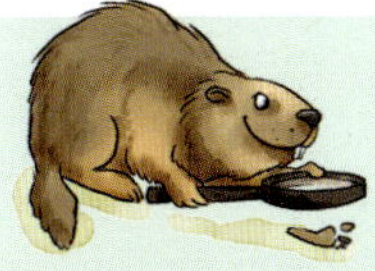

Hallo Kinder,

die Wanderung zur Adolf-Noßberger-Hütte führt euch durch das wilde und ursprüngliche Gradental. Es gliedert sich in mehrere Geländestufen, die ihr bis zum Ziel passiert und dabei den Blick über zahlreiche Dreitausender schweifen lassen könnt. Das Gradental ist ein sogenanntes Trogtal. Solche Täler sind durch ihre U-Form gekennzeichnet und wurden meistens durch Gletscher geformt. Zu den Seiten ziehen sich steile Hänge empor. Im unteren Bereich werden die Talböden flacher und weiten sich auf. Schaut also beim Wandern mal ganz genau hin.

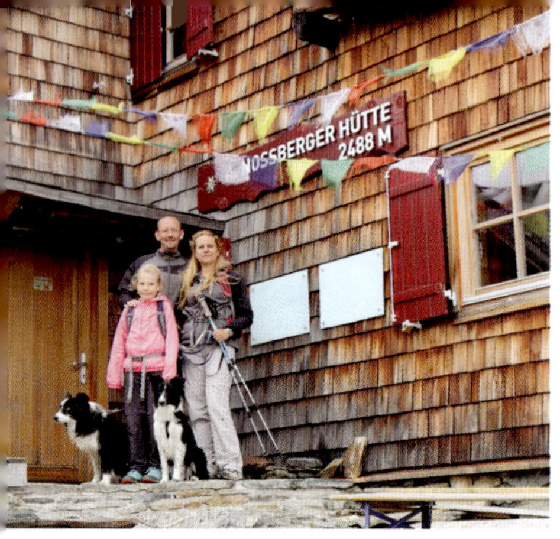

Bunte Fähnchen begrüßen uns am Ziel.

Pause mit Blick über die Weiden, den Bach, die umliegenden Berge und die friedlich vor sich hin grasenden Tiere ein. Für Kinder bietet sich eine prima Erfrischung im Bach, der sich breit verästelt durch die ursprüngliche Hochebene schlängelt.

Anschließend geht es rechts gemütlich am Rand des Gradenmooses fast eben weiter bis an das Ende des Tales, wo wir schließlich vor einer Felsstufe und an einer Weggabelung stehen. Imposant rauschen Wasserfälle die steil abfallenden Flanken hinunter. Der Seenrundweg führt mittelschwer nach links, die Alternative, der Tierleitenweg (unser späterer Abstiegsweg), führt rechter Hand den Hang hinauf. Wir wählen für den Hinweg zur Adolf-Noßberger-Hütte den Abzweig nach links. Der vor uns liegende Weg windet sich steil im Zick-Zack die felsige Hangstufe hinauf bis zum **Vordersee ❸**. Parallel zum Gradenbach wandern wir weiter durch die Seenplatte. Immer wieder bieten sich Möglichkeiten zur Erfrischung. Auf einer Höhe von 2421 m erreichen wir den **Mittersee ❹** und wenig später unser Ziel, die **Adolf-Noßberger-Hütte ❺**, 2488 m, am Gradensee. Sie wird umringt von den imposanten Dreitausendern Petzeck, Keeskopf, Hornkopf und vielen anderen markanten Gipfeln. In der Hütte können wir uns mit hausgemachten regionalen Spezialitäten stärken. Danach lohnt sich noch der kurze Abstecher zum türkis schimmernden Gradensee. Füße kühlen, planschen oder ein gewagter Sprung ins kalte Wasser, eine rasante Fahrt mit der Seilrutsche über den See – hier ist Spaß für die ganze Familie garantiert. Badesachen und ein kleines Handtuch sollten also im Wanderrucksack nicht fehlen. Gut aus-

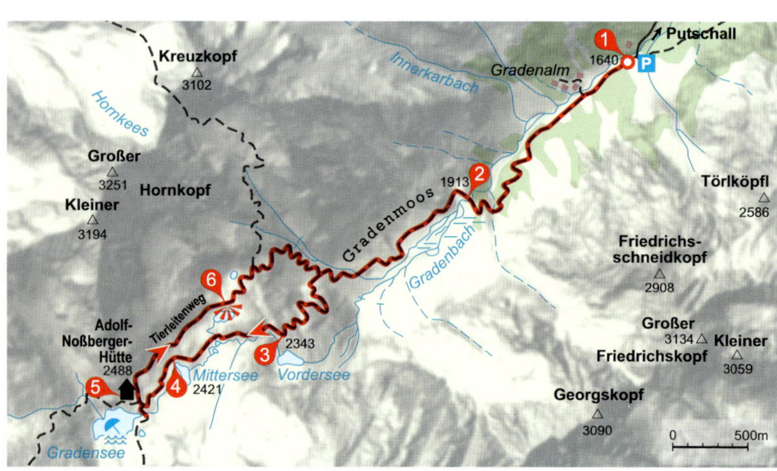

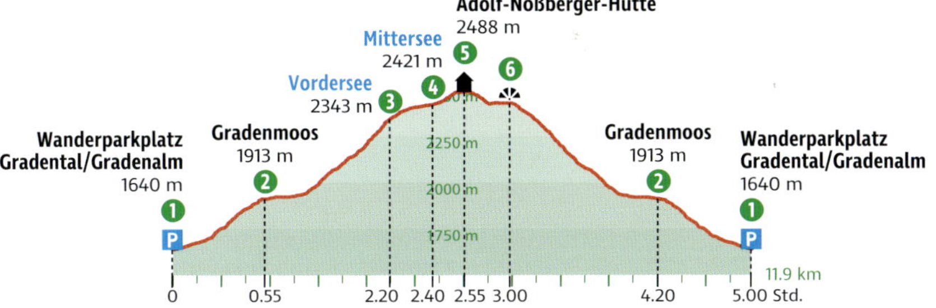

getobt und gestärkt machen wir uns später auf den Rückweg.

Dazu nehmen wir nun den Tierleitenweg, der uns vor der Hütte in Richtung Gradenmoos blickend nach links führt und ein wenig oberhalb der Seenplatte verläuft. Dabei streifen wir ein weiteres Gewässer an der rechten Seite des Weges und haben von hier aus nochmals einen wunderbaren **Blick auf die Seenplatte** ❻, ehe wir wieder ins Tal absteigen. In den schattigen Einschnitten am Hang liegen auch oft im Sommer noch Schneereste. Bald geht es in zahlreichen Serpentinen hinab ins Gradental. Der Tierleitenweg ist stellenweise etwas felsig und eine Passage ist mit Seilen gesichert. Tatsächlich sind diese auf dem glatten Untergrund eine gute Abstiegshilfe. Nach dem seilversicherten Abschnitt wandern wir in Kehren den im Sommer bunt blühenden Wiesenhang hinab und gelangen wieder an die Weggabelung, an der wir am Hinweg auf den Seenrundweg abgebogen sind. Wir zweigen nach links ab und wandern nun erneut am Rande des malerischen **Gradenmooses** ❷ entlang bis zum Rastplatz, an dem wir noch eine Pause einlegen können. Auf dem vom Hinweg bekannten Weg geht es dann durch den Wald zurück zum **Parkplatz Gradental/ Gradenalm** ❶.

Highlights

- ★ Naturlehrweg Gradental (der zugehörige Naturführer Gradental ist beim Nationalpark Hohe Tauern erhältlich).
- ★ Moorebene Gradenmoos mit Kühen und Pferden.
- ★ Seenplattenweg mit Mittersee und Vordersee.
- ★ Freizeitprogramm rund um die Adolf-Noßberger-Hütte: Baden im Gradensee oder Kanu fahren, Finnisches Badefass (Reservierung erforderlich), Klettergarten, Bogenschießen, Seilrutsche über den See, Balancieren am Drahtseil, Zelten in zwei Tipis.

Abstieg über den Tierleitenweg: Seilsicherungen helfen auf dem rutschigen Fels.

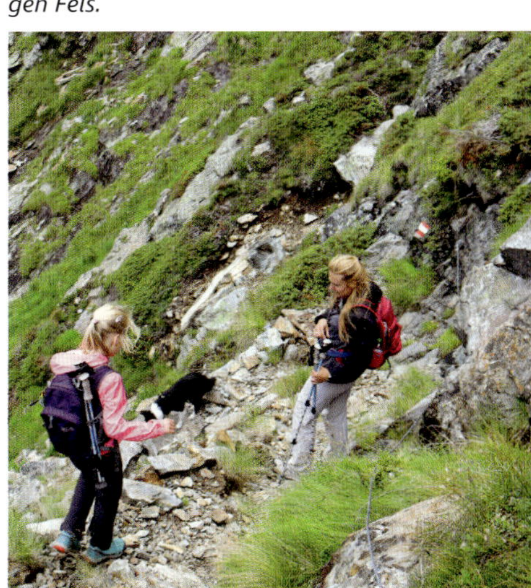

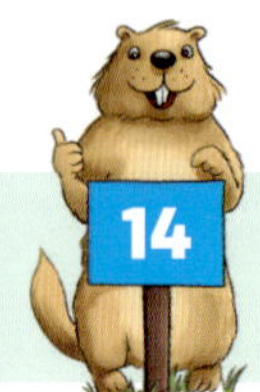

4.00 Std. | 6.0 km | ↗ 620 m | ↘ 620 m | ab 6 Jahren

Ederplan, 2061 m, und Anna-Schutzhaus

Vom Zwischenberger Sattel

Sommertour im Schatten herrlichen Nadelwaldes

Wenn die Sonne vom Himmel scheint, der blaue Himmel über uns leuchtet und die Temperaturen steigen, ist der perfekte Tag für eine Wanderung zum Anna-Schutzhaus und auf den Gipfel des Ederplans gekommen. Der dichte Nadelwald spendet beim Aufstieg wohltuenden Schatten und an einer Quelle können wir uns kurz vor Erreichen der Hütte erfrischen. Am Anna-Schutzhaus begrüßt uns eine üppige Blumenpracht. Doch bevor wir hier einkehren und die hausgemachten Speisen an einem der herrlichen Plätze vor der Schutzhütte genießen, erklimmen wir noch den Gipfel des Ederplan, wo uns am großen Heimkehrerkreuz ein grandioser 360-Grad-Blick belohnt.

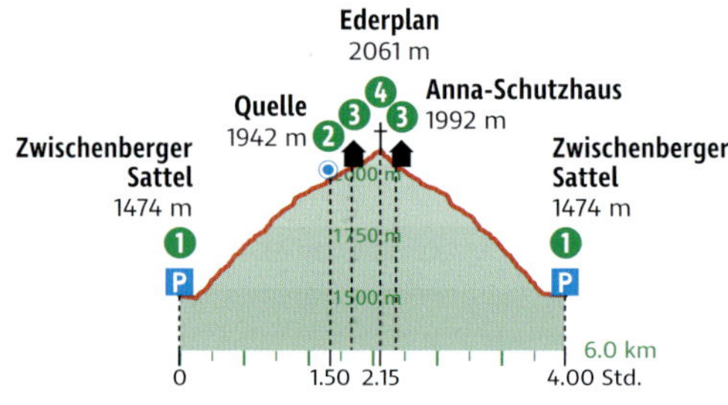

Aufstieg zum Ederplan, im Hintergrund die Lienzer Dolomiten.

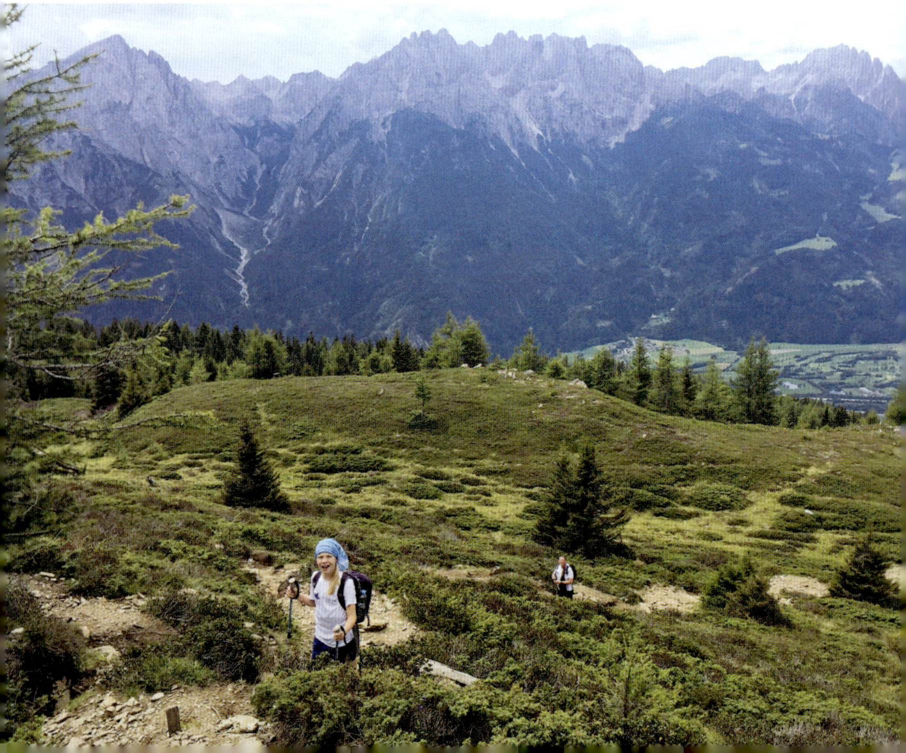

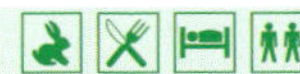

Ausgangspunkt: Zwischenberger Sattel, 1474 m (Navi: Stronach 10, 9992 Iselsberg-Stronach). Anfahrt von Lienz über die B107 Richtung Iselsberg-Pass, Richtung Iselsberg Stronach rechts abbiegen, der Straße oberhalb des Rehabilitationszentrums Ederhof bis zur Mautstelle folgen (die Schranke ist unbemannt, passendes Kleingeld ist erforderlich). Anschließend weiter der Schotterstraße folgen, der Parkplatz am Zwischenberger Sattel ist kostenfrei.
Anreise mit ÖV: Nicht empfehlenswert.
Ausrüstung: Knöchelhohe Bergschuhe.
Anforderungen: Etwas Trittsicherheit ist nötig. Der Aufstieg zum Anna-Schutzhaus verläuft überwiegend auf einem Steig, der recht steil hinaufführt, aber unschwierig ist; auch der Aufstieg zum Gipfel ist ohne Schwierigkeiten.

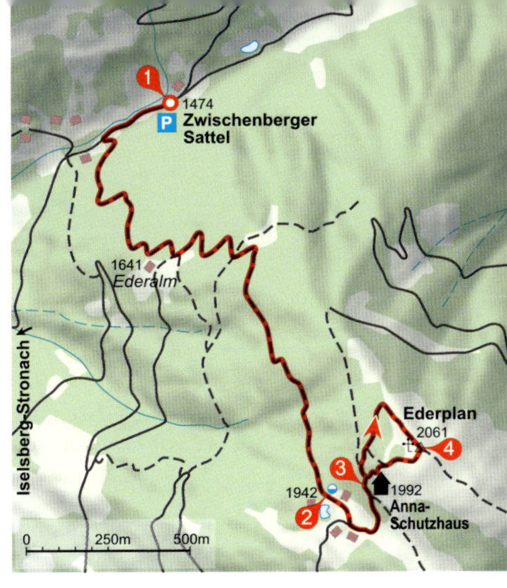

Einkehr: Anna-Schutzhaus, Görtschach 28, 9991 Dölsach, Tel. +43 677 636 906 79, www.annaschutzhaus.at, geöffnet je nach Witterung von Ende Mai bis Ende Oktober, Übernachtung nur mit Voranmeldung.

Vom Parkplatz am **Zwischenberger Sattel ❶**, 1474 m, inmitten einer naturbelassenen Idylle führt uns kurz ein Wiesenweg parallel zur Straße und nur wenig später links abzweigend ein uriger Bergpfad mit knackiger Steigung bergan. In zahlreichen Kehren windet sich der Steig zwischen den Nadelbäumen, die angenehmen Schatten spenden, empor. Ein erster Pausenplatz mit einer überdachten Bank lässt nicht lange auf sich warten. Inmitten des Waldes passieren wir eine kleine Holzhütte auf einer sonnenbeschienenen Lichtung. Zwischendurch kreuzen wir mehrfach einen Forstweg, folgen jedoch unbeirrt dem Steig und den Wegweisern bergauf. Begleitet werden wir von naturnahen Holzkreuzzäunen, die auch auf dem Ederplan das Landschaftsbild prägen.
Rund 15 Minuten vor dem Anna-Schutzhaus lichten sich die Bäume und einige beschauliche Almhütten säumen den Weg. Ein malerischer Teich glitzert im Sonnenlicht. Links vom Weg steht eine kleine aus Stein gemauerte Hütte und davor finden wir eine **Quelle ❷**, aus der frisches Wasser in einen Holztrog plätschert und für Erfrischung sorgt. Wenige Schritte weiter erreichen wir den Almgüterfahrweg. Hier zweigen wir nach links ab, treffen dabei gelegentlich auf eine Schar Hühner und kommen kurz darauf am **Anna-Schutzhaus ❸**, 1992 m, an.

Highlights

- ★ Erfrischende Quelle am Wegesrand.
- ★ Eindrucksvolles 360-Grad-Panorama am Gipfel des Ederplan.
- ★ Gipfelbuch zum Eintragen.
- ★ Einkehrmöglichkeit mit hausgemachten Speisen im Anna-Schutzhaus.

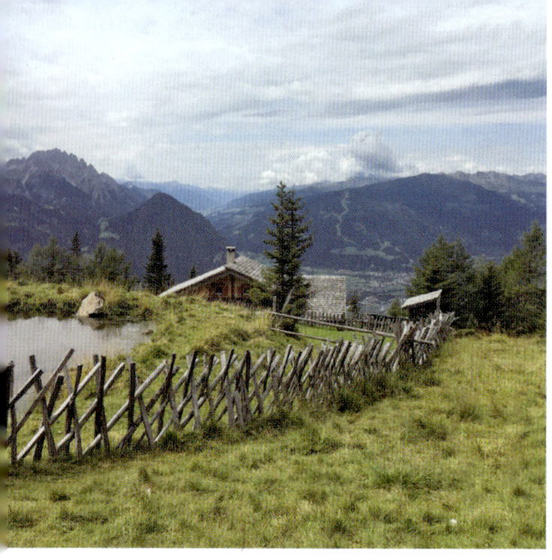

Charakteristischer Anblick auf dieser Tour: die Holzkreuzzäune.

So verlockend es auch sein mag, sich bereits jetzt hier niederzulassen, wir haben noch den Gipfelaufstieg vor uns und passieren deshalb zunächst die einladende Hütte. Mehrere Pfade führen zum Gipfel, wir halten uns geradeaus und steigen dann in einem weiten Rechtsbogen zwischen niedrigen Lärchen und flächendeckenden Wacholdersträuchern auf. Oben angekommen stehen wir vor dem majestätischen **Heimkehrerkreuz** auf dem **Ederplan** ❹, 2061 m, und können das Panorama in alle Himmelsrichtungen genießen. Wir schauen auf die Lienzer Dolomiten im Südwesten, sehen Lienz im Talboden schlummern, blicken Richtung Nordwesten auf das Zettersfeld und ins Debanttal sowie Richtung Südosten nach Kärnten bis ins Mölltal – ein 360-Grad-Panorama, das seinesgleichen sucht.

Nach dem Eintrag ins Gipfelbuch steigen wir auf dem direkten Weg hinunter zum bezaubernden **Anna-Schutzhaus** ❸ mit seinen bunt blühenden Balkonblumen, kleinen Giebelfenstern und der Schindelfassade. Holztische und Bänke laden zum Verweilen ein. Liebevoll gestaltete Aussichtsplätze und Hinweistafeln auf die umliegende Bergwelt ergänzen dieses Ensemble. Das Team der Schutzhütte bewirtet die Gäste mit hausgemachten und regionalen Köstlichkeiten, und so ist eine Einkehr hier unabdingbar.

Nach einer ausgiebigen Pause mit herrlichem Blick auf die Lienzer Dolomiten steigen wir auf dem Anstiegsweg wieder hinunter zum **Zwischenberger Stattel** ❶.

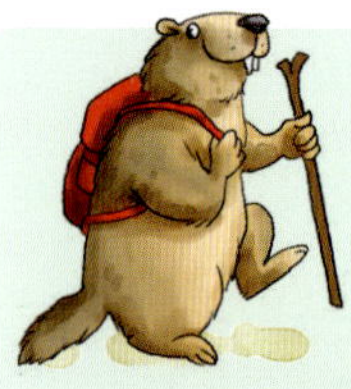

Hallo Kinder,

einen Berggipfel zu erklimmen, hat immer einen ganz besonderen Reiz. Die höchsten Punkte sind oft mit einem markanten Gipfelkreuz geschmückt, das schon von Ferne sichtbar ist. Die Vorfreude und die Motivation anzukommen steigen immer mehr, je näher man dem Kreuz kommt. Gipfelkreuze werden bereits seit über 700 Jahren errichtet. Ursprünglich waren sie ein religiöses Symbol, später dienten sie aber auch der Markierung von Alm- und Gemeindegrenzen. Das Gipfelkreuz auf dem Ederplan wird auch Heimkehrerkreuz genannt und soll an die während der beiden Weltkriege Verstorbenen erinnern. In dem steinernen Sockel des Kreuzes befindet sich ein Gipfelbuch, in das ihr euch eintragen könnt.

Am Gipfel des Ederplan: Ein Highlight für Kinder ist der Eintrag ins Gipfelbuch.

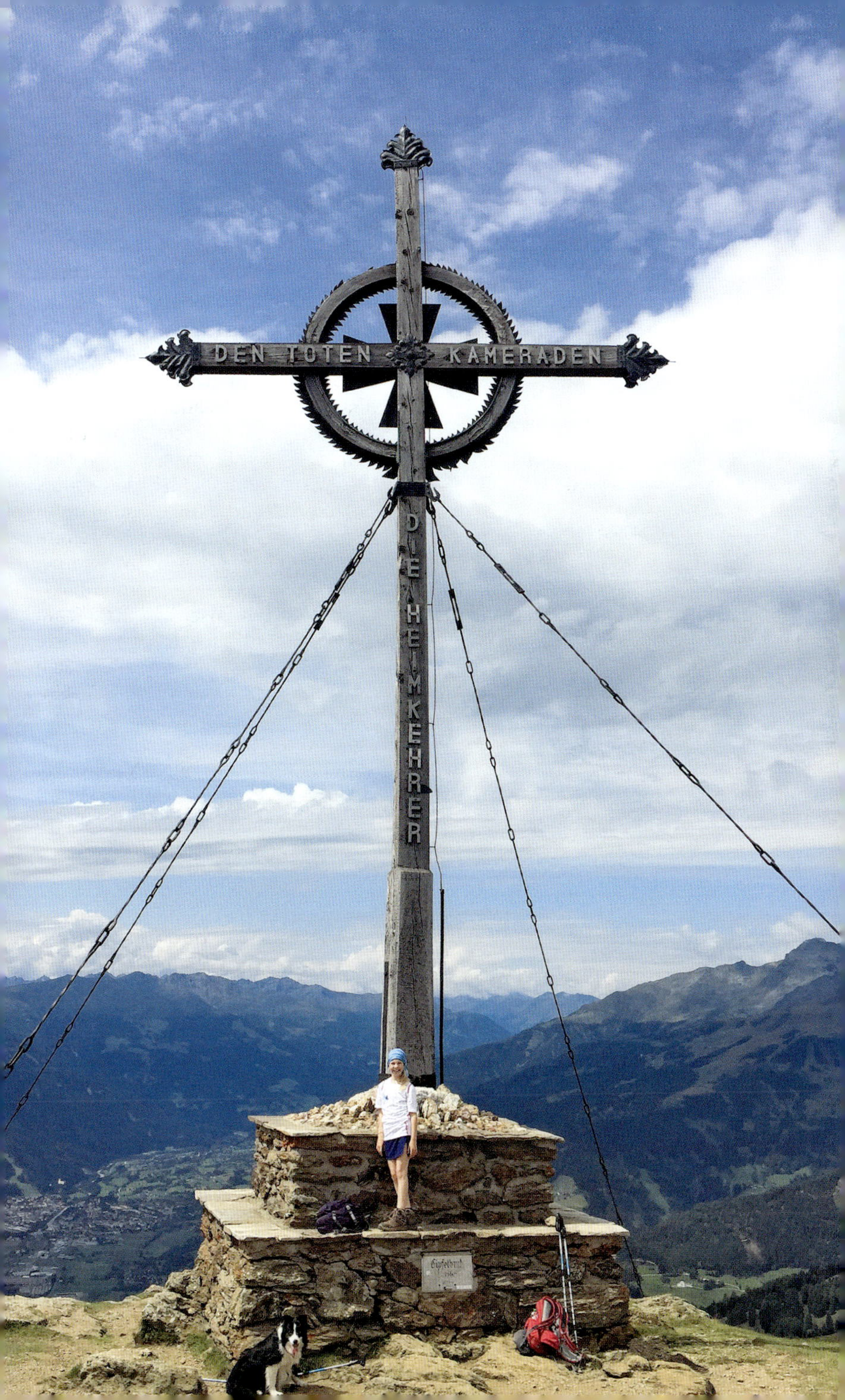
DEN TOTEN KAMERADEN
DIE HEIMKEHRER

4.00 Std. | 10.2 km | ↗ 580 m | ↘ 580 m | ab 6 Jahren

15 Böses Weibele, 2521 m

Von der Hochsteinhütte

Aussichtsreiche Gipfeltour über den Rücken des Hochsteins

Breit liegt er vor uns, der imposante Bergrücken des Hochsteins. Anfänglich gemütlich, später ordentlich ansteigend, schlängelt sich der Weg zum sagenumwobenen Bösen Weibele. Üppige Blaubeersträucher begleiten uns und bieten zwischendurch einen süßen Snack. Der Ausblick reicht in alle Himmelsrichtungen. In der Ferne erkennen wir schon das Ziel. Zurückblickend sehen wir die Hochsteinhütte, die immer kleiner wird. In den Vertiefungen des Bergrückens schimmern kleine Teiche. Am Gipfel angekommen erwarten uns ein grandioses Alpenpanorama und ein Gipfelbuch, in dem wir uns verewigen können.

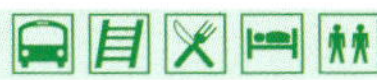

Ausgangspunkt: Kostenfreier Wanderparkplatz Hochsteinhütte, 1990 m (Navi: Schlossberg 20, 9900 Lienz). Anfahrt von Lienz Richtung Sillian, hinter Leisach rechts abbiegen und über die Pustertaler Höhenstraße bis Bannberg, hier erneut rechts bis zur Mautschranke (nicht besetzt, passendes Kleingeld ist erforderlich) und weiter bis zum Parkplatz.

Anreise mit ÖV: Wanderbus Hochsteinhütte ab Bahnhof Lienz (verkehrt ca. von Juli bis September, nicht täglich, Kinder unter 12 Jahren fahren gratis, ab 5 Personen Voranmeldung erforderlich; Infos und Fahrzeiten unter www.osttirol.com/entdecken-und-erleben/sommer/gut-zu-wissen/wanderbus).

Ausrüstung: Knöchelhohe Bergschuhe. An sonnigen Tagen sollte unbedingt eine Kopfbedeckung mitgenommen werden, da der Weg komplett über offenes Gelände verläuft.

Anforderungen: Der Weg ist grundsätzlich nicht schwierig, erfordert jedoch etwas Trittsicherheit und Ausdauer.

Einkehr: Hochsteinhütte, Schlossberg 20, 9900 Lienz, Tel. +43 676 6172061, www.hochsteinhütte.at, geöffnet von Ende Mai bis Ende Oktober, Übernachtungsmöglichkeit für 20–24 Personen.

Blick Richtung Zettersfeld und Schleinitz vom Hochstein.

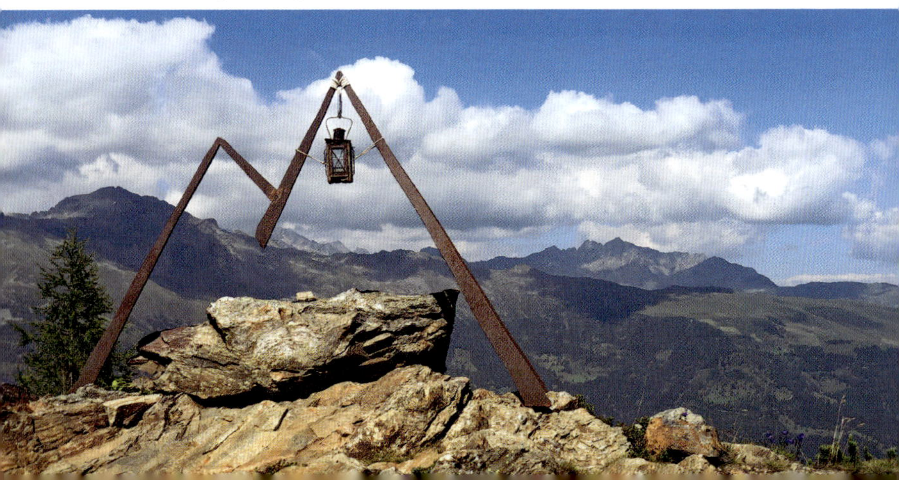

Highlights

- ★ Hochsteinhütte mit Einkehr- und Übernachtungsmöglichkeit.
- ★ Im Sommer reichlich Blaubeeren zum Ernten.
- ★ Glocke für Frieden und Freundschaft – ruhig einmal läuten!
- ★ Heimkehrerkreuz unweit der Hochsteinhütte.
- ★ Gipfelkreuz mit Gipfelbuch am Bösen Weibele.

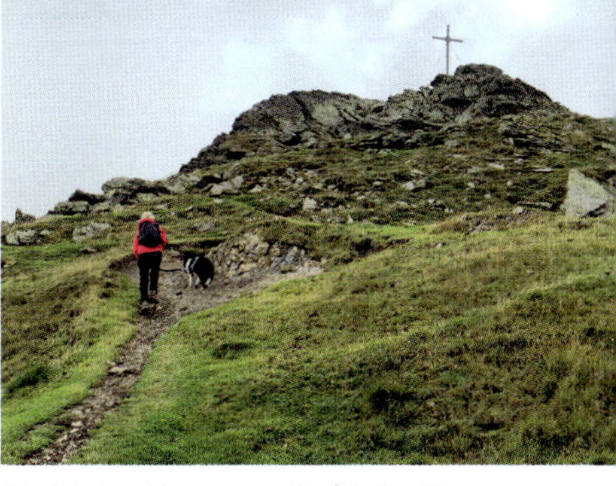

Die letzten Meter zum Gipfel des Bösen Weibele begeistern Kindern mit einer kleinen Klettereinlage.

Vom **Wanderparkplatz Hochstein ❶**, an dem man vor dem Aufstieg noch schnell ein Toilettenhäuschen aufsuchen kann, starten wir auf dem zunächst noch breiten Schotterweg und folgen der Beschilderung Richtung Hochsteinhütte. Anfangs wandern wir durch schattigen Nadelwald, der bald lichter wird. Nachdem der Forstweg einen Knick nach rechts gemacht hat, biegen wir links ab und folgen dem schöneren Steig bergauf. Schnell ist die Baumgrenze erreicht und inmitten dichter Blaubeerbüsche wandern wir weiter, bis wir auf das Plateau des Hochstein gelangen. Unweit der Hochsteinhütte, auf Höhe der **Glocke des Friedens und der Freundschaft ❷**, zweigen wir links ab, um in Richtung Gipfel zu marschieren. Die Einkehr in der nahen Hochsteinhütte heben wir uns als Belohnung für die Rückkehr auf. Das Ziel, der Gipfel des Bösen Weibeles, ist nicht zu verfehlen. Immer geradeaus leitet uns der Steig über den breiten Rücken den Hochsteins. Auf der rechten Seite erstreckt sich das Tal in Richtung Felbertauern und wir erkennen auf der gegenüberliegenden Talseite den Hausberg der Lienzer, die Schleinitz, und das weitläufige Zettersfeld. Zur Linken begleitet uns das Pustertal mit den Ausläufern der Lienzer Dolomiten. Die Sicht reicht bei gutem Wetter bis nach Südtirol, wo wir sogar die Drei Zinnen ausmachen können.

Noch ohne große Anstrengung treffen wir auf das **Heimkehrerkreuz ❸**, auf dem Gipfel des **Hochsteins**, 2057 m. Für ein kurzes Stück geht es

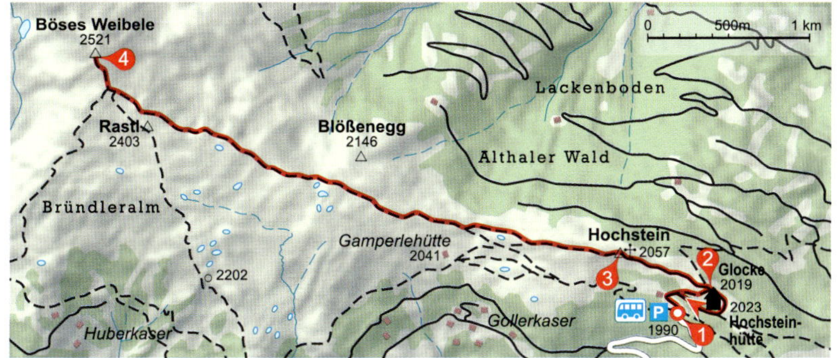

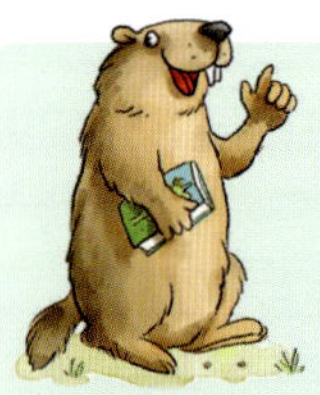

Hallo Kinder,

rund um das Böse Weibele rankt sich eine spannende Sage. So lebte einst im Tal eine Frau, der Hexenkräfte nachgesagt wurden. Deshalb wurde sie das »Böse Weibele« genannt. Nach ihrem Tod wollten die Bewohner des Tals sie nicht auf dem Friedhof beisetzen. Also wurde sie mit einem Ochsenkarren aus dem Dorf gezogen und sollte erst dort begraben werden, wo die Ochsen anhalten. Die Ochsen zogen den Karren bis hoch zum Gipfel. Der Legende nach wurde die angebliche Hexe dann dort oben bestattet und so kam der Gipfel zu seinem Namen.

anschließend in eine Mulde bergab, ehe es im Folgenden kontinuierlich bergauf und dem Gipfel des Bösen Weibele entgegengeht. Der Bergpfad schlängelt sich durch die offenen Almwiesen. In kleinen Senken sind zahlreiche Tümpel zu sehen. Der massive Bergrücken ist an einigen Stellen regelrecht wellenförmig und wir durchwandern diese urtümlichen Täler mit teils felsigen und schluchtartigen Einschnitten. Je höher wir gelangen, desto alpiner wird der Pfad und immer mehr Felsbrocken begleiten uns.

Etwa zehn Minuten vor dem Gipfel erreichen wir an einem massiven Felsbrocken den Abzweig einer Alternativroute für den Auf- oder Abstieg über die Ehrenwiese und den Pustertaler Almweg, der jedoch ein gutes Stück länger ist als unsere Route. Nun ist es nicht mehr weit bis zum Ziel. Wir halten uns geradeaus

Über den buckeligen Rücken des Hochsteins verlaufen abenteuerliche Pfade.

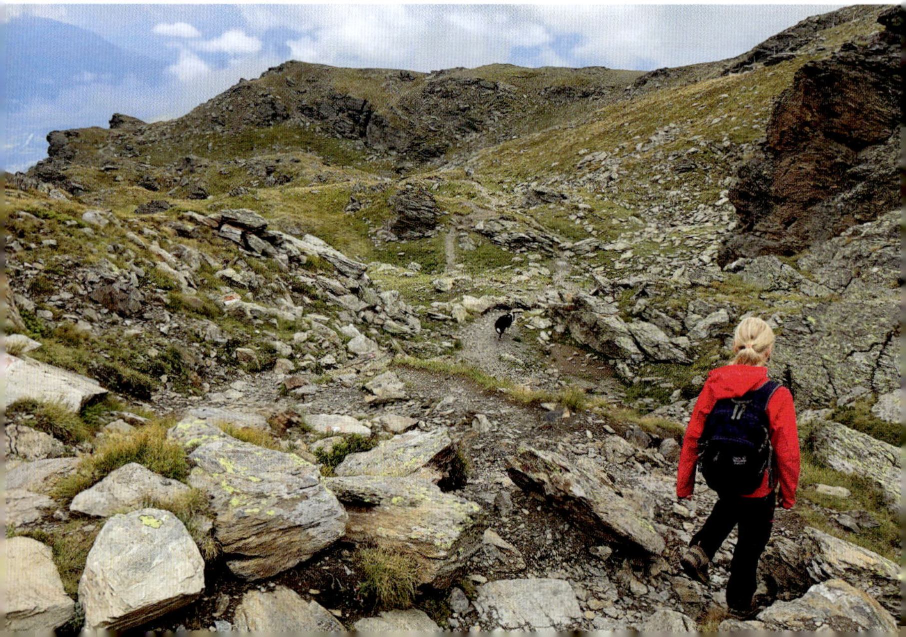

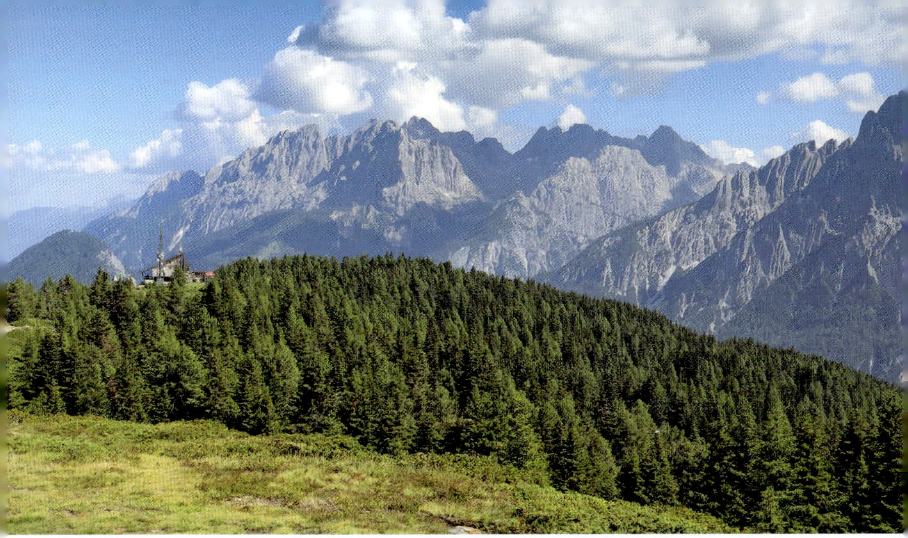

Die Hochsteinhütte vor dem Panorama der Lienzer Dolomiten.

und durchqueren das immer felsiger werdende Gelände. Zu guter Letzt dürfen wir noch ein wenig klettern. Etwas Trittsicherheit ist hier angebracht, um die verbleibenden Meter bis zum Gipfelkreuz über die Felsen zu bewältigen. Dann stehen wir auf dem **Bösen Weibele** ❹, 2521 m, und können das atemberaubende Panorama in alle Richtungen genießen und uns ins Gipfelbuch eintragen.

Nach ausgiebigem Genuss der 360-Grad-Rundsicht machen wir uns an den Abstieg. Der Rückweg verläuft auf derselben Strecke wie der Aufstieg. Am ersten Abzweig halten wir uns links, um nicht über die Ehrenwiese zu wandern, und folgen dem Weg zurück. Aus dieser Richtung ergeben sich noch einmal ganz neue Ansichten auf die Berge ringsum und wir können uns Meter um Meter auf die Einkehr in der Hochsteinhütte freuen. Am **Heimkehrerkeuz** ❸ können wir den Duft von Apfelstrudel und Kaiserschmarrn schon erahnen. Bevor wir einkehren, betrachten wir vor der Hütte noch die **Glocke für Frieden und Freundschaft** ❷, deren Fundament mitgebrachte Steine aus mehr als 100 Ländern der Erde schmücken. Das Läuten der Glocke ist erlaubt.

Dann erwartet uns die **Hochsteinhütte** ❺, 2023 m, und endlich können wir einkehren. Anschließend bleiben wir auf dem Forstweg, der uns um die Hütte herumführt und dann zum **Wanderparkplatz Hochstein** ❶ hinunterbringt.

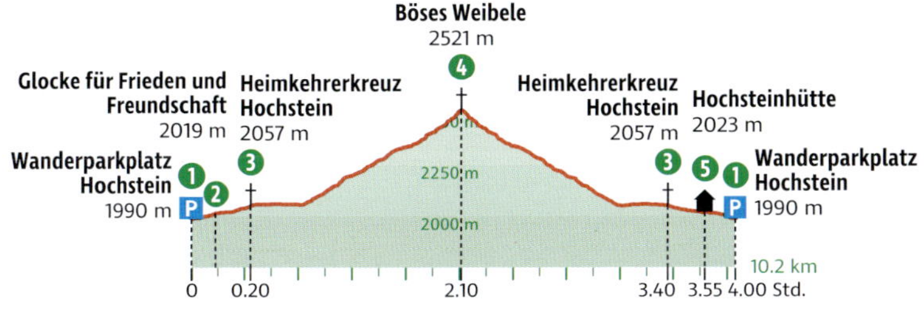

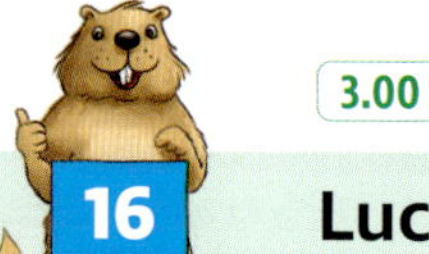

3.00 Std. | 5.1 km | ↗ 330 m | ↘ 330 m | ab 4 Jahren

Lucknerhütte, 2241 m

Durch das Ködnitztal

Auf dem Themenweg »Glocknerspur – BergeDenken«

Majestätisch erhebt sich der markante Gipfel des Großglockner über dem malerischen Ködnitztal. So imposant ist seine Erscheinung, dass wir ehrfürchtig innehalten. In seinem Anblick steigen wir begleitet von den informativen Lehrtafeln des Themenwegs Glocknerspur entlang dem sprudelnden Ködnitzbach hinauf zur Lucknerhütte. In bester Panoramalage thront sie auf einem Plateau und ist bereits vom Ausgangspunkt sichtbar. Zum Schluss der Wanderung laden am Ködnitzbach noch ein paar schöne Stellen zum Spielen am Wasser ein. Am Ufer können Steinmännchen gebaut werden und am Lucknerhaus wartet ein Abenteuerspielplatz. Ein ganz besonderes Erlebnis wird die Tour, wenn sie als geführte Wanderung mit einem Ranger unternommen wird (siehe »Hallo Kinder«).

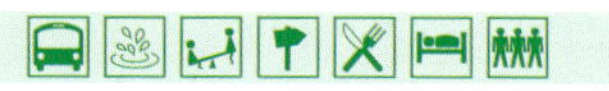

Ausgangspunkt: Parkplatz Glocknerwinkel am Lucknerhaus, 1920 m (Navi: Glor-Berg 16, 9981 Kals am Großglockner). Anfahrt aus Richtung Lienz über die Felbertauernstraße, in Huben rechts abzweigen auf die Kalser Landesstraße, hinter Kals rechts halten auf die gebührenpflichtige Kalser Glocknerstraße (Ticket an der Schranke lösen, die Gebühr ist vor der Rückfahrt am Automaten am Parkplatz zu bezahlen).

Anreise mit ÖV: Mit der Postbus-Linie 951 Lienz – Huben bis zur Haltestelle Huben Ort, weiter mit der Linie 952 Huben – Kals bis Haltestelle Kals Lucknerhaus (verkehrt ca. Ende Mai bis Ende September, die Nutzung mit Gästekarte ist kostenlos).

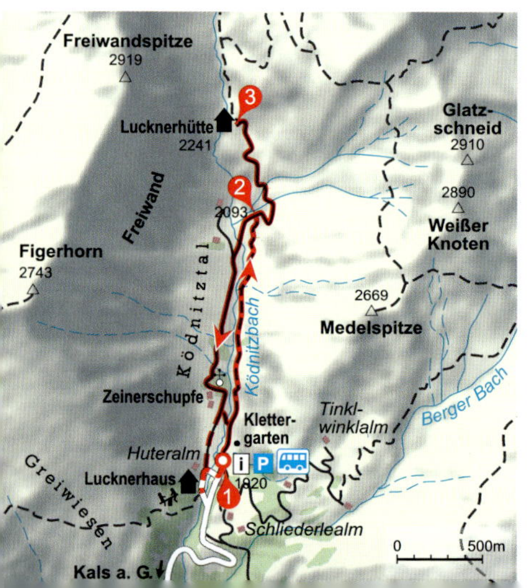

Ausrüstung: Feste Schuhe, Fernglas für Tierbeobachtungen, eventuell Badesachen fürs Spielen am Wasser.

Anforderungen: Etwas Trittsicherheit ist auf dem Teilstück über den Steig nötig. Der Weg stellt ansonsten aber keine besonderen Anforderungen.

Einkehr: **Lucknerhaus**, Glor-Berg 16, 9981 Kals a. G., Tel. +43 4876 8555, www.lucknerhaus.at, geöffnet von Ende Januar bis Mitte Oktober und Dezember bis Mitte Januar, Übernachtung möglich (Einbett-, Zweibett- und Dreibettzimmer sowie Bergsteigerlager, Buchung online oder telefonisch). **Lucknerhütte**, Glor-Berg 17, 9981 Kals a. G., Tel. +43 4876 8455, www.lucknerhuette.at, geöffnet von Juni bis Oktober, Übernachtung möglich (Einzel- bis Sechsbettzimmer und Komfortzimmer, Anfrage online oder telefonisch).

Variante: Wenn für den Auf- und Abstieg ausschließlich der Forstweg zwischen Lucknerhaus und Lucknerhütte genutzt wird, kann sogar ein Kinderwagen mitgenommen werden.

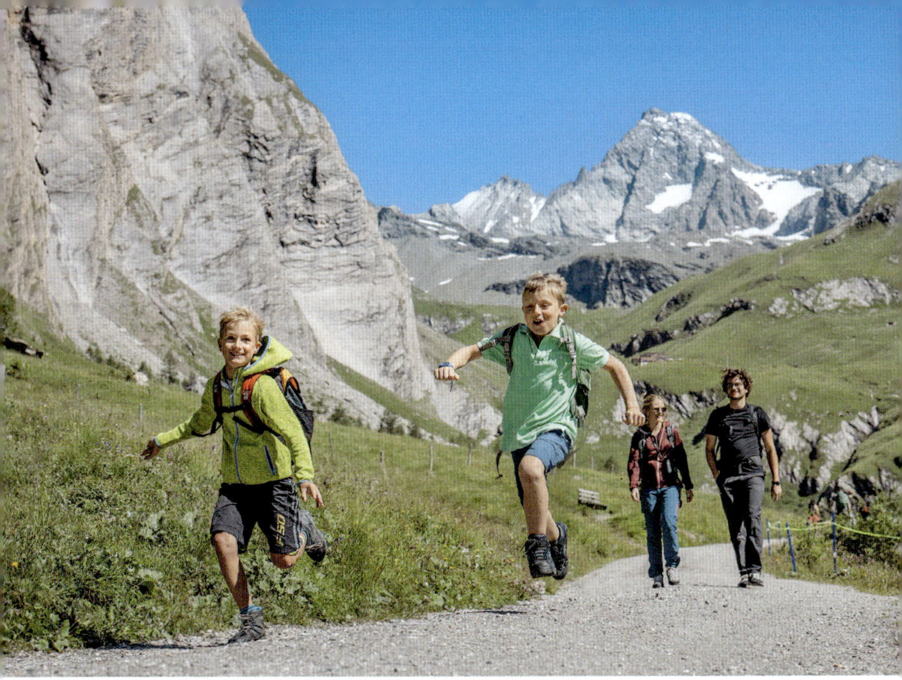

Im Ködnitztal ist Spaß für die Kinder garantiert.

Wir beginnen unsere Wanderung am **Parkplatz Glocknerwinkel ❶**, 1920 m, gleich beim **Lucknerhaus**. Hier wenden wir uns nach rechts dem Talschluss zu und gehen, mit Blick auf den Großglockner, zunächst hinauf auf den Damm oberhalb des Ködnitzbaches. Über ein Bett aus Geröll ergießt sich rauschend das Wasser. Den Ködnitzbach zu unserer Linken wandern wir in das Tal hinein. Der anfänglich noch breite Schotterweg weicht schließlich einem Steig, der uns parallel zum Hang bergauf führt. Eine üppige Blumenpracht säumt den Weg und wir wandern wie durch einen Dschungel. Die steilen Bergflanken, die zu den Talseiten verlaufen, bieten zahlreichen Tieren einen Lebensraum. Wir hören Murmeltiere pfeifen, und wer genau hinsieht oder ein Fernglas dabei hat, entdeckt nicht selten auch Gämsen, weit oben an den grünen Hängen. Unterwegs erläutern uns an verschiedenen Stellen die Lehrtafeln des Themenweges Glocknerspur Wissenswertes über die Umgebung.

Nach einiger Zeit treffen wir auf den **Fahrweg ❷** zur Lucknerhütte. Die Glocknerspur zweigt hier nach links ab, da wir aber noch zur Hütte hinaufwollen, geht es für uns nach rechts weiter bergauf. Zwei Mal überschreiten wir kleine Zuflüsse zum Ködnitzbach, die vom Berg hinunterplätschern. Noch ein paar Kehren weiter erreichen wir schon das Ziel, die **Lucknerhütte ❸**, 2241 m. Von der Terrasse aus genießen wir nun

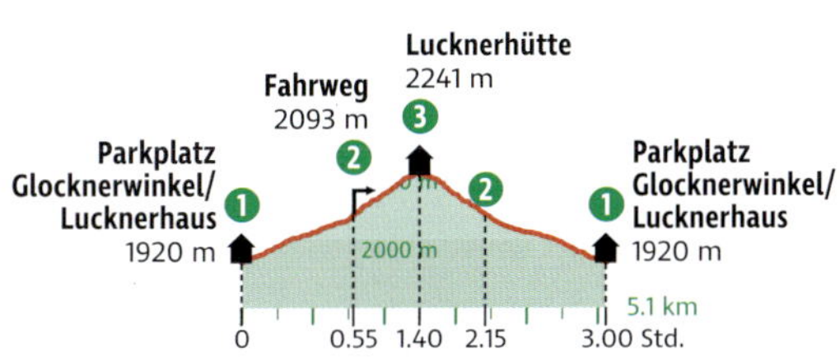

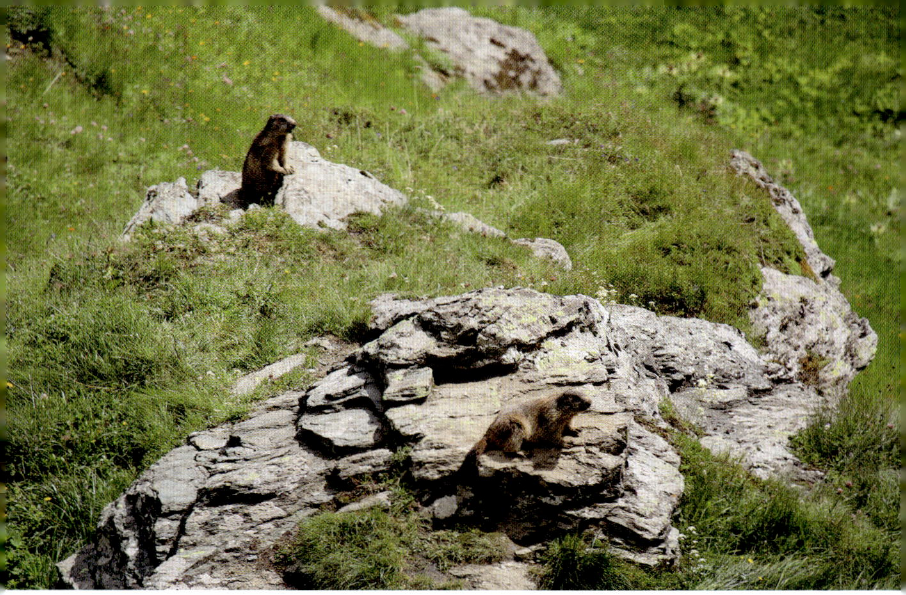

Immer aufmerksam: die Murmeltiere im Ködnitztal.

einen traumhaften Blick zurück ins Tal in Richtung Lucknerhaus. Hausgemachte Speisen laden zur Einkehr und für Kinder gibt es sogar einen kleinen Spielplatz.

Frisch gestärkt machen wir uns anschließend an den Abstieg. Dazu wählen wir erneut den Forstweg, auf dem wir das letzte Stück schon hingekommen sind. Dort, wo wir wieder auf den **Abzweig ❷** zum Steig treffen, bleiben wir auf dem Schotterweg und überqueren etwas später den Ködnitzbach, sodass dieser nun links von uns verläuft. Gemütlich steigen wir so bergab und können jetzt in aller Ruhe die Aussicht in der Gegenrichtung genießen. Wir passieren ein kleines Waldstück und können hier gleich mehrere interessante Dinge am Wegesrand entdecken. Zur Rechten befindet sich eine winzige

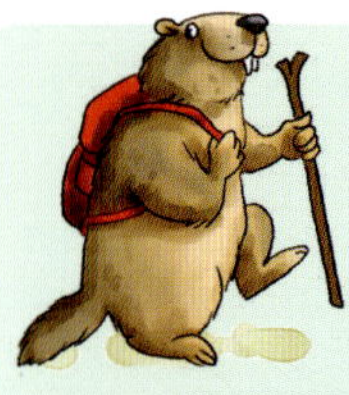

Hallo Kinder,

diese Rundwanderung wird auch als geführte Tour des Nationalparks Hohe Tauern durchgeführt. Unter dem Titel »BIG FIVE Wildtiersafari« geht ihr mit den Rangern auf die Suche nach Murmeltieren, Gämsen, Steinböcken, Steinadlern und Bartgeiern. Gut ausgerüstet mit Spektiv und Fernglas könnt ihr die Tiere in ihrem Lebensraum beobachten. Dazu erfahrt ihr von den Rangern viele interessante Informationen über die tierischen Alpenbewohner, die Pflanzen und Besonderheiten der Region. Dabei vergeht die Rundwanderung wie im Flug und zwischendurch könnt ihr euch auf der Lucknerhütte noch stärken. Die Tour kostet etwa 20 Euro pro Erwachsenen und 13 Euro pro Kind. Eine Anmeldung für die Tour ist erforderlich (www.hohetauern.at).

Holzkapelle mit Glockenturm und Schindeldach. Auf der linken Seite sind Gesteine zum »be-greifen« nah und wenig später erreichen wir eine Holzhütte, die sogenannte Zeinerschupfe. In ihrem Inneren wird das ehemalige Bergbauernleben dargestellt.

Daraufhin macht der Weg einen Rechtsknick und wir nähern uns wieder dem Ködnitzbach. Ein Stück wandern wir hier noch parallel zum Bach, dann zweigen wir links ab auf einen Pfad und erreichen erneut eine Station der Glocknerspur. In bequemen Liegestühlen aus Holz lässt es sich hier angenehm verweilen. Nach Überquerung des Ködnitzbaches biegen wir noch einmal rechts ab und erreichen wieder den **Parkplatz Glocknerwinkel ❶**.

Von hier bietet sich jetzt noch ein kurzer Abstecher zum Lucknerhaus an. Ein großer und kreativ gestalteter Kinderspielplatz lädt zum Toben ein, die hausgemachten Speisen zur Einkehr. Zum Abschluss und besonders an warmen Sommertagen ruft der Ködnitzbach zur erfrischenden Wasserschlacht.

Highlights

★ Anschaulicher Themenrundweg »Glocknerspur – BergeDenken« mit informativen Tafeln zur Tier- und Pflanzenwelt.

★ Besucher- und Informationszentrum »Glocknerwinkel« des Nationalparks (siehe Freizeittipp E2).

★ Unterwegs können Murmeltiere entdeckt werden, an den oberen Hängen des Tals sind auch oft Gämsen zu erkennen. Es empfiehlt sich, ein Fernglas mitzunehmen.

★ Liebevoll gestalteter Kinderspielplatz am Lucknerhaus.

★ Schaukel an der Lucknerhütte.

★ Wasserspaß am Ködnitzbach.

★ Klettergarten direkt am Parkplatz. Es wird eine eigene Sportkletter-Ausrüstung inklusive Helm benötigt. Für Familien geeignet mit Schwierigkeitsgraden ab 3+.

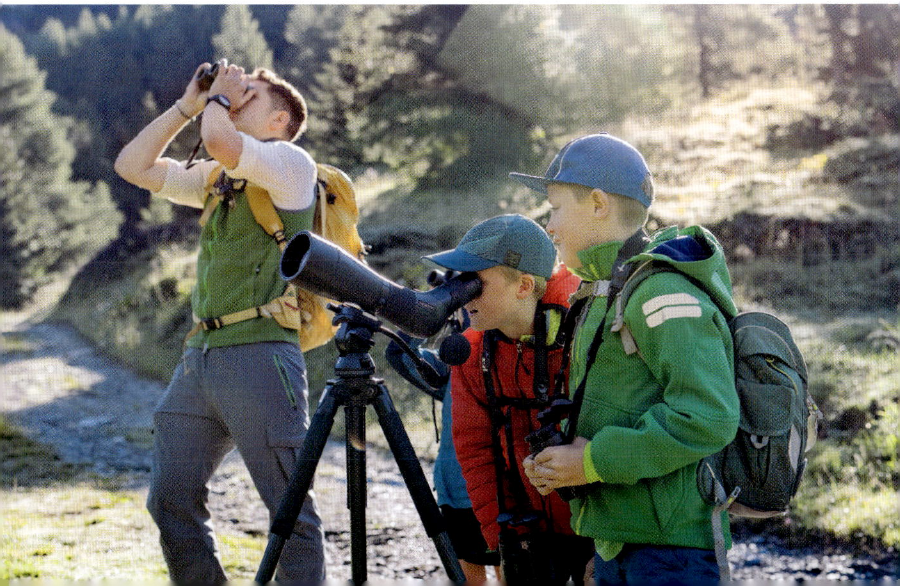

Ein besonderes Erlebnis für Kinder ist die geführte »BIG FIVE Wildtiersafari« mit einem Nationalparkranger.

5.30 Std. | 11.0 km | ↗ 900 m | ↘ 900 m | ab 8 Jahren

17 Stüdlhütte, 2802 m

Vom Lucknerhaus über die Lucknerhütte

Bergtour im Bann des Großglockner

Mitten in der hochalpinen Kulisse der Großglocknergruppe liegt die Stüdlhütte. Sie ist Ausgangspunkt vieler Besteigungen des höchsten Bergs Österreichs und der umliegenden Gipfelgiganten. Aber auch für Familien mit gehfreudigen, konditionsstarken Kindern ist die Hütte ein beeindruckendes Tagesziel, denn näher kommen wir dem Großglockner beim Wandern wohl kaum. In ihrer Umgebung sind mit etwas Geduld und Glück auch imposante Vertreter der alpinen Tierwelt zu erspähen. Steinböcke sind hier oben keine Seltenheit, auch Adler und Bartgeier können gesichtet werden, und so lohnt es sich, ein Fernglas einzustecken und die Augen offen zu halten.

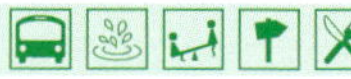

Ausgangspunkt: Parkplatz Glocknerwinkel am Lucknerhaus, 1920 m (Navi: Glor-Berg 16, 9981 Kals am Großglockner). Anfahrt aus Richtung Lienz über die Felbertauernstraße, in Huben rechts abzweigen auf die Kalser Landesstraße, hinter Kals rechts halten auf die gebührenpflichtige Kalser Glocknerstraße (Ticket an der Schranke lösen, die Gebühr ist vor der Rückfahrt am Automaten am Parkplatz zu bezahlen).
Anreise mit ÖV: Mit der Postbus-Linie 951 Lienz – Huben bis zur Haltestelle Huben Ort, weiter mit der Linie 952 Huben – Kals bis Haltestelle Kals Lucknerhaus (verkehrt ca. Ende Mai bis Ende September, die Nutzung mit Gästekarte ist kostenlos).
Ausrüstung: Knöchelhohe Bergschuhe, ggf. warme Kleidung und Handschuhe aufgrund der hohen Lage der Hütte, Fernglas für Tierbeobachtungen, Proviant für unterwegs.
Anforderungen: Trittsicherheit und gute Kondition sind erforderlich. Der Weg verläuft über einen gut markierten alpinen Steig, der besonders zum Ende hin mühevoll hinaufführt.
Einkehr: **Lucknerhaus**, Glor-Berg 16, 9981 Kals a. G., Tel. +43 4876 8555, www.lucknerhaus.at, geöffnet von Ende Januar bis Mitte Oktober und Dezember bis Mitte Januar, Übernachtung möglich (Einbett-, Zweibett- und Dreibettzimmer, Bergsteigerlager, Buchung online oder telefonisch). **Lucknerhütte**, Glor-Berg 17, 9981 Kals a. G., Tel. +43 4876 8455, www.lucknerhuette.at, geöffnet von Juni bis Oktober, Übernachtung möglich (Einzel- bis Sechsbettzimmer und Komfortzimmer, Anfrage online oder telefonisch). **Stüdlhütte**, Tel. +43 4876 8209 (nur Saison), www.stuedlhuette.at, geöffnet von ca. Mitte Juni bis Mitte Oktober, Übernachtung möglich (Matratzenlager, Reservierungsanfrage online oder telefonisch).
Hinweis: Die Gehzeit zur Lucknerhütte kann länger ausfallen, wenn man den Infotafeln des Lehrpfads mehr Aufmerksamkeit widmet.

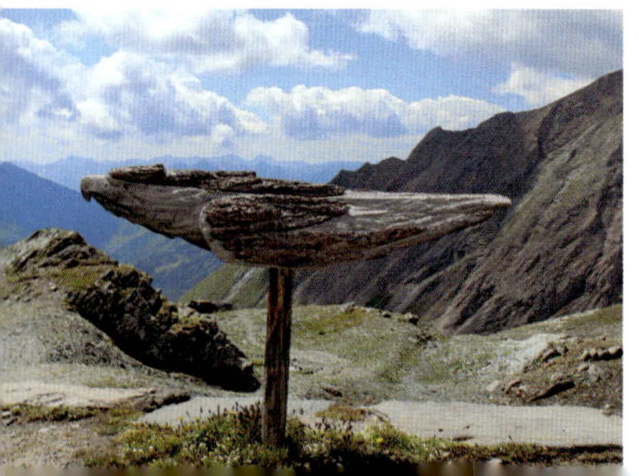

Ein Adler zum Anfassen. Im Hintergrund der Blick Richtung Kärnten.

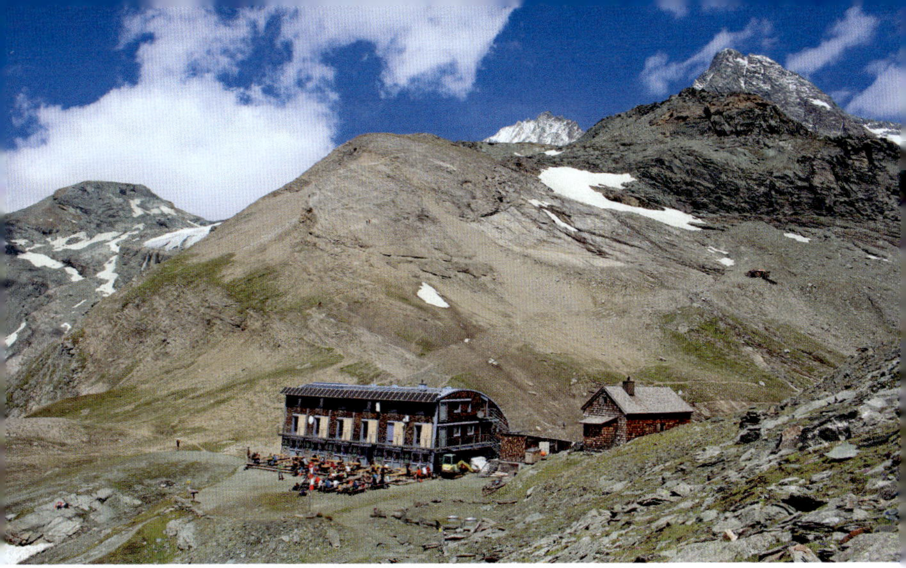

Auf der Sonnenterrasse der Stüdlhütte belohnt ein leckeres Essen die Mühen des Aufstiegs.

Vom Startpunkt unserer Wanderung am **Parkplatz Glocknerwinkel** ❶ am **Lucknerhaus** sehen wir bereits unser erstes Zwischenziel, die Lucknerhütte. Majestätisch thront die mit Schindeln verkleidete Hütte auf dem Felsvorsprung, während im Hintergrund der Großglockner seine ganze Schönheit zeigt. Wir gehen hinauf auf den Damm oberhalb des Ködnitzbaches und bleiben während des Aufstiegs bis zur Lucknerhütte auf seiner rechten Seite. Wir folgen dem ausgeschilderten und gut markierten Weg, der bald in einen Steig übergeht und parallel zum Hang verläuft, bergauf. Durch hoch gewachsene Sträucher, die im Sommer eine enorme Blütenvielfalt zeigen, geht es immer im Angesicht des

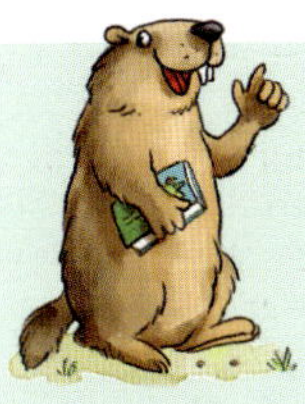

Hallo Kinder,

der markante Gipfel, den ihr vom Startpunkt dieser Wanderung seht und der sich imposant über dem Tal erhebt, ist der höchste Berg Österreichs, der Großglockner. Sein Gipfel ist 3798 Meter hoch. Nur 344 Höhenmeter unterhalb befindet sich auch die höchste Schutzhütte des Landes, die Erzherzog-Johann-Hütte, 3454 m. Sie liegt auf dem Felskopf der Adlersruhe. Die erste Besteigung des Großglockner gelang am 28. Juli 1800, also schon vor mehr als 200 Jahren. Mittlerweile wird der Gipfel mehr als 5000-mal im Jahr von Bergsteigern erklommen. Woher der Berg seinen Namen hat, ist nicht eindeutig belegt. Einerseits könnte er auf die Form des Berges, die an eine Glocke erinnert, zurückgehen. Andererseits wird vermutet, dass der Name an das Geräusch erinnert, welches durch Eis- oder Steinschlag ausgelöst wird und in der Region auch als »gloggen« bezeichnet wird.

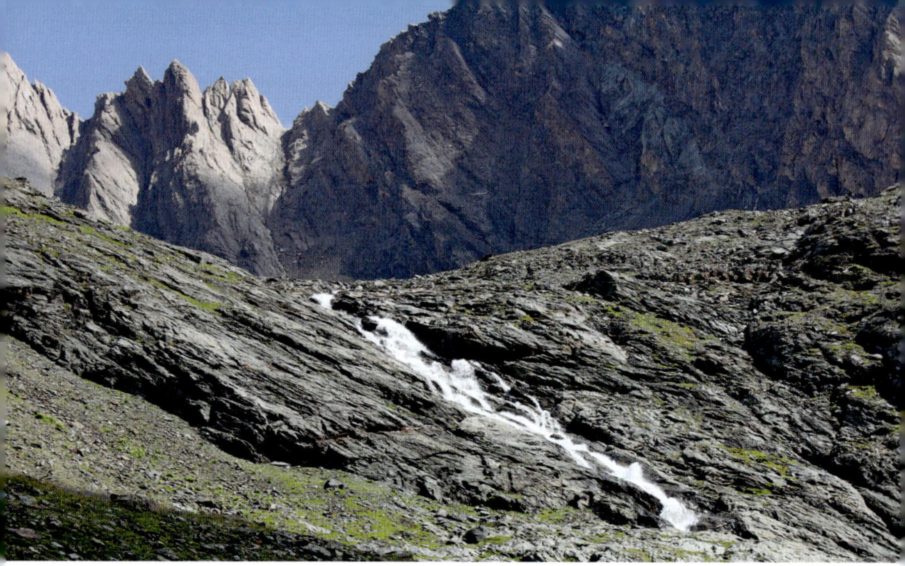

Wild rauscht der Ködnitzbach über die Felsen ins Tal.

Großglockner bergan. Zu den Talseiten ragen steile grüne Hänge empor, die im Kontrast zu den beeindruckenden Felsformationen stehen. Nach einiger Zeit, während der uns ein paar Infotafeln des **Themenwegs »Glocknerspur – BergeDenken«** begleiten, mündet der Steig in den **Almgüterfahrweg** ❷, der ebenso zur Lucknerhütte führt. Hier biegen wir rechts ab und folgen dem breiten Weg bis zu unserem Zwischenziel. Wer früh gestartet ist, hat sich in der **Lucknerhütte** ❸, 2241 m, eine erste Einkehr verdient und mit frischer Kraft und Motivation geht es im Anschluss weiter.

An der Lucknerhütte endet der Fahrweg und wir setzen unseren Weg jetzt wieder auf einem Bergpfad fort. Durch blühende Wiesen geht es weiter in das Tal hinein. An einer Stelle kommen wir dem Ködnitzbach, der sich immer noch zu unserer Linken befindet, ganz nah. Durch eine enge Schlucht stürzt er sich tosend ins Tal und bietet ein beeindruckendes Naturschauspiel. Einen Abzweig nach rechts ignorieren wir und wandern geradeaus. Schließlich überqueren wir den Ködnitzbach über eine kleine Holzbrücke, und alsbald macht der Weg einen Bogen nach rechts und windet sich nun in Serpentinen

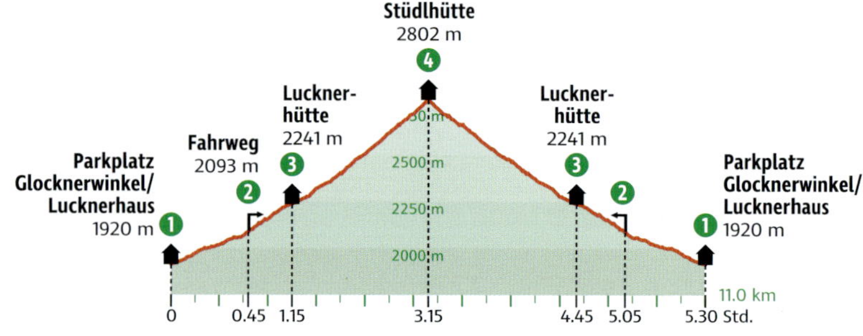

den Bergrücken hinauf. An zwei neuerlichen Abzweigen halten wir uns jeweils links. Der Weg wird steiler und das Gelände merklich alpiner. In einigen Zick-Zack-Kehren gewinnen wir schnell an Höhe, unser Ziel, die Stüdlhütte, sehen wir aber erst, kurz bevor wir tatsächlich davorstehen.

Auf der **Stüdlhütte** ❹, 2802 m, herrscht im Sommer emsiges Treiben. Alpinisten mit dick gepackten Rucksäcken, Schutzhelmen, Steigeisen und Eispickeln legen hier genauso eine verdiente Pause ein wie die übrigen Wanderer. Die Aussicht auf die umliegenden Berge und Täler ist faszinierend und für Kinder ein ganz besonderes Erlebnis.

Für den Weg zurück ins Ködnitztal wählen wir nach der Pause denselben Weg wie auf dem Hinweg und können dabei das Panorama in der Gegenrichtung bewundern. Wer noch etwas Abwechslung in die Tour bringen möchte, wandert zwischen **Lucknerhütte** ❸ und Lucknerhaus abschließend auf dem Fahrweg ❷ statt auf dem Steig und schaut sich noch die Stationen des Lehrpfads zu Ende an (siehe Tour 16). Im **Lucknerhaus** können wir den Tag dann gemütlich ausklingen lassen und die Kinder können die letzten Kräfte beim Toben auf dem Abenteuerspielplatz loswerden, sich an heißen Tagen im Ködnitzbach erfrischen und Steinmännchen bauen.

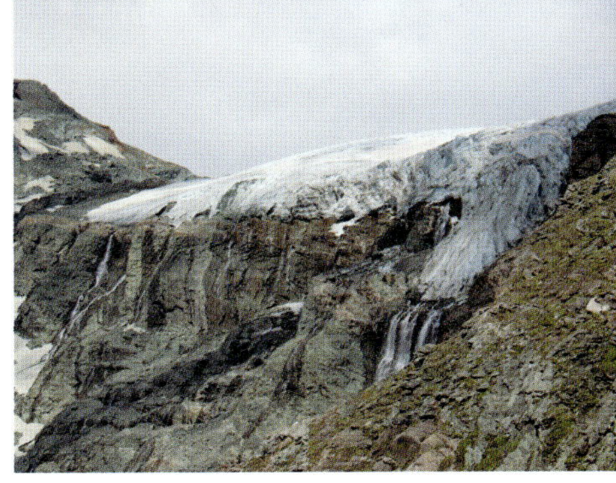

Imposant: der Blick auf das Teischnitzkees und die senkrechten Felsen im »Finsteren Tal«.

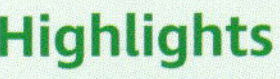

Highlights

- ★ Wandern in hochalpiner Kulisse.
- ★ Themenrundweg »Glocknerspur – BergeDenken« zwischen Lucknerhaus und Lucknerhütte (siehe Tour 16).
- ★ Besucher- und Informationszentrum »Glocknerwinkel« des Nationalparks (siehe Freizeittipp E2).
- ★ Beobachtungen von Murmeltieren, Gämsen, Steinböcken, Adlern und Bartgeiern sind hier gut möglich.
- ★ Frühstück auf der Lucknerhütte, Mittag auf der Stüdlhütte, Abendessen im Lucknerhaus.
- ★ Spielplatz am Lucknerhaus und Schaukel an der Lucknerhütte.
- ★ Wasserspaß am Ködnitzbach.
- ★ Klettergarten direkt am Parkplatz (siehe auch Tour 16).

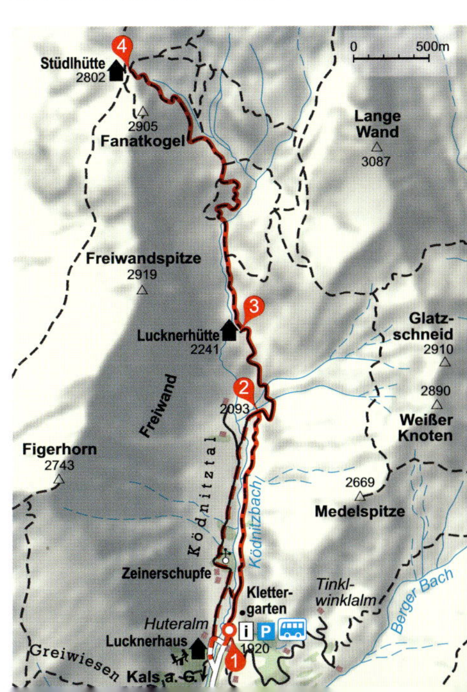

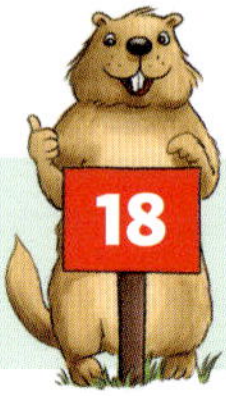

5.00 Std. | 9.1 km | ↗ 740 m | ↘ 740 m | ab 6 Jahren

18 Glorer Hütte, 2642 m

Vom Lucknerhaus zum Berger Törl

Durch blühende Almwiesen und entlang des Berger Bachs

Die Wanderung zur Glorer Hütte ist eine wunderschöne und familienfreundliche Tour. Hier treffen wir im Vergleich zur Wanderung in Richtung Lucknerhütte (Tour 16) und Stüdlhütte (Tour 17) auf deutlich weniger Wanderer und können die blühenden Almwiesen in alle Ruhe betrachten und Ausschau nach den Tieren der Alpen halten. Die Hinweisschilder des geomorphologischen Lehrpfads begleiten uns entlang des Weges und mit dem zugehörigen naturkundlichen Führer, den es u. a. im Lucknerhaus zu kaufen gibt, erfahren wir an den markanten Punkten Interessantes über die vor uns liegende Landschaft. Der recht einfach zu begehende Steig führt uns mitten ins Hochgebirge und bietet am Zielpunkt einen spektakulären Ausblick und eine lohnenswerte Einkehr.

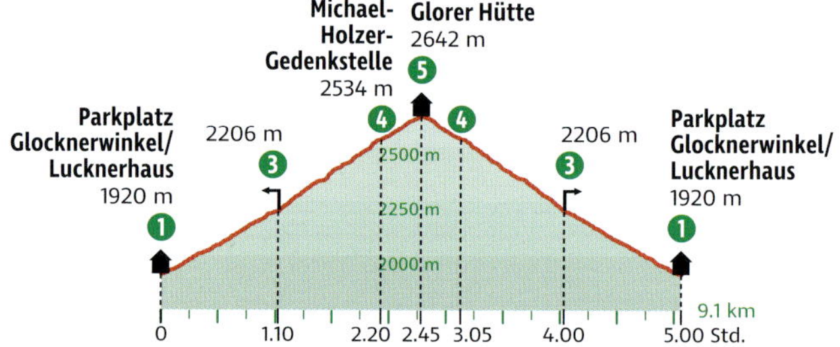

Der familienfreundliche Weg zur Glorerhütte ist im Sommer die ruhige Alternative zu den viel frequentierten Wanderungen zur Luckner- oder Stüdlhütte.

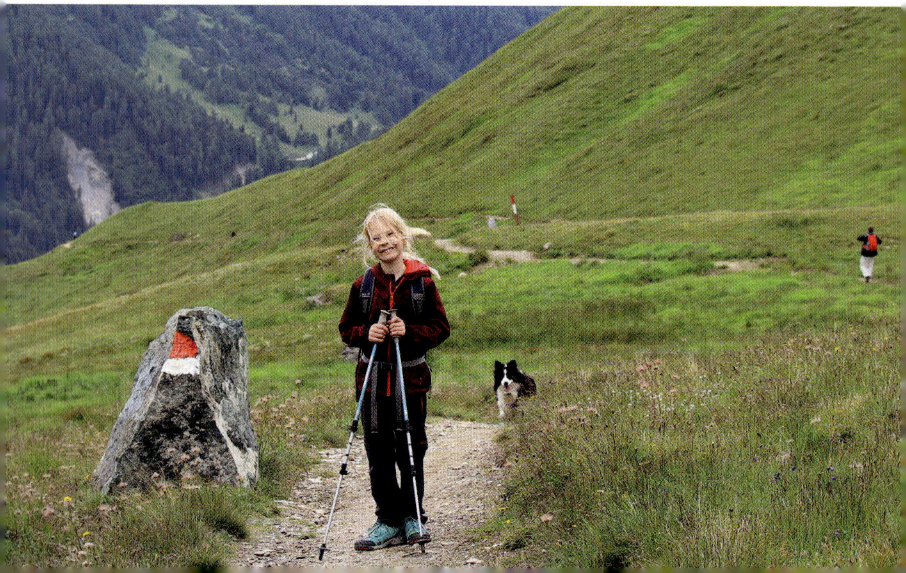

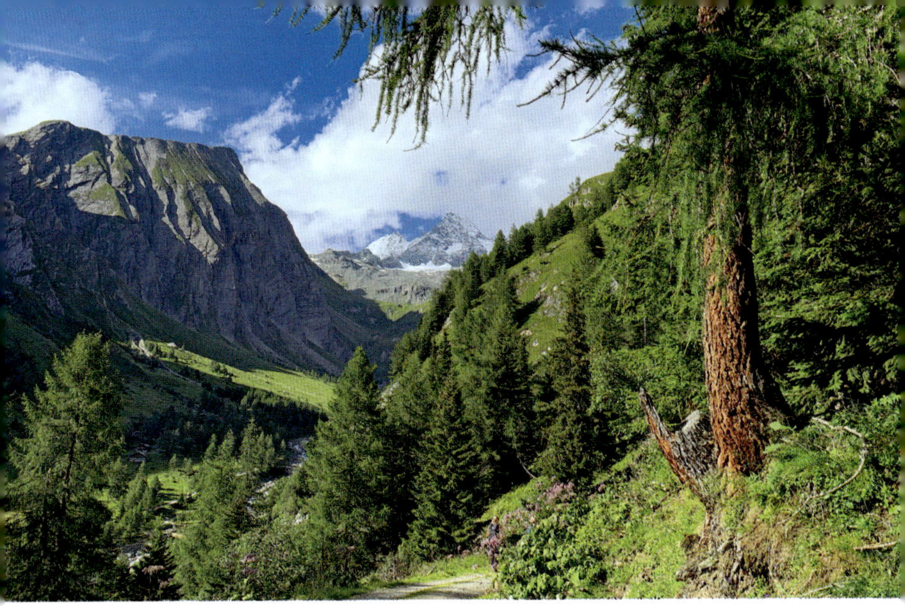

Am Rande des Ködnitztals erhaschen wir einen letzten Blick auf den Großglockner.

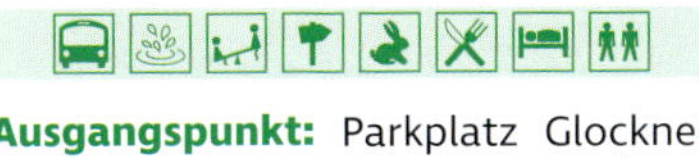

Ausgangspunkt: Parkplatz Glocknerwinkel am Lucknerhaus, 1920 m (Navi: Glor-Berg 16, 9981 Kals am Großglockner). Anfahrt aus Richtung Lienz über die Felbertauernstraße, in Huben rechts abzweigen auf die Kalser Landesstraße, hinter Kals rechts halten auf die gebührenpflichtige Kalser Glocknerstraße (Ticket an der Schranke lösen, die Gebühr ist vor der Rückfahrt am Automaten am Parkplatz zu bezahlen).

Anreise mit ÖV: Mit der Postbus-Linie 951 Lienz – Huben bis zur Haltestelle Huben Ort, weiter mit der Linie 952 Huben – Kals bis Haltestelle Kals Lucknerhaus (verkehrt ca. Ende Mai bis Ende September, die Nutzung mit Gästekarte ist kostenlos).

Ausrüstung: Knöchelhohe Bergschuhe, Fernglas für Tierbeobachtungen, Handtuch, falls die Kinder gern am Wasser spielen.

Anforderungen: Etwas Trittsicherheit und Ausdauer erforderlich. Der Weg verläuft anfangs auf einem Forstweg und später über einen gut markierten Steig ohne besondere Anforderungen.

Einkehr: **Lucknerhaus**, Glor-Berg 16, 9981 Kals a. G., Tel. +43 4876 8555, www.lucknerhaus.at, geöffnet von Ende Januar bis Mitte Oktober und Dezember bis Mitte Januar, Übernachtung möglich (Einbett-, Zweibett- und Dreibettzimmer, Bergsteigerlager, Buchung online oder telefonisch). **Glorer Hütte**, Glor 2, 9981 Kals a. G., Tel. +43 664 3032200, www.glorer-huette.at, geöffnet von ca. Mitte Juni bis Ende September. Übernachtung möglich (Zwei- und Dreibettzimmer sowie Matratzenlager, Reservierungsanfrage online oder telefonisch).

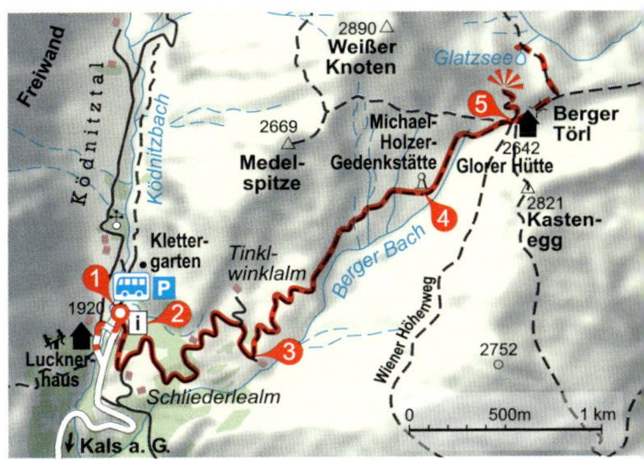

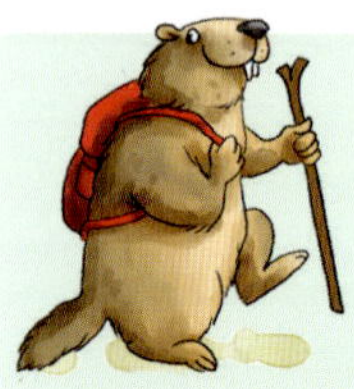

Hallo Kinder,

die Glorer Hütte befindet sind mitten auf dem Berger Törl, an der Grenze zwischen Glockner- und Schobergruppe. Von hier oben bietet sich eine wunderbare Aussicht in die umliegenden Täler, denn ein »Törl« ist ein Gebirgsübergang, an dem mehrere Täler aufeinandertreffen. So schaut ihr zurück in das weitläufige Tal, aus dem ihr gekommen seid, und gegenüber ins Leitertal, in dem sich die Salmhütte befindet. Rings um euch herum ragen markante Gipfel wie die Medelspitze und das Kasteneck empor. Etwas unterhalb des Berger Törls entspringt auch der gleichnamige Berger Bach, der euch während des Aufstiegs begleitet hat. Schaut euch mal um, was entdeckt ihr noch hier im Hochgebirge?

Unser Ausgangspunkt ist der **Parkplatz Glocknerwinkel ❶**, von dem aus wir ins Ködnitztal und auf die imposante Silhouette des Großglockner blicken. Von dieser majestätischen Aussicht müssen wir uns allerdings abwenden, um den Weg zur Glorer Hütte zu nehmen. Ein kleiner Pfad führt uns vorbei am **Besucher- und Informationszentrum Glocknerwinkel ❷** und ein kurzes Stück durch üppige Vegetation bergauf, bis wir auf einen breiter angelegten Almgüterfahrweg treffen. Hier zweigen wir nach links ab. Der bei gutem Wetter größtenteils sonnenbeschienene Weg schlängelt sich kontinuierlich den Berg hinauf, während der anfängliche Nadelwald immer lichter wird und uns grüne Wiesen während des Aufstiegs begleiten. Dort, wo wir die Baumgrenze erreichen, endet der breite Forstweg in einer Sackgasse. Kurz davor

Rund um die Glorer Hütte weiden in den Sommermonaten zahlreiche Schafe.

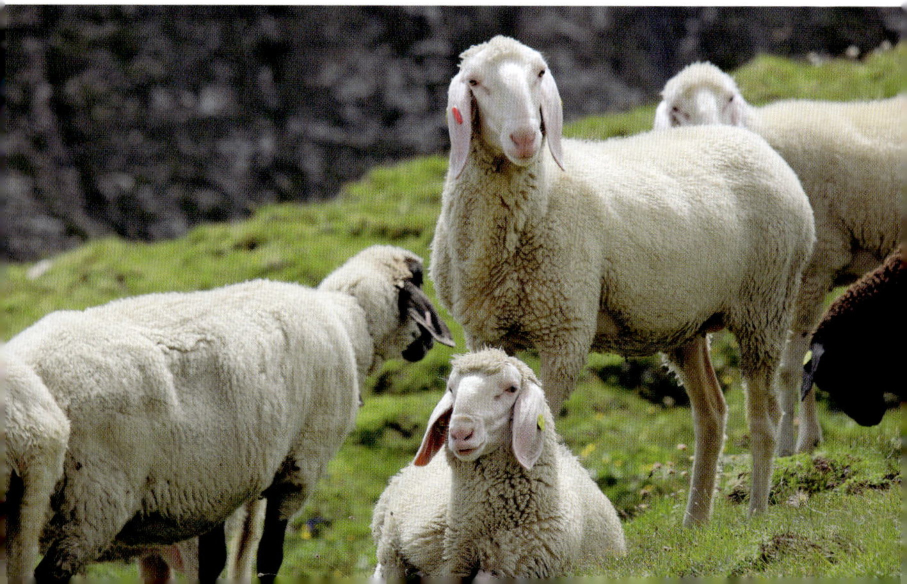

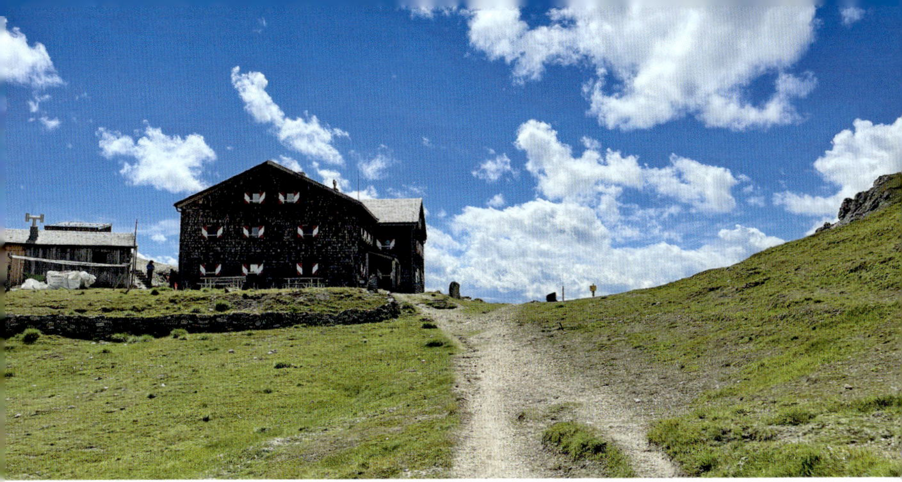

Die Glorer Hütte auf dem Berger Törl.

biegen wir links auf einen **Steig ❸** ab. Durch bunt blühende Almwiesen windet sich der naturbelassene Pfad bergauf. Rechts des Weges sehen wir nun unten im Tal den Berger Bach, der parallel zu unserem Steig verläuft. Zwei Mal überqueren wir kleine Zuflüsse, die zu unserer Linken den Hang hinabplätschern und weiter unten in den Berger Bach münden.
Immer tiefer in das Tal hinein folgen wir dem Bergpfad und passieren schließlich die **Michael-Holzer-Gedenkstelle ❹**. Der Bergführer übernahm 1980 die Bewirtschaftung der Glorer Hütte und verstarb noch im gleichen Jahr bei einem Absturz mit der Seilbahn. Noch ein paar Höhenmeter sind zu überwinden, dann erreichen wir die **Glorer Hütte ❺**, 2642 m, auf dem Berger Törl. Bei einem einzigartigen Ausblick auf die uns umgebenden schroffen Berggipfel können wir in der Hütte nun eine gemütliche Einkehr genießen.
Wer anschließend noch die Umgebung erkunden möchte, kann zu einem Aussichtspunkt etwas oberhalb der Hütte hinaufsteigen oder einen Abstecher zum nahegelegenen **Glatzsee** zu machen. Für Letzteres folgen wir ein paar Minuten dem Weg in Richtung Salmhütte und biegen dann links auf einen kleinen Stichweg ab, auf dem wir noch ein paar Meter zum See hinaufsteigen.
Für den Rückweg nehmen wir denselben Weg wie am Hinweg und bestaunen das herrliche Panorama nun in der entgegengesetzten Richtung.

Highlights

★ Ein wunderbarer Spielplatz befindet sich direkt am Ausgangspunkt beim Lucknerhaus.

★ Besucher- und Informationszentrum Glocknerwinkel des Nationalparks Hohe Tauern mit einer Ausstellung rund um den Großglockner und die hier lebenden Tiere (Eintritt frei, siehe auch Freizeittipp E2).

★ Ein geomorphologischer Lehrpfad weist auf die Besonderheiten der Landschaft hin. Der zugehörige naturkundliche Führer ist z. B. im Lucknerhaus oder auf der Glorer Hütte erhältlich.

★ Viele Murmeltiere sind unterwegs zu erblicken und zu hören.

★ Einkehrmöglichkeiten im Lucknerhaus und in der Glorer Hütte.

★ Zum Erfrischen lädt nach der Tour der Ködnitzbach ein.

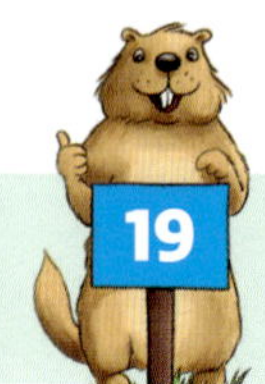

2.00 Std. | 3.8 km | ↗ 340 m | ↘ 340 m | ab 5 Jahren

Greibühel, 2247 m

Vom Lucknerhaus

Kleiner Berg mit großer Aussicht

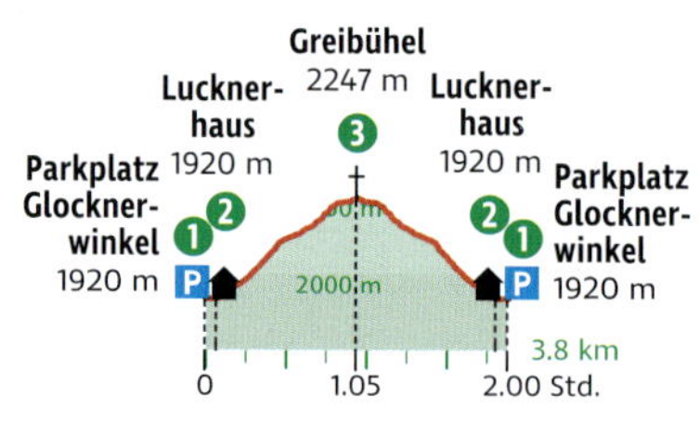

Einfacher kann ein Gipfel kaum zu erklimmen sein. Die kurzweilige Wanderung auf den Greibühel ist, obwohl das erste Teilstück des Weges in zahlreichen Serpentinen steil hinaufführt, auch mit weniger wanderfreudigen Kindern gut zu bewältigen. Die insgesamt kurze Strecke eignet sich perfekt für einen Nachmittagsausflug, der dann im Lucknerhaus mit Spielplatz und Spielmöglichkeit am Ködnitzbach seinen gemütlichen Ausklang findet. Vom Greibühel bietet sich eine einzigartige Panoramaaussicht. Majestätisch erhebt sich das Figerhorn über grünen Almwiesen, das Böse Weibl ist zu erkennen, ebenso in der Ferne die Glorer Hütte, die Adler Lounge sowie das Kals-Matreier-Törl – allesamt ebenso schöne Wanderziele.

Wie gemalt wirkt der Blick auf den Großglockner.

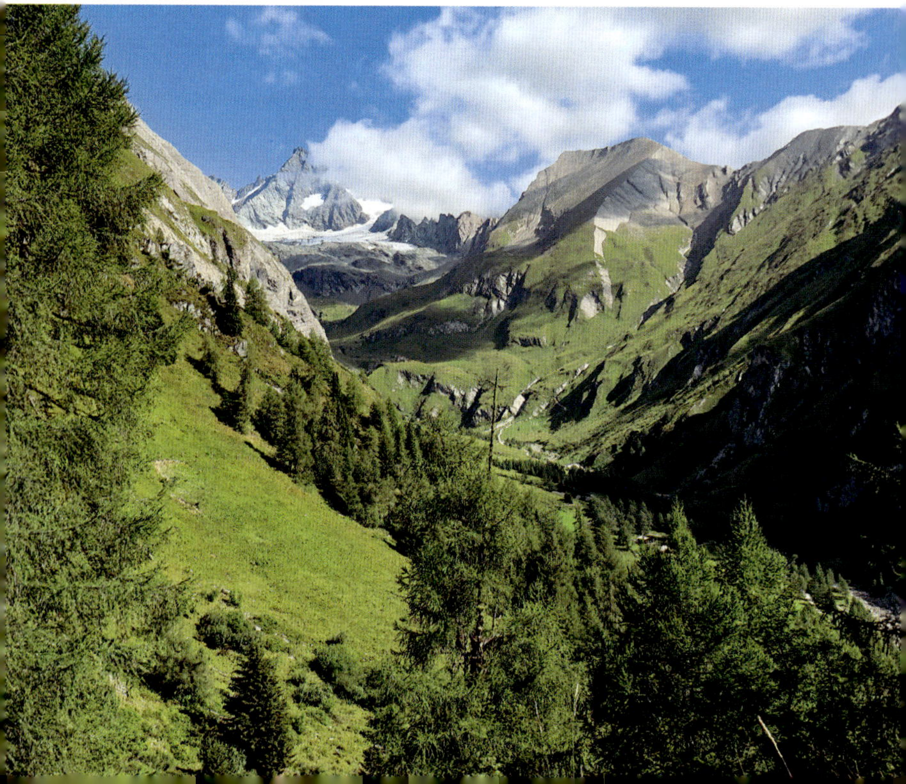

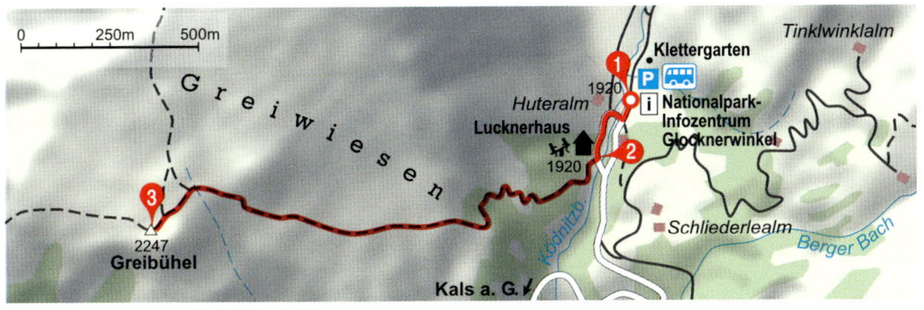

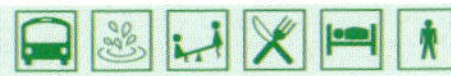

Ausgangspunkt: Parkplatz Glocknerwinkel am Lucknerhaus, 1920 m (Navi: Glor-Berg 16, 9981 Kals am Großglockner). Anfahrt aus Richtung Lienz über die Felbertauernstraße, in Huben rechts abzweigen auf die Kalser Landesstraße, hinter Kals rechts halten auf die gebührenpflichtige Kalser Glocknerstraße (Ticket an der Schranke lösen, die Gebühr ist vor der Rückfahrt am Automaten am Parkplatz zu bezahlen).
Anreise mit ÖV: Mit der Postbus-Linie 951 Lienz – Huben bis zur Haltestelle Huben Ort, weiter mit der Linie 952 Huben – Kals bis Haltestelle Kals Lucknerhaus (verkehrt ca. Ende Mai bis Ende September, die Nutzung mit Gästekarte ist kostenlos).
Ausrüstung: Knöchelhohe Bergschuhe, Handtuch, falls die Kinder gern am Wasser spielen.
Anforderungen: Etwas Trittsicherheit ist erforderlich; anfänglich steil ansteigender und etwas Kondition erfordernder Steig, später durch blühende Almwiesen, insgesamt nicht schwer.
Einkehr: **Lucknerhaus**, Glor-Berg 16, 9981 Kals a. G., Tel. +43 4876 8555, www.lucknerhaus.at, geöffnet von Ende Januar bis Mitte Oktober und Dezember bis Mitte Januar, Übernachtung möglich (Einbett-, Zweibett- und Dreibettzimmer, Bergsteigerlager, Buchung online oder telefonisch).

Startpunkt der Wanderung ist der **Parkplatz Glocknerwinkel** ❶. Der Aufstieg auf den Greibühel beginnt unmittelbar an der hinter dem Lucknerhaus befindlichen Terrasse. Vom Parkplatz überqueren wir also zunächst den Ködnitzbach, zweigen links ab in Richtung **Lucknerhaus** ❷, 1920 m, welches wir kurz darauf passieren, um gleich dahinter in den unscheinbaren Steig zu unserer Rechten abzubiegen. Links unten rauscht der Ködnitzbach noch kurzzeitig an uns vorbei, ehe wir den Hang im Zick-Zack-Kurs hinaufsteigen und damit schnell an Höhe gewinnen. Im Schatten spendenden Lärchenwald sind wir vor der Sonne gut geschützt. Schließlich erreichen wir die Baumgrenze und vor uns öffnet sich eine blühende Almwiesenlandschaft. Ein Blick zurück ist hier sehr lohnenswert, denn wir sehen den Großglockner an dieser Stelle wie gemalt vor

Highlights

★ Kleiner Gipfel mit toller Aussicht und Stempelstelle fürs Wandertagebuch.

★ Einkehr am Lucknerhaus mit schönem Spielplatz.

★ Spielen und Steinmännchen bauen am Ködnitzbach.

★ Besucher- und Informationszentrum »Glocknerwinkel« des Nationalparks (siehe Freizeittipp E2).

★ Klettergarten direkt am Parkplatz (siehe auch Tour 16).

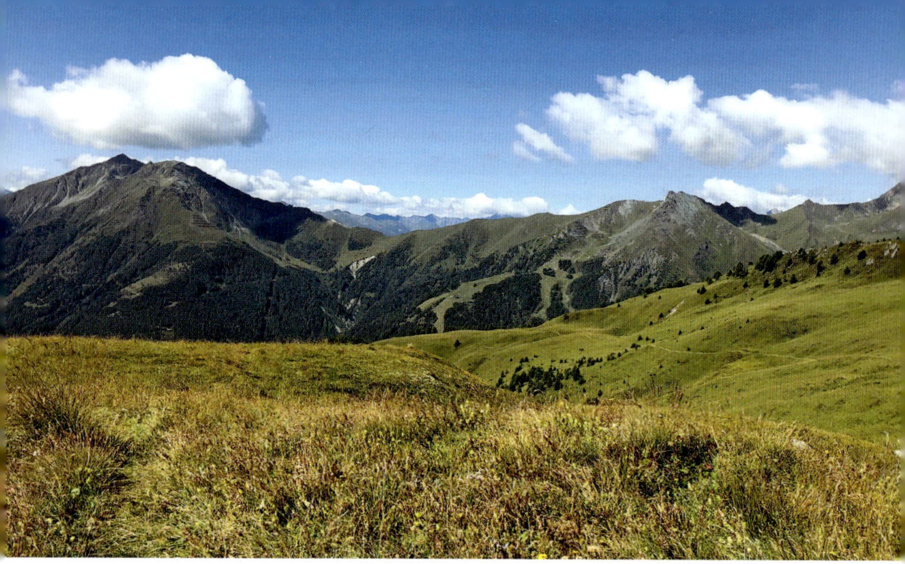

Ein Paradies für Kinder: die weitläufigen Almwiesen zum Rennen und Herumtollen.

unseren Augen, während er später vom Figerhorn verdeckt wird.
Im weiteren Verlauf führt der Steig weiter ansteigend immer am Hang entlang durch die im Sommer traumhaft blühenden Almwiesen. Bald können wir in einiger Entfernung schon den Buckel des Greibühel ausmachen. Am Gipfel des **Greibühel ❸**, 2247 m, erwarten uns ein kleines Gipfelkreuz sowie ein Stempelkasten. Zum Picknick mit Aussicht laden Rastplätze ein.
Für den Abstieg nehmen wir dann denselben Weg wie beim Aufstieg und sind damit schnell wieder an unserem Ausgangspunkt. Zu guter Letzt können wir noch im **Lucknerhaus ❷** einkehren, und wenn die Kinder noch überschüssige Energie haben, können sie diese auf dem Abenteuerspielplatz loswerden.

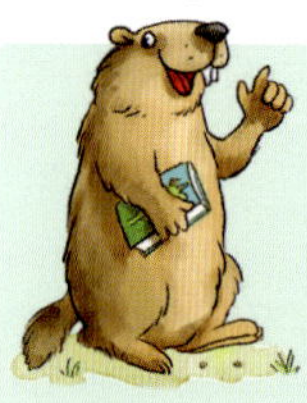

Hallo Kinder,

auf dem kleinen Gipfel des Greibühel befindet sich eine Stempelstelle, genauso wie auch auf vielen anderen Gipfeln der Region oder auf den Schutzhütten. Diese Stempel könnt ihr sammeln, um eine der begehrten Osttiroler Wandernadeln als Auszeichnung zu erhalten. Die entsprechenden Stempelhefte und die Info, welchen Stempel ihr für welche Auszeichnung benötigt, erhaltet ihr in den Osttiroler Tourismusbüros. Umso mehr Stempel ihr sammelt, desto mehr Wandernadeln könnt ihr ergattern. Es gibt diese meistens in Bronze, Silber und Gold und jede Region oder jedes Tal hat eigene Vorgaben, welche oder wie viele Ziele erreicht werden müssen. Also besorgt euch doch gleich ein Stempelheft und los geht's! Am Ende des Urlaubs holt ihr euch dann euer Souvenir gegen einen kleinen Unkostenbeitrag ab.

ab 7 Jahren | 4.30 Std. | 12.1 km | ↗ 480 m | ↘ 480 m

20

Talrundweg Kals Nordschleife

Zwischen Schober-, Glockner- und Granatspitzgruppe

Die Abenteuer- und Erlebnisrunde um Kals am Großglockner

Der Talrundweg Kals umfasst über die komplette Länge knapp 20 Kilometer und verläuft, wie der Name bereits verlauten lässt, rund um Kals am Großglockner und die umliegenden kleinen Dörfer. Der nördliche Streckenabschnitt bietet Abenteuerfeeling pur und ist für Kinder sicher das erlebnisreichste Teilstück. In luftiger Höhe überqueren wir dabei den Ködnitzbach auf einer Hängebrücke. Später passieren wir eine beeindruckende Felsenkapelle. Ein Spielplatz sorgt für weitere Abwechslung und auch Einkehrmöglichkeiten sind geboten. Am Wegesrand laden immer wieder die rustikalen Glocknersessel zum Verweilen ein und am Aussichtsplatz Schoberblick gibt es sogar einen Bücherschrank, um während der Pause ein wenig zu schmökern.

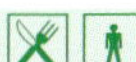

Ausgangspunkt: Kals am Großglockner, Parkplatz Zentrum, 1325 m (Navi: Kalser Landstraße, 9981 Kals a. G.). Anfahrt aus Richtung Lienz über die Felbertauernstraße, in Huben rechts abzweigen auf die Kalser Landesstraße, nach Kals am Großglockner. Kostenfreier Parkplatz am Straßenrand direkt im Ort.
Anreise mit ÖV: Mit der Postbus-Linie 951 Lienz – Huben bis Haltestelle Huben Ort, weiter mit der Linie 952 Huben – Kals bis Haltestelle Kals Gemeindeamt. Die Busse verkehren von ca. Ende Mai bis Ende September, die Nutzung mit Gästekarte ist kostenlos.
Ausrüstung: Trekkingschuhe.
Anforderungen: Der Talrundweg führt über markierte Wege und Steige und ist unschwierig zu begehen. Aufgrund der Streckenlänge und häufigem Auf und Ab ist etwas Ausdauer erforderlich.
Einkehr: **Gasthof Ködnitzhof**, Ködnitz 16, 9981 Kals a. G., Tel. +43 487 682 01, mobil: +43 664 4425 317, www.koednitzhof.at, geöffnet Sommer- und Wintersaison, Übernachtungsmöglichkeit in Einzel-, Doppel-, Mehrbettzimmern (Reservierung online oder telefonisch). **Hotel Taurerwirt**, Burg 12, 9981 Kals a. G., Tel. +43 4876 8226, www.taurerwirt.at, geöffnet Sommer- und Wintersaison, Übernachtungsmöglichkeit in Einzel-, Doppel-, Familienzimmern (Reservierung online oder telefonisch). **Temblerhof**, Großdorf 42, 9981 Großdorf, Tel. +43 4876 22175, https://temblerhof.business.site, geöffnet Sommer- und Wintersaison.
Kurzvariante: Wer mit kleineren, weniger ausdauerfreudigen Kindern unterwegs ist, wandert nur bis Taurer, lässt den Tag am Spiel- und Erholungsplatz ❺ ausklingen und fährt von der Haltestelle Kals a. G. Taurer mit dem Bus (Linie 952) zurück nach Kals.

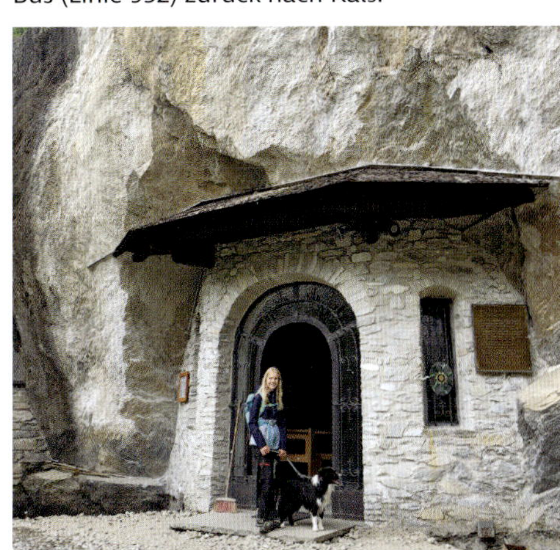

Die Felsenkapelle: Gegen eine Spende kann ein Teelicht angezündet werden.

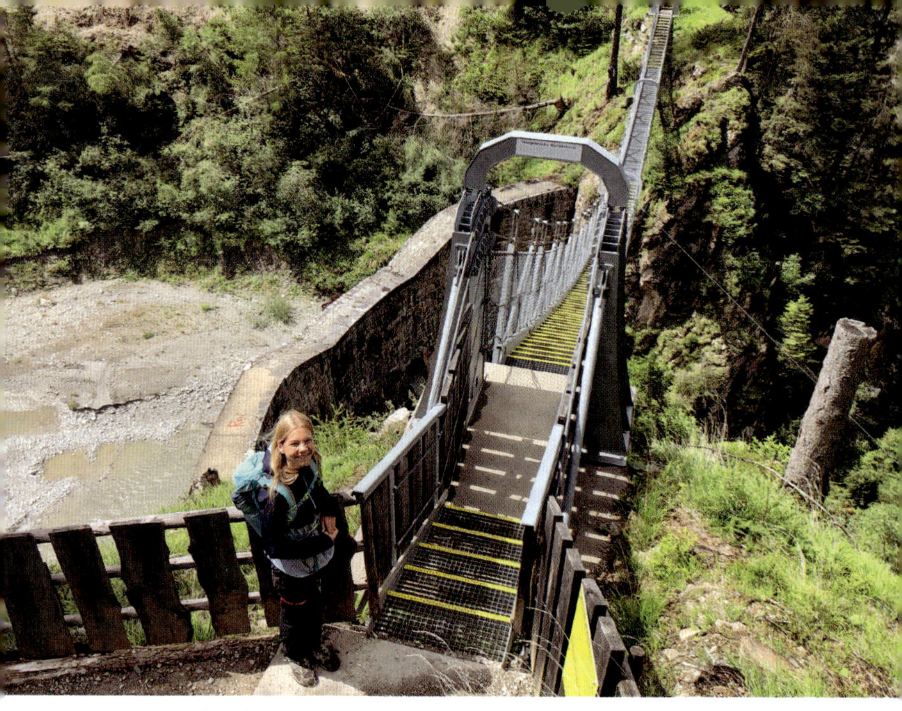

Der Gang über die abenteuerliche Hängebrücke lässt nicht nur Kinderaugen leuchten.

Wir beginnen unsere Wanderung unmittelbar im Herzen von Kals am Großglockner am **Parkplatz Zentrum ❶**, direkt gegenüber einer kleinen Parkanlage, in der sich auch eines der Einstiegsportale des Kalser Talrundwegs befindet. Der Weg verläuft zu Beginn noch ein Stück durch Kals bis zum Ortsteil Glor. Wir gehen im Uhrzeigersinn um den Park herum, halten uns bis zur Straße Ködnitz geradeaus und biegen hier links ab. Zwischen den Häusern in Glor folgen wir dann der Beschilderung des Kalser Talrundwegs und biegen nach rechts ab. Kurz darauf führt uns der Weg über den Ködnitzbach, macht einen Rechts-Links-Schlenker um eine Wiese und auf dem Forstweg wandern wir jetzt ins Ködnitztal. Das erste Highlight des Weges, die **Hängebrücke ❷**, ist schnell erreicht. Ein paar atemberaubende Fotos sind hier auf jeden Fall garantiert.

Nach der Überquerung der Brücke wandern wir in Steilkehren den Berg hinauf und etwas später auf einem idyllischen Naturpfad durch den schattigen Wald. Wir passieren ein unerwartetes, hölzernes WC-Häuschen und treffen alsbald auf einen Forstweg. Diesem folgen wir nach rechts, bevor wir erneut links abzweigen und uns wieder auf einem idyllischen Bergpfad befinden. Der natur-

Am Kalser Bach.

belassene Pfad schlängelt sich abwechselnd durch Wald und Wiesen, und so können wir zwischendurch herrliche Ausblicke auf die umliegenden Gipfel erhaschen. Dann überqueren wir die Mautstraße, die ins Ködnitztal führt, und wandern gemächlich auf dem weichen Waldboden entlang des Hanges in Richtung **Burg**. Die kleine Siedlung lassen wir schnell hinter uns.

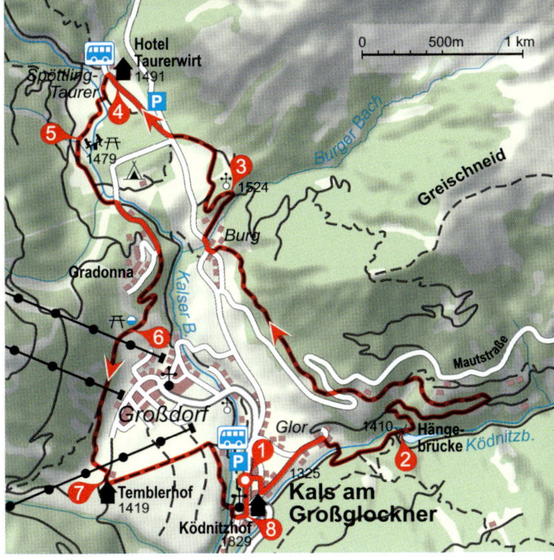

Ein kurzes Stück nach rechts begleitet uns die Hauptstraße. Wir schreiten über den Burger Bach und biegen gleich darauf abermals rechts ab, um parallel zum plätschernden Bach wieder bergan zu wandern. Nach einer Linkskurve erreichen wir die **Felsenkapelle ❸**. Die gleichermaßen beeindruckende wie bezaubernde Kapelle wurde genau in den Felsen gesprengt, der den Bewohnern des Landstrichs im Zweiten Weltkrieg Schutz vor Bombenangriffen geboten hatte. Im Inneren der Halle befinden sich Bänke und ein Altar und es können Gedenkkerzen angezündet werden. Die Felsenkapelle wurde zwischen 1975 und 1979 durch den Kerer Sepp vom Burgerhof gebaut. Die Geschichte der Kapelle und der versteinerten Funde, die während des Baus dort entdeckt wurden, kann auf der Webseite der Pfarre Matrei nachgelesen werden.

Im Anschluss an die Besichtigung der Kapelle wandern wir weiterhin auf der rechten Talseite dem Talschluss in Richtung Burg-Taurer entgegen. Unterwegs lädt eine der rustikalen Glocknerbänke zur Pause ein. Kurz vor dem letzten Ort im Kalser Tal geht es erneut über die Hauptstraße und immer geradeaus bis zum **Hotel Taurerwirt ❹**. Hier

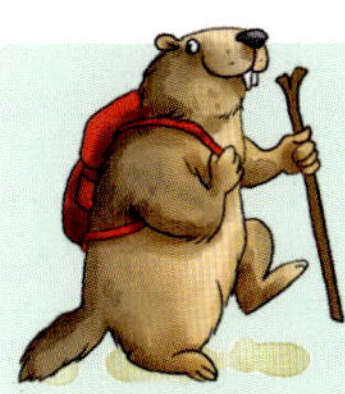

Hallo Kinder,

heute erwartet euch ein erlebnisreicher Tag. Das Highlight dieser Wanderung ist mit Sicherheit die Hängebrücke im Ködnitztal. In schwindelerregender Höhe von 28 Metern führt sie auf einer Länge von 55 Metern über den Ködnitzbach, der an dieser Stelle von einer Staumauer aufgehalten wird und rauschend unterhalb der Brücke ins Tal stürzt. Die Gitterkonstruktion ist durchsichtig und der Blick nach unten sorgt für etwas Nervenkitzel. Ihr kommt nicht umhin, die Hängebrücke zu passieren. Ein paar Trittstufen führen erst ein paar Schritte hinunter, bevor es auf der anderen Hälfte ordentlich bergauf geht, da die Hängebrücke hier weiter oben am Hang endet. Diese Überquerung werdet ihr so schnell nicht vergessen.

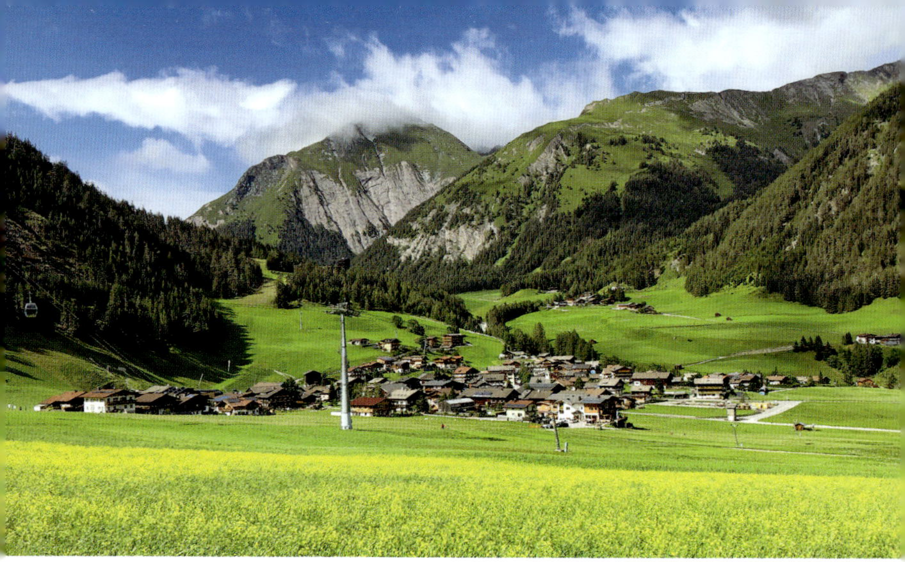

Inmitten blühender Wiesen und Felder: der Ortsteil Großdorf im Kalser Tal.

können wir einkehren oder direkt die Kehrtwende der Tour einleiten. Dazu folgen wir dem Teischnitzbach nach links, der wenig später in den Kalser Bach mündet. Diesen überqueren wir und erreichen wenige Minuten darauf den **Spiel- und Erholungsplatz 5**. Ein hübsch angelegter Spielplatz lädt zum Toben ein. In der Nähe eines märchenhaften und grün schimmernden Sees befindet sich der sogenannte Lauschplatz. Geschwungene Holzliegen bieten sich für eine erholsame Verweilpause an; es ist ein Ort zum Relaxen und Wohlfühlen – eine kleine Wellnessoase am Talrundweg Kals.

In dem wunderschönen Talkessel, der umringt ist von majestätischen Gipfeln, geht es nach kurzer Rast auf dem breiten Forstweg weiter. Der Kalser Bach, der links von uns durchs Tal rauscht, ist stets in Hörweite. Ein kurzes Stück müssen wir im weiteren Verlauf nach rechts auf der asphaltierten Straße Richtung Gradonna aufsteigen, bevor wir uns links halten und wieder Naturboden unter den Füßen haben. Entspannt wandern wir bergab, es folgen ein paar Serpentinen, und jetzt lässt der nächste Rastplatz nicht mehr lange auf sich warten. Durch ein hölzernes Gatter mit der Überschrift **Rastplatz Schoberblick 6** verlassen wir den Wanderweg und laufen ein paar Meter über dekorativ angelegtes Natursteinpflaster zu einer Aussichtsterrasse. In den behaglichen Glocknersesseln können wir Platz nehmen und das Panorama auf die Schobergruppe betrachten. Zur Er-

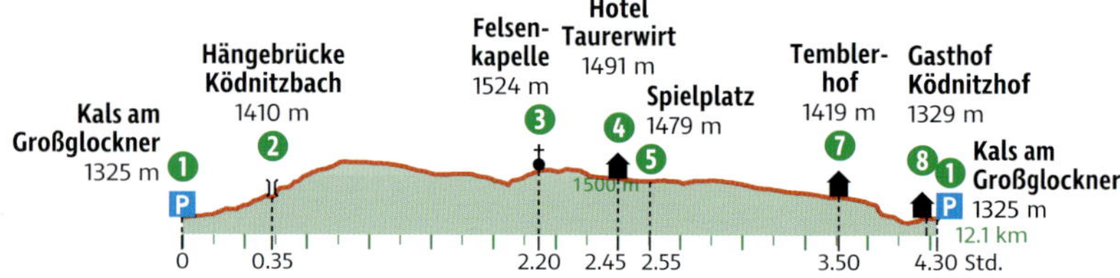

frischung plätschert frisches Wasser direkt aus der Quelle und in einem Bücherschrank finden wir Lektüre für Groß und Klein.

Bestens erholt setzen wir unseren Weg nach der Pause durch ein Waldgebiet fort. Ohne große Anstrengung folgen wir dem breiten Weg entspannt bis Tembler. Im Sonnenschein, umringt von weitläufigen Wiesen und Feldern, liegt der **Temblerhof 7**. Der Gasthof lädt hungrige Wanderer zur Jause ein.

Vor dem Hof geht es anschließend mitten durch die Felder bergab in Richtung Kals. An den beiden Wegkreuzungen halten wir uns geradeaus, bis wir auf einen dicht bewachsenen Pfad gelangen, der mit einem Knick nach rechts zum Kalser Bach hinabführt. Diesen passieren wir über eine Holzbrücke, zweigen anschließend rechts ab und ein paar Schritte weiter wieder links. Ein kleiner Steig führt uns ein letztes Mal bergauf und vorbei an der Pfarrkirche. Oben treffen wir auf die Hauptstraße, an der auch unser Ausgangspunkt zu dieser Tour liegt und an der wir links abzweigen. Auf der anderen Straßenseite befindet sich der **Gasthof Ködnitzhof 8**, der noch eine letzte Möglichkeit bietet, um einzukehren und den Tag ausklingen zu lassen.

Highlights

- ★ Unumgänglich – die Hängebrücke über den Ködnitzbach.
- ★ Eine in den Felsen gesprengte Kapelle.
- ★ Spielplatz zum Austoben in der Wanderpause.
- ★ Bücherschrank mit Lektüre für die Pause am Schoberblick.
- ★ Mehrere Einkehrmöglichkeiten unterwegs.

Am Rastplatz Schoberblick wartet neben frischem Quellwasser auch ein Bücherschrank auf kleine und große Leseratten.

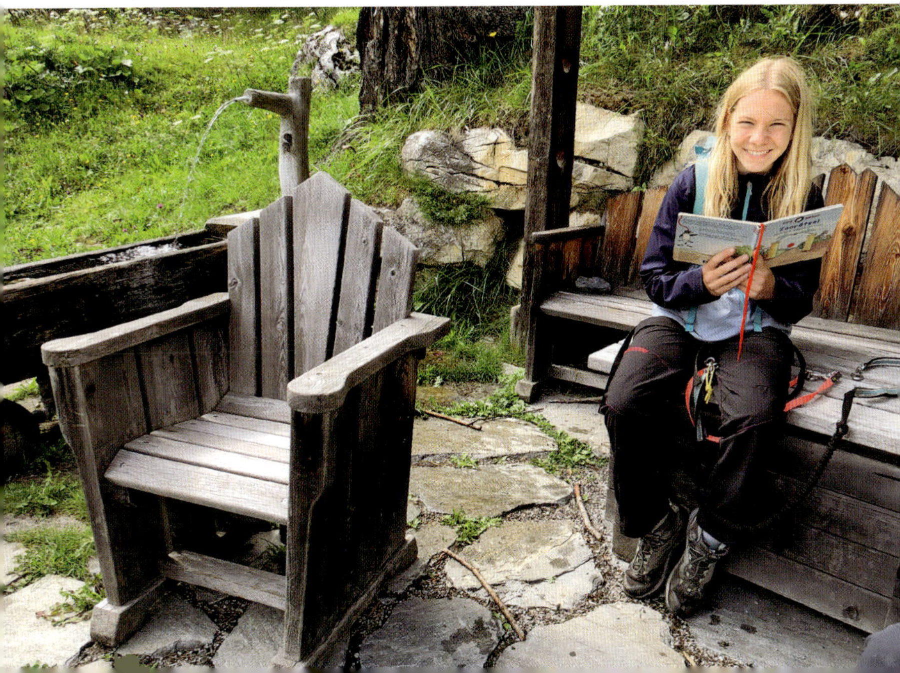

3.20 Std. 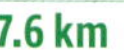 7.6 km | ↗ 280 m | ↘ 280 m | ab 5 Jahren

21 Dabaklamm und Bergeralm, 1637 m

Entlang dem Kalser Bach ins Dorfertal

Steile Felsen, luftige Wege und eine malerische Alm

Zwischen engen und steil abfallenden Felswänden rauscht der Kalser Bach durch die Dabaklamm (auch Daberklamm). Der in den Felsen gesprengte Weg führt gut geschützt und mit Geländern gesichert durch die imposante Schlucht. Eine Aussichtskanzel, die in luftiger Höhe über der Klamm zu schweben scheint, sorgt für Abenteuercharakter und bietet eindrucksvolle Einblicke in die Tiefen. Angekommen im malerischen Dorfertal öffnet sich ein herrliches Panorama über die weitläufige Almenlandschaft. Dieses lässt sich am besten bei einem Besuch in der Bergeralm genießen, wo sich die Kinder auf dem Spielplatz austoben können.

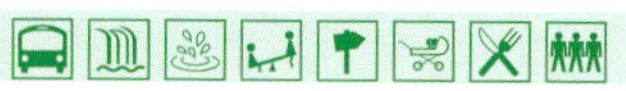

Ausgangspunkt: Kostenfreier Parkplatz Dorfertal, 1490 m (Navi: 9981 Kals a. G. / Taurer), etwa 300 m vor dem Hotel Taurerwirt. Anfahrt aus Richtung Lienz über die Felbertauernstraße, in Huben rechts abzweigen auf die Kalser Landesstraße nach Kals am Großglockner und weiter taleinwärts Richtung Taurer.

Anreise mit ÖV: Mit der Postbus-Linie 951 Lienz – Huben bis Haltestelle Huben Ort und weiter mit der Linie 952 Huben – Kals bis Haltestelle Kals a. G. Taurer. Die Busse verkehren von ca. Ende Mai bis Ende September, Nutzung mit Gästekarte kostenlos.

Ausrüstung: Trekkingschuhe. Handtuch, falls die Kinder an der Bergeralm gern am Bach spielen wollen.

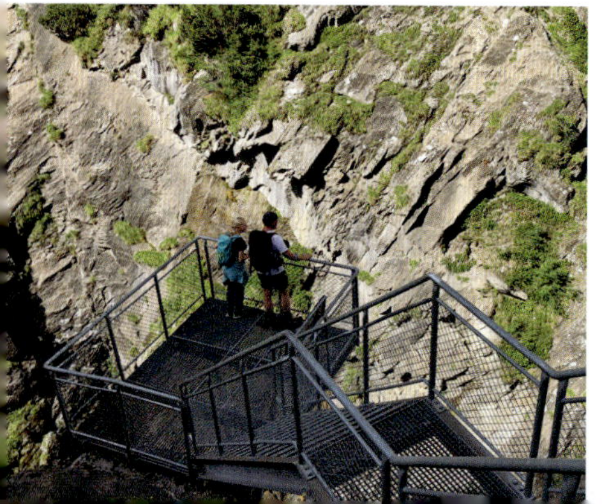

Anforderungen: Einfache Wegführung auf überwiegend breiten Wegen, der geländergesicherte Weg durch die Klamm ist auch mit einem geländegängigen Kinderwagen begehbar.

Einkehr: **Bergeralm**, Tel. +43 6643 07 7090, www.bergeralm-kals.at, geöffnet von Ende Mai bis Mitte Oktober, keine Übernachtungsmöglichkeit. **Hotel Taurerwirt**, Burg 12, 9981 Kals a. G., Tel. +43 4876 8226, www.taurerwirt.at, geöffnet Sommer- und Wintersaison, Übernachtungsmöglichkeit in Einzel-, Doppel-, oder Familienzimmern (Reservierung online oder telefonisch).

Varianten: Verlängerung der Tour bis Kalser Tauernhaus, 1754 m (zusätzlich 45 Min. in einer Richtung), oder noch weiter bis zum Dorfersee, 1935 m (zusätzlich weitere 60 Min. vom Kalser Tauernhaus in einer Richtung). Die Wegführung ist einfach, wir folgen dem Forstweg bis zum Kalser Tauernhaus und zum Dorfersee noch ein Stückchen weiter. Der breite Weg geht später in einen Steig über. Für dieses Wegstück sind knöchelhohe Bergschuhe sinnvoll. Insgesamt nicht schwierig, aber aufgrund der Streckenlänge Schwierigkeitskategorie rot, geeignet für ausdauerfreudige Kinder ab ca. 6 Jahren.

Ein besonderes Erlebnis ist die über der Klamm schwebende Aussichtsplattform.

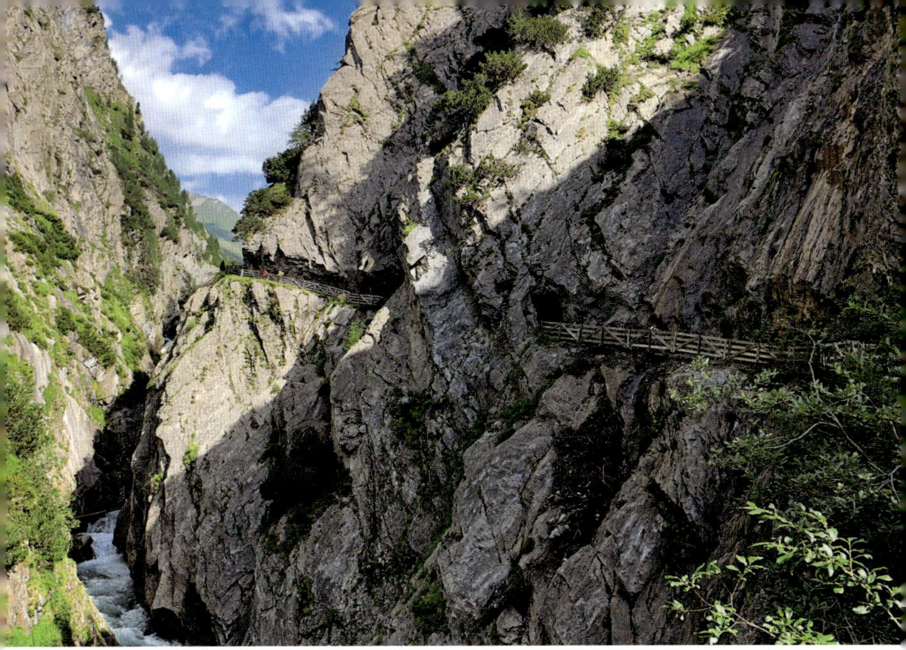

Der ins den Fels gesprengte Weg durch die Dabaklamm verläuft gut gesichert am steilen Hang entlang.

Wir beginnen die Wanderung am **Parkplatz Dorfertal ❶**, unweit des Hotels Taurerwirt, welches wir in etwa 300 m Entfernung erkennen können. Nach den ersten Schritten auf dem asphaltierten Weg in Richtung Taurer machen wir einen Schlenker, der uns landschaftlich hübscher in Richtung Dorfertal führt, und biegen dazu links auf einen schattigen Pfad ab. Wir durchqueren ein kleines Wäldchen und treffen auf ein Teilstück des **Kinder-Natur-Erlebnispfads Kals**. (Dieser verläuft von Kals Großdorf entlang des Kalser Baches bis Taurer und lädt zum kreativen Entdecken der Tierwelt und des Waldes ein). Hier halten wir uns rechts, und parallel zum Kalser Bach geht es weiter. An der nächsten Weggabelung, knapp hinter dem Hotel Taurerwirt, zweigen wir links ab, überqueren den Teischnitzbach und erreichen das Einstiegsportal ins **Dorfertal ❷** und damit auch zur **Dabaklamm**. Zu unseren Seiten ragen die Berghänge empor und mit jedem Schritt verengt sich das Tal und wird merklich zu einer Schlucht. Der Kalser

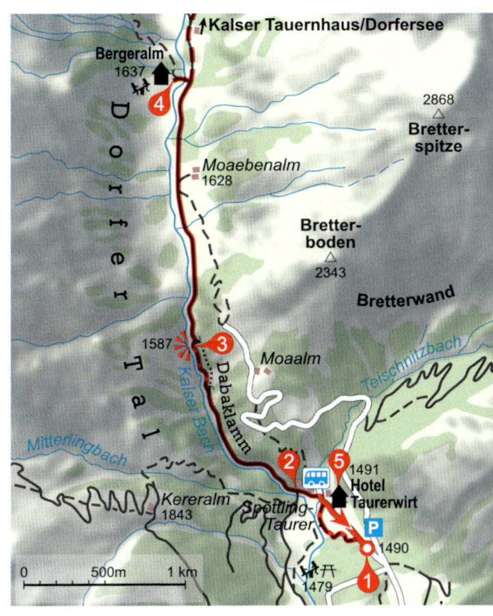

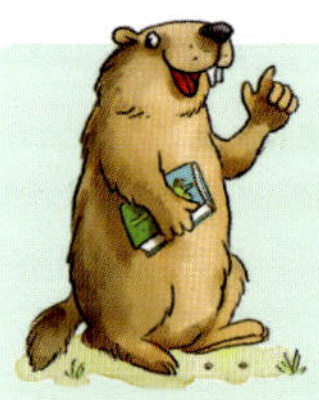

Hallo Kinder,

auf dem Weg ins Dorfertal durchwandert ihr die spektakuläre Dabaklamm mit ihren steil abfallenden Felswänden, durch die der Kalser Bach rauscht. Im Dorfertal angekommen findet ihr einen ganz besonderen Aussichtspunkt mit einem Peilgerät. Schaut einmal hindurch und stellt euch vor, dass an dieser Stelle einst eine 222 Meter hohe Staumauer gebaut werden sollte. 235 Millionen Kubikmeter Wasser sollten damit im Dorfertal aufgestaut werden. Glücklicherweise wurden die Planungen 1989 endgültig aufgegeben, nachdem die Bürger sich erfolgreich gegen das Projekt gewehrt hatten. Ihr würdet hier jetzt auf dem Grund des Stausees stehen, wenn der Staudamm gebaut worden wäre. Die Bergeralm und das wunderschöne Tal, in dem wir heute wandern, gäbe es dann nicht mehr.

Bach verläuft zu unserer Linken. Anfänglich wandern wir auf fast gleicher Höhe mit ihm, doch nach und nach wird der Weg steiler, wir machen Höhenmeter um Höhenmeter gut und sehen den Bach bald tief unten durch die steile, schmale Klamm rauschen. Der breite Forstweg mündet schließlich in einen dunklen Tunnel und hier biegen wir nun nach links auf den Fußweg durch die Dabaklamm ab. Achtung: Der Tunnel sollte ohne starke Taschenlampe nicht begangen werden, denn die Felsen verschlucken jegliches Licht! Eine Handytaschenlampe nützt hier nichts, und da der Tunnel mit Fahrzeugen befahren wird, wäre es zu gefährlich, hier ohne entsprechende Beleuchtung durchzuspazieren. Deshalb nehmen wir den Fußweg. Dieser in den Felsen gesprengte Weg verläuft hoch über dem tosenden Wildbach und so durchqueren wir

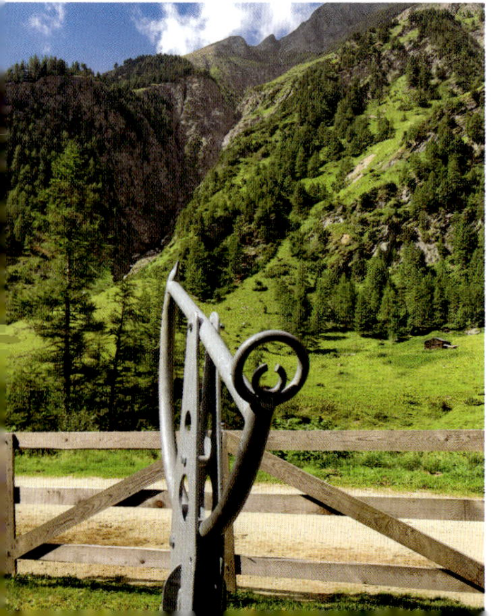

Highlights

- ★ Der eindrucksvoll in den Felsen gesprengte Weg durch die Dabaklamm.
- ★ Eine abenteuerliche Aussichtskanzel, die direkt über der Schlucht schwebt.
- ★ Lehrweg mit Infos zur Geschichte des Dorfertals.
- ★ Gemütliche Einkehrmöglichkeit in der Bergeralm mit Kinderspielplatz.
- ★ Spielmöglichkeit am Bach.

Das Peilgerät verdeutlicht, wie hoch die Staumauer hier gebaut werden sollte.

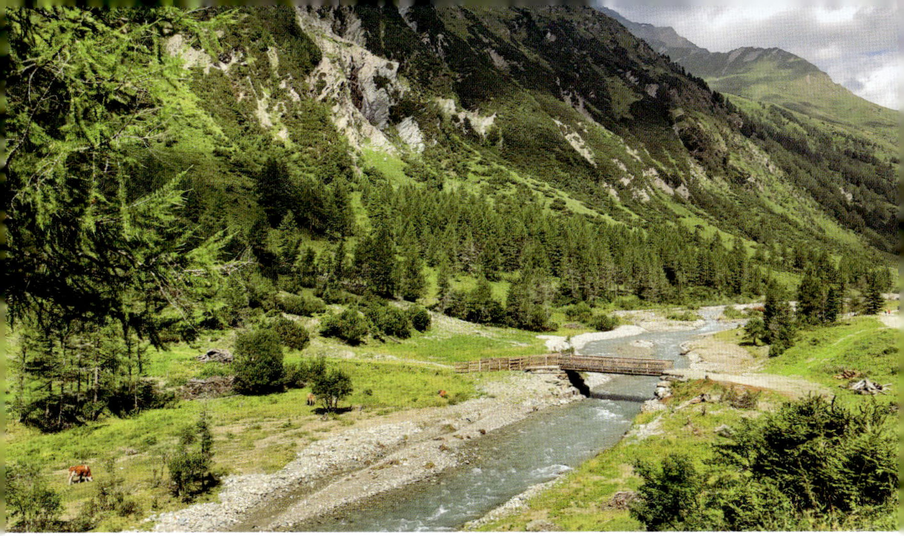

An den stellenweise flachen Ufern des Kalser Baches bieten sich im Sommer schöne Spielmöglichkeiten.

die wildromantische Schlucht. An manchen Stellen kann es durch das von den glatten Felsen herabtropfende Wasser etwas feucht und rutschig sein. Ein Holzzaun schützt uns vor dem tiefen Abgrund. Kurz bevor wir wieder auf den Forstweg treffen, gelangen wir zur **Aussichtskanzel ❸**. Sie scheint über der Klamm zu schweben und über ein paar Gitterstufen geht es hinab auf die Plattform, von der aus wir einen Blick in die Tiefe wagen können.

Etwas später trifft der Klammweg dann wieder auf die Forststraße, auf der wir uns links halten und in die malerische Hochebene des Dorfertals gelangen. Der Kalser Bach verteilt sich stellenweise über die ganze Breite des Talbodens und plätschert munter vor sich hin. Wir passieren die Moaebenalm, 1628 m, und betrachten unterwegs die verschiedenen Schautafeln, die uns Wissenswertes über das Dorfertal erläutern. Hier finden wir auch das Fernrohr, das an der Stelle steht, an der einst eine Staumauer errichtet werden sollte (siehe »Hallo Kinder«). Zu unseren Seiten ragen die grünen Hänge und Gipfel der umliegenden Berge empor.

Gemächlich verläuft der Weg jetzt bis zur **Jausenstation Bergeralm ❹**, 1637 m. Hier können wir einkehren, während sich die Kinder auf dem Spielplatz oder am Bach austoben.

Nach einem schönen Aufenthalt machen wir uns auf den Rückweg. Hierzu nehmen wir denselben Weg, den wir gekommen sind, und werfen dabei erneut und nun aus der Gegenrichtung einen Blick in die beeindruckende Klamm. Am Ausgang des Dorfertals steuern wir auf das **Hotel Taurerwirt ❺** zu und wandern das letzte Stück zum **Parkplatz Dorfertal ❶** am Rand der Straße zurück.

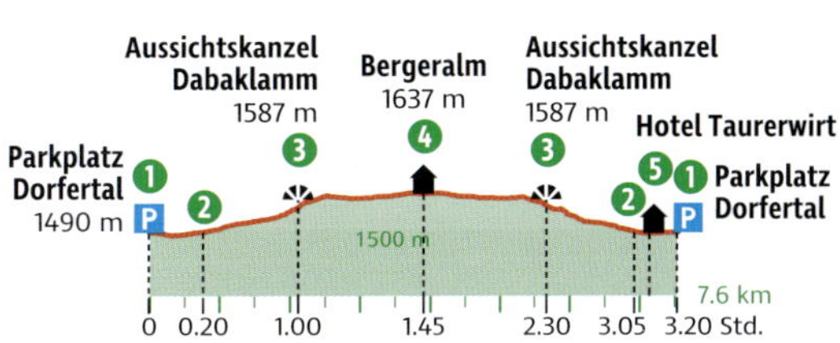

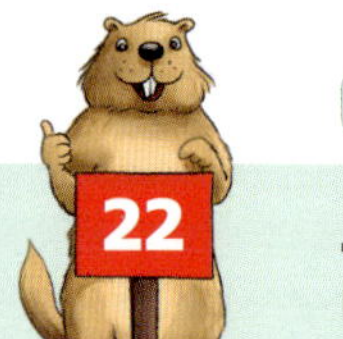

5.00 Std. | 14.2 km | ↗ 400 m | ↘ 400 m | ab 7 Jahren

Jagdhausalm, 2009 m

Über den Natur- und Kulturlehrweg

Durch mystischen Zirbenwald nach »Klein Tibet«

Die Wanderung zur Jagdhausalm verspricht Abwechslung pur. Wenngleich die Strecke recht lang ist, wird es hier nie langweilig. Auf der wasserreichen Tour entlang der Schwarzach finden sich viele Pausen- und Picknickplätze, an denen die Kinder am Ufer planschen, Steine schnippen oder Steinmännchen bauen können. Die unterhaltsamen Infotafeln des Naturlehrpfads laden zu Entdeckungen ein und der Weg durch den Oberhauser Zirbenwald, der mit 170 Hektar Fläche der größte zusammenhängende Zirbenbestand der Ostalpen ist, zum Träumen. Die Jagdhausalm selbst ist durch die außergewöhnliche Bauweise ihrer Häuser ein Hingucker und erinnert an Tibet. Ein Ort zum Staunen ist das Pfauenauge, der Aufstieg auf den Wildbeobachtungsturm der krönende Abschluss dieser erlebnis- und aussichtsreichen Wanderung.

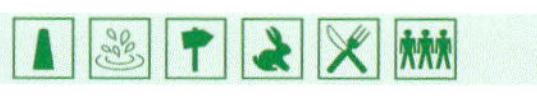

Ausgangspunkt: Parkplatz Alpengasthaus Oberhaus, 1768 m (Navi: Oberhaus 1, 9963 St. Jakob i. D.). Anfahrt aus Richtung Lienz über die Felbertauern Straße bis Huben und von hier aus weiter in Richtung Staller Sattel über die Defereggental Landesstraße, kostenpflichtige Mautstraße ab Erlsbach, Parkplatz kostenfrei.

Anreise mit ÖV: Nicht empfehlenswert.

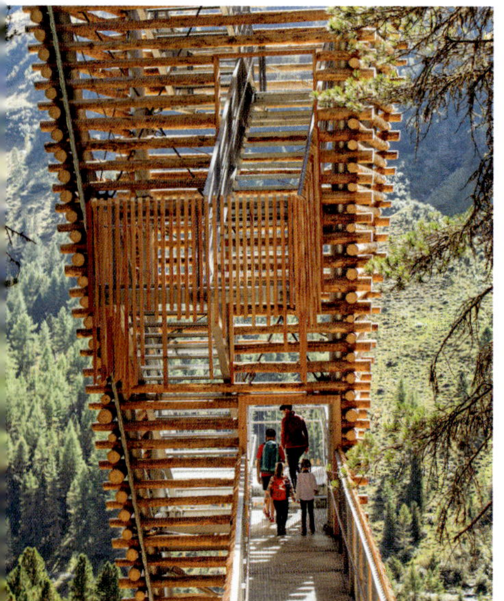

Ausrüstung: Knöchelhohe Bergschuhe sind für den Steig empfehlenswert. Verpflegung für ein gemütliches Picknick sowie ein Handtuch, falls die Kinder am Wasser spielen.

Anforderungen: Die Streckenführung ist einfach, der Lehrpfad verläuft über einen Steig ebenso wie das letzte Stück zur Alm, der übrige Streckenteil über einen Forstweg. Aufgrund der Länge der Tour ist Ausdauer nötig.

Einkehr: **Alpengasthaus Oberhaus**, Oberhaus 1, 9963 St. Jakob i. D., Tel. +43 664 735 1046, geöffnet von Mitte Juni bis Ende September. **Jagdhausalm**, Tel. +39 0474 672508, www.jagdhausalm.com, geöffnet von Ende Juni bis Anfang Oktober.

Kurzvariante: Der Naturlehrpfad Oberhauser Zirbenwald mit einem Besuch des Wildtierbeobachtungsturms kann als eigenständige und kürzere Tourenvariante auch mit kleineren Kinder gut bewältigt werden (Gehzeit ca. 1 Std.).

Tipp: Unter dem Titel »Nature Watch von Oben« bietet der Nationalpark Hohe Tauern eine spannende Erkundungstour für Familien an (kostenpflichtig, www.hohetauern.at).

Hoch hinauf am Wildtierbeobachtungsturm im Oberhauser Zirbenwald.

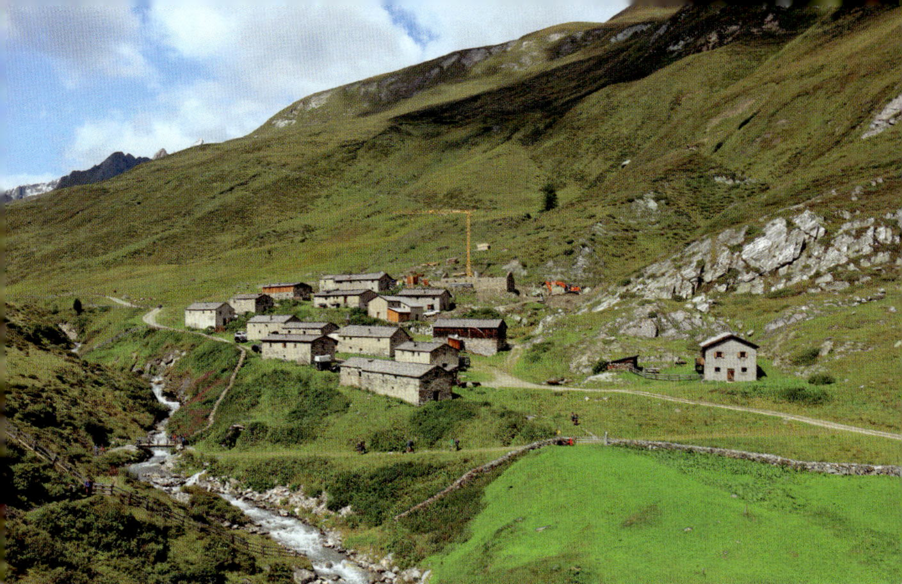

Die Steinhäuser der Jagdhausalm kuscheln sich idyllisch an den Hang.

Am Parkplatz am **Alpengasthaus Oberhaus ❶** ist das Einstiegsportal zum **Natur- und Kulturweg ❷** schon in Sichtweite, und so verlassen wir den Parkplatz nach links über einen Pfad, der uns bald durch das hölzerne Gatter führt. Über eine Holzbrücke überqueren wir die Schwarzach und folgen dem Steig nach rechts. Durch den duftenden Zirbenwald geht es, begleitet von den Infotafeln des Naturlehrpfades, immer an dem sprudelnden Fluss entlang. Der Weg verläuft mal leicht steigend, dann wieder etwas bergab. Hier und da laden Bänke zu einer Pause ein. Die Schwarzach bleibt stets zu unserer Rechten und von den Berghängen zur Linken plätschern zahlreiche Seitenbäche ins Tal. So sind die umliegenden Wiesen sattgrün und bilden stellenweise moorige Flächen aus.

Nach einer Weile auf dem abwechslungsreichen Bergpfad treffen wir auf den **Almgüterfahrweg ❸**. Wir halten uns hier geradeaus, bleiben auf der linken Seite der Schwarzach und wandern weiter taleinwärts. Zur Linken erheben sich die markanten Gipfel der Rieserfernergruppe. Mitten über den Höhenzug verläuft auch die Grenze nach Südtirol, Italien. Auf der gegenüberliegenden Seite ragt mit einer Höhe von 3173 Metern das Keesegg imposant aus der Venedigergruppe empor.

Highlights

- ★ Der Weg führt zu den ältesten Almen Österreichs.
- ★ Wasserreiche Tour entlang der Schwarzach mit Möglichkeiten zum Spielen am Wasser.
- ★ Versteckt gelegener See in Form eines Pfauenauges.
- ★ Natur- und Kulturlehrpfad rund um das Ökosystem Zirbenwald mit Informationen zur Tier- und Pflanzenwelt sowie zur traditionellen Almwirtschaft.
- ★ 22 Meter hoher Wildtierbeobachtungsturm.
- ★ Einkehrmöglichkeiten an Start und Ziel der Wanderung.

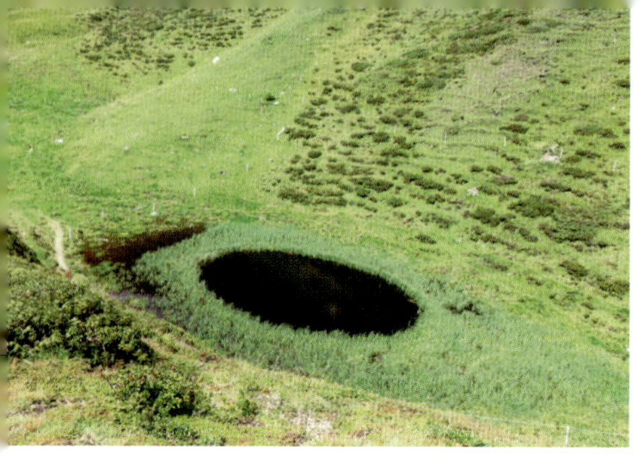

Das Pfauenauge: anmutiges Biotop oberhalb der Jagdhausalm.

Wir passieren zunächst die Untere Seebachalm, die etwas abseits liegt, und wenig später die **Obere Seebachalm ❹**, 1890 m. Vorbei an grasenden Kühen wandern wir immer tiefer in das Tal hinein. Stets im leichten Bergauf bleiben wir auf dem breiten Fahrweg. Dieser macht einen Rechts-Links-Knick, und so langsam nähern wir uns dem Ziel. Wir verlassen das Schwarzachtal und gelangen mit der Linkskurve in das Arvental mit dem gleichnamigen Bach. Das letzte Wegstück führt erneut über einen Steig, der nach rechts vom Fahrweg abzweigt. Eine kurze Passage, entlang derer der Hang rechts steil zum rauschenden Bach abfällt, ist noch zu überwinden, bevor wir die Jagdhausalm erreichen, die wir hier schon sehen können. Wie ein kleines Dorf kuscheln sich die einzelnen Häuser zusammen und mitten darin befindet sich eine Kapelle. Über eine Brücke überqueren wir den Arventalbach, steigen anschließend noch kurz bergan, passieren eine Stempelstelle und erreichen die **Jagdhausalm ❺**, 2009 m, wo sich auch eine Einkehrmöglichkeit befindet. Eine wehende Fahne zeigt uns den Weg zur bewirtschafteten Alm.

Bevor wir uns gut gestärkt auf den Rückweg machen, steht noch ein Abstecher zum Pfauenauge auf dem Programm. Zwischen den Häusern schlängeln wir uns rechts haltend den Hang hinauf und folgen den Wegweisern. Und dann liegt es vor uns, das **Pfauenauge ❻**, ein besonders hübsches Naturjuwel. Eingebettet in einen Kessel, umgeben von sattgrünem Schilfgras, sieht dieser kleine See wie das Auge eines Pfaus aus. Die Berge spiegeln sich in dem klaren Wasser und in den Randbereich kann man zahlreiche Bergmolche entdecken. Etwas oberhalb ge-

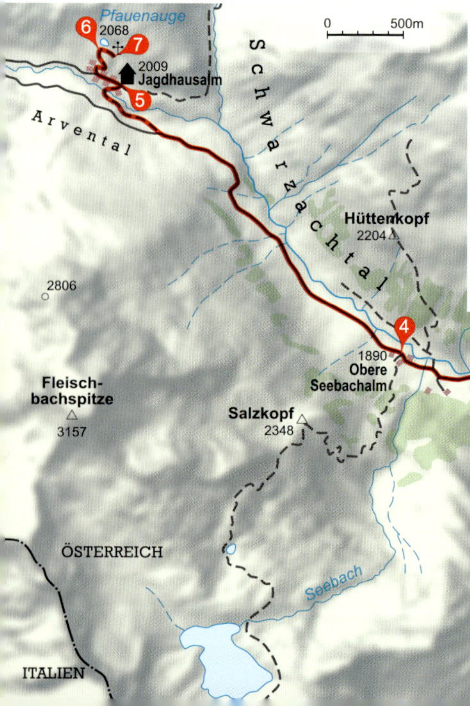

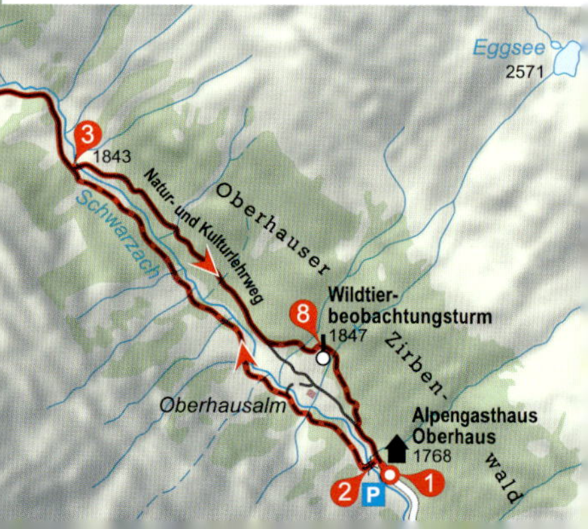

Hallo Kinder,

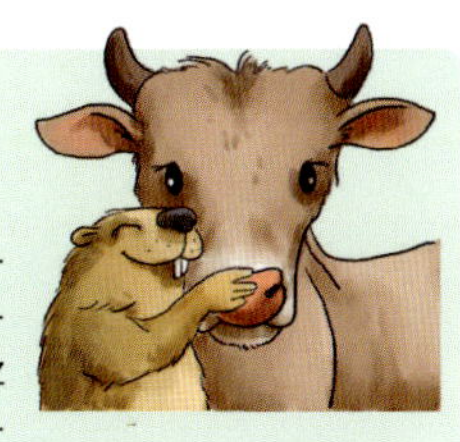

die Jagdhausalm gehört zu den ältesten Almen Österreichs und entstand rund um das Jahr 1212. Sie besteht aus 16 Häusern und einer Kapelle. Im Gegensatz zu den Almhütten aus Holz, die in den Alpen allgegenwärtig sind, wurden die Gebäude der Jagdhausalm aus Stein gebaut. Dadurch erinnern sie an die Bauweise der Häuser im Hochland von Tibet, welches heute zu China gehört. Deshalb werden sie auch das »Klein Tibet« der Alpen genannt. Im Sommer wird die Jagdhausalm mit Tieren beweidet. Über 350 Rinder und bis zu 80 Schafe grasen auf den grünen Hängen. Etwas oberhalb der Häuser versteckt sich hinter einer kleinen Kuppe ein ganz besonderes Naturjuwel, das Pfauenauge. Der kleine See hat seinen Namen nicht umsonst. Scheut euch nicht, die wenigen Meter noch hinaufzuwandern, um ihn euch anzusehen. Auf dem Rückweg zum Oberhaus macht ihr noch einen Bogen zum Wildtierbeobachtungsturm. Die Aussichtsplattform ist 22 Meter hoch und auf drei Etagen erfahrt ihr beim Aufstieg Interessantes über den Nationalpark Hohe Tauern.

langen wir zu einem **Kreuz** 7. Hier bieten sich sehr schöne Fotomotive. Anschließend steigen wir den Hang wieder hinab, durchqueren erneut die Alm und gelangen über den Steig wieder zurück auf den Fahrweg. Diesem folgen wir jetzt retour in Richtung Ausgangspunkt. Am **Abzweig auf den Lehrpfad** 3 halten wir uns nun aber links, bleiben damit auf dem breiten Weg und überqueren die Schwarzach, sodass wir diese nun auf unserer rechten Seite sehen. Umgeben von schattigem Zirbenwald und begleitet von weiteren Stationen des Natur- und Kulturlehrpfads geht es gemächlich bergab. Doch ein Highlight steht uns noch bevor. Dafür müssen wir ein letztes Mal bergauf. Ein Bergpfad zweigt nach links ab und führt uns hinauf zum **Wildtierbeobachtungsturm** 8. Stufe um Stufe erklimmen wir, um von oben den Ausblick genießen zu können. Im Inneren des Turms befinden sich Informationstafeln, sodass es auch hier wieder viel zu lernen gibt. Mit etwas Glück können wir zum Abschluss sogar noch ein paar Wildtiere, wie Steinadler oder Bartgeier, entdecken.

Dem Pfad folgen wir daraufhin wieder bergab bis zum Forstweg, auf dem es jetzt nicht mehr weit ist bis zu unserem Ausgangspunkt am **Alpengasthaus Oberhaus** 1.

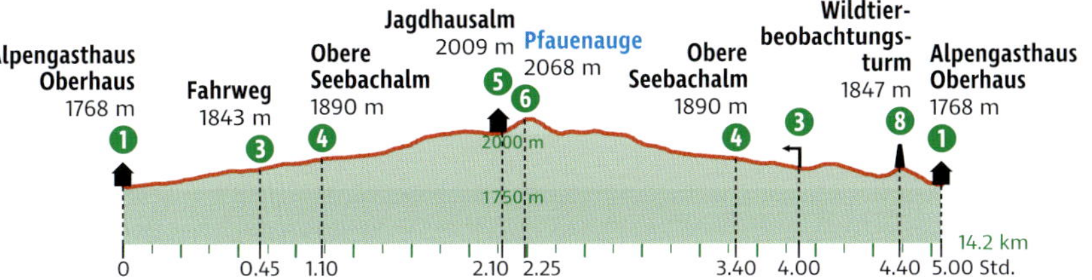

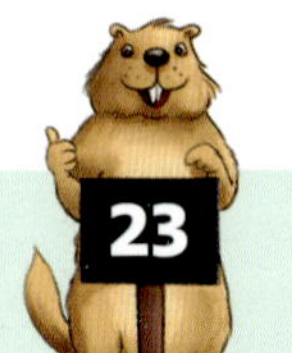

7.00 Std. | 13.3 km | ↗930 m | ↘930 m | ab 10 Jahren

23 Barmer Hütte, 2610 m

Vom Alpengasthof Patsch

Wandern in hochalpiner Kulisse

Die Barmer Hütte fasziniert durch ihre imposante Lage mitten im Hochgebirge. Die Wanderung hierher zählt deshalb auch zu den besonders eindrucksvollen Touren in Osttirol. Erst gemächlich am Patscher Bach entlang, später merklich alpiner, geht es dem Ziel entgegen. In zahlreichen Kehren windet sich der Steig vom Talschluss aus über eine Felsstufe nach oben. Die Hütte schon vor Augen sind dabei einige Höhenmeter zu überwinden. Ab der Ruine der Alten Barmer Hütte verläuft der Weg durch eine Blockscharte. Das Teilstück ist nicht schwierig zu begehen, aber für Kinder ein kleines Abenteuer. Für die Wanderung sollten Familien ausreichend Zeit einplanen, da auch der Abstieg über das Blockwerk und den steinigen Bergweg Konzentration erfordert und man dadurch nicht wesentlich schneller als beim Aufstieg ist. Als i-Tüpfelchen für die Tour empfiehlt sich daher auch eine Übernachtung auf der Hütte.

Ausgangspunkt: Wanderparkplatz am Alpengasthof Patsch, 1685 m (Navi: Patsch 1, 9963 St. Jakob i. D.). Anfahrt aus Richtung Lienz über die Felbertauern Straße bis Huben und von hier aus weiter in Richtung Staller Sattel über die Defereggental Landesstraße, kostenpflichtige Maustraße ab Erlsbach, Parkplatz kostenfrei.
Anreise mit ÖV: Nicht empfehlenswert.
Ausrüstung: Knöchelhohe Bergschuhe. Ausreichend Getränke und etwas Leckeres für ein Picknick einpacken, eventuell Übernachtungsutensilien.
Anforderungen: Lange Bergtour für ausdauernde, bergerfahrene Kinder. Trittsicherheit und etwas Schwindelfreiheit sind erforderlich. Bis zum Beginn der Materialseilbahn verläuft die Wanderung auf einem Forstweg, der später in einen teilweise recht steinigen Steig übergeht. Ein Stück vor der Ruine der Alten Barmer Hütte sind ein paar Seilsicherungen angebracht. Anschließend führt der Weg schwarz markiert, aber unschwierig durch Felsblockwerk hinauf zur Barmer Hütte.
Einkehr: **Alpengasthof Patsch**, Patsch 1, 9963 St. Jakob i. D., Tel. +43 676 5299148, www.alpengasthof-patsch.at, Übernachtung möglich (Einzel- und Doppelzimmer, Lager, Reservierung online oder telefonisch). **Barmer Hütte**, Tel. +43 664 9489413, www.barmerhuette.at, geöffnet Anfang Juni bis Ende September, Übernachtung möglich (Zimmer und Lager, Reservierung nur telefonisch).

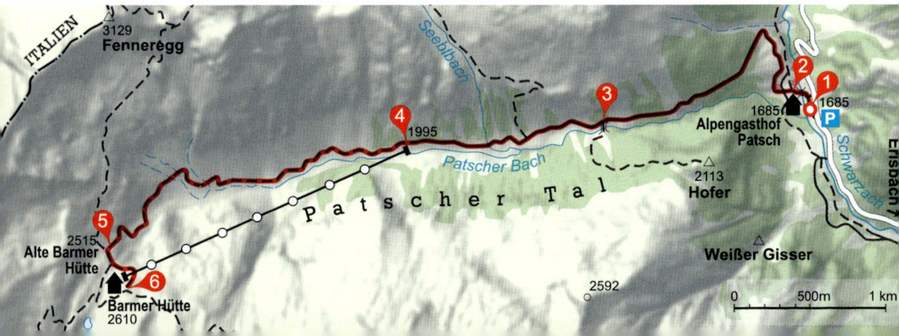

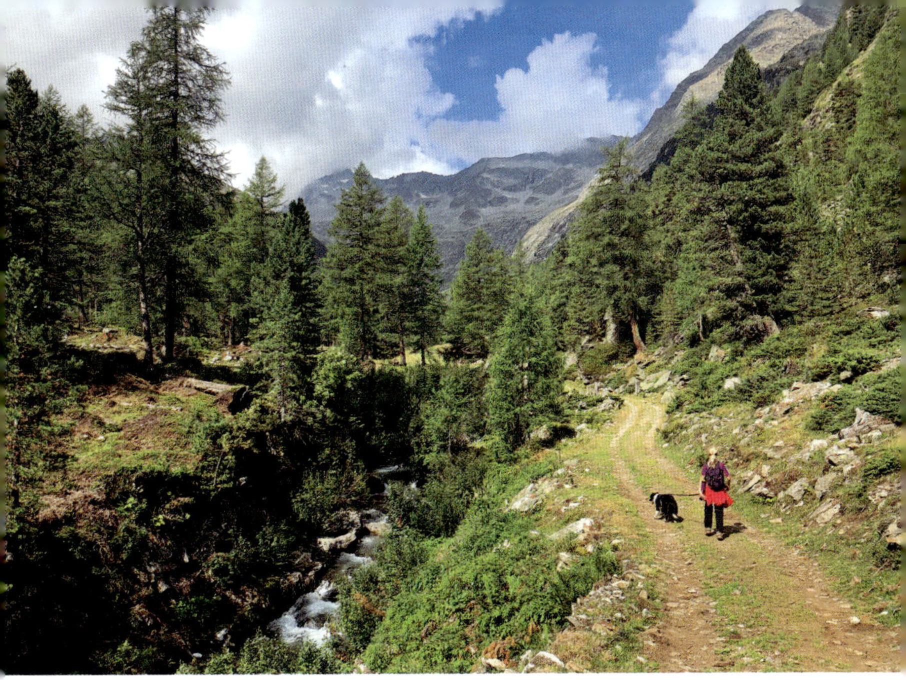

Zu Beginn der Tour geht es noch teils gemütlich über einen breiten Forstweg.

Startpunkt der Tour ist der **Wanderparkplatz ❶** an der Schwarzach unweit des Alpengasthofs Patsch, den wir von hier aus schon gut sehen können und bis zu dem es nur wenige Meter zu Fuß sind. Über eine Brücke gelangen wir auf die andere Seite des Flusses und wandern am **Alpengasthof Patsch ❷**, 1685 m, vorbei. Wir passieren noch ein paar kleine Hütten, dann macht der Weg eine Biegung nach rechts und führt uns erst einmal ein Stück ordentlich bergan. Nach einem scharfen Linksknick nähern wir uns dem Patscher Bach und wandern nun talein ins Patscher Tal, immer mit dem plätschernden Gewässer zu unserer Linken.

Der grüne Talboden ist umringt von schroffen Gipfeln, wie dem Rot- und dem Rosshorn zur Rechten und dem Almerhorn zur Linken. Am Jägersteig führt eine **Holzbrücke ❸** aus Holzstämmen über den Patscher Bach; diese überqueren wir zwar nicht, sondern bleiben weiter auf dem Forstweg, ein schönes Fotomotiv bietet sich dennoch auf der Brücke.

Dafür überschreiten wir etwas später den Seeblbach, der von rechts ins Tal fließt, und erreichen nach gut einer Stunde Fußweg die Talstation

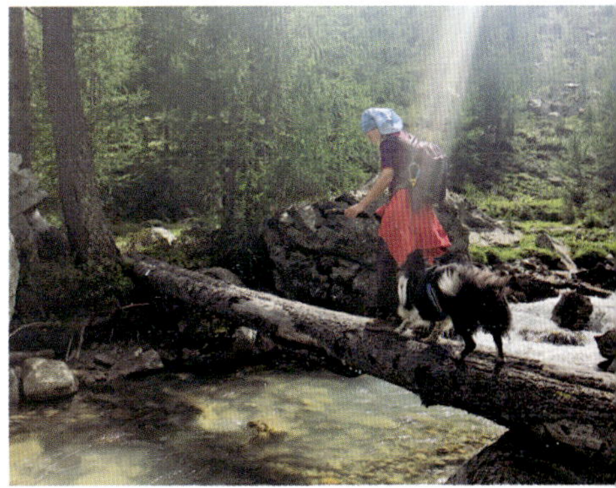

Kleine Balanceübung: einmal über die schmale Brücke und zurück.

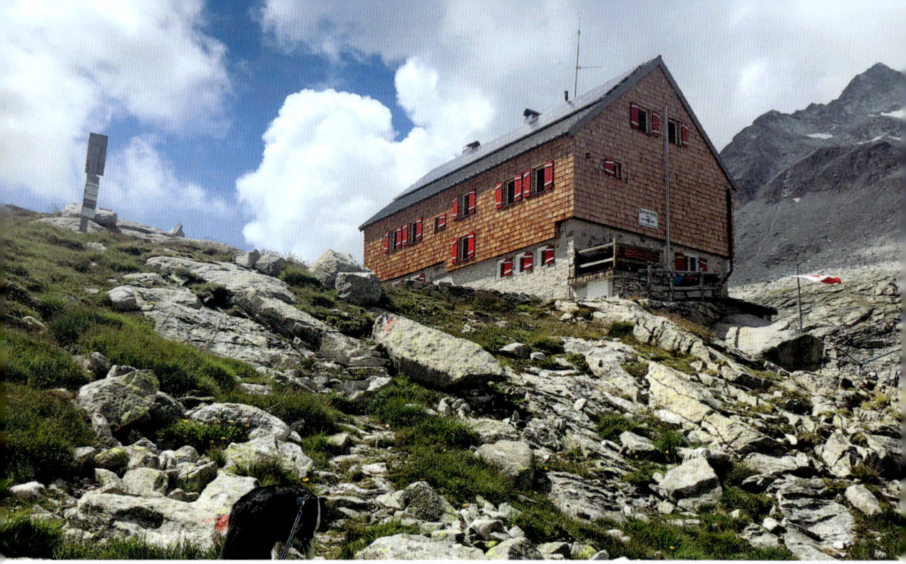

Die Barmer Hütte inmitten ihrer hochalpinen Kulisse ist ein sehr lohnendes Ziel.

der **Materialseilbahn ❹**. Hier endet der Forstweg und wir wandern auf einem Steig, weiter parallel zum Patscher Bach, dem Talschluss entgegen. Der Pfad wird merklich steiniger und alpiner. Nach einiger Zeit lassen wir den Wildbach linker Hand liegen und gelangen an eine Felsstufe, die es jetzt empor geht.

Die Barmer Hütte befindet sich im Patscher Tal zur Linken auf einem Felsplateau und ist während des Aufstiegs schon aus einiger Entfernung gut sichtbar. Der Weg gewinnt am Ende des Tals nun deutlich an Steigung und in vielen Kehren windet er sich den Hang nach oben. Trittsicherheit und etwas Schwindelfreiheit sind hier unabdingbar. An ein paar Stellen sind Seilsicherungen angebracht, an denen wir uns beim Aufstieg festhalten können. Oben angekommen stehen wir vor den Fundamenten der **Alten Barmer Hütte ❺**, die 1956 von einer Lawine zerstört wurde. Von hier oben bietet sich ein herrliches Panorama zurück ins Patscher Tal.

Die Barmer Hütte thront noch etwa 90 Höhenmeter weiter oben. Der Wegweiser kategorisiert den weiteren Verlauf des Weges als schwarz. Das letzte Wegstück erweist sich jedoch als deutlich unschwieriger als

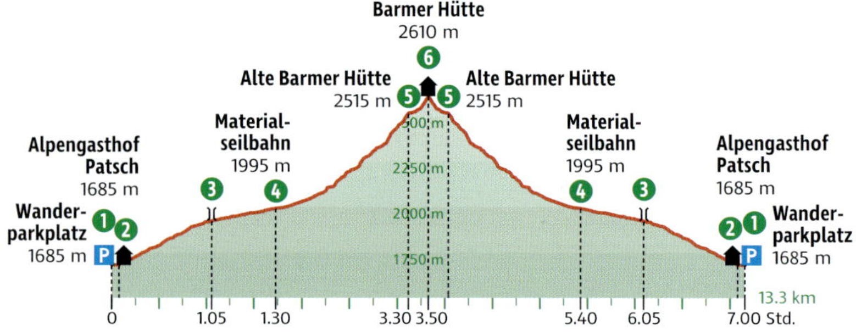

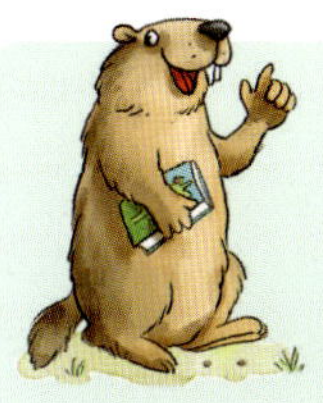

Hallo Kinder,

jede Berghütte hat ihren eigenen Namen. Manche Hütten werden nach Seen benannt, andere nach Bergen, Orten oder berühmten Persönlichkeiten. Die Wangenitzseehütte (Tour 10) heißt zum Beispiel wie der See, an dem sie liegt. Die Hochschoberhütte (Tour 12) trägt den Namen des 3242 m hohen Gipfels in der Nähe. Die Stüdlhütte (Tour 17) wurde in ihrer ersten Version 1868 von Johann Stüdl erbaut. Und die Barmer Hütte? Sie ist eine Alpenvereinshütte des Deutschen Alpenvereins der Sektion Barmen. Barmen ist ein Stadtteil von Wuppertal. Somit ist diese Hütte nach einem Ort benannt, und weil Wuppertal selbst nur auf einer Höhe von 160 m liegt und die Barmer Hütte auf 2610 m, dürfte sie wohl das höchste Haus der Stadt sein. Jetzt seid ihr dran! Welche Hütten fallen euch noch ein? Und woher kommen ihre Namen?

die Steilstufe zur alten Barmer Hütte empor. Durch die breite Scharte verläuft der alpine Pfad über klobiges Blockwerk und ist sehr gut gekennzeichnet. Auf der anderen Seite der Scharte erfolgt noch ein kleiner Anstieg über etwas felsigeres Gelände, dann erreichen wir das lang ersehnte Ziel – die **Barmer Hütte ❻**, 2610 m. Der Anblick der hochalpinen Kulisse, der von Gletschern geschliffenen Felsen, der majestätischen Barmer Spitze und der anderen umliegenden Gipfel sowie der Hütte lassen die Mühen des Aufstiegs schnell vergessen. In der Hütte können wir nun einkehren und erst einmal ordentlich rasten, bevor es wieder an den Abstieg geht.

Der Rückweg zum Ausgangspunkt erfolgt über denselben Weg wie der Anstieg. Wir passieren wieder die Scharte, steigen vorsichtig die Hangstufe nach unten und wandern durch das urige Patscher Tal gemütlich zurück zum **Alpengasthof Patsch ❷**. Im Patscher Bach können wir uns dabei noch ein wenig die Füße kühlen, bevor wir den Tag im Gasthof ausklingen lassen.

Highlights

- ★ Hochalpine Kulisse rund um die Barmer Hütte. Ein besonderes Erlebnis für die ganze Familie ist eine Übernachtung auf der Hütte.
- ★ Für kleine Forscher: die Ruine mit den ehemaligen Fundamenten der ursprünglichen Barmer Hütte.
- ★ Wasserspaß im Patscher Bach.

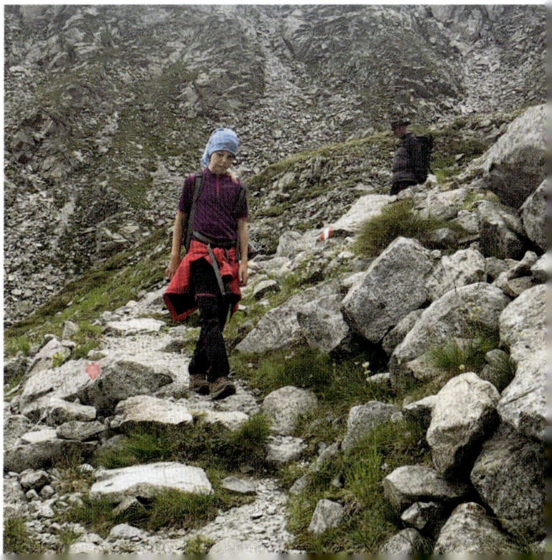

Schritt für Schritt gut hinsehen, heißt es auf dem steinigen Untergund.

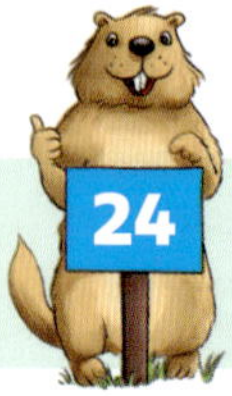

1.30 Std. | 3.8 km | ↗ 200 m | ↘ 200 m | ab 3 Jahren

24 Jausenstation Trojeralm, 1818 m

Vom Parkplatz Trogach

Wasser- und Spielvergnügen auf der Alm

Die Jausenstation Trojeralm befindet sich im idyllischen Trojeralmtal. Sie ist ein beliebter Zwischenstopp auf der Wanderung zur Neuen Reichenberger Hütte. Die Wanderung zur Trojeralm selbst ist ein schöner Nachmittagsausflug, der auch mit kleinen Kindern oder sogar mit Kinderwagen (über den Fahrweg) bequem zu bewältigen ist. Die Jausenstation lockt mit einer köstlichen Auswahl an hausgemachten Speisen. Rund um die Terrasse gackern Hühner, quaken Enten und grunzen Mini-Schweine. Der Trojer Almbach lädt zum Wassertreten ein und bietet an Sommertagen eine herrliche Erfrischung.

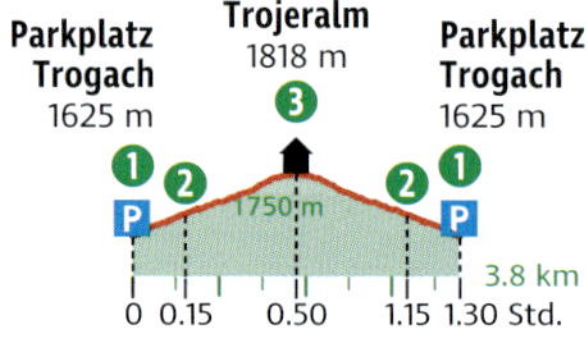

Am Ufer des Trojeralmbachs laden herrliche Plätze zum Sonnenbaden ein, während die Kinder am Wasser spielen können.

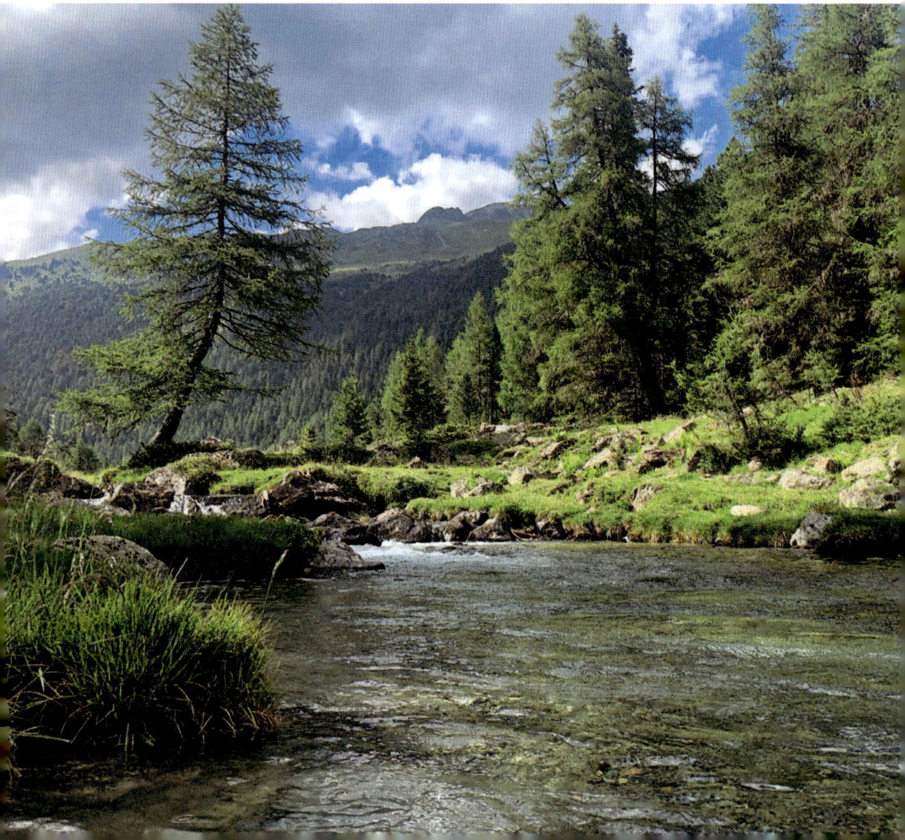

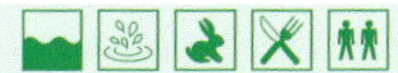

Ausgangspunkt: Kostenfreier Wanderparkplatz Trogach, 1625 m (Navi: Innerrotte 48, 9963 Innerrotte/Trojeralm). Anfahrt aus Richtung Lienz über die Felbertauern Straße nach Huben und von hier aus über die Defereggental Landesstraße nach St. Jakob in Defereggen. Vor der Überquerung des Trojer Almbachs ins gleichnamige Tal nach rechts abbiegen und der kurvigen Straße folgen, diese geht später in einen Forstweg über, der bis zum Parkplatz befahren werden kann.
Anreise mit ÖV: Nicht empfehlenswert.
Ausrüstung: Trekkingsandalen oder Sportschuhe. An warmen Tagen Badesachen nicht vergessen! Dazu empfiehlt sich etwas Picknickverpflegung.
Anforderungen: Der Weg zur Trojeralm verläuft über einen Forstweg und einen einfachen Bergpfad; alternativ ist der Auf- und Abstieg auch komplett über den Forstweg möglich, sodass dann auch ein Kinderwagen genutzt werden kann.

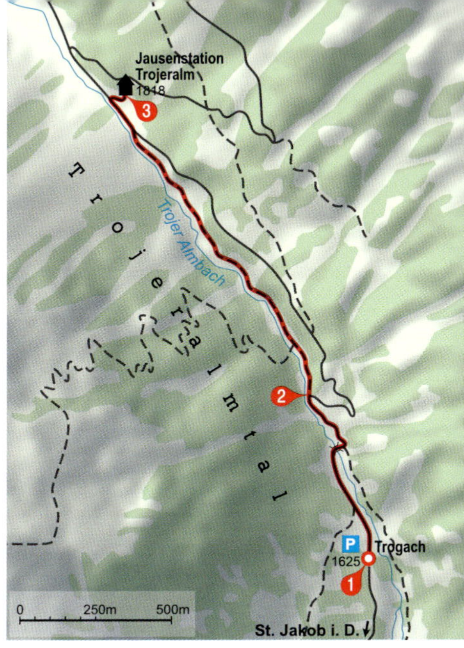

Einkehr: Jausenstation Trojeralm, Innerrotte 48, 9963 Innerrotte, Tel. +43 664 121493, www.trojer-alm.at, geöffnet Mai bis September.

Vom **Parkplatz Trogach** ❶ wandern wir das erste Stück des Weges zur Trojeralm auf dem Forstweg. Dabei begleitet uns der Trojer Almbach zunächst rechts des Weges. Doch schon nach einem kurzen Stück nehmen wir eine Brücke über den Bach und folgen dem Weg durch eine Kurve, sodass der Bach nun dicht zu unserer Linken fließt. An der folgenden **Weggabelung** ❷ in einer scharfen Rechtskurve verlassen wir den breiten Weg geradeaus in einen Steig, der erst kurz vor der Trojeralm wieder auf den Fahrweg trifft.
Wir wandern gemütlich durch lichten Nadelwald und durch feuchte Wiesen. Holzplanken leiten uns trockenen Fußes über den morastigen

Highlights

- ★ Erfrischende Bademöglichkeit in den Gumpen des Trojer Almbachs unterhalb der Alm.
- ★ Auf der Trojeralm kann man nicht nur schön einkehren, hier tummeln sich auch Hühner, Mini-Schweine und Hunde.

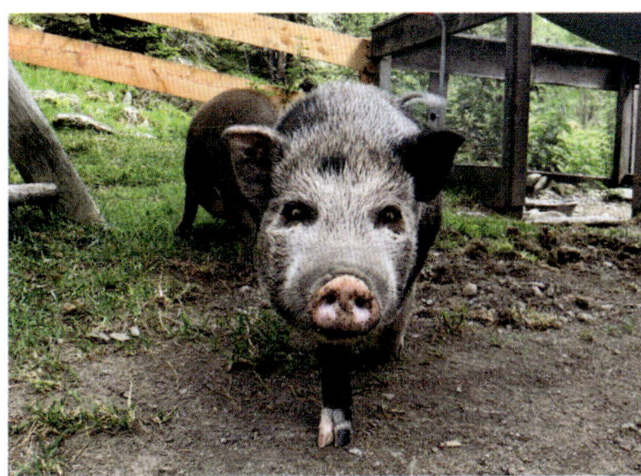

Der kleine Streichelzoo an der Trojeralm lässt Kinderherzen höherschlagen.

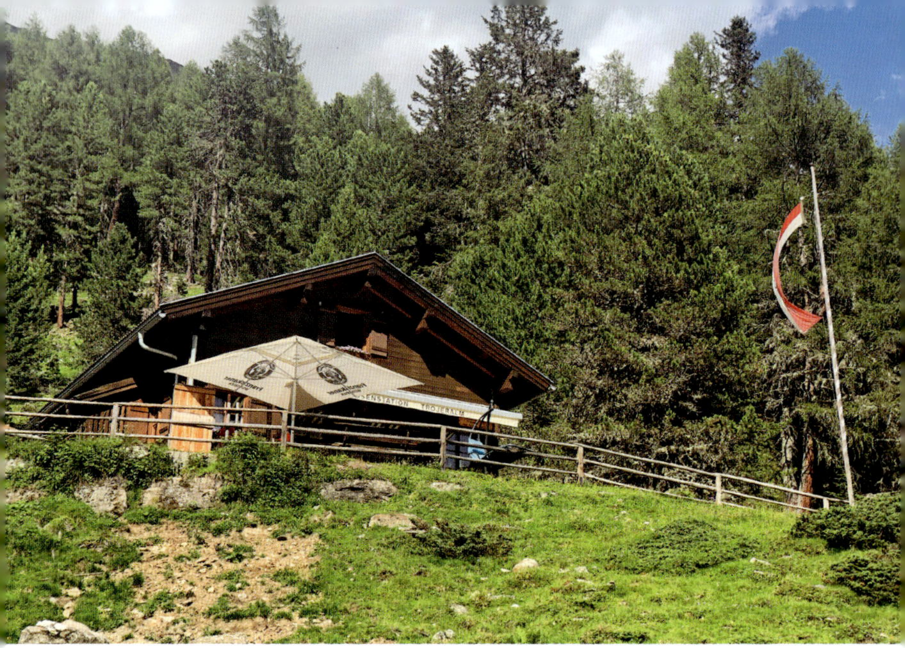

Die Trojeralm lockt mit leckeren hausgemachten Spezialitäten.

Untergrund, aus dem überall das Wasser quillt. Der Bach windet sich zwischen dicken Felsen hindurch. Ein grüner Hang steigt auf der gegenüberliegenden Bachseite empor und an einer Stelle dekoriert eine breitgefächerte Gesteinslawine die Landschaft. Immer nah am Trojer Almbach entlang steigen wir langsam die relativ wenigen Höhenmeter zur Trojeralm bergan.

Schließlich trifft der idyllische Pfad wieder auf den Fahrweg. Wir zweigen hier nach links ab und erreichen nach kurzer Zeit die **Trojeralm ❸**, 1818 m, auf der wir jetzt einen schönen Nachmittag verbringen können. Am Ende des Tages wandern wir auf demselben Weg zurück zum Ausgangspunkt am **Parkplatz Trogach ❶**. Alternativ lässt sich aber auch der Fahrweg nutzen.

Hallo Kinder,

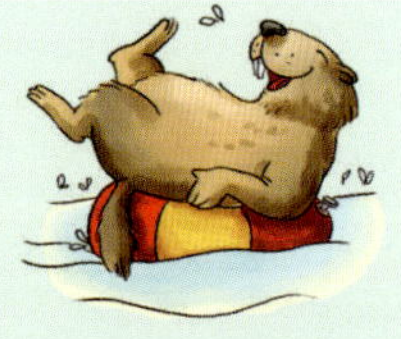

packt den Badeanzug oder die Badehose ein und nehmt ein großes Handtuch mit, denn unterhalb der Trojeralm lädt der Trojer Almbach zu einem wunderbaren Badevergnügen ein. Der Bach plätschert hier sanft durch die Almwiesen und in den Gumpen staut sich das Wasser zu kleinen Pools. Am Ufer könnt ihr die Decke ausbreiten und herrlich picknicken. Einem erholsamen Tag steht hier nichts entgegen. Übrigens ist der Trojer Almbach 11,3 Kilometer lang. Er entspringt auf einer Höhe von 2671 Metern und mündet auf 1380 Meter Höhe bei St. Jakob in die Schwarzach. Über die Isel, die Drau und die Donau fließt das Wasser schließlich bis ins Schwarze Meer.

ab 3 Jahren | 1.00 Std. | 2.4 km | ↗ 50 m | ↘ 50 m

25

Obersee, 2016 m

Am Staller Sattel

Länderhopping zwischen Österreich und Italien

Nur wenige Meter unterhalb des Staller Sattels liegt der Obersee. Mit einer Länge von 600 Metern und eine Breite von 200 Metern ist er der ideale Ort für einen kleinen Spaziergang in einer interessanten Umgebung. Der Staller Sattel ist gleichzeitig Alpenpass und Grenzübergang. Hier oben treffen Österreich und Italien und damit auch Osttirol und Südtirol zusammen. Für Kinder ist es ein Highlight, am Grenzstein zwischen den einzelnen Ländern hin und her zu springen oder gleichzeitig in zwei Ländern zu stehen. Im Sommer lockt zudem ein erfrischendes Bad im Obersee.

    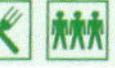

Ausgangspunkt: Kostenfreier Parkplatz Staller Sattel, 2016 m, direkt neben dem Obersee (Navi: Oberrotte 65, 9963 Oberrotte). Anfahrt aus Richtung Lienz über die Felbertauern Straße nach Huben und weiter über die Defereggental Landesstraße zum Passübergang Staller Sattel, ausgeschildert.

Anreise mit ÖV: Mit der Postbus-Linie 951 Lienz – Matrei bis Haltestelle Huben Ort, dort umsteigen in die Linie 953 Richtung St. Jakob in Defereggen, Ausstieg am Staller Sattel (Nutzung mit Gästekarte kostenlos).

Ausrüstung: Trekkingsandalen oder Sportschuhe. Im Sommer Badesachen nicht vergessen!

Anforderungen: Gemütliche Seeumrundung ohne Schwierigkeiten.

Einkehr: **Alpengasthaus Obersee**, Tel. +43 680 1182971, mobil +39 335 6945427, www.alpengasthaus-obersee.com, geöffnet von Mitte Mai bis Ende Oktober sowie im Winter. **Hexenschenke**, direkt am Grenzübergang auf dem Staller Sattel, Tel. +39 348 2629337, geöffnet von Anfang Juni bis Ende September.

Trockenen Fußes geht es über den Holzbohlenweg – wer es nasser mag, kann auch durch das flache Wasser waten.

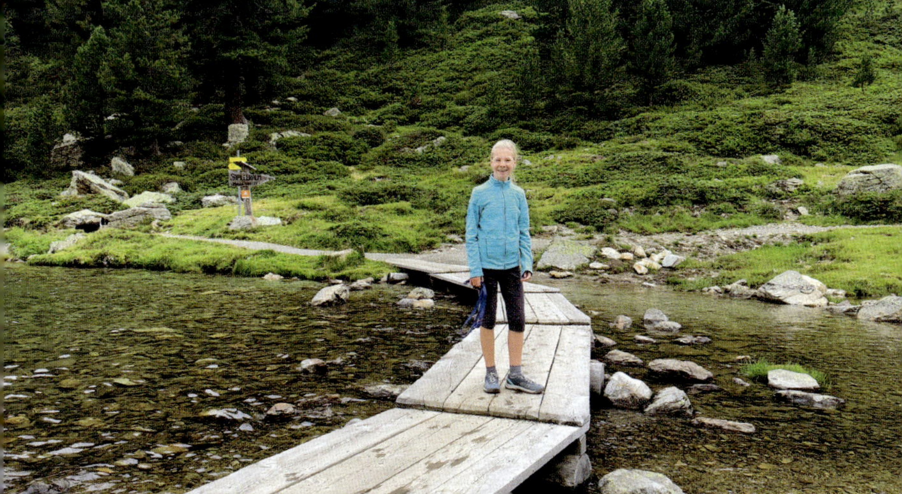

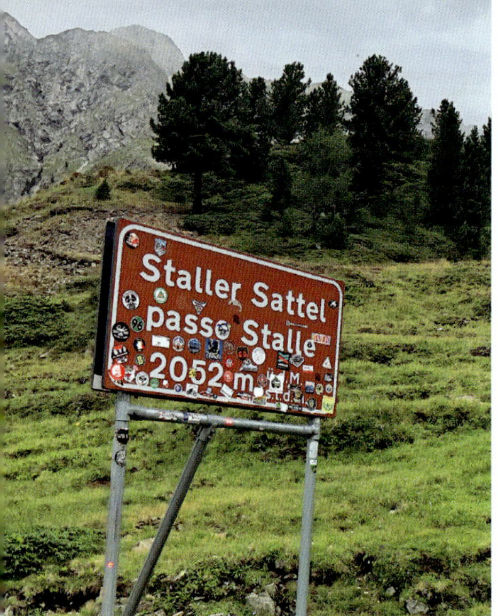

Hingucker am Staller Sattel: die vielen Aufkleber der Besucher.

Vom **Parkplatz Staller Sattel** ❶ führt uns ein kleiner Pfad über den Staller Almbach zum flachen Ufer des **Obersees** ❷, den wir nun gegen den Uhrzeigersinn umrunden werden, sodass wir erst kurz vor Schluss an der Einkehrmöglichkeit am Alpengasthaus eintreffen. Unser Weg verläuft immer in unmittelbarer Nähe zum klaren, tiefgrün schimmernden Wasser. Während diesseits des Sees, der an seiner tiefsten Stelle 27 Meter misst, überall Alpenblumen blühen und Steinmännchen den Wegesrand zieren, ist der Hang an der gegenüberliegenden Seeseite bewaldet.

Am Ende des Sees führt uns ein Holzbohlensteg über die flachen Ausläufer und über eine Holzbrücke passieren wir den **Staller Almbach** ❸, der hier aus dem Obersee abfließt. Den Abzweig nach rechts ignorieren wir und folgen weiter dem Seerundweg. Nun geht es am Nordufer weiter, bis wir das **Alpengasthaus Obersee** ❹, 2020 m, erreichen. Mit Blick auf den See können wir hier einkehren.

Hinter dem Gasthof setzen wir anschließend die Wanderung fort. Für ein kurzes Stück bleiben wir in Richtung Parkplatz auf dem Zufahrtsweg zum Gasthaus. An der nächsten Möglichkeit biegen wir jedoch rechts ab und wandern über einen Steig zwischen dichter Vegetation hinauf zum Grenzübergang. Oben angekommen können wir uns am **Rastplatz** ❺ mit Tisch und Bank niederlassen. Ein paar Schritte entfernt liegt mit

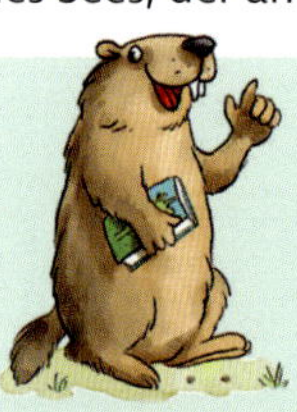

Hallo Kinder,

der Obersee am Staller Sattel in Osttirol hält gleich zwei ganz besondere Rekorde. Er ist weltweit der höchstgelegene See, auf dem Drachenboot-Rennen durchgeführt werden. Bei der Spaß-Regatta sitzen mindestens 16 bis 20 Personen in einem Boot. Ein Steuermann hält das Boot auf Kurs und ein Trommler sorgt dafür, dass alle im gleichen Rhythmus paddeln.
Außerdem wurde im Obersee der höchstgelegene Schiffsfund Europas gemacht. Er belegt, dass hier schon vor über 1000 Jahren Menschen auf dem See gefischt haben. Bei dem kleinen Boot, das erst 1999 beim Tauchen in acht Meter Tiefe entdeckt wurde, handelt es sich um einen sogenannten Einbaum. Ihr könnt ihn im Talschaftsmuseum »Zeitreise Defereggen« (siehe Freizeittipp H4) besichtigen.

Highlights

- ★ Badefreuden im klaren Wasser des Obersees.
- ★ Einkehrmöglichkeit im Alpengasthaus direkt am See.
- ★ Am Grenzübergang Staller Sattel nach Italien hüpfen.

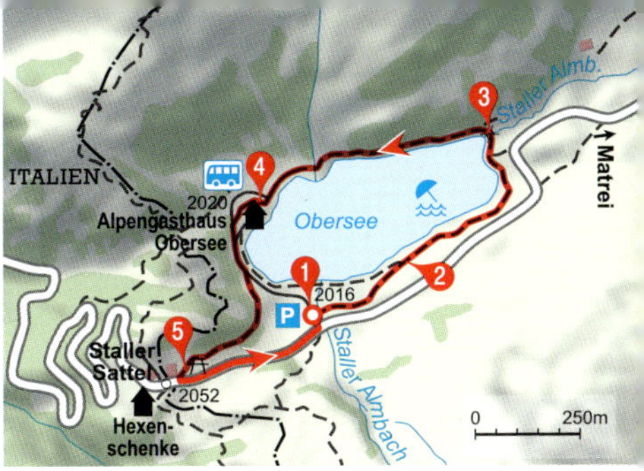

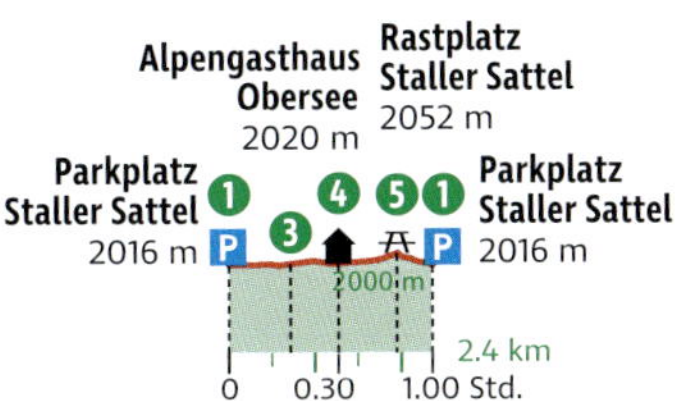

der Hexenschenke eine weitere Einkehrmöglichkeit. Das Besondere an diesem Grenzübergang ist, dass die Passstraße hinunter ins Antholzer Tal nur einspurig ist. Somit dürfen von Mai bis Ende November Fahrzeuge nur zu jeder vollen Stunde für 15 Minuten abfahren. Von Südtiroler Seite darf dementsprechend erst ab der Minute 30 für 15 Minuten hinaufgefahren werden. Im Winter ist überhaupt keine Überfahrt möglich.

Nach etwas »Länderhopping« an diesem außergewöhnlichen Gebirgspass machen wir uns auf den Rückweg. Dazu gehen wir aufmerksam an der Defereggental Landesstraße entlang zum nahen **Parkplatz 1** oder wir wandern auf dem Steig wieder hinunter zum Obersee und von dort nach rechts zurück zum Ausgangspunkt.

Das tiefgrüne, glasklare Wasser und die flachen Ufer des Obersees laden zum Spielen und Baden ein.

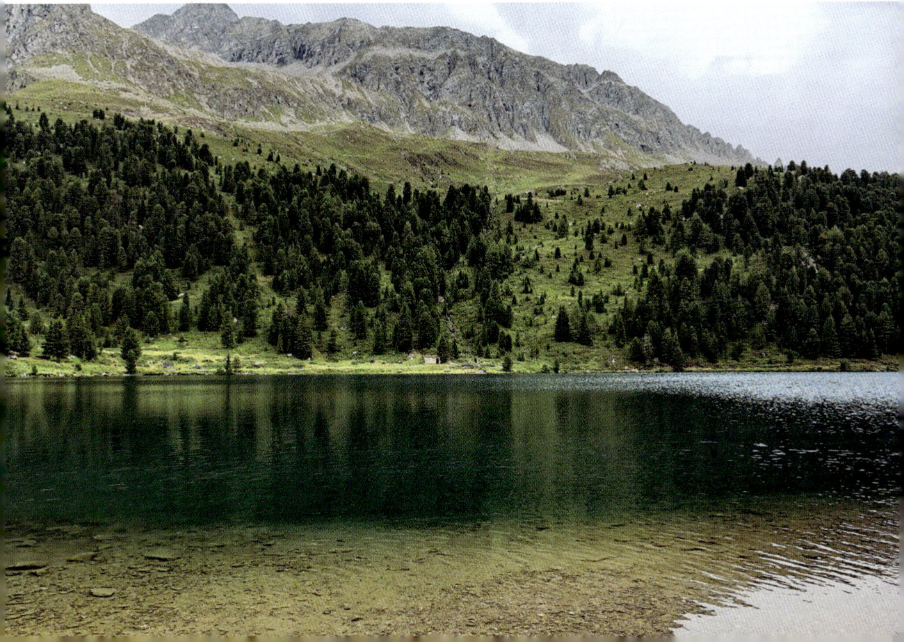

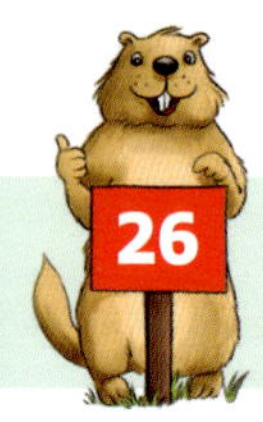

5.00 Std. | 10.7 km | ↗900 m | ↘900 m | ab 8 Jahren

26 Bergerseehütte, 2182 m

Durch das Zopanitzental

Zum Tretbootfahren an den Berger See

Glasklar schimmert der Berger See im Sonnenlicht. Auf seiner Oberfläche spiegelt sich das Grün der umliegenden Berghänge. Wie gemalt wirkt daneben die romantische Bergerseehütte mit ihren bezaubernden Fensterläden. Auf der Terrasse laden Liegestühle zum Sonnenbaden ein. Die Wanderung führt zu einem paradiesischen Ort und besticht unterwegs mit wilden Naturschönheiten. Tosend fließt der Zopanitzenbach durch seine enge Schlucht, steil fallen die Hänge hinab ins Tal. Bevor es die letzte Steilstufe zur Hütte emporgeht, treten wir in einen Talboden ein, an dessen Ende der Wasserfall des Zopanitzenbachs in etlichen kleinen Felskaskaden hinabrauscht und einen einzigartigen Anblick bietet. Inmitten dieses Panoramas und umgeben von leuchtenden Alpenrosen und bunten Gebirgsblumen lohnt sich ein Picknick, ehe wir den letzten Bergrücken zum Ziel hinaufsteigen. Aufgrund der traumhaften Lage am See empfiehlt sich besonders an warmen Sommertagen eine Übernachtung auf der Hütte, um herrliche Stunden am Wasser verbringen zu können.

Ausgangspunkt: Parkplatz Sägewerk, 1290 m (Navi: St. Andrä 40, 9974 St. Andrä). Anfahrt von Matrei an der Felbertauern Straße in das Virgental, weiter über die Virgener Landesstraße bis Prägraten, nach der Ortsdurchfahrt links abbiegen Richtung St. Andrä, die Isel überqueren und der Straße bis zum Parkplatz auf der rechten Straßenseite folgen. Weitere Parkmöglichkeiten befinden sich gleich parallel zur Isel nach der Brücke rechts am Freizeitzentrum.
Anreise mit ÖV: Mit der Postbus-Linie 951 Lienz – Huben – Prägraten a. G. bis Haltestelle Prägraten a. G. Gemeindeamt. Von hier aus zu Fuß entlang der Virgener Landesstraße und nach dem letzten Haus auf der rechten Straßenseite links abbiegen auf die Straße St. Andrä; der Weg ist beschildert (ca. 750 m, 10 Min.). Der Bus verkehrt ca. Ende Mai bis Ende September. Die Nutzung mit Gästekarte ist kostenlos.
Ausrüstung: Knöchelhohe Bergschuhe, etwas Proviant für unterwegs, Badesachen und Handtücher, eventuell Utensilien für eine Übernachtung.
Anforderungen: Ausdauer, Kondition und Trittsicherheit sind erforderlich. Der Weg führt steil hinauf ins Zopanitzental, bevor es recht eben durch das Tal und erst zum Ende hin erneut ordentlich bergauf geht. Auf dem ersten Stück im Zopanitzental schadet etwas Schwindelfreiheit nicht, da der Hang hier steil ins Tal abfällt.
Einkehr: Bergerseehütte, Tel. +43 664 4338333, www.bergerseehuette.at, geöffnet von Ende Juni bis Ende September, Übernachtung in Lagerbetten für 5–7 Personen, 2 Zimmer für je 4 Personen (Reservierung über die Webseite oder an office@bergerseehuette.at).

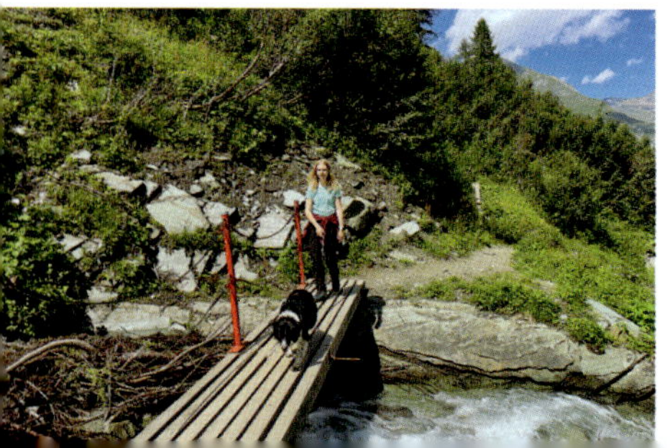

Eine Brücke leitet uns sicher über den Zopanitzenbach.

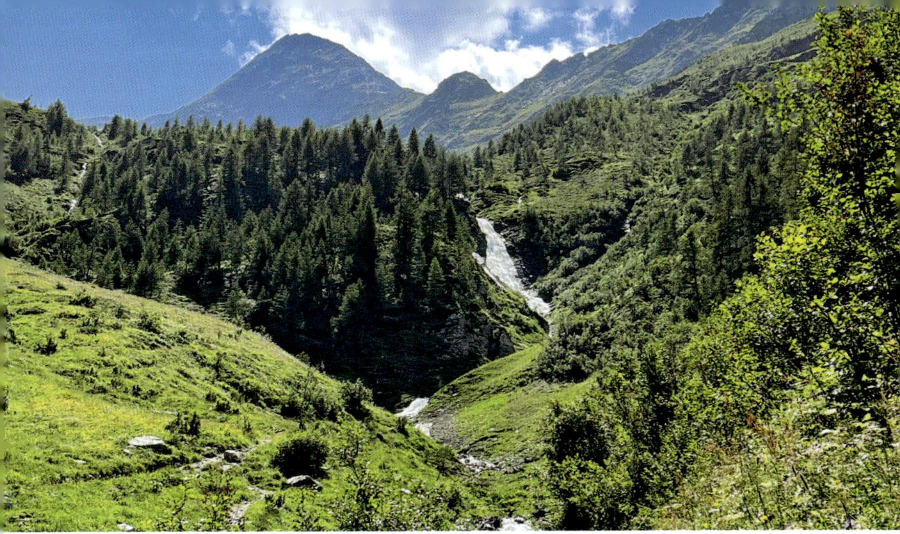

Über dem Wasserfall und der Baumgrenze versteckt sich die Bergerseehütte.

Wir beginnen die Wanderung zur Bergerseehütte am **Parkplatz Sägewerk** ❶ unweit von Prägraten im Virgental und der Mündung des Zopanitzenbachs in die Isel. Unser Blick folgt dem rauschenden Wasser die Hänge hinauf, und so ist bereits von hier aus gut zu erkennen, wo uns der Weg hinführt. Zunächst folgen wir ein Stück der asphaltieren Straße bergauf. Bald darauf überqueren wir den Zopanitzenbach, indem wir erst rechts, dann links abbiegen. In einem leichten Rechtsbogen wandern wir parallel zum Hang und ignorieren scharf rechts und links abzweigende Wege. Der Asphaltweg wechselt auf Schotter. Durch den Wald geht es aufwärts. Für eine Weile wenden wir uns dabei vom Zopanitzenbach ab. Schließlich erkennen wir in einiger Entfernung eine gemütlich unter einem großen Nadelbaum gelegene Sitzbank. Doch bis dorthin gehen wir nicht, denn vorher gelangen wir an einen **Abzweig** ❷, an dem unser Weg scharf nach links abbiegt. Wir verlassen an dieser Stelle den breiten Forstweg und mit merklicher Steigung wandern wir den Steig hinauf bis zur nächsten Abzweigung. Hier biegen wir links ab und wandern für eine kurze Passage nochmals auf einem breiten, ebenen Weg. Einen Moment können wir uns hier erholen, ehe uns nach einem Rechtsknick wieder der Steig aufnimmt.

Nun steht uns ein etwas mühseliges, dafür aber für Kinder auch abenteuerliches Wegstück mit viel Abwechslung bevor. Mal ist der Untergrund weich, dann wurzelig. Ein anders Mal wird es steinig und hier und da sind ein paar Gesteinsbrocken zu überwinden. In

Highlights

- ★ Fröhliche Fahrt mit dem Tretboot über den Berger See. Schwimmwesten gibt es beim Hüttenwirt.
- ★ Ein Sprung in den glasklaren Berger See von der Badeplattform aus.
- ★ Der imposante Wasserfall des Zopanitzenbachs.
- ★ Ein gemütliches Picknick und Erfrischung am Zopanitzenbach im Talschluss.
- ★ Einkehr- und Übernachtungsmöglichkeit auf der Bergerseehütte.

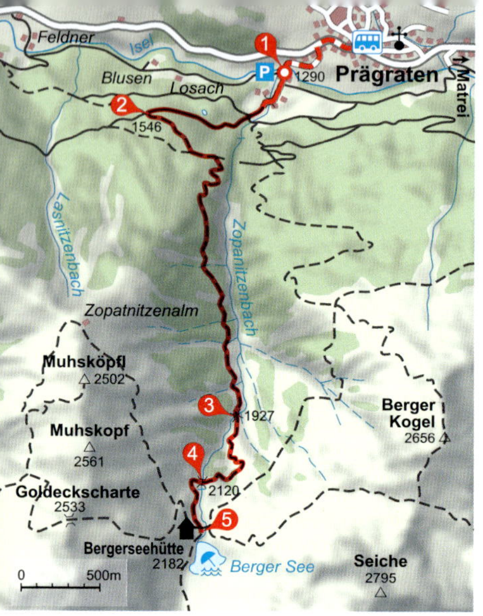

zahlreichen Serpentinen windet sich der Pfad bergan. Schattenspendende Nadelbäume säumen den Weg. Eine willkommene Bank lädt unterwegs zu einer kurzen Verschnaufpause ein. Immer tiefer lassen wir den Zopanitzenbach unter uns, bis der Steig oben am Berg parallel zum Bach ins Tal einfädelt. Der mit dichtem Gras bewachsene Hang fällt steil hinab ins Tal. Während der Weg hier oben nur mit geringer Steigung verläuft, lichten sich die Nadelbäume mit jedem Schritt. Dann werden sie fast schlagartig von einer üppigen Vegetation aus dichtem, fast urwaldähnlichem Blattwerk abgelöst, das den Weg umschlingt. Einige Male überqueren wir kleine Bäche, die nur wenig oberhalb entspringen und dem Zopanitzenbach entgegenplätschern.

Auf Höhe einer kleinen Brücke über den **Zopanitzenbach ❸** öffnet sich endlich der Talboden und staunend blicken wir dem sich wellenförmig über den Felsen am Talschluss ergießenden Wasserfall entgegen. Die vor uns liegende Hochebene besticht mit einer wahren Farbexplosion. Die Alpenflora schillert in den buntesten Farben und wohin das Auge blickt flattern Schmetterlinge. Wir überqueren die Brücke. Den Bach jetzt auf der rechten Seite, wandern wir taleinwärts. Es lohnt sich, einen der Felsbrocken am Wegesrand als Platz für ein Picknick in dieser herrlichen Umgebung auszusuchen und sich während der Pause kurz die Füße im Bach zu erfrischen. So können wir prima durchatmen und Kraft für den Anstieg über die letzte Höhenstufe zur Hütte hinauf sammeln.

Mit noch ein paar gemächlichen Schritten wandern wir anschließend dem Talschluss entgegen. Blühende Alpenrosen begleiten unseren Weg. In einem letzten Aufschwung geht es dann in Kehren den Bergrücken hinauf. Mit jedem Meter nähern wir uns dem imposanten **Wasserfall ❹**, bis wir direkt davorstehen. Rauschend ergießt sich das Wasser über die

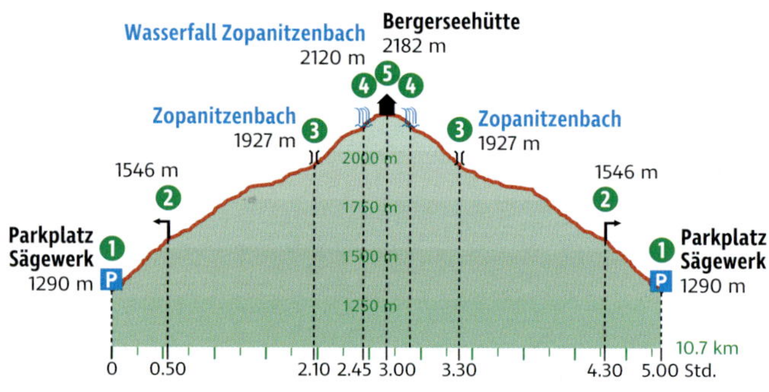

Hallo Kinder,

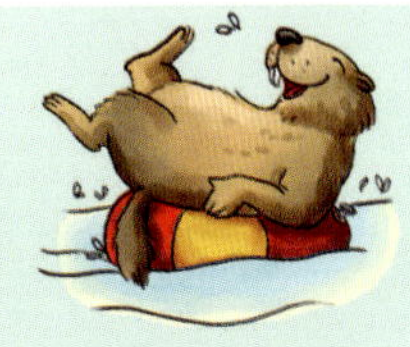

die Wanderung zur Bergerseehütte bietet eine ganz besondere Überraschung – eine abenteuerliche Fahrt mit dem Tretboot auf dem glasklaren Berger See, der direkt neben der Hütte liegt. Lasst euch bei eurer Ankunft gleich eine Schwimmweste vom Hüttenwirt geben und dann nichts wie los auf's Wasser! Auf die ganz Mutigen unter euch wartet zudem auch der Sprung ins kühle Nass von der Badeplattform aus. Natürlich könnt ihr euch hier auch einfach in die Sonne legen und den einmaligen Blick auf den See genießen oder ein paar Steinchen vom Ufer aus schnippen. Die Tour solltet ihr unbedingt bei schönem Wetter unternehmen, sie ist jede Anstrengung wert. Wenn ihr dieses idyllische Paradies gerne länger genießen wollt, dann schlagt euren Eltern doch einfach eine Übernachtung auf der Hütte vor. Und ein kleiner Tipp für Bootfahrer: Auch an der Obstansersee-Hütte (Tour 38) könnt ihr mit einem Tretboot in See stechen.

gleichmäßig geformten Felsstufen. Hier hat die Natur ein einzigartiges Juwel geschaffen. Eine weitere Brücke führt uns unmittelbar unterhalb des Wasserfalls erneut über den Bach, sodass wir die feine Gischt auf der Haut spüren können. Auf der rechten Seite des Wasserfalls steigen wir weiter Stück für Stück empor. Das Ziel ist fast erreicht, doch erst kurz bevor wir ankommen können wir das Dach der Hütte erkennen. Erneut öffnet sich vor unseren Augen ein traumhaftes Bergpanorama. Grün schimmernd liegt der Berger See in seinem Talkessel und an seinem Ufer wartet die **Bergerseehütte** 5. Auf der Sonnenterrasse können wir Platz nehmen und uns bewirten lassen. Ein Sonnenbad auf der Badeplattform ist genauso einladend wie der Sprung in das kalte Wasser. Beim Anblick des Tretboots wird es für die Kinder hier oben kein Halten mehr geben – aber bitte vor dem Ablegen Schwimmwesten anlegen! Wer im Vorfeld eine Übernachtung gebucht hat, kann sich freuen, den Aufenthalt nach dem teils anstrengenden Aufstieg in Ruhe genießen zu können. Aber auch, wer den Weg zurück noch am selben Tag antreten muss, sollte genügend Zeit einplanen, um den Aufenthalt hier oben auskosten zu können.

Der Rückweg erfolgt dann über denselben Weg wie der Aufstieg.

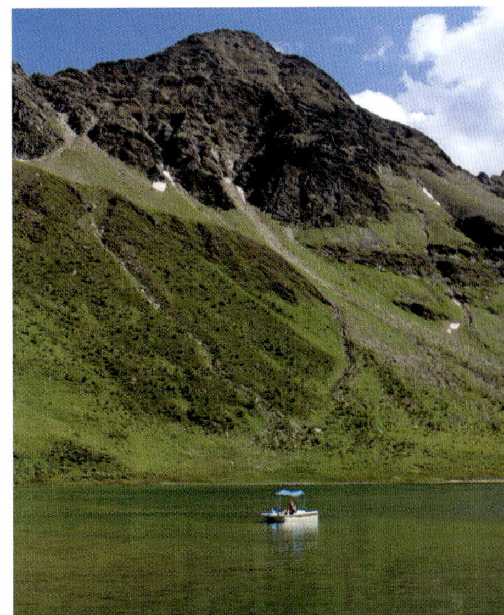

Mit dem Tretboot über den See schippern – ein Vergnügen für die Kinder.

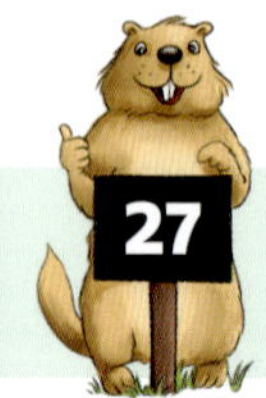

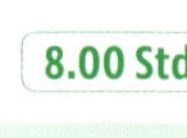

8.00 Std. | 14.6 km | ↗ 915 m | ↘ 915 m | ab 10 Jahren

Neue Sajathütte, 2600 m

Über den Prägratner Höhenweg

Aussichtsreiche Wanderung zum Schloss in den Bergen

Warum die Sajathütte den Beinamen »Schloss in den Bergen« trägt, wird spätestens klar, wenn wir das Ziel erreichen. Trutzig steht das Bauwerk mit seinen gemauerten Spitztürmen direkt am Berghang vor der majestätischen Kulisse des Sajatkars. Die Sajathütte versprüht wahrlich einen ganz eigenen Charme und wirkt durch ihre einzigartige Bauweise wie eine Festung. Nach dem Lawinenunglück 2001 und ihrem Neubau trotzt sie nun offensichtlich jedem Wetter. Eine Übernachtung im Schloss in den Bergen ist sicher das »krönende« Highlight dieser Tour. Für Freizeitprogramm ist hier ebenso gesorgt, denn die Sajathütte beherbergt auch einen Indoor-Kletterturm für Familien mit Sportkletter-Erfahrung. Eine Ausrüstung kann vor Ort ausgeliehen werden.

Ausgangspunkt: Parkplatz Wallhorner Mähder/Bodenalm, 1688 m (Navi: Wallhorn 33, 9974 Prägraten am Großvenediger). Anfahrt von Matrei an der Felbertauern Straße in das Virgental über die Virgener Landesstraße bis Wallhorn, nach rechts der Beschilderung zur Sajathütte folgen. Kurz hinter dem letzten Haus erreichen wir eine Schranke mit Zahlautomat für die Parkgebühr. Die Schranke ist nicht besetzt und Kleingeld ist erforderlich.
Anreise mit ÖV: Nicht empfehlenswert.
Ausrüstung: Knöchelhohe Bergschuhe, Proviant für unterwegs, eventuell Übernachtungsutensilien.

Anforderungen: Bis hinein ins Timmeltal verläuft die Route auf einem einfach zu begehenden Almgüterfahrweg. Anschließend geht der Weg in einen Steig über, für den Trittsicherheit und auch etwas Schwindelfreiheit erforderlich sind, insbesondere auf dem Höhenweg ab dem »Fenster«, da der Hang hier sehr steil ins Timmeltal abfällt. Aufgrund der Länge der Tour sind zudem Ausdauer und Kondition nötig. Die Wanderung ist auch als 2-Tages-Tour empfehlenswert.
Einkehr: Sajathütte, Tel. +43 664 545 4460, www.sajathuette.at, ideale Übernachtungsmöglichkeiten für Familien (verschieden große Zimmer und Lager, Buchung online oder telefonisch).

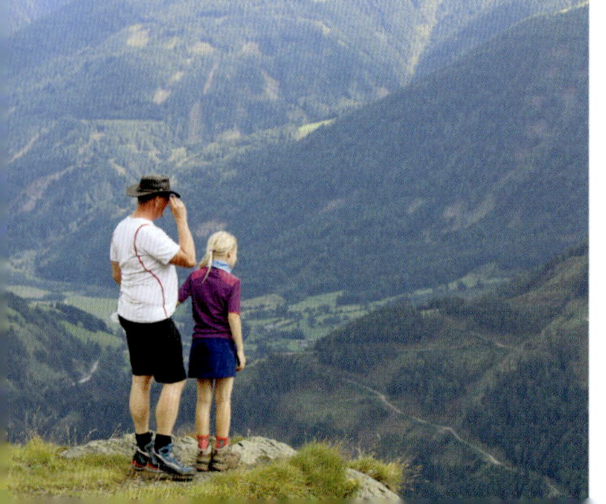

Aufregend: der Tiefblick vom »Fenster« ins Virgental.

Vom **Wanderparkplatz Wallhorner Mähder/Bodenalm** ❶ folgen wir dem Almgüterfahrweg und der Beschilderung durch Wiesen und lichten Wald bergauf in Richtung Bodenalm und Sajathütte. Der breite und gut begehbare Weg macht einige Kehren. Zwischendurch kreuzen wir mehrfach einen Steig, der als alternati-

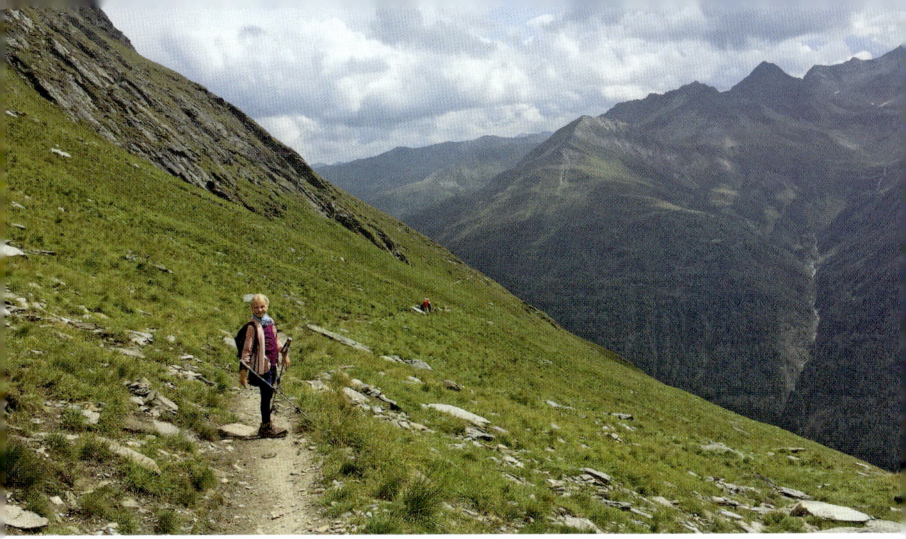

Der Höhenweg verläuft über die tief ins Tal fallenden Hänge der Sajatmähder.

ve Aufstiegsvariante zur Bodenalm genutzt werden kann und immer wieder ein paar Meter abkürzt. Nach den ersten knapp 300 Höhenmetern erreichen wir die **Bodenalm ❷**, 1960 m. Seit 2020 ist die Hütte nicht mehr bewirtschaftet, kann aber als Ferienhaus gemietet werden. Eine Wiedereröffnung der Almwirtschaft ist zwar nicht ausgeschlossen, nach derzeitigem Stand (2022) aber nicht in Aussicht.

Von hier aus geht es mit sachter Steigung in Richtung Timmeltal. Unterwegs laden liebevoll angelegte Rastplätze zum Entspannen und Verweilen ein. Wenige Meter zur Linken und abseits des Fahrwegs finden wir sogar eine bequeme **Liegestelle ❸**. Kurz darauf passieren wir eine Brücke über den **Timmelbach ❹**. Rauschend drängt das Wasser unter der Brücke hindurch, um dann in einer tiefen und engen Schlucht den Berg hinunterzustürzen.

Der Weg führt uns nun links des Baches in das Timmeltal hinein und in Richtung Ochsnerhütte. Im Talschluss weiter oben auf dem Felsen können wir die Eisseehütte erkennen. Kurz bevor der Almgüterfahrweg erneut den Timmelbach überquert, halten wir uns links und biegen auf den Steig ab, der uns bis zur Sajathütte führen wird. Hier beginnt nun der Prägratner Höhenweg.

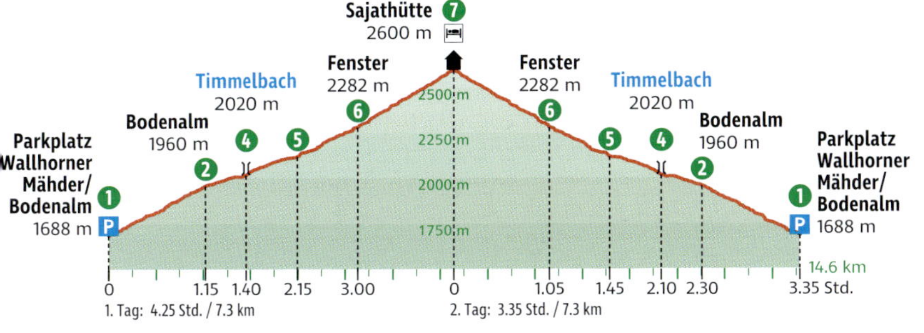

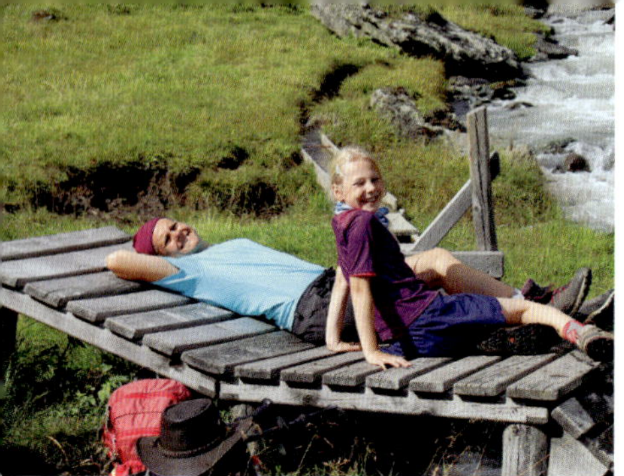

Liegestelle am Timmelbach: Hier lässt es sich aushalten.

Highlights

★ Gemütliche Rastplätze im Timmeltal mit Liegen und Möglichkeiten zum Abkühlen im Timmelbach.

★ Aussichtsreiche Wanderung, bei der auch mit etwas Glück und Geduld Gämsen, Steinböcke, Murmeltiere und Steinadler gesichtet werden können.

★ Einkehr und Übernachtung in der Sajathütte.

Anfangs noch parallel zum Timmelbach wandern wir bis zum nächsten **Liegeplatz ❺**, der sich direkt am Wasser befindet. An der breiten Stelle des Baches bietet sich ein kaltes Fußbad an, bevor es den nächsten Höhenmetern entgegengeht. Nach der kleinen Rast wenden wir uns von dem Blick auf den Talschluss ab, zweigen links ab und steigen bergauf. Nach einem weiteren Linksknick geht es jetzt mit ordentlicher Steigung in der entgegengesetzten Richtung talauswärts. Der schmale Steig führt uns durch üppige Vegetation über den gewaltigen Bergrücken. Nachdem wir diesen erklommen haben, macht der Pfad eine Biegung nach rechts und es öffnet sich die Sicht weit hinein ins Virgental. Der Prägratner Höhenweg führt uns nun durch die sogenannte Sajatmähder. Steil fallen die Hänge und die weitläufigen Wiesen ins Tal ab. Die kleinen Ortschaften Prägraten, St. Andrä und Hinterbichl im Talbo-

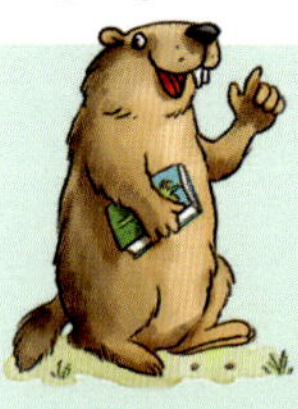

Hallo Kinder,

die erste Version der Sajathütte entstand 1974. In den folgenden Jahren wurde die Hütte aufgrund ihrer Beliebtheit ständig erweitert. In der Nacht zum 21. April 2001 ereignete sich dann ein großes Unglück. Eine Lawine zerstörte die Sajathütte bis auf die Grundmauern und fegte Einzelteile des Bauwerks und der Einrichtung bis hinab ins Tal. Dort stieß der Besitzer Friedl Kratzer, während er gerade mit seinem Schneepflug arbeitete, völlig unerwartet auf die Überreste seines Lebenswerks. Doch statt den Kopf in den Sand zu stecken, setzte die Familie Kratzer alles daran, die Hütte so schnell wie möglich wieder aufzubauen. Innerhalb eines Jahres wurde das »Schloss in den Bergen« mit unermüdlicher Kraft neu aufgebaut. Sogar in den Wintermonaten fanden Arbeiten für den Innenausbau statt. Im Mai 2002 konnten bereits die ersten Gäste hier wieder Platz nehmen. Auf der Webseite der Sajathütte könnt ihr euch Fotos von dieser außergewöhnlichen Leistung anschauen. Wenn ihr dann nach dem Aufstieg in der gemütlichen Stube sitzt, denkt einmal daran, wie viel Kraft und Arbeit dieses eindrucksvolle Bauwerk gekostet hat.

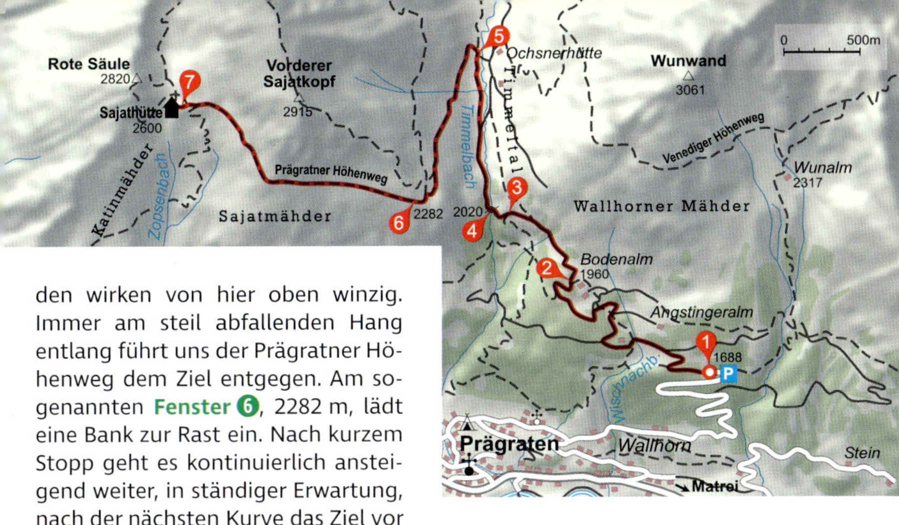

den wirken von hier oben winzig. Immer am steil abfallenden Hang entlang führt uns der Prägratner Höhenweg dem Ziel entgegen. Am sogenannten **Fenster ❻**, 2282 m, lädt eine Bank zur Rast ein. Nach kurzem Stopp geht es kontinuierlich ansteigend weiter, in ständiger Erwartung, nach der nächsten Kurve das Ziel vor Augen zu haben. Schließlich können wir nach einer erneuten Biegung die Neue Sajathütte vor dem Hintergrund des beeindruckenden Sajatkars in der Ferne sehen. Aus dem Tal windet sich im Zick-Zack-Kurs der steile Aufstieg von Bichl über den Katinweg den grünen Hang herauf.

Wir kreuzen noch eine Moräne, bevor wir die letzten Meter zurücklegen und die **Sajathütte ❼**, 2600 m, erreichen.

Der Abstieg verläuft auf derselben Route wie der Aufstieg und wir genießen dabei das Panorama in der Gegenrichtung. Wieder am **Liegeplatz am Timmelbach ❻** angekommen, lohnen sich eine weitere Pause und ein erfrischendes Fußbad, bevor es zurück zum Ausgangspunkt geht.

Mit den gemauerten Türmen und den zahlreichen Fenstern wirkt die Hütte tatsächlich wie ein Schloss.

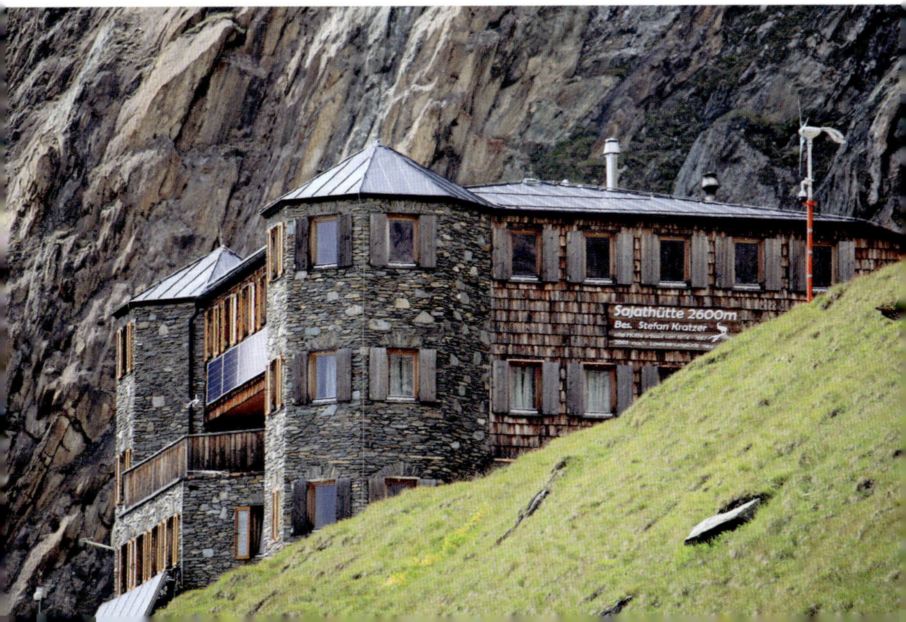

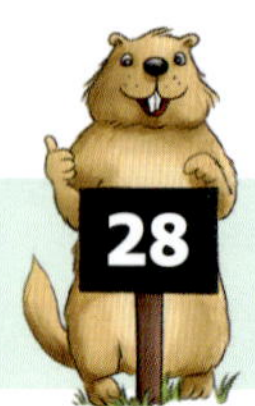

8.00 Std. | 15.2 km | ↗1140 m | ↘1140 m | ab 10 Jahren

Bonn-Matreier-Hütte, 2745 m

Über die Nilljochhütte, 1990 m

Kanadisches Hüttenflair im malerischen Nilltal

Das beschauliche Virgental zu Füßen führt diese Tour durch das malerische Nilltal hoch hinauf zur Bonn-Matreier-Hütte. Unterwegs verzaubert uns die Nilljochhütte (siehe auch Tour 31) mit kanadischem Flair und bietet eine willkommene Stärkung. Den Blick vom Virgental abgewandt, geht es anschließend parallel zum Nillbach weiter. Grüne Wiesen liegen im Sonnenschein und zu den Seiten ziehen sich die imposanten Berghänge empor. Besonders in den höheren Lagen sind viele Murmeltiere anzutreffen. Wenngleich der Anstieg stellenweise recht mühsam ist, da sowohl auf dem Forstweg als auch dem Steig steil ansteigende Wegstücke vorhanden sind, so ist das Panorama jeden Seufzer wert. Eine Wanderung, die unbedingt bei gutem Wetter in Angriff genommen werden sollte, damit die Aussicht auch voll ausgekostet werden kann. Aufgrund der Streckenlänge empfiehlt sich insbesondere mit weniger ausdauerfreudigen Kindern eine Übernachtung auf der Hütte.

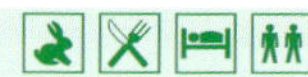

Ausgangspunkt: Parkplatz Wallhorner Mähder/Bodenalm, 1688 m (Navi: Wallhorn 33, 9974 Prägraten am Großvenediger). Anfahrt von Matrei an der Felbertauern Straße in das Virgental über die Virgener Landesstraße bis Wallhorn, nach rechts der Beschilderung zur Bodenalm/Sajathütte/Bonn-Matreier-Hütte folgen, kurz hinter dem letzten Haus erreichen wir eine Schranke mit Zahlautomat für die Parkgebühr. Die Schranke ist nicht besetzt und Kleingeld ist erforderlich.

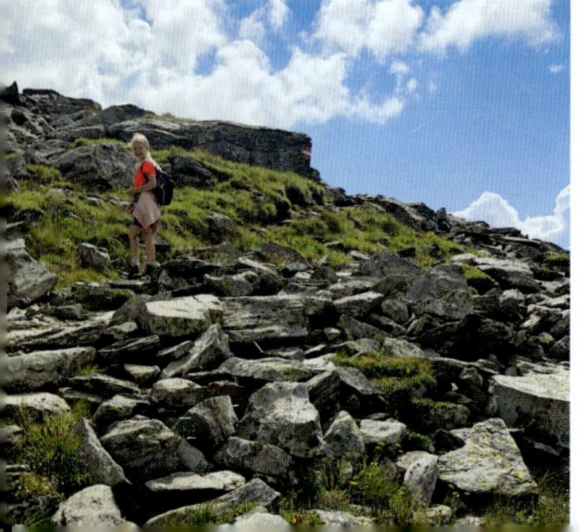

Anreise mit ÖV: Nicht empfehlenswert.

Ausrüstung: Knöchelhohe Bergschuhe, je nach Wetter auch warme Bekleidung und Handschuhe aufgrund der Höhenlage der Hütte, ggf. Übernachtungsutensilien.

Anforderungen: Trittsicherheit sowie gute Ausdauer und Kondition erforderlich. Die Route verläuft abwechselnd auf Forstwegen und alpinen Steigen, teils mit kräftiger Steigung.

Einkehr: **Nilljochhütte**, Tel. +43 676 4612388, www.nilljochhuette.com, geöffnet von Mai bis Okotober, Übernachtung möglich (4- oder 12-Bettzimmer, Reservierung telefonisch oder per E-Mail-Anfrage). **Jausenstation Schmiedler Alm**, Tel. +43 4874 5420, www.virgental.at/schmiedleralm, geöffnet von Anfang Juli bis Mitte September. **Bonn-Matreier-Hütte**, Tel. +43 4874 5577, www.bonn-matreier-huette.at, geöffnet von Anfang Juni bis Ende Oktober (witterungsabhängig), Übernachtung in Mehrbettzimmern und Matratzenlagern (Reservierung via E-Mail an bonnmatreierhuette@gmail.com).

Von Stein zu Stein: eine einfache, aber schöne Kletterei für Kinder.

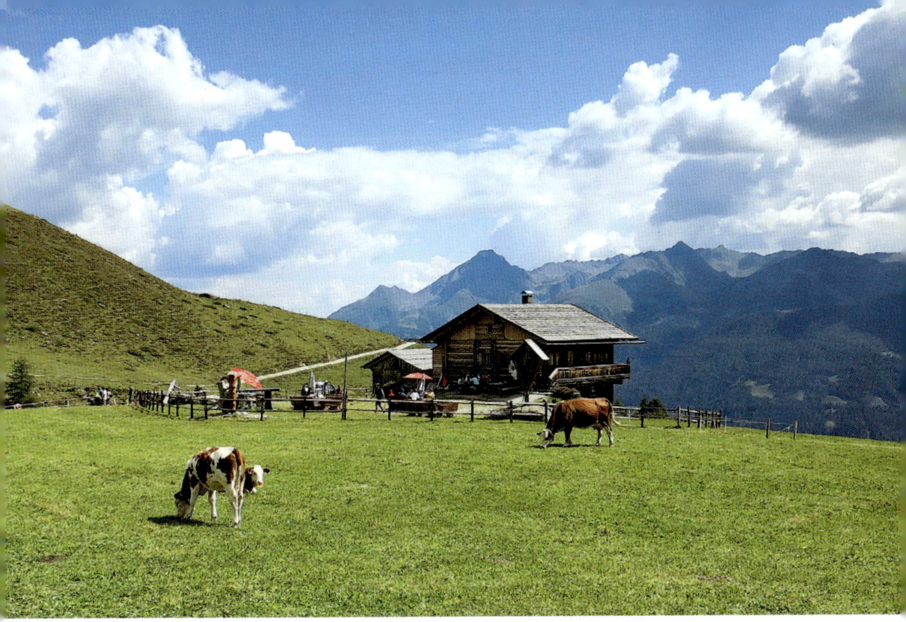

Eine der Einkehrmöglichkeiten am Wegesrand: die Schmiedler Alm.

Vom **Parkplatz Wallhorner Mähder/ Bodenalm ❶** gibt es zwei Routen für das erste Teilstück bis zur Nilljochhütte. Entweder geht es direkt auf den Steig oder wir wandern zunächst noch ein Stück in entgegengesetzter Richtung auf dem Fahrweg in Richtung Bodenalm und zweigen etwas später auf den Zubringer ab. Letzteres ist die etwas einfachere und kräftesparendere Variante, weshalb wir diesen Weg wählen. Wir folgen also erst dem breiten Weg, biegen aber schon nach wenigen Minuten am Wegweiser rechts Richtung Nilljochhütte ab. Der Forstweg führt uns durch ein schattiges Wäldchen. Schließlich endet er und geht

Highlights

- ★ Einkehrmöglichkeiten Nilljochhütte, Schmiedler Alm und Bonn-Matreier-Hütte.
- ★ Großartiges Gebirgspanorama.
- ★ Felsenkapelle an der Bonn-Matreier-Hütte.

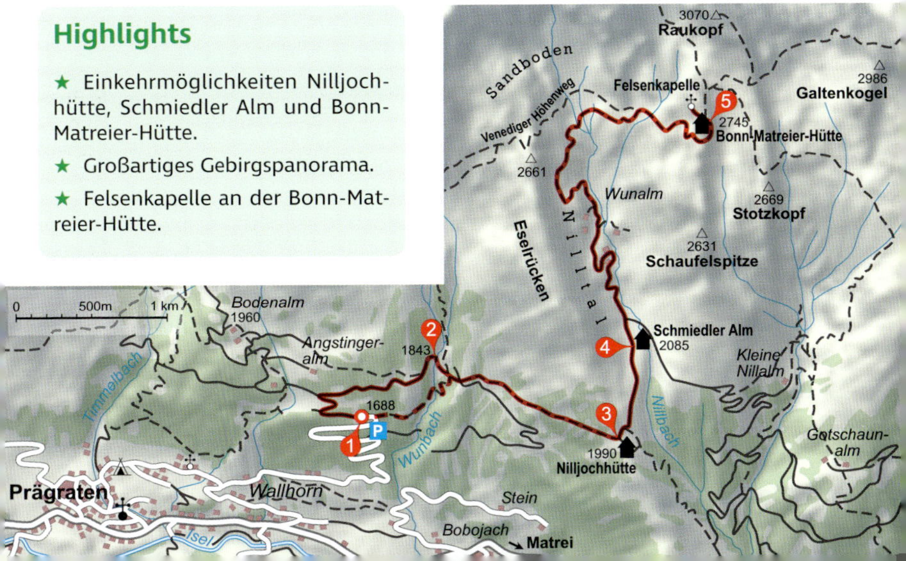

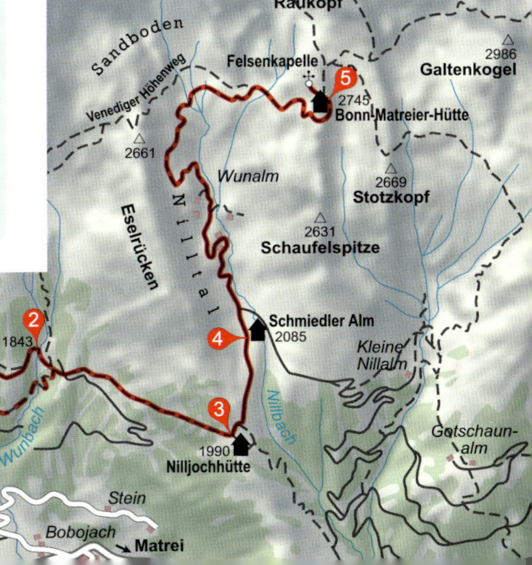

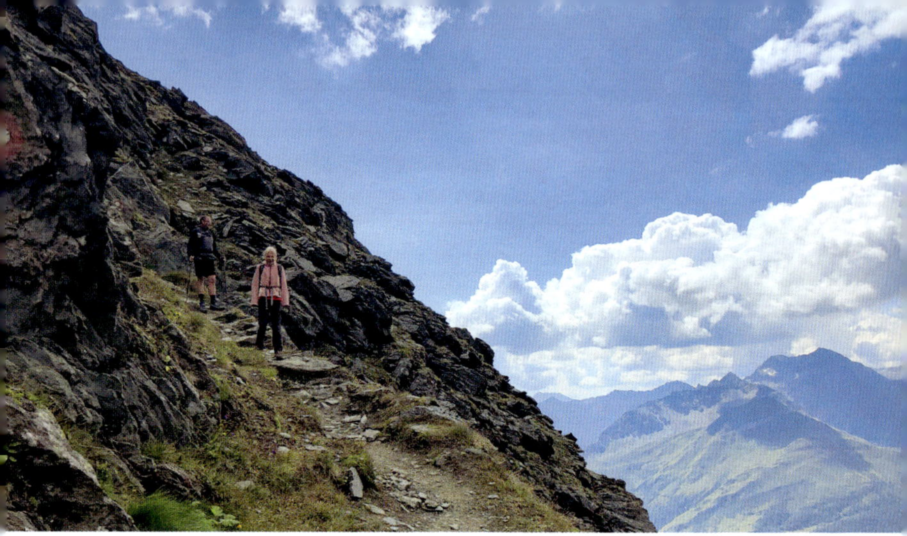

Die letzten Meter zur Hütte geht es auf alpinem Weg nach oben.

in einen von üppiger Vegetation begleiteten Pfad über. Dieser führt uns nun durch eine Senke und über den **Wunbach 2** hinüber. Am nächsten Abzweig kreuzen wir einen Forstweg und halten uns geradeaus. Der idyllische Höhenweg verläuft durch Wiesen, lichten Nadelwald und über die Ausläufer der Wallhorner Mähder entlang des Eselrückens. Er führt uns geradewegs zur **Nilljochhütte 3**, 1990 m. Die ersten gut 300 Höhenmeter sind nun geschafft und die Hütte lädt zu einem kurzen Zwischenstopp ein.

Anschließend geht es nun in das Nilltal hinein. Zu unserer Linken begleitet uns immer noch der markante Eselrücken. Der Almgüterfahrweg, der hier teilweise aus brüchigem Beton besteht, leitet uns steil und anstrengend bergauf. Etwa 30 Minuten später passieren wir die **Jausenstation Schmiedler Alm 4**, 2085 m.

Dem Fahrweg folgend geht es immer höher und tiefer hinein ins Nill-

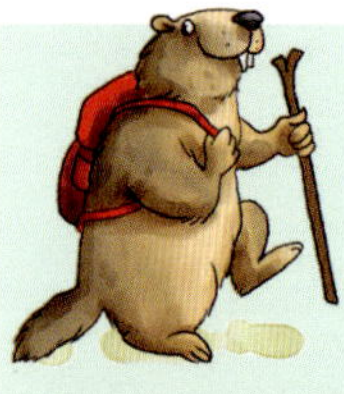

Hallo Kinder,

die Wanderung zur Bonn-Matreier-Hütte ist eine Tour mit vielen Einkehrmöglichkeiten, so dass ihr beim Aufstieg genug Pausen zur Stärkung einlegen könnt. Die Nilljochhütte mit herrlichem Blick ins Virgental beeindruckt besonders durch ihre Bauweise aus dicken Holzstämmen. Sie erinnert an ein kanadisches Blockhaus. Etwa eine halbe Stunde weiter erreicht ihr die Schmiedler Alm. Nach einem Lawinenunglück mussten große Teile der Hütte neu errichtet werden. Nun erstrahlt sie wieder in neuem Glanz inmitten der Almwiesen des Nilltals. Von hier aus geht es dann weiter zum Ziel, der Bonn-Matreier-Hütte. Gleich hinter ihr führt ein kleiner Pfad zur Felsenkapelle. Sie ist die höchstgelegene Kapelle der Ostalpen und den kleinen Abstecher solltet ihr euch nicht entgehen lassen.

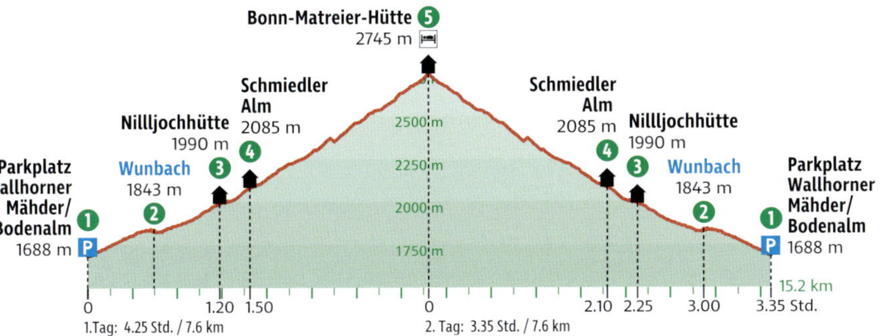

tal, begleitet vom Rauschen des Nillbachs, der gleich rechts des Weges fließt. Immer wieder kommen wir an bezaubernden kleinen Almen vorbei, die in die malerische Landschaft eingebettet sind. An der letzten Alm endet schließlich der Fahrweg und der Steig in Richtung unseres Ziels beginnt. Zunächst links vom Nillbach windet er sich im Angesicht der markanten Säulspitze den Hang hinauf, bevor wir den Talschluss erreichen. Wir durchwandern den sogenannten Sandboden mit leichter Steigung und queren eine Mulde und den darin verlaufenden Nillbach. Wenig später mündet der Venediger Höhenweg in unseren Steig. Die Hütte ist bereits in Sichtweite.

Über eine weitere Steilstufe und felsiges Gelände, das jedoch gut zu begehen ist, erklimmen wir das Plateau mit der **Bonn-Matreier-Hütte** 5, 2745 m. Ein kleines Stück oberhalb der Hütte können wir über einen Holzzaun einen tiefen Blick in das angrenzende Tal werfen. Hinter der Hütte führt ein kleiner Steig zur **Felsenkapelle**.

Der anschließende Rückweg erfolgt auf dem vom Aufstieg bekannten Weg, und es lohnt sich unterwegs noch die ein oder andere Erfrischungspause am Nillbach.

Die Bonn-Matreier-Hütte im Virgental.

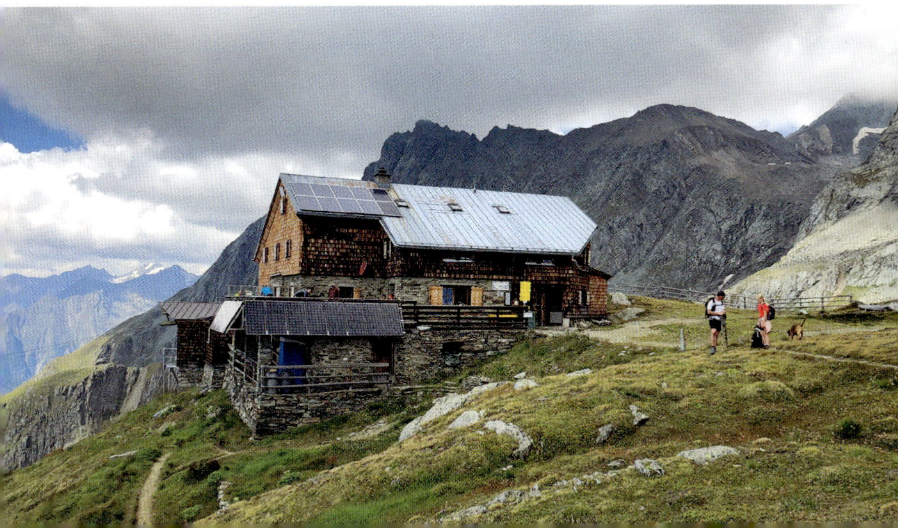

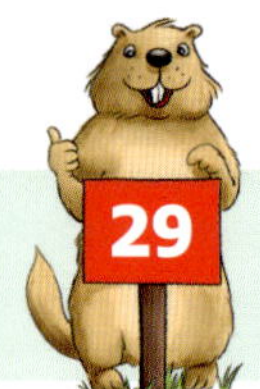

29

6.00 Std. | 11.5 km | ↗ 820 m | ↘ 820 m | ab 6 Jahren

Essener und Rostocker Hütte, 2208 m

Durch das Maurertal

Familienfreundliche Hütte mit erlebnisreichem Umfeld
Der Weg zur Essener und Rostocker Hütte durch das Maurertal besticht mit wunderschönen Naturschauspielen. Eine üppige Vegetation säumt den Wegesrand und unser ständiger Begleiter ist der Maurerbach. Im Talschluss fächert er sich breit auf und lädt zum Planschen ein. Etwas weiter oberhalb fließt er als Wasserfall über sein felsiges Bachbett und wir spüren seine erfrischende Gischt auf der Haut. Die Hütte selbst wartet auf uns mit einer schönen Außenterrasse, und während sich die Großen dort erholen, können sich die Kleinen rund um die Hütte austoben. Die Essener und Rostocker Hütte zählt zu den besonders kinderfreundlichen Wanderzielen und ist Teil der Kampagne »Mit Kindern auf Hütten«, die auf eine Initiative der Alpenvereine Deutschland, Österreich und Südtirol zurückgeht.

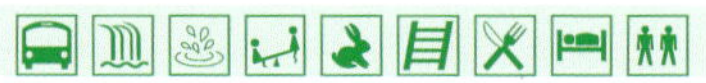

Ausgangspunkt: Kostenpflichtiger Hinterer Parkplatz Ströden, 1403 m (Navi: Hinterbichl, 9974 Ströden; N47.055000, E12.297778). Anfahrt von Matrei an der Felbertauern Straße in das Virgental über die Virgener Landesstraße bis zum Talschluss.
Anreise mit ÖV: Mit der Postbus-Linie 951 Lienz – Huben – Prägraten a. G. bis Haltestelle Prägraten a. G. Ströden. Der Bus verkehrt von ca. Ende Mai bis Ende September. Die Nutzung mit Gästekarte ist kostenlos.
Ausrüstung: Knöchelhohe Bergschuhe, Proviant für unterwegs, Handtuch zum Füße abtrocknen.
Anforderungen: Etwas Trittsicherheit ist erforderlich. Anfangs nutzen wir einen Forstweg, später geht es über einen Steig bis zur Hütte.
Einkehr: Essener und Rostocker Hütte, Tel. +43 4877 5101, mobil: +43 175 9001016, www.essener-rostocker-huette.com, geöffnet von Anfang März bis Mitte Mai und Anfang Juni bis Anfang Oktober, Übernachtung möglich (2- und Mehrbettzimmer, Lager, Reservierung online oder telefonisch).

Mit Blick auf das ewige Eis geht es der Essener und Rostocker Hütte entgegen.

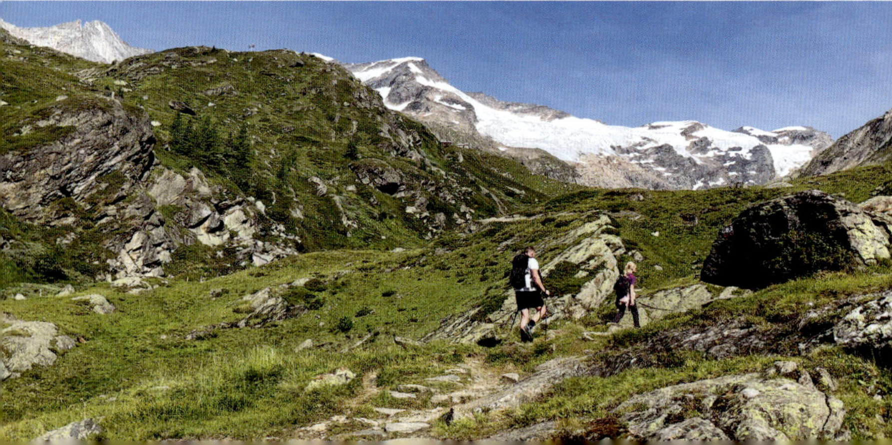

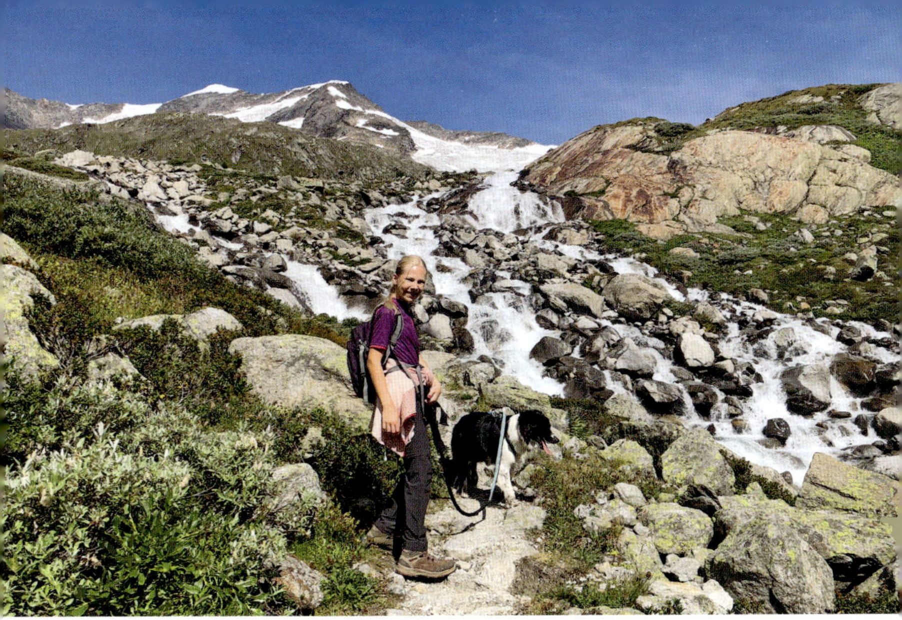

Direkt neben dem Wasserfall spüren wir die erfrischende Gischt.

Vom **Hinteren Parkplatz Ströden** ❶ im Talschluss des Virgentals geht es nur noch zu Fuß weiter. Dem Wegweiser Essener und Rostocker Hütte folgend, steigen wir vom Ausgangspunkt zunächst auf einem kleinen Pfad bergab und vorbei an einer großen Bärenskulptur. Dann folgen wir rechts abbiegend dem Forstweg über den Maurerbach und nach der Brücke rechts haltend zu einem Abzweig. Während es links in Richtung Umbalfälle (Tour 30) geht, zweigen wir rechts ab und wandern nun mit dem Maurerbach an unserer rechten Seite ins gleichnamige Tal hinein. Nach wenigen Schritten passieren wir den **Kletterpark Großvenediger Adventures** ❷ auf der linken Seite. Gemächlich geht es weiter, bis der Weg einen Rechts-Links-Knick macht. Wir überqueren den Maurerbach und passieren kurze Zeit später die **Stoanalm** ❸, 1469 m. Immer noch auf dem breiten Forstweg wandern wir nun rechts des Baches und erreichen schließlich die Talstation

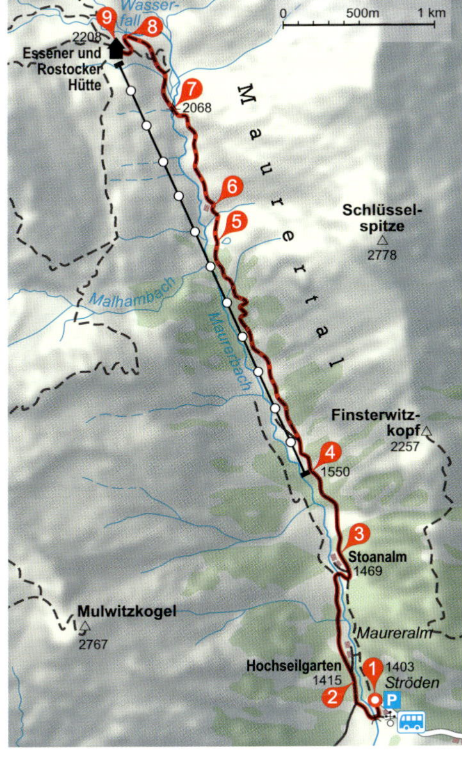

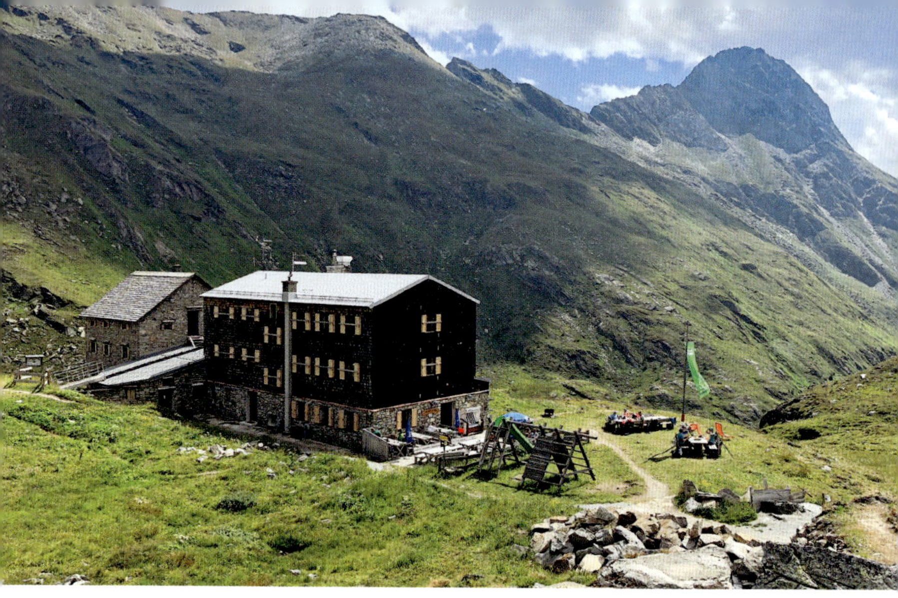

Rund um die Essener und Rostocker Hütte finden Kinder viele aufregende Spielmöglichkeiten.

der **Materialseilbahn ❹** zur Essener und Rostocker Hütte. Hier schickt uns ein Wegweiser nach rechts auf einen Steig. Durch blühende Almwiesen und üppige Sträucher, vorbei an riesigen Disteln, die den Weg säumen, und begleitet von zahlreichen Schmetterlingen steigen wir bergauf, fortwährend begleitet von dem Tosen des Maurerbachs,

Highlights

★ Üppig grüne Vegetation im Maurertal mit riesigen Disteln.

★ Erfrischende Abkühlung im Maurerbach.

★ Tosender Wasserfall kurz vor dem Ziel.

★ Essener und Rostocker Hütte mit Ostsee-Strandkorb auf der Hüttenterrasse, Spielplatz, Kletterfelsen und vielen Tieren.

★ Kletterpark Großvenediger Adventures beim Ausgangspunkt (siehe Freizeittipp C5).

der sich seinen Weg weiter unten durch die Felsformationen bahnt. Der Bergpfad wird nun zunehmend steiler und windet sich in zahlreichen Kehren durch schattigen Wald hinauf. Wir gewinnen dabei merklich an Höhe, und nachdem wir die Steilstufe überwunden haben, öffnet sich der Blick weit ins Tal bis zu den Gletscherfeldern. Weiß leuchten sie in der Sonne. Aus einer **Quelle ❺** am Hang fließt frisches Wasser.

Der Steig führt weiter ins Maurertal hinein. Schließlich passieren wir eine urige **Holzhütte ❻** auf einem Bergrücken. Hier bietet sich ein idealer Ort für eine Verschnaufpause mit herrlichem Blick auf die Bergwelt. Anschließend wandern wir auf dem sonnenbeschienenen Steig weiter geradeaus und gelangen erneut zu einer **Holzbrücke ❼**, die uns wieder auf die andere Seite des Maurerbachs geleitet. Hier oben in der breiten Talmulde fließt das Wasser breit gefächert durch die Hochebene und lädt zu etwas Abkühlung ein. Wenn

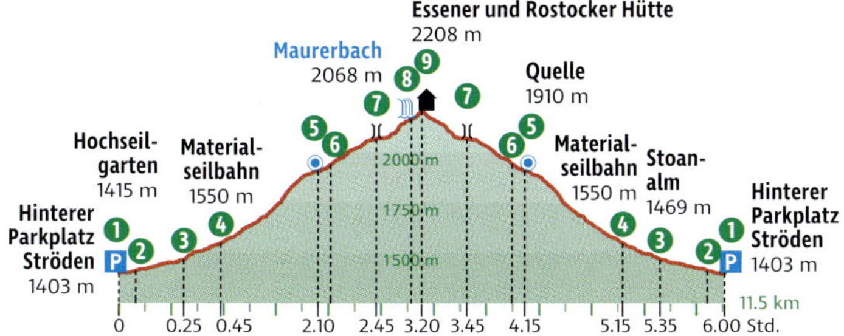

wir den Blick vom Bach abwenden und nach links oben schauen, können wir am Berghang bereits die Hütte erkennen, doch noch ist ein letzter Bergrücken zu erklimmen.

Durch die blühenden Bergwiesen und einen lichten Lärchenwald wandern wir aufwärts. Wenig später haben wir die Wahl, die Hütte auf direktem Weg quer über den Bergrücken zu erreichen oder dem Normalsteig zu folgen. Wir entscheiden uns für Letzteren, der uns etwas sanfter um den Bergrücken herumführt. Dabei erreichen wir hinter einer Kurve auch eins der Highlights der Wanderung – den rauschenden und schäumenden **Wasserfall des Maurerbachs 8**. Hier können wir stehen bleiben und die Gischt des spritzenden Wassers auf der Haut spüren. Und nun ist es nicht mehr weit bis zu unserem Ziel. Ein paar Minuten geht es noch bergan, dann stehen wir an der **Essener und Rostocker Hütte 9**, 2208 m, und genießen den Rundumblick auf die Gletscher, die Berge und den rauschenden Bach bis hinunter ins Maurertal. Auf der Terrasse der Hütte bitten Bänke und Tische sowie ein original Ostsee-Strandkorb zur Einkehr. Während sich die Eltern hier erholen können, lädt das kinderfreundliche Umfeld der Hütte die Kinder zu vielen Entdeckungen ein, bevor es an den Rückweg geht. Hierfür nehmen wir denselben Weg wie beim Aufstieg und erfreuen uns dabei an der einzigartigen Aussicht in der Gegenrichtung.

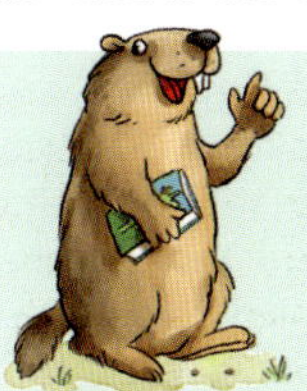

Hallo Kinder,

die großartige Umgebung der Essener und Rostocker Hütte wartet nur darauf, von euch erkundet zu werden. An verschiedenen Kletterfelsen in der Nähe und an einer Wasserspielstelle könnt ihr euch nach Herzenslust austoben. Es gibt kleine Moortümpel und zahlreiche Almtiere, wie Ziegen, Schafe und Kühe, tummeln sich bei der Hütte. Mit etwas Geduld entdeckt ihr vielleicht auch Eidechsen, Frösche, Murmeltiere oder sogar Wiesel. Windgeschützt entspannen könnt ihr euch danach im Strandkorb auf der Hüttenterrasse. Vielleicht fragt ihr euch, warum hier oben ein Strandkorb steht, obwohl es doch weit und breit keinen Strand gibt? Das erklärt sich aus dem Namen der Hütte, denn die Stadt Rostock liegt an der Ostsee und daran soll der Strandkorb erinnern.

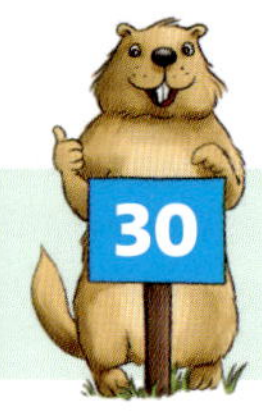

2.30 Std. | 6.0 km | ↗ 300 m | ↘ 300 m | ab 5 Jahren

30 Umbalfälle über Islitzer Alm, 1513 m

Von Ströden ins Umbaltal

Naturgewalten hautnah spüren

Friedlich plätschert die Isel auf dem Weg in Richtung Islitzer Alm parallel des Weges. Tief ragen die Äste der Bäume über das Wasser und bieten ein beschauliches Bild. Ganz anders als weiter oben an den Umbalfällen. Mit aller Macht und Kraft stürzt sich der Fluss hier zwischen den engen Felsen und über ausgewaschene Steinstufen, die im Laufe von Tausenden von Jahren geformt wurden, ins Tal. Feinste Wasserpartikel zerstäuben dabei in der Luft und schaffen unvergessliche Bilder. Besonders am Nachmittag beeindrucken die Wassermassen, bezaubert der feine Sprühnebel im Gegenlicht der tief stehenden Sonne und lässt uns Kraft schöpfen aus der Energie des Flusses.

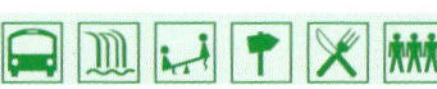

Ausgangspunkt: Kostenpflichtiger Hinterer Parkplatz Ströden, 1403 m (Navi: Hinterbichl, 9974 Ströden; N47.055000, E12.297778). Anfahrt von Matrei an der Felbertauern Straße in das Virgental über die Virgener Landesstraße bis zum Talschluss.

Anreise mit ÖV: Mit der Postbus-Linie 951 Lienz – Huben – Prägraten a. G. bis Haltestelle Prägraten a. G. Ströden. Der Bus verkehrt von ca. Ende Mai bis Ende September. Die Nutzung mit Gästekarte ist kostenlos.

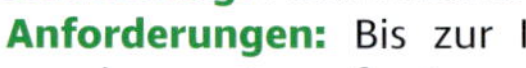

Ausrüstung: Feste Schuhe.

Anforderungen: Bis zur Islitzer Alm wandern wir auf einem Forstweg. Entlang der Umbalfälle führt ein unschwieriger Steig, der stellenweise mit einem Holzzaun gesichert ist. Ganz kleine Kinder sollten hier an der Hand geführt werden.

Einkehr: Islitzer Alm, Tel. +43 664 9759 790, www.islitzeralm.at, geöffnet während der Sommersaison.

Tipp: Vom Parkplatz Ströden verkehrt bis zur Islitzer Alm auch eine Pferdekutsche (Reservierung bei Joachim Egger, Tel. +43 664 935 3952).

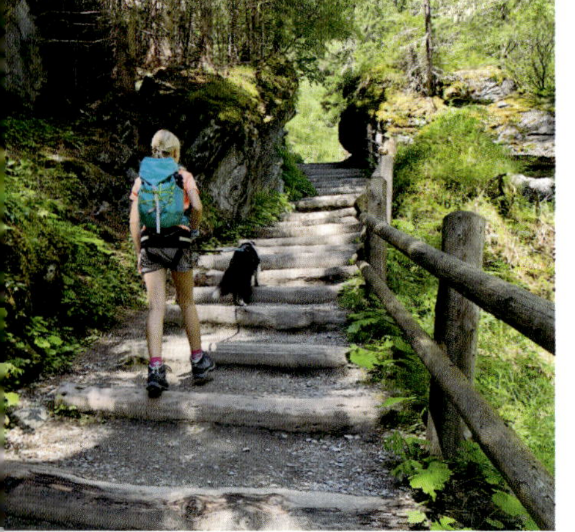

Über ein paar Treppenstufen geht es den Umbalfällen entgegen.

Am **Hinteren Parkplatz Ströden ❶** folgen wir dem Wegweiser in Richtung Islitzer Alm und Umbalfälle. Ein kleiner Stichweg führt uns zunächst kurz bergab, mit einem Knick nach rechts überqueren wir den Maurerbach und halten uns nach der Brücke erneut rechts. Am nächsten Abzweig biegen wir links ab und wandern mit leichter Steigung auf dem breiten Forstweg bergan. Nach einem kurzen Fußmarsch kommen wir auf Höhe der Isel an. Der Weg verläuft

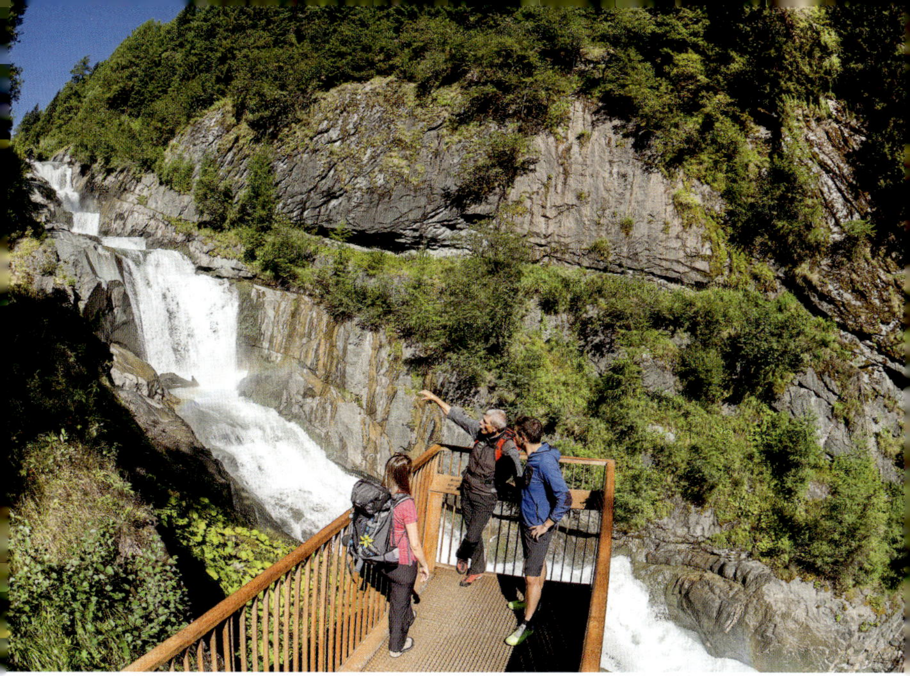

Die Aussichtsplattform über der Schlucht gewährt unvergessliche Momente.

nun parallel zum Fluss. Umgeben von schattigem Wald geht es taleinwärts. Nicht weit und wir gelangen zur ersten **Aussichtskanzel ❷**, von wo aus wir einen Blick auf die Isel werfen können, die sich hier durch einen engen Taleinschnitt müht.

Ein Stückchen weiter verändert sich das Bild. Das Tal weitet sich und macht der Isel Platz. So können wir ein paar Schritte ans Ufer machen. Große Felsen, die ins Wasser ragen, schaffen flache, feinsandige Buchten. Zusammen mit dem vom Gletscherschliff milchig grünen Farbton des Wassers sieht es hier fast ein wenig karibisch aus.

Nach rund 45 Minuten erreichen wir die **Islitzer Alm ❸**, 1513 m. Der Duft frisch zubereiteter Speisen lockt zur Einkehr, die wir uns aber für den Rückweg aufheben.

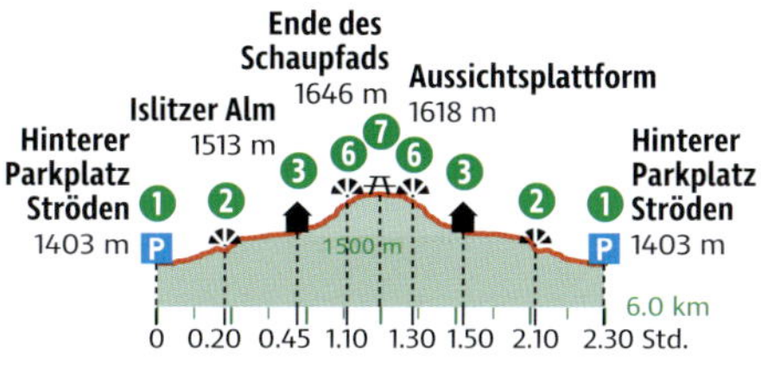

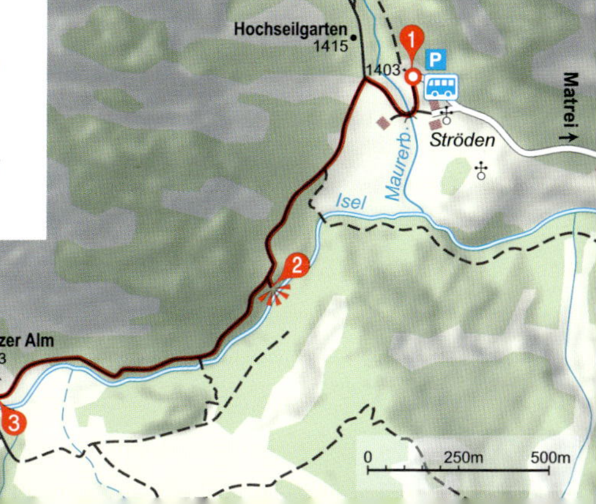

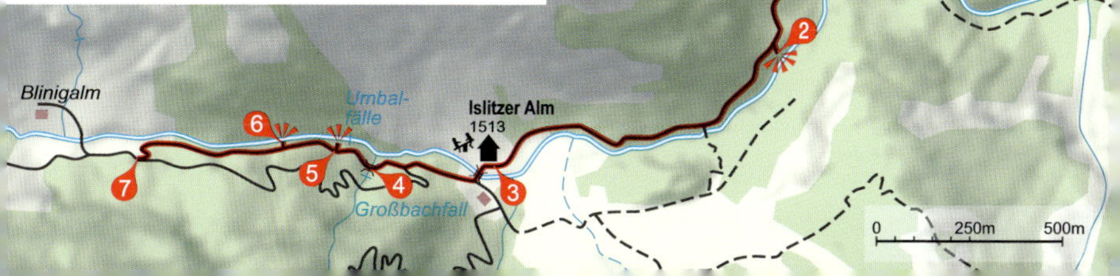

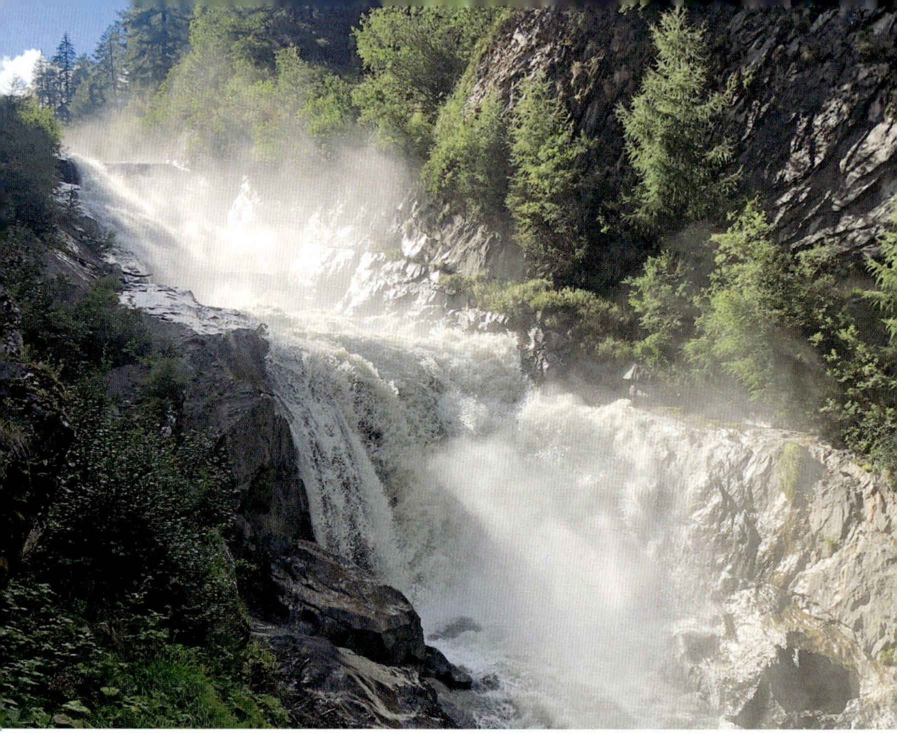

Besonders am späten Nachmittag rauschen Wassermassen zwischen den Felsen hindurch und sorgen für tolle Lichteffekte.

Auf einer Brücke überqueren wir den Fluss und halten uns rechts. Am nächsten Abzweig bleiben wir ebenfalls rechts parallel zur Isel und wandern über den Steig zu den Umbalfällen. Die Steigung nimmt merklich zu und zu unserer Rechten schützt ein Holzzaun vor den steilen Hängen der tiefer werdenden Schlucht. Eine weitere Brücke führt uns über den **Großbachfall** ❹, der eilig den Hang hinabrauscht. Über angelegte Stufen wandern wir weiter aufwärts und von der nächsten **Aussichtskanzel** ❺ blicken wir zwischen die glatten Felswände, in deren Mitte die Isel sich über mehrere Kaskaden ergießt. Die nächste **Aussichtsplattform** ❻ lässt nicht lange auf sich warten und auch auf dieser können wir die Kraft des Wassers spüren. Tosend bahnt es sich den Weg durch sein selbst geformtes Bett in den Felswänden.

Schließlich erreichen wir die Hochebene oberhalb der Umbalfälle. In deutlich gemäßigterem Tempo fließt das Wasser durch das Tal und an dem sandigen, flachen Ufer stehen unzählige Steinmännchen. Das

Highlights

★ Möglichkeit zur Kutschfahrt vom Parkplatz bis zur Islitzer Alm. Hier finden wir auch eine Einkehrmöglichkeit und Spielgeräte für die Kinder.

★ Europas erster Wasserschaupfad entlang der Umbalfälle mit spektakulären Aussichtsplattformen.

★ Schöner Picknickplatz oberhalb der Wasserfälle mit Möglichkeit zum Spielen am Wasser und Steinmännchen bauen.

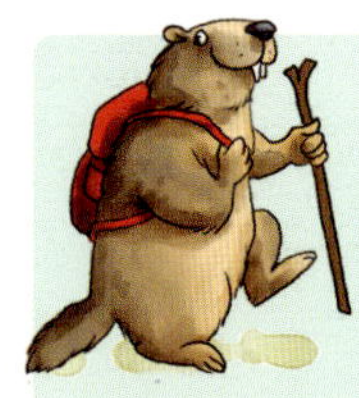

Hallo Kinder,

durch das Umbaltal rauscht die Isel über eindrucksvolle Felsstufen, sogenannte Katarakte, ins Tal und bildet damit die Umbalfälle. Während der Wanderung durch diese imposante Wasserwelt seid ihr auf dem ersten Wasserschaupfad Europas unterwegs, der bereits 1976 eingeweiht wurde. Spektakuläre Aussichtskanzeln, die in die Schlucht hineinragen, sorgen für ein echtes Abenteuergefühl und Nervenkitzel. Dazu erzählen euch Schautafeln interessante Details über die Isel. Wenn ihr die spritzenden Wassertropfen auf der Haut spürt und das wilde Wasser durch die Felsen rauschen seht, könnt ihr die Naturgewalten eindrucksvoll erleben.

Ende des Schaupfads ❼ befindet sich ganz in der Nähe. Ein letzter Spruch an einem Felsen soll dazu anregen, die Kraft des Wassers auch in den Gedanken zu verinnerlichen. Hier auf der Ebene befindet sich der ideale Ort für ein Picknick. In den seichten Buchten kann geplanscht werden und ein Steinmännchen dazugebaut werden. Aufgrund der Strömung der Isel sollten aber nur die flachen Uferbereiche genutzt werden. Etwas Aufmerksamkeit ist hier geboten.

Nach der gemütlichen Pause wandern wir den Weg zurück, den wir gekommen sind. Wenn wir vor lauter Begeisterung über die Umbalfälle noch nicht alle Schautafeln auf dem Hinweg gelesen haben, ist jetzt ein guter Zeitpunkt dafür.

Wieder an der **Islitzer Alm ❸** angekommen, können wir zum Abschluss der Tour einkehren und den Tag ausklingen lassen. Zur Freude der Kinder gibt es hier auch ein paar Spielgeräte. Dann geht es auf dem Forstweg zügig zurück zum **Parkplatz ❶**.

Hier können die Kinder am Ufer ein Steinmännchen dazusetzen.

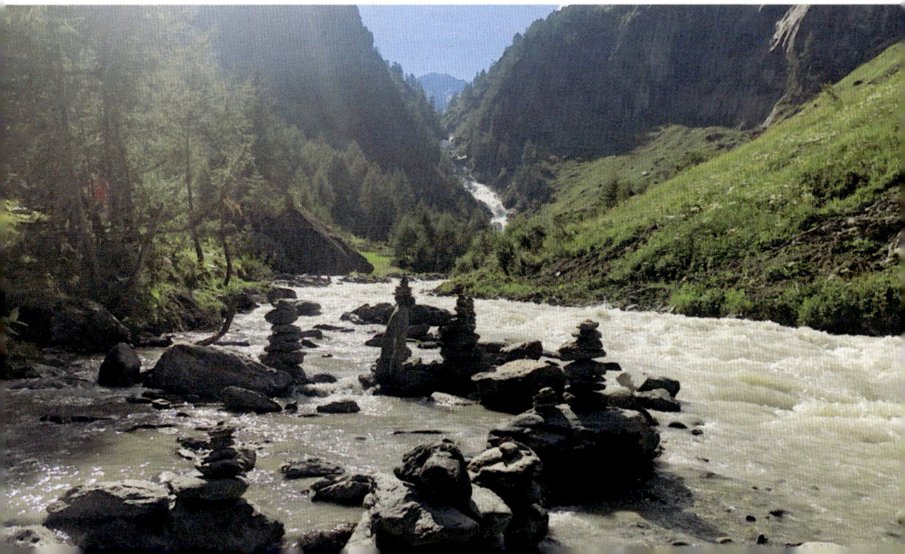

4.10 Std. | 9.9 km | ↗ 680 m | ↘ 680 m | ab 6 Jahren

31

Nilljochhütte und Gotschaunalm

Von Obermauern/Budam

Zwischen Märchen-Flair und Kanada-Style

Diese herrliche und aussichtsreiche Rundwanderung lockt mit reichlich Einkehrmöglichkeiten, die unterschiedlicher nicht sein könnten. Während die Nilljochhütte als kanadisches Blockhaus daherkommt und von ihrer Sonnenterrasse einen fantastischen Blick ins Virgental gewährt, so treffen wir bei der Gotschaunalm auf den charakteristischen Typ alter Almhütten. Das rustikale Gebäude inmitten einer gepflegten grünen Wiese mit gemütlichen Sitzplätzen besticht mit einer Blumenpracht, die ihresgleichen sucht. In zahlreichen Pflanzkübeln schillert es in allen Farben. Hier können sich die Kinder bestens austoben, während es sich die Eltern in der Sonne behaglich machen.

Die Nilljochhütte thront erhaben auf dem Bergrücken und bietet eine wunderschöne Aussicht ins Virgental.

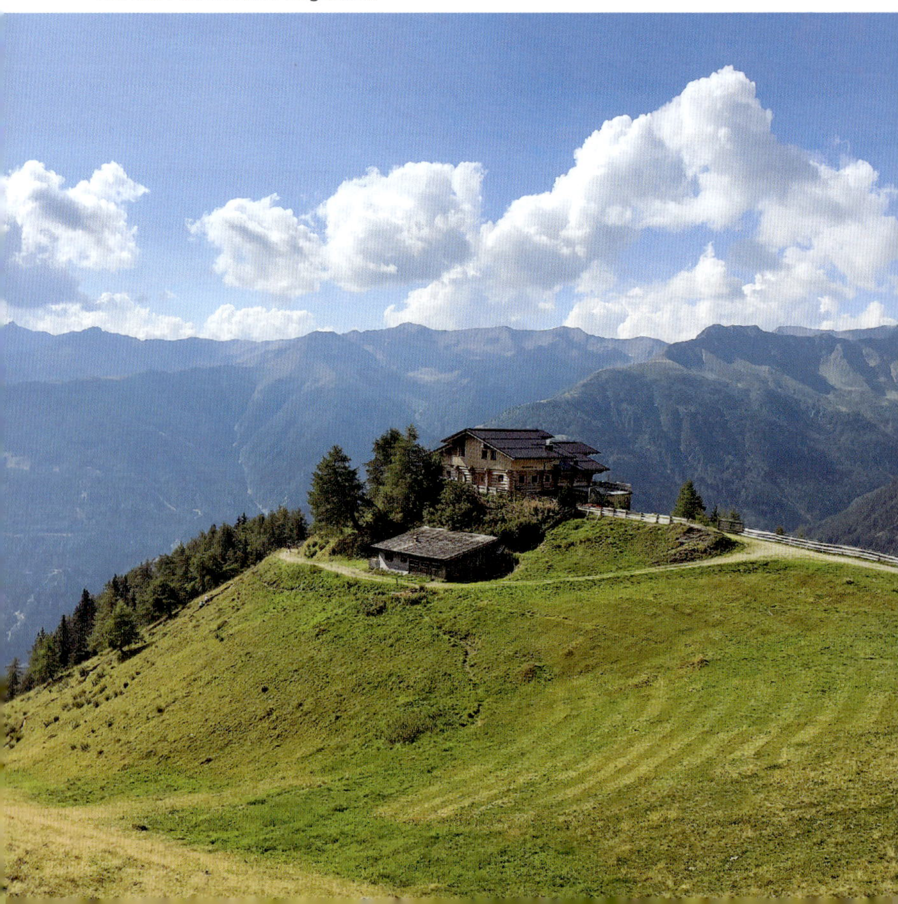

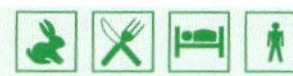

Ausgangspunkt: Wanderparkplatz Budam in Obermauern, 1477 m (Navi: Obermauern 120, 9972 Virgen). Anfahrt von Matrei an der Felbertauern Straße in das Virgental über die Virgener Landesstraße nach Obermauern und weiter bis Budam. Kleiner, kostenfreier Parkplatz, Hinweis auf die letzte Parkmöglichkeit beachten.
Anreise mit ÖV: Nicht empfehlenswert.
Ausrüstung: Knöchelhohe Bergschuhe.
Anforderungen: Etwas Trittsicherheit ist am steilen Aufstieg zur Nilljochhütte über den Steig und auf dem letzten Stück zur Gotschaunalm erforderlich, ansonsten einfache Wegführung.
Einkehr: **Nilljochhütte**, Tel. +43 676 4612388, www.nilljochhuette.com, geöffnet von Mai bis Okotober, Übernachtung möglich (4- oder 12-Bettzimmer, Reservierung telefonisch oder per E-Mail-Anfrage). **Jausenstation Schmiedler Alm**, Tel. +43 4874 5420, www.virgental.at/schmiedleralm, geöffnet von Anfang Juli bis Mitte September. **Gotschaunalm**, Tel. +43 4874 5519 oder +43 664 9765678, geöffnet von Mitte Juni bis Ende September, Freitag Ruhetag.
Varianten: Statt der Rundwanderung können auch zwei separate, kürzere Touren zur Nilljochhütte und zur Gotschaunalm unternommen werden. Als Ausgangspunkt für beide kann der Parkplatz Budam, alternativ und besser für die Tour zur Gotschaunalm der Parkplatz Marin (Navi: Obermauern 144, 9972 Obermauern, anschließend noch ein kurzes Stück der Straße folgen) genutzt werden. Nilljochhütte: vom Parkplatz Budam etwa 5 km und 500 Hm. Gotschaunalm: vom Parkplatz Marin ca. 4 km und 560 Hm.

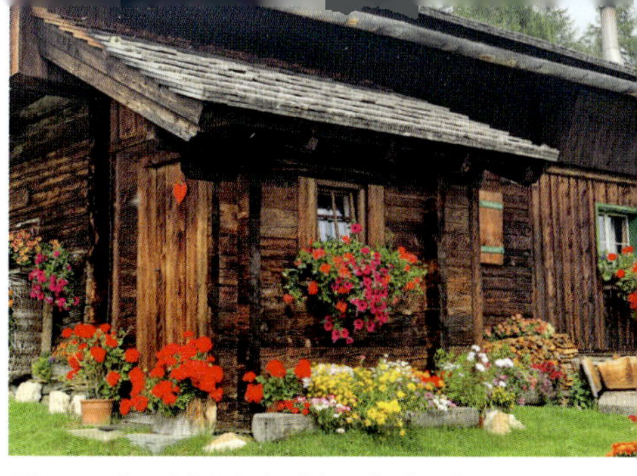

Hier steckt viel Arbeit drin: die üppige Blumenpracht an der Gotschaunalm.

Vom Startpunkt der Wanderung am **Parkplatz Budam** ❶ geht es gleich spürbar bergauf. Wir wandern zunächst entlang der asphaltierten Fahrstraße, die nach einer scharfen Rechtskehre noch zu den letzten Häusern des Ortes führt, anschließend auf einem geschotterten Forstweg, an dem wir bald auf die hübsche **Kapelle Heilige Margarethe** ❷, 1567 m, treffen, die im Jahre 1696 von einem Bauern errichtet wurde und nur wenige Meter links oberhalb am Berghang liegt. Auf einer Bank davor können wir Platz nehmen und die Aussicht genießen.
Kurz darauf wird es sportlich, denn wir verlassen den breiten Weg und zweigen nach links auf den Steig ab, der uns hinauf ins Nilltal und zur Nilljochhütte bringt. Über sonnenbeschienene Almwiesen steigen wir hinauf. Zwischendurch spenden immer wieder Nadelbäume wohltuenden Schatten. Der Nillbach rauscht

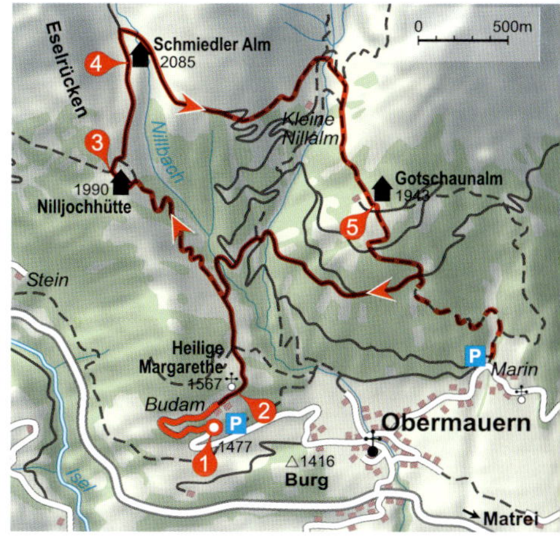

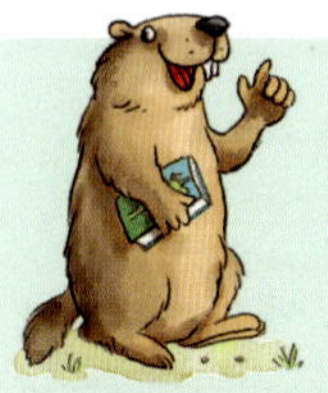

Hallo Kinder,

auf dieser Rundwanderung macht ihr in gewissem Sinne eine kleine Weltreise, bei der ihr neben dem europäischen Flair auch einen Hauch von Kanada und Afrika spürt. Euer erster Zwischenstopp ist die Nilljochhütte, die 2010 neu erbaut wurde und aussieht, als könnte sie einem kanadischen Wildnisfilm entstammen. Eure Reise führt euch anschließend weiter in das Nilltal mit dem Nillbach. Die Namen klingen ägyptisch, aber mit dem Nil haben sie nichts zu tun. Pyramiden gibt es hier auch nicht, dafür aber die hübsche Schmiedler Alm. Zu guter Letzt erreicht ihr die Gotschaunalm, eine ganz urtypische Osttiroler Alm. Schaut euch aufmerksam um, vielleicht findet ihr unterwegs ja noch Vergleiche mit anderen Ländern und Kontinenten?

weiter unten durch das Tal und wird uns erst später Erfrischung bieten können. Kehre für Kehre winden wir uns den Steig über den Bergrücken hinauf und erreichen schließlich das erste Ziel, die **Nilljochhütte ❸**, 1990 m. Mit ihrer Lage auf dem Kopf des sogenannten Eselrückens können wir von diesem Plateau aus einen spektakulären Ausblick ins Virgental und auf die umgebende Bergwelt genießen, während wir zur Jause einkehren.

Im Anschluss folgen wir dem steilen Fahrweg in das Nilltal hinein. Nach einigen mühseligen Metern erreichen wir die nächste Einkehrmöglichkeit an der **Schmiedler Alm ❹** 2085 m, die sich inmitten einer weitläufigen Wiese befindet. Vor ein paar Jahren wurde die Alm von einer Lawine zerstört, doch nach ihrem Wiederaufbau erstrahlt sie in neuem Glanz.

Am nächsten Abzweig, an dem es geradeaus weiter zur Bonn-Matreier-Hütte geht (siehe Tour 28), biegen wir nach rechts ab, überqueren dabei den Nillbach, der für etwas Abkühlung sorgt, und wandern nun nicht mehr taleinwärts, sondern mit leichtem Gefälle talauswärts. Dabei passieren wir die Schmiedler Alm auf der gegenüberliegenden Talseite. Der breite Weg führt uns um den Bergrücken der Schaufelspitze

Highlights

- ★ Viel Platz auf den Almwiesen zum Spielen und Herumtollen.
- ★ Beeindruckende Aussicht ins Virgental von der Nilljochhütte.
- ★ Liebevoll hausgemachte Speisen auf der Gotschaunalm.

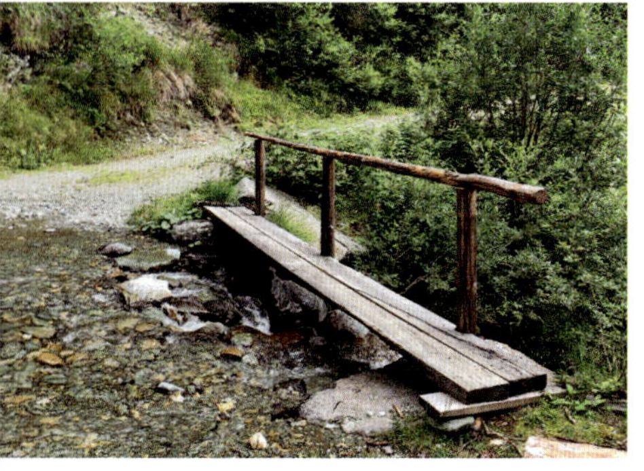

Mitten durch den Bach oder darüber – hier haben wir die Wahl.

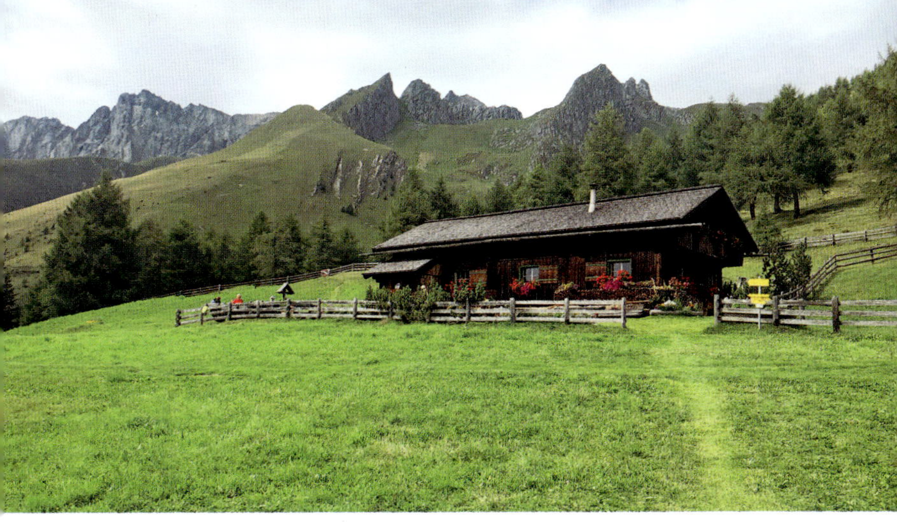

Rund um die Gotschaunalm ist viel Platz zum Spielen.

herum und geht nach einiger Zeit in einen Steig über, der uns auf die gegenüberliegende Seite des Tales bringt. Nun ist es nicht mehr weit bis zum nächsten Ziel. Durch ein kleines Waldstück bleiben wir parallel zum Hang, wandern leicht bergab und erreichen die sonnige Lichtung, auf der die **Gotschaunalm** ❺, 1943 m, ihr paradiesisches Fleckchen gefunden hat. Weil es zurück zum Ausgangspunkt nur noch den Berg hinabgeht, haben wir hier genug Zeit, um den Tag ausklingen zu lassen.

Für den Rückweg benutzen wir auf den ersten Metern den Steig, der direkt vor der Hütte den Berg hinunterführt. Kurz darauf passieren wir den Almgüterfahrweg, den wir nur kreuzen, und wählen ein weiteres Mal den Steig bergab. Erst an der nächsten Kreuzung biegen wir nach rechts auf den breiten Weg ab. Im schattigen Wald verläuft der Weg mit geringem Gefälle. Kurz nach einem Bach halten wir uns scharf rechts. An der nächsten Abzweigmöglichkeit lassen wir den rechts abzweigenden Weg außer Acht, machen einen kleinen Bogen und überqueren dabei noch einmal den Nillbach. So gelangen wir zurück auf die Bergseite, von der wir gestartet sind. Noch ein paar Meter und wir treffen auf den uns bekannten Steig zur Nilljochhütte. An dieser Stelle bleiben wir geradeaus auf unserem Weg und kehren auf dem Anstiegsweg, vorbei an der **Kapelle Heilige Margarethe** ❷, zurück zum **Parkplatz Budam** ❶.

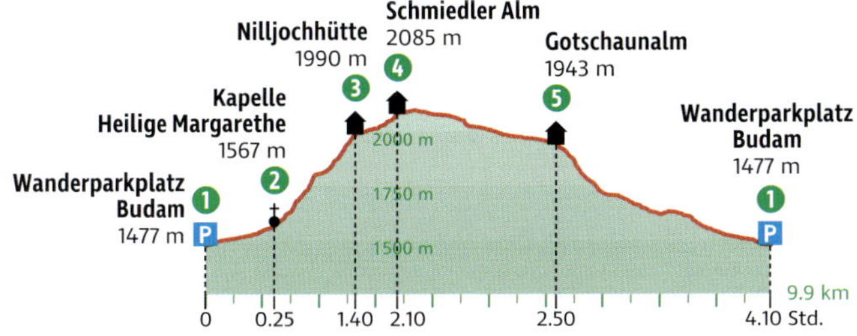

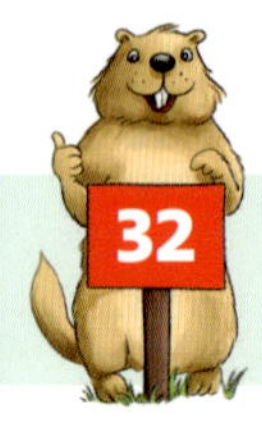

32

6.00 Std. | 16.1 km | 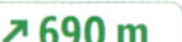 ↗ 690 m | ↘ 690 m | ab 10 Jahren

Iseltrail Etappe 3

Von Matrei nach Prägraten

Flusswandern – dem Ursprung der Isel entgegen

Die Wanderung auf der dritten Etappe des Iseltrails führt uns heran an die Besonderheiten des Gletscherflusses Isel. Nasse Füße bekommen wir hier nicht, außer wenn wir uns kurz vor dem Ende der Tour für ein erfrischendes Bad im Fluss entscheiden, aber wir erleben Natur pur entlang der türkisgrünen Isel. Mal nah am Fluss, dann wieder etwas oberhalb führt uns der Weg durch eine vielseitige Landschaft. Gerade noch plätschert die Isel fröhlich daher, dann zwängt sie sich rauschend durch eine enge Schlucht. Während die Isel zwischen Matrei und Lienz in flottem Tempo fließt und Wassersportler zum Raften oder Kajak fahren einlädt, scheint sie sich im Virgental stellenweise im Dornröschenschlaf zu befinden, so idyllisch schlängelt sie sich durchs Tal. Immer wieder stoßen wir unterwegs auf verwunschene Plätze, die wunderbar für ein Picknick geeignet sind, und durchqueren malerische Ortschaften. Wer mit jüngeren Kindern unterwegs ist, kann die Tour auch abkürzen.

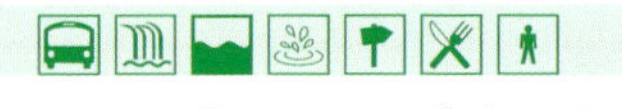

Ausgangspunkt: Kostenfreier Parkplatz der Matreier Goldriedbergbahn, 928 m (Navi: Europastr. 1, 9971 Matrei in Osttirol). Anfahrt über die Felbertauernstraße.

Anreise mit ÖV: Mit der Postbus-Linie 951 Lienz – Huben – Prägraten a. G. bis Haltestelle Matrei i. O. Auerfeld. Der Bus verkehrt von ca. Ende Mai bis Ende September. Die Nutzung mit Gästekarte ist kostenlos. Einstieg in die Wanderung dann kurz vor dem Wegpunkt ❷.

Endpunkt: Gasthaus Großvenediger, 1285 m, in Prägraten. Die Rückkehr nach Matrei erfolgt mit der Postbus-Linie 951 Prägraten a. G. – Huben – LIenz.

Ausrüstung: Trekkingschuhe, Badesachen und ausreichend Proviant für unterwegs.

Anforderungen: Etwas Trittsicherheit erforderlich, auf dem letzten Teilstück entlang des Höhenwegs auch ein wenig Schwindelfreiheit. Der Weg ist aber weitestgehend einfach und verläuft über Forstwege, teilweise über einen Steig und einige asphaltierte Abschnitte.

Einkehr: Gasthaus Großvenediger, St. Andrä 3, 9974 Prägraten am Großvenediger, Tel. +43 4877 5205, www.gasthaus-grossvenediger.at.

Kurzvarianten: Wem die komplette Etappe 3 zu lang ist, kann an folgenden Punkten die Route verlassen, zur Virgentaler Landesstraße wandern, und dort in den Bus (Linie 951) einsteigen. 1) Nach dem Wegpunkt ❹ über die Iselbrücke, noch ein Stück der Route nach links folgen und bei nächster Gelegenheit rechts nach Mitteldorf gehen. 2) Auf Höhe Virgen kurz vor dem Parkplatz Würfele die Isel überqueren und nach Virgen wandern. 3) Nach der Iselschlucht bei Bobojach ❽ an der nächsten Möglichkeit die Isel überqueren und nach Bobojach weiter.

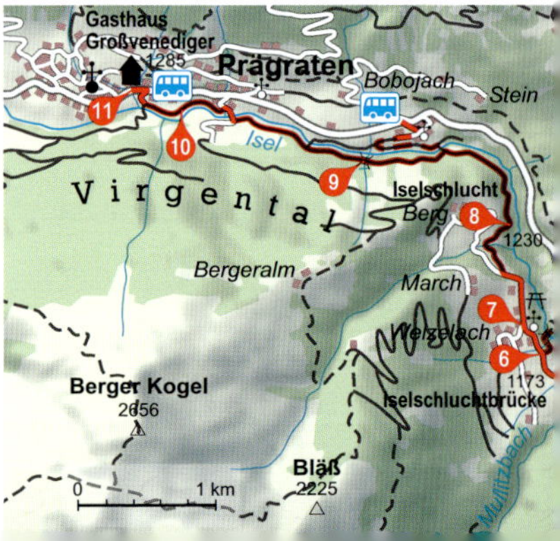

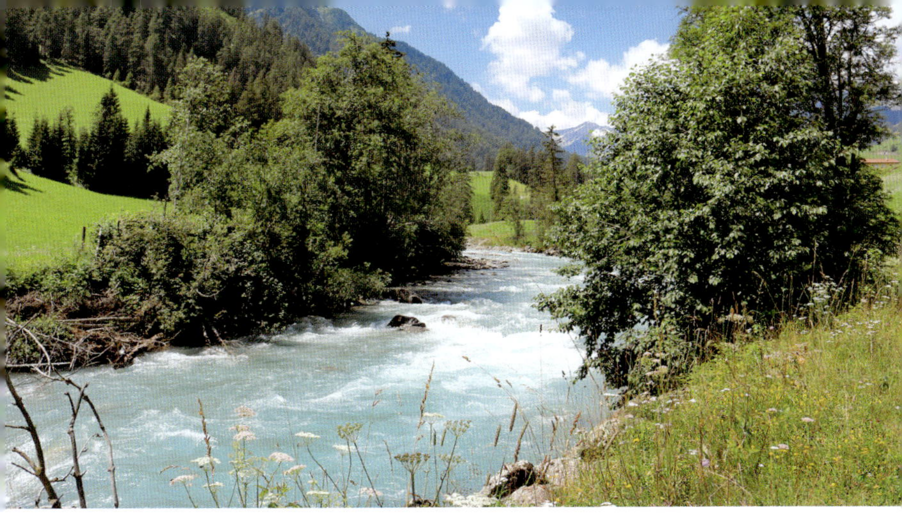

Der feine Gletscherschliff lässt das Wasser der Isel türkis in der Sonne leuchten.

Von unserem Ausgangspunkt an der **Talstation der Goldriedbergbahn** ❶ müssen wir erst ein Stück am Gehweg entlang der Hauptstraße in Richtung Virgental gehen. Wir passieren ein Gewerbegebiet mit Einkaufsmöglichkeit zur Rechten, eine große Wiese zu Linken, überqueren schließlich den **Tauernbach** und biegen anschließend bei der nächsten Möglichkeit links ab. Nach ein paar weiteren Metern treffen wir endlich auf den Fluss. An der **Brücke über die Isel** ❷ beginnt unser Abschnitt des Iseltrails.

Mit leichter Steigung wandern wir auf einem asphaltierten Streckenabschnitt bergan, durchqueren den kleinen Ort Ganz und über eine Brücke geht es über den gleichnamigen Ganzbach, einen Zufluss der Isel. Kurz vor einem Waldstück endet die Straße und es beginnt ein Forstweg. Dieser führt uns jetzt oberhalb der Isel durch angenehm Schatten spendenden Wald. Der Weg macht einige Schlenker hinein in kleine Seitentäler, in denen wir erst den **Arnitzbach** ❸, dann viele kleinere Bäche und zum Schluss noch den **Saumitzbach** ❹ überschreiten. Am Arnitzbach dreht sich ein hübsches Wasserrad und zwei Holzfiguren schauen uns aus dem Wald an. Am Saumitzbach ergießt sich ein Wasserfall über eine Felsstufe. Schließlich wandern wir ein paar Meter bergab und erreichen wieder die Isel. Eine Brücke bringt uns auf die andere Seite des Flusses, wo wir uns nach links wenden. Wir wandern jetzt dicht an der Isel entlang und können an den flachen Ufern unsere Füße kühlen. Etwas später treffen wir auf den Auenweg. Der naturbelassene Steig verläuft über weichen Waldboden. Gesteinsbrocken, die mit dicken Moosen bedeckt sind, säumen den urigen Weg.

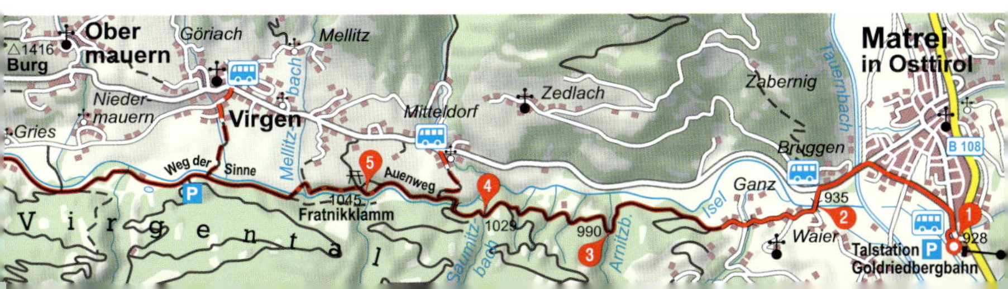

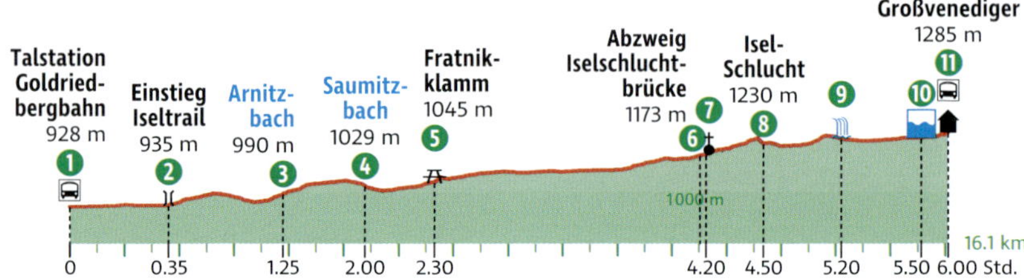

Am **Rastplatz Fratnikklamm** ⑤ finden wir eine Bank, die uns zu einer gemütlichen Rast einlädt. Durch den verwunschen wirkenden Wald wandern wir daraufhin weiter, bis wir links abzweigen, den Mellitzbach überqueren und kurz darauf erneut die Isel.

Mittlerweile befinden wir uns auf dem Weg der Sinne. Begleitet von dem Rauschen des Flusses wandern wir immer tiefer hinein ins Virgental. Entlang dieses Streckenabschnittes treffen wir auf interessante Kunstwerke. Eine Frau scheint sich auf einem Felsen zu sonnen und auf alten knorrigen Ästen sitzen bunte Figuren. Wir bleiben noch eine ganze Weile auf der linken Iselseite, passieren blühende Wiesen, die Häuser von Rain und in einer Kurve den Mullitzbach. Kurz vor dem Ortseingang von Welzelach erreichen wir einen **Abzweig zur Iselschluchtbrücke** ⑥. Sie liegt nicht direkt auf unserer Route, und wer einen Blick in die Schlucht werfen möchte, muss hier ein paar Meter hinuntergehen. In Welzelach begrüßt uns danach auf der rechten Seite eine kleine **Kapelle** ⑦ mit einem Pausenplatz. Wir wandern vorbei an verträumt wirkenden Höfen und zweigen nach dem letzten Haus von der Straße nach rechts ab. Ein Forstweg leitet uns am Hang entlang durch die **Isel-Schlucht bei Bobojach** ⑧. Sie ist die größte Schlucht der Isel. Vom Weg aus können wir durch die Bäume Einblicke in die tiefe Schlucht mit ihren steil abfallenden Felswänden erhaschen.

Kurz bevor wir erneut in Ufernähe der Isel gelangen, geht es ein letztes Mal ordentlich bergauf. Ein schmaler Steig leitet uns einen fast urwaldähnlichen Hang hinauf. Ein Bach plätschert mitten über den Pfad, das Gras ist sattgrün, überall wachsen Sträucher und Bäume. Der Höhenweg verlangt noch ein wenig Kondition. Ein kleines Wasserrad dreht sich an einem weiteren Bach, und, am höchsten Punkt angekommen, öffnet sich der Blick weit hinein ins Virgental, auf die umliegenden

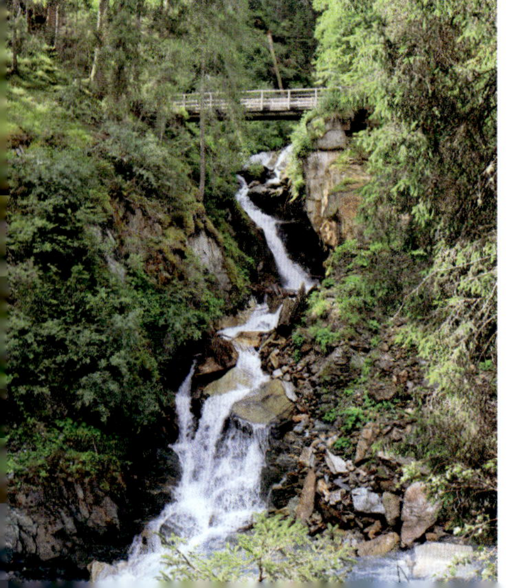

Wasser ist auf dieser Tour unser ständiger Begleiter.

Highlights

★ Die eindrucksvolle Iselschlucht bei Bobojach.

★ Idyllischer Auenweg.

★ Zum Bestaunen: der Weg der Sinne mit außergewöhnlichem Skulpturenpark.

★ Erfrischende Badestelle an der Isel bei Prägraten.

★ Einkehrmöglichkeit am Ende der Strecke.

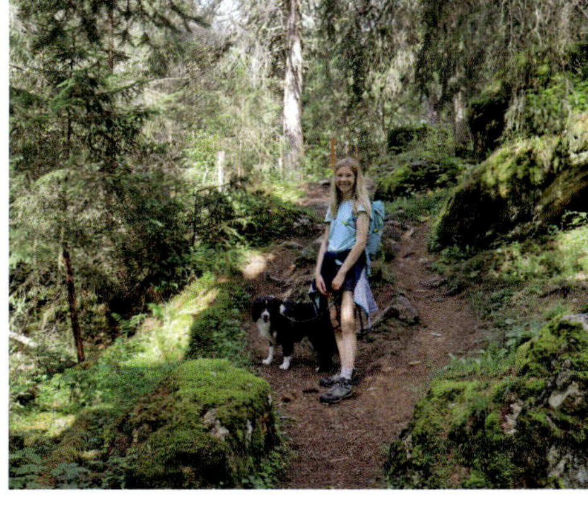

Fast wie im Märchen: der verwunschene Auenweg.

Gipfel und die Dörfer. Einen **Wasserfall ⑨** überschreiten wir noch auf einer Holzbrücke und sind alsbald wieder an der Isel. Ein Stück bleiben wir noch diesseits des Flusses, doch an der übernächsten Brücke biegen wir rechts ab und kurz darauf wieder links. Nun ist es bis zum Ziel nicht mehr weit und wir sehen schon die weiße Kirche von Prägraten, die aus dem Dorfkern herausragt. Gemächlich wandern wir durch die blühenden Wiesen und kommen zur lang ersehnten **Badestelle ⑩**. Die Isel fließt hier breit und gemächlich vorbei, sodass wir im seichten Wasser wunderbar planschen oder Steine schnippen können. Dach begleitet uns die Isel noch ein paar Minuten. An der Mündung des Timmelbachs, der über ein paar Kaskaden ins Tal fließt, biegen wir rechts ab und wandern auf Prägraten zu. An der Hauptstraße angekommen, finden wir hier die Bushaltestelle und auf der gegenüberliegenden Straßenseite das **Gasthaus Großvenediger ⑪**. Nach der langen Tour können wir uns hier vor der Rückfahrt nach Matrei belohnen.

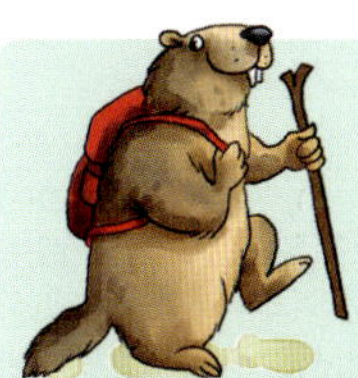

Hallo Kinder,

der Iseltrail ist ein Weitwanderweg in Osttirol, der erst seit Juli 2020 zu einer ganz besonderen Reise einlädt. Diese führt von der Mündung des Flusses Isel in die Drau bei Lienz bis zu ihrer Quelle am Gletscher Umbalkees. Insgesamt 74,19 Kilometer lang ist der gesamte Wanderweg. Dabei überbrückt er 2169 Höhenmeter. Doch keine Sorge, so viel müsst ihr heute nicht wandern. Diese Wanderung führt euch 16 Kilometer über die mittlere Etappe des Iseltrails von Matrei nach Prägraten. Währenddessen erfahrt ihr Interessantes über den Fluss, erlebt tolle Naturschauspiele und könnt am Ende sogar ein erfrischendes Bad nehmen, bevor es mit dem Bus zurückgeht. Und wenn euch die Tour gefallen hat, dann wandert ihr im nächsten Urlaub vielleicht sogar die ganze Strecke, übernachtet unterwegs in freundlichen Gasthöfen und zum Finale sogar in einer Hütte, der Clarahütte.

2.00 Std. | 5.7 km | ↗ 220 m | ↘ 220 m | ab 3 Jahren

33 Kals-Matreier-Törl-Haus, 2207 m

Von der Bergstation der Goldriedbergbahn

Kleine Schlenderei über den Europa-Panoramaweg

Rund um das Kals-Matreier-Törl können wir uns vor lauter Aussicht kaum entscheiden, in welche Richtung der Blick am schönsten ist. Vom Höhenweg, der uns durch blühende Bergwiesen führt, blicken wir hinunter nach Matrei und auf die umliegenden Bergzüge. Am Törl angekommen schauen wir zusätzlich auf der gegenüberliegenden Seite in Richtung der Großglocknerregion. Kleine Pfade schlängeln sich zur Kalser Höhe und zur weiter oben am Berg thronenden Adler Lounge hinauf und verlocken uns, noch ein paar Meter höher zu steigen. Die Adler Lounge ist auch von Kals aus mit der Seilbahn zu erreichen. Die Wanderung zum Kals-Matreier-Törl-Haus von der Matreier Seite aus eignet sich jedoch besonders für Familien mit kleinen Kindern und ist auch mit Kinderwagen gut zu bewältigen.

Der Europa-Panoramaweg geizt nicht mit Aussichten.

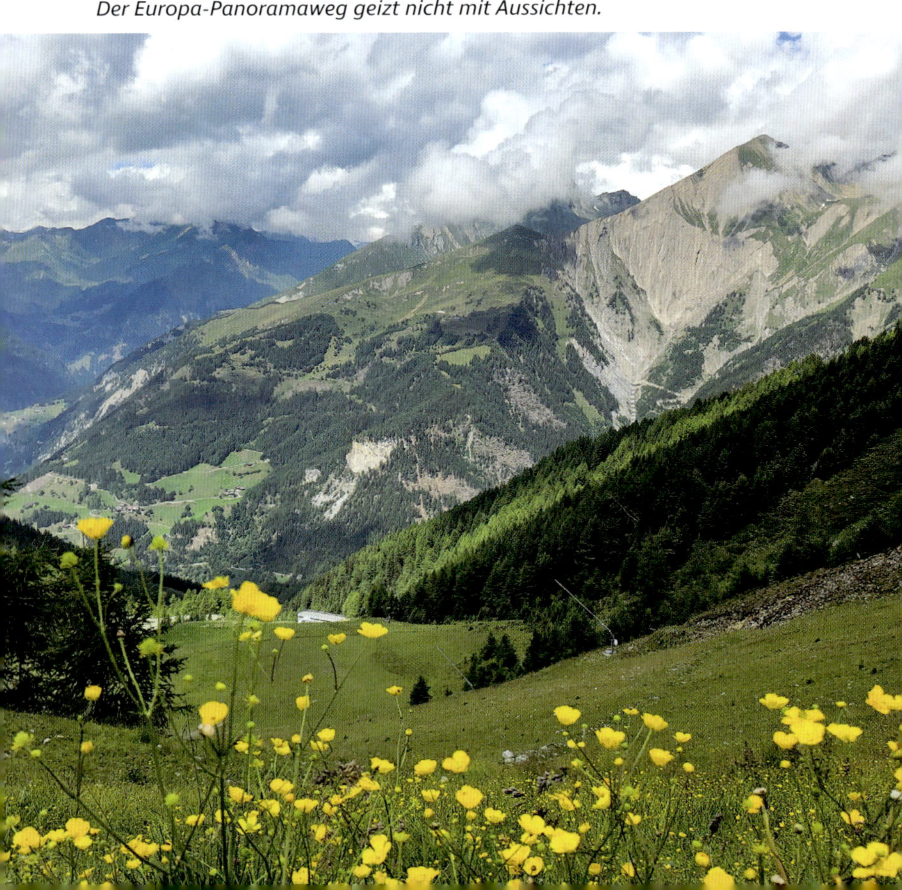

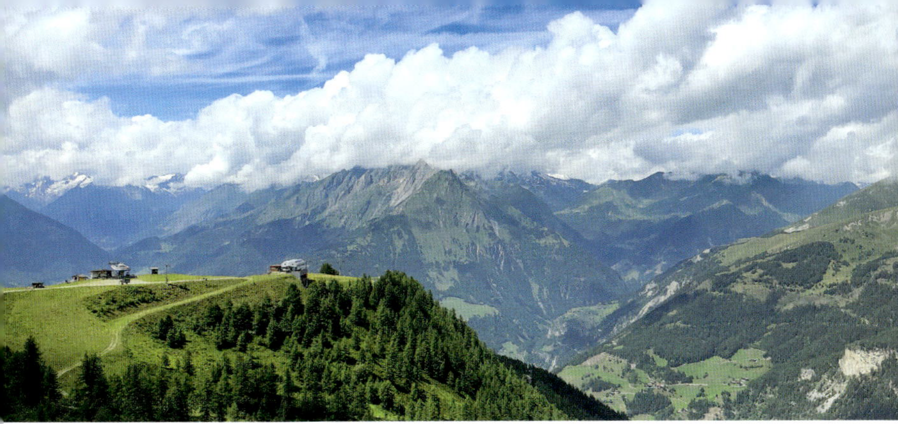

Blick Richtung Matrei und ins Virgental.

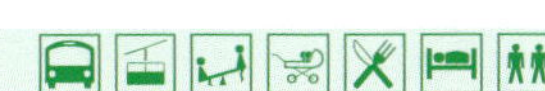

Ausgangspunkt: Kostenfreier Parkplatz der Matreier Goldriedbergbahn, 928 m (Navi: Europastr. 1, 9971 Matrei in Osttirol). Anfahrt über die Felbertauernstraße.
Anreise mit ÖV: Mit der Postbus-Linie 951 Lienz – Huben – Prägraten a. G. bis Haltestelle Matrei i. O. Süd. Der Bus verkehrt ca. Ende Mai bis Ende September. Die Nutzung mit Gästekarte ist kostenlos.
Bergbahn: Informationen zu Betriebszeiten und Preisen der Goldriedbergbahn unter www.gg-resort.at.
Ausrüstung: Trekking- oder Sportschuhe.
Anforderungen: Einfache Wanderung auf breit angelegtem Höhenweg, der auch für Kinderwagen gut geeignet ist.
Einkehr: Kals-Matreier-Törl-Haus, Tel. +43 664 6478251, www.virgental.at/kals-matreier-toerl-haus, geöffnet von Mitte Juni bis Ende September, Übernachtung möglich (zwei 2-Bettzimmer und 20 Matratzenlager, Reservierung telefonisch). **Berggasthaus Goldried** (Nähe Bergstation Goldriedbergbahn), Tel. +43 4875 6555 oder +43 664 210 3083, www.goldried.info, geöffnet von Juni bis Ende September und von Mitte Dezember bis Mitte April.
Variante: Um aus der Tour eine Rundwanderung zu machen, können wir vom Kals-Matreier-Törl-Haus noch weiter zur Adler Lounge aufsteigen und von hier zur Bergstation der Goldriedbergbahn zurückwandern. Unschwierig, jedoch nicht kinderwagentauglich. (Gehzeit zur Adler Lounge etwa 40 Min. mit Kindern ab 6 Jahren, 1 km, 200 Hm).

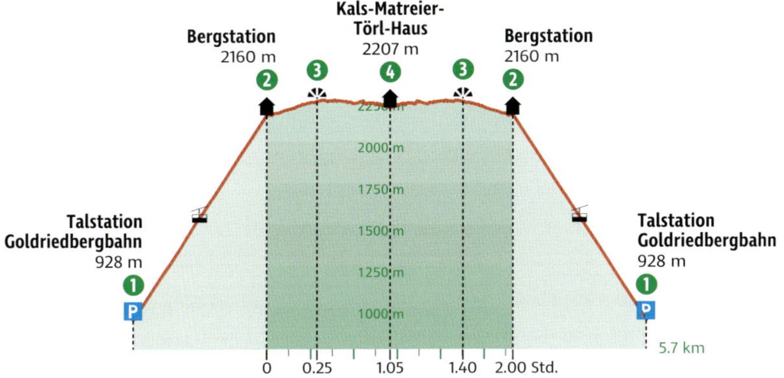

Highlights

★ Auffahrt mit den Gondeln der Goldriedbergbahn.

★ Panoramaaussicht am Höhenweg und am Törl.

★ Spielplatz am Berggasthaus Goldried mit langer Rutsche, Sandkasten und tollen Spielgeräten.

★ Einkehrmöglichkeiten im Berggasthaus Goldried und im Kals-Matreier-Törl-Haus.

Von der **Talstation der Goldriedbergbahn** ❶ startet unsere Tour mit einer fröhlichen Seilbahnfahrt auf den Berg. Über 1000 Höhenmeter bringt sie uns hinauf und während der Fahrt in der Gondel werden die Häuser im Tal stetig kleiner, die Aussicht dafür immer größer. An der **Bergstation der Goldriedbergbahn** ❷ steigen wir aus und halten uns rechts. Der **Europa-Panoramaweg** verläuft von hier mäßig ansteigend in einer weit ausholenden Linkskurve über den grasigen Berghang. Wir sind oberhalb der Baumgrenze unterwegs, nur ein paar vereinzelt stehende Lärchen wachsen hier noch. An einem kurzen **Wasserlauf** ❸ wenden wir den Blick nach rechts. Von hier aus können wir gut die Adler Lounge erkennen (siehe Variante), die sich weiter oben auf dem Bergrücken befindet. Wenig später lädt uns eine Bank am Wegesrand zu einer kleinen Pause mit Panoramablick ein.

Rechts des Weges begleiten uns stellenweise Felswände aus verschiedensten Gesteinsarten. Links des Weges grünt und blüht es in allen Farben. Auf einem großen Felsblock stehen Steinmännchen. In gemütlichem Tempo wandern wir so auf dem Panoramaweg, der sich am Hang entlangschlängelt, und erreichen nach gut einer Stun-

Blick auf das Kals-Matreier-Törl-Haus und zur Kalser Höhe.

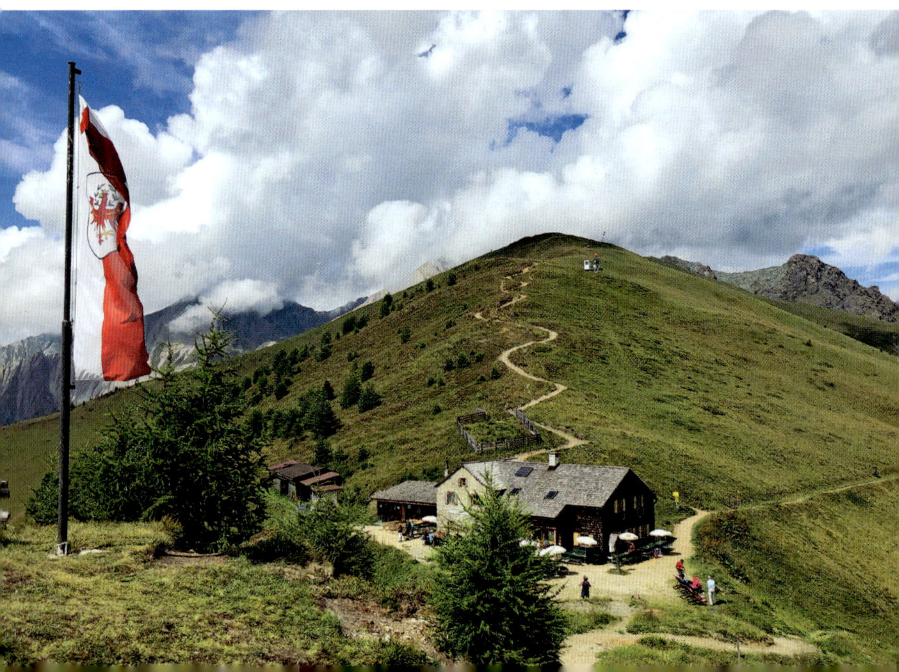

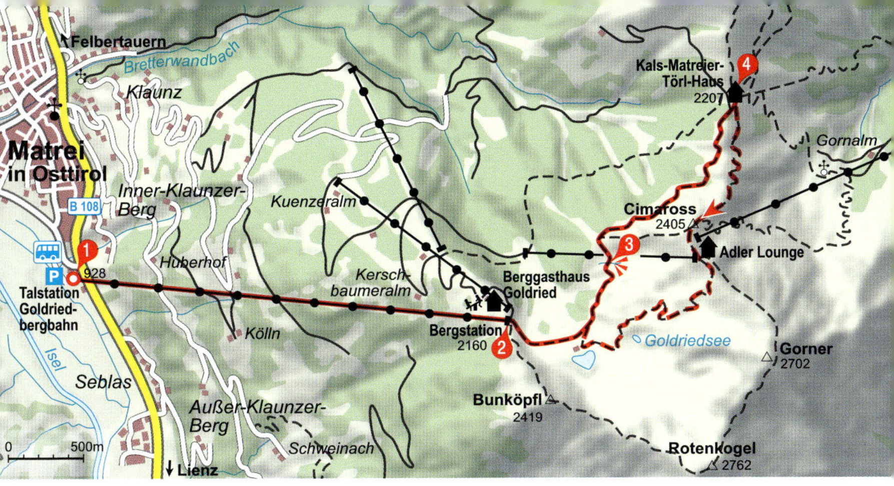

de das **Kals-Matreier-Törl-Haus** ❹, 2207 m. Es steht mitten auf dem Grat und bei wolkenfreiem Himmel erblicken wir von hier aus sogar den Großglockner. Vor dem Schutzhaus stehen zahlreiche Tische und Bänke und laden zur Pause ein. Wer es gemütlich mag, nimmt einen Liegestuhl. Für ein schönes Foto lohnt es sich, vor dem Törl-Haus den kleinen Pfad nach rechts aufzusteigen. Eine Tiroler Flagge kennzeichnet den Aussichtspunkt, an dem auch eine Bank steht.

Nach der Einkehr wandern wir gemütlich auf demselben Weg zurück zur **Bergstation der Goldriedbergbahn** ❷. Von hier aus können wir noch einen Abstecher zum **Berggasthaus Goldried** machen, welches sich in unmittelbarer Nähe befindet und wo es auch einen Spielplatz gibt.

Hallo Kinder,

heute liegt eine entspannte Wanderung vor euch. Eine einfache Strecke und nur wenige Höhenmeter geben euch Zeit, die Natur rundherum in Ruhe zu betrachten. Auf den blühenden Alpenwiesen summt und brummt es. Zahlreiche Mohrenfalter flattern durch die Luft und wärmen sich auf den Wegen – also passt auf, dass ihr nicht darauf tretet. Am Wegesrand haben Wanderer Steinmännchen gebaut; vielleicht habt ihr ja Lust, eins dazuzusetzen. Auf dem Hinweg zum Kals-Matreier-Törl kommt ihr rechts an interessanten Felsformationen vorbei. Teilweise sieht das Gestein wie aufgeschichtet aus, an anderer Stelle glitzern Kristalle im Sonnenschein. Hier erkennt ihr die Vielseitigkeit der Natur, also schaut sie euch ruhig einmal genauer an.

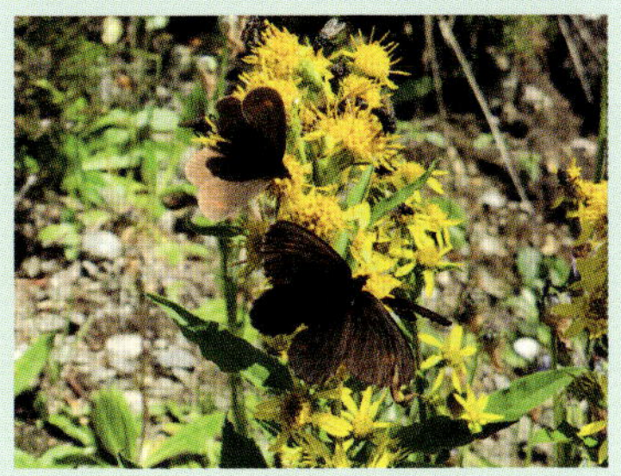

Hunderte Schmetterlinge tummeln sich auf den Blüten und Wegen.

3.00 Std. | 7.6 km | ↗480 m | ↘480 m | ab 5 Jahren

34

Zedlacher Paradies

Über die Wodenalm und den Strumerhof

Entdeckungsreise durch märchenhafte Lärchenwälder

Riesige Baumgiganten, teils über 500 Jahre alte Lärchen, sind die Blickfänge auf dieser Tour. Aber auch die hohen Disteln und die bunte Blumenpracht am Wegesrand sowie unzählige Schmetterlinge, traumhafte Ausblicke ins Virgental und eine schöne Einkehrmöglichkeit in der Mitte der Wanderung machen diesen Tag zu einem unvergesslichen Erlebnis. An der Wodenalm lädt eine Kneipp-Rinne zum Füße kühlen ein und am Kräuterwirtshaus Strumerhof ein kleines Museum zum Erkunden. Abgerundet wird die Tour durch die anschaulichen Tafeln des Lehrpfads, die uns hier und da am Wegesrand begegnen und Wissenswertes über die uns umgebende Natur vermitteln.

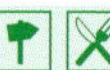

Ausgangspunkt: Kostenfreier Parkplatz Virger Berg, 1382 m (Navi: Zedlach 18, 9971 Zedlach). Anfahrt von Matrei über die Virgener Landesstraße. Gleich nach Überquerung des Tauernbachs rechts abbiegen, der Beschilderung Richtung Zedlach folgen, am Ortseingang rechts abzweigen und bei der nächsten Möglichkeit links zum Parkplatz ein Stück oberhalb des Ortes.
Anreise mit ÖV: Nicht empfehlenswert.

Highlights

★ Erlebnisreich gestalteter Lehrpfad mit Informationen über den Lebensraum Wald und die Entstehung der Lärchen. Überdimensionale schmiedeeiserne Tierfiguren können hier und da entdeckt werden.

★ Uralte, knorrige Baumgiganten.

★ Einkehrmöglichkeit mit Kneipp-Rinne an der Wodenalm.

★ Bauernhofmuseum beim Kräuterwirtshaus Strumerhof. Hier kann man auch Andenken und hausgemachte Schmankerl erwerben. In der Kräuterhexenkuchl werden die Speisen mit regionalen und außergewöhnlichen Käutern verfeinert.

Ausrüstung: Trekkingschuhe.
Anforderungen: Einfache Wanderung auf Forstwegen und Pfaden. Der Lehrpfad verläuft im Anstieg über Steige, auf denen aufgrund der enormen Schneefälle der letzten Winter Umleitungen vorhanden sein können. Der Einfachheit halber ist der Aufstieg zur Wodenalm deshalb über den Forstweg beschrieben. Je nach Verfügbarkeit können aber wahlweise auch die querenden Steige des Lehrpfads genutzt werden. Der Abstieg erfolgt über den Bretterweg, einen Steig, der zum Strumerhof hinabführt.
Einkehr: **Wodenalm**, Zedlach 12, 9971 Matrei in Osttirol, Tel. +43 664 1549790, www.virgental.at/wodenalm, geöffnet von Anfang Juni bis Ende Oktober.
Kräuterwirtshaus Strumerhof, Hinteregg 1, 9971 Matrei in Osttirol, Tel. +43 4875 6310, www.strumerhof.at, von Juni bis Ende September Fr, Sa und So geöffnet (zeitweise auch im Winter).
Variante: Die Wodenalm ist vom Parkplatz aus über den Forstweg zu erreichen. Dieser kann auch mit einem geländegängigen Kinderwagen befahren werden. Hin und zurück geht es dann über dieselbe Strecke.

Eindrucksvoll: Die alten Lärchen erreichen einen Stammumfang von bis zu sieben Metern.

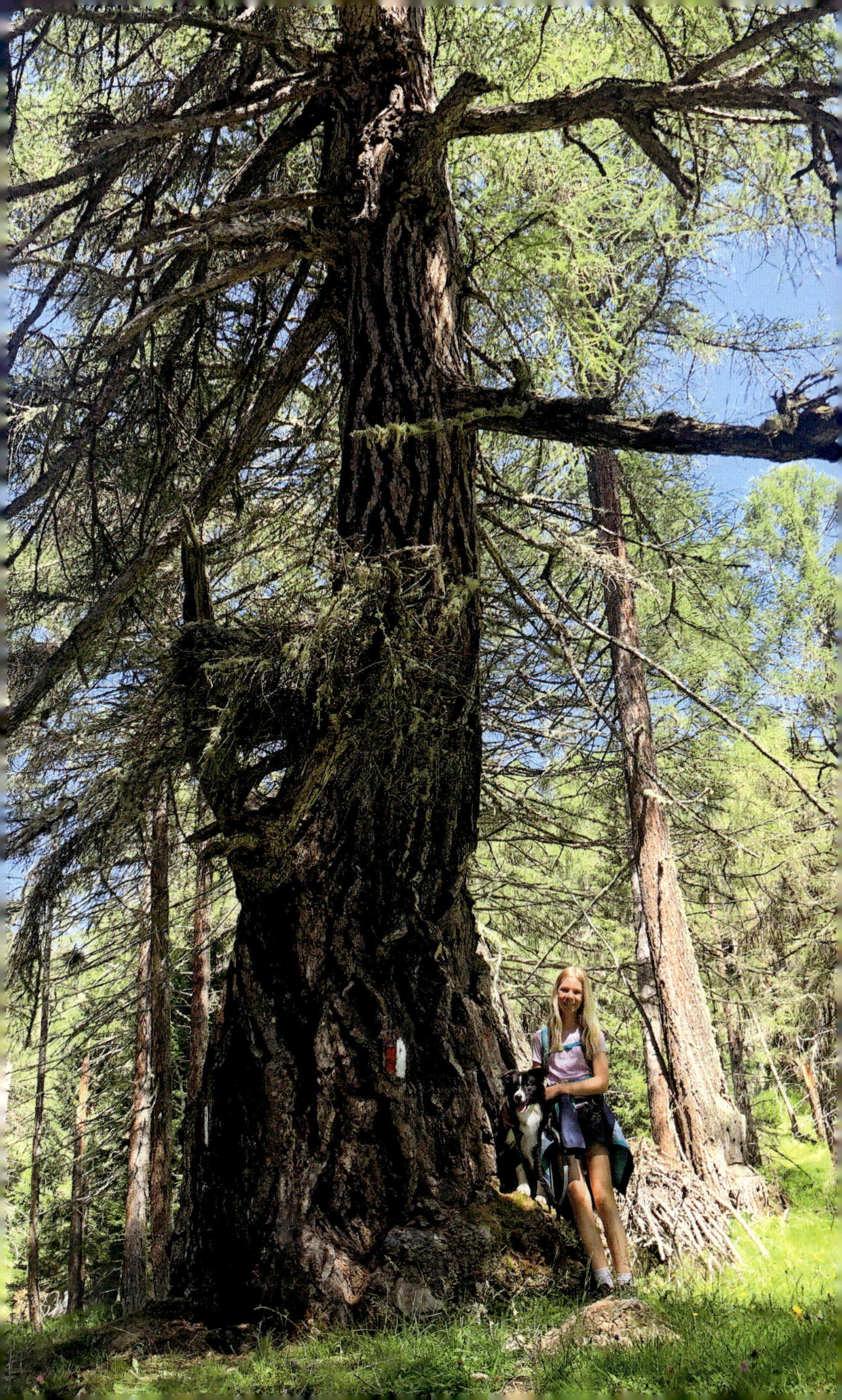

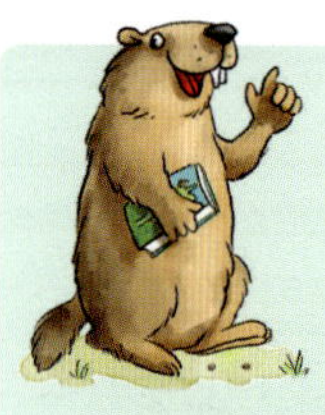

Hallo Kinder,

das Zedlacher Paradies trägt seinen Namen nicht umsonst, denn was die Natur hier geschaffen hat, ist eine Landschaft, die ihr so in Osttirol an fast keinem anderen Ort findet. Riesige Lärchen mit urtümlichen Stämmen und dicken Wurzeln, die sich in der Erde festkrallen, sind ein echter Hingucker. Diese Giganten könnten sicher die ein oder andere spannende Geschichte aus der Vergangenheit erzählen. Was sie wohl alles erlebt haben? Das Zedlacher Paradies ist besonders im Sommer und Herbst einen Besuch wert. Im Sommer trefft ihr hier auf eine unglaubliche Farbenvielfalt, im Herbst färben sich die Nadeln der Lärchen in ein knalliges Orange und es scheint, als würde der Wald brennen. Es lohnt sich, diese Tour im Laufe der Jahreszeiten zu wiederholen. Schaut selbst.

Am **Parkplatz Virger Berg** ❶ folgen wir dem Forstweg weiter bergauf. Zu unserer Rechten ragen bereits alte Lärchenbestände in die Höhe, zur Linken fällt der Blick ins Tal. Nach den ersten Metern sind wir schließlich ganz umgeben von dem duftenden Nadelwald. Immer wieder treffen wir auf kleine Pfade des Lehrwegs, die zum Abbiegen einladen, wir können aber auch auf dem breiten Weg bleiben, der uns gemächlich den Berg hinaufführt und dabei einen Schwenk nach rechts macht. Links am Hang ragt ein besonders großer Baumriese in die Höhe und kurz darauf lädt eine Bank in einer Gruppe von Nadelbäumen und mit unverkennbarer Aufschrift »Zedlacher Paradies« zur Pause ein. Etwas weiter passieren wir einen **Sportplatz** ❷ mitten im Wald. Kontinuierlich verläuft der Forstweg bergan und bietet stets neue Ausblicke auf die gegenüberliegende Seite des Virgentals mit den markanten Berggipfeln der Lasörlinggruppe wie dem Großen Zunig oder dem Torkogel.

An der nächstgrößeren Weggabelung folgen wir dem Forstweg nach links und betrachten dabei zahlreiche junge und alte Lärchen, die dicht an dicht am Hang stehen. Einem weiterem Abbieger nach rechts folgen wenig später ein paar engere Kehren und das Zedlacher Paradies beginnt sich zu lichten – offenkundig nähern wir uns der **Wodenalm** ❸, 1804 m, die wir wenige Augenblicke später erreichen. Tische, Bänke und gemütliche Liegen stehen bereit und warten auf Gäste. Die Jausenstation bietet traditionelle Gerichte, wie Kaiserschmarrn und Kaspressknödel, aus regionalen Produkten. An einer Quelle direkt bei der Alm läuft frisches Wasser in einen Holztrog, direkt daneben befinden sich eine Kneipp-Rinne zum Erfrischen müder Füße und eine Schaukel für die Kinder.

Im Anschluss an die Pause setzen wir die Wanderung

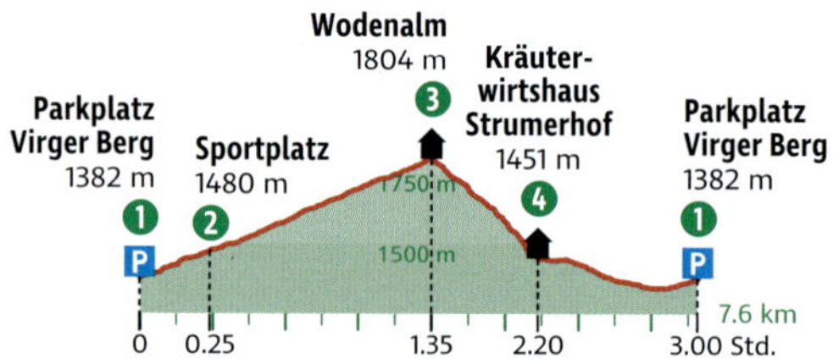

fort. Wer mit dem Kinderwagen aufgestiegen ist, nimmt für den Rückweg denselben Weg wie zuvor. Für alle anderen geht es wenige Schritte hinter der Wodenalm rechts abzweigend über den sogenannten Bretterweg bergab. Auf einsamen Pfaden wandern wir mitten durch die Natur. Neben uns ragen die meterhohen Lärchen empor, deren Wurzeln sich quer über den Steig schlängeln. Wir passieren ein kleines Gatter, eine verfallene Viehtränke, ein auf einen morschen Stamm gezeichnetes Krokodil und steigen über eine Treppe ein paar Stufen hinab. Zwischendurch kreuzen wir breitere Wege, die wir jedoch ignorieren. An einer Lichtung treffen wir auf eine einsam stehende Almhütte (das Ferienhaus des Strumerhofs) und wenig später halten wir uns nach links und gelangen so zum **Kräuterwirtshaus Strumerhof ④**, 1451 m, das wunderschön am Hang liegt. Eine Einkehr ist hier zwar nur freitags bis sonntags möglich, aber die Ausstellung im Stadl ist zwischen Juni und Ende September täglich geöffnet. Es lohnt sich, diesem liebevoll gestalteten Bauernhofmuseum einen Besuch abzustatten. Also betreten wir die Hofanlage und folgen der Beschilderung.

Danach wandern wir auf der Zufahrtstraße zum Strumerhof zurück ins Tal. Viel Verkehr ist hier normalweise nicht. Schließlich erreichen wir den von der Anfahrt bekannten Abzweig, biegen rechts ab und erreichen nach ein paar Metern bergauf wieder den **Parkplatz Virger Berg ①**.

Auf anschauliche Weise vermittelt der Lehrpfad Kindern Wissen über das Zedlacher Paradies.

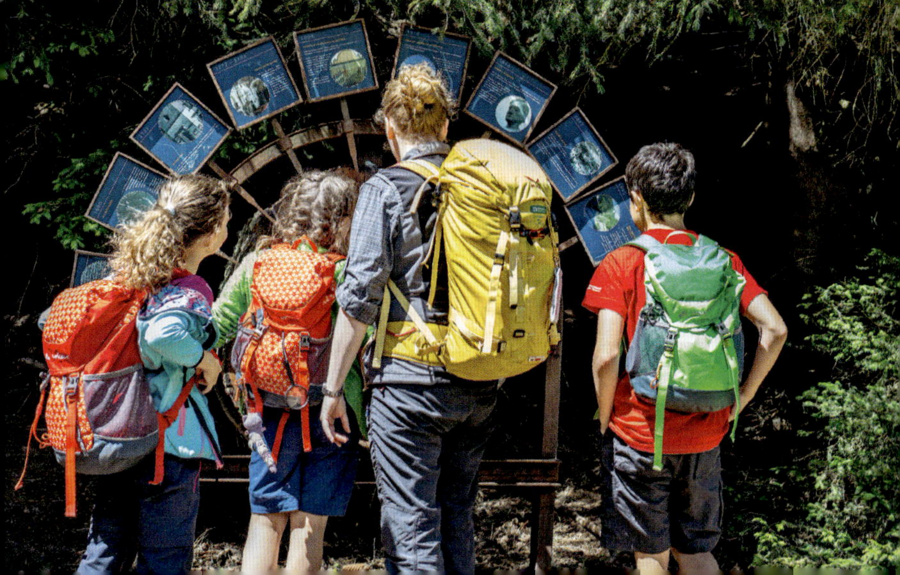

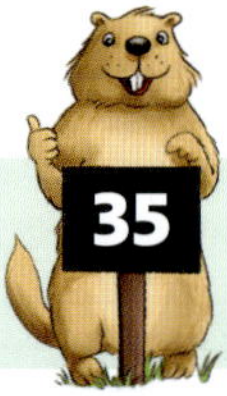

9.00 Std. | 13.5 km | ↗1100 m | ↘1100 m | ab 10 Jahren

35

Neue Prager Hütte, 2796 m

Vom Venedigerhaus

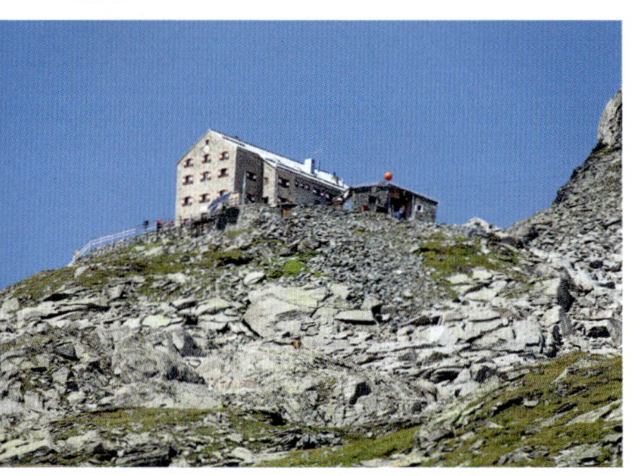

Die Neue Prager Hütte inmitten der Venedigergruppe.

Unterwegs mit Blick auf das Schlatenkees

Unsere Tour beginnt am Matreier Tauernhaus mit einer entspannten Fahrt im Panoramazug oder mit dem Hüttentaxi, bevor wir am Venedigerhaus die Rucksäcke aufsetzen und den eindrucksvollen Aufstieg zur Neuen Prager Hütte beginnen. Auf kaum einer Wanderung kommen wir der Gletscherwelt so aufregend nah wie hier. Lang streckt sich die Zunge des Schlatenkees hinunter in das Tal. Imposante Gletscherspalten und bizarre, teilweise kraterförmige Gebilde inmitten des Eises, die sich durch das Abschmelzen formen, zeigen den stetigen Wandel des Klimas und die Veränderungen der Bergwelt an. In der Alten Prager Hütte erwartet ein Museum die Besucher. Es zeigt die Hütte in ihrem Urzustand. Gleichzeitig dient die Hütte auch als Forschungsstation des Nationalparks Hohe Tauern. In einer weiteren Stunde geht es dann der Neuen Prager Hütte vor der großartigen und hochalpinen Kulisse entgegen.

Einer der spektakulärsten Ausblicke Osttirols auf das Schlatenkees.

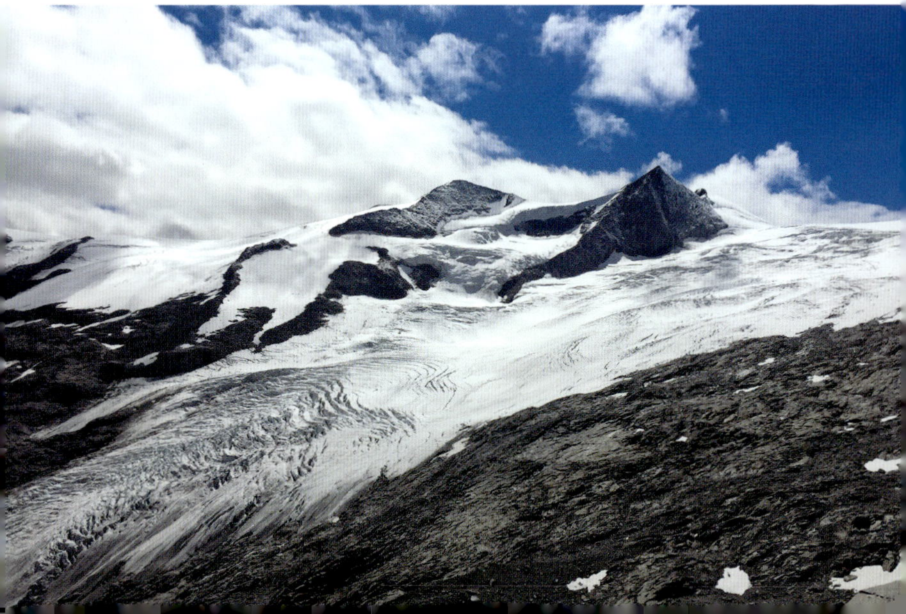

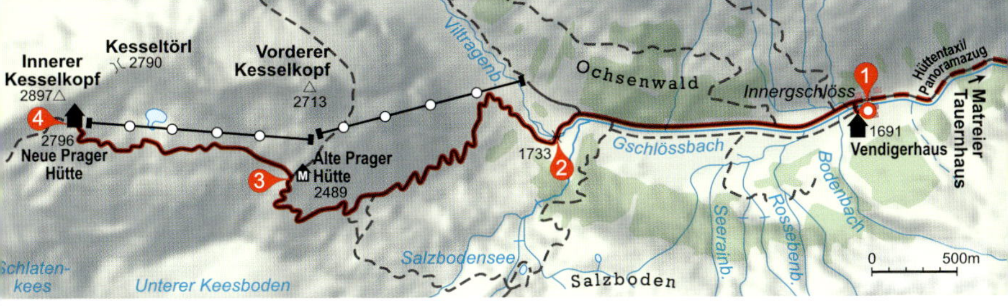

Ausgangspunkt: Venedigerhaus, 1691 m. Zufahrt mit dem Panoramazug oder dem Hüttentaxi vom Matreier Tauernhaus, 1512 m (Navi: Tauer 22, 9971 Matrei in Osttirol). Anfahrt zum kostenpflichtigen Parkplatz am Matreier Tauernhaus aus Richtung Lienz über die Felbertauern Straße bis fast zum Portal des Felbertauerntunnels, vorher links abbiegen Richtung Matreier Tauernhaus. Das Hüttentaxi verkehrt zwischen 8.40 Uhr und 17 Uhr alle 20 Min. und auf Anfrage (Tel. +43 4875 820), der Panoramazug nach Bedarf zwischen 9 Uhr und 17 Uhr (www.gschloess.com/gschlösser-panoramzug-taxi).

Anreise mit ÖV: Mit der Postbus-Linie 955 Lienz – Matrei – Matreier Tauernhaus bis zur Endstation. Der Bus verkehrt von ca. Ende Mai bis Ende September. Die Nutzung mit Gästekarte ist kostenlos. Von hier aus Weiterfahrt mit dem Hüttentaxi oder dem Panoramazug bis zum Venedigerhaus.

Ausrüstung: Knöchelhohe, gut profilierte Bergschuhe, ausreichend Proviant für unterwegs, eventuell Handschuhe und warme Bekleidung aufgrund der Höhe der Hütte und der Gletschernähe, ggf. Übernachtungsutensilien.

Anforderungen: Ausdauer, Kondition und Trittsicherheit sind erforderlich. Anfangs verläuft der Weg ins Gschlösstal auf einem Almgüterfahrweg, später dann auf einem alpinen Steig. Das letzte Stück vor der Hütte führt über Steine und Fels, ist im Ganzen aber gut begehbar. Aufgrund der Länge der Tour empfiehlt sich mit Kindern eine Übernachtung auf der Neuen Prager Hütte.

Einkehr: **Matreier Tauernhaus**, Tel. +43 4875 8811, www.matreier-tauernhaus.com, geöffnet Sommer- und Wintersaison, Übernachtung möglich (2- und Mehrbettzimmer, Reservierung per E-Mail oder telefonisch). **Venedigerhaus**, Tel. +43 4875 8820 oder 6771, www.venedigerhaus-innergschloess.at, geöffnet von Juni bis September, Übernachtung möglich (Mehrbettzimmer und Lager). **Neue Prager Hütte**, Tel. +43 664 6304 186, www.neue-prager-huette.at, geöffnet von ca. Mitte Juni bis Mitte September, Übernachtung möglich (Mehrbettzimmer und Matratzenlager, Reservierung nur online).

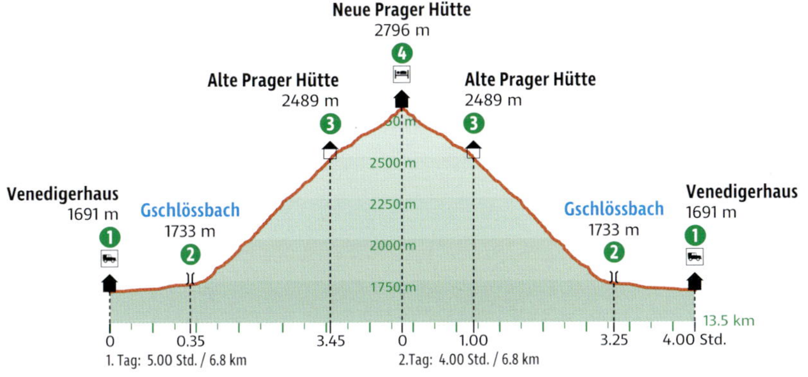

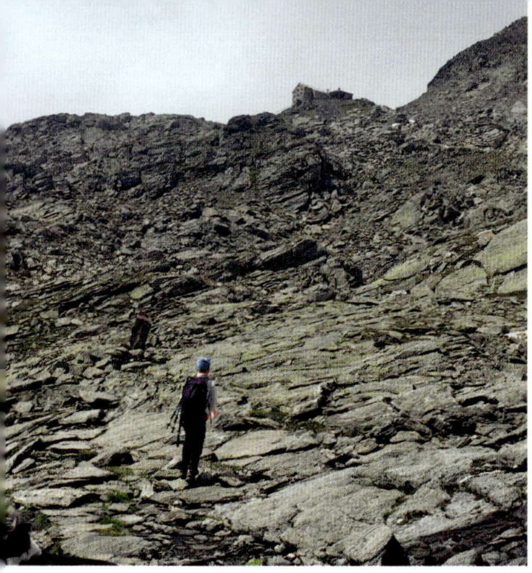

Gut zu meistern: der felsige Aufstieg zur Neuen Prager Hütte.

Der Parkplatz für diese Tour befindet sich am Matreier Tauernhaus unterhalb des Felbertauerntunnels. Von hier aus fahren schon zeitig am Morgen regelmäßig ein Hüttentaxi sowie ein Panoramazug bis zu unserem Ausgangspunkt am **Venedigerhaus ❶**, 1691 m. Eine Reservierung ist nicht notwendig. Am Ausgangspunkt angekommen, können wir bereits einen ersten Blick auf die Gletscherwelt, der wir später noch deutlich näherkommen, werfen. Doch eine Geländestufe verwehrt uns hier noch das gesamte Panorama. Unser Weg zur Neuen Prager Hütte führt uns zu Beginn genau auf diese Geländestufe zu. Parallel zum rauschenden Gschlössbach, der zu unserer Linken verläuft und in den der Viltragenbach, der Schlatenbach und zahlreiche andere Wasserläufe münden, wandern wir anfänglich noch gemächlich auf dem breiten Forstweg dem Talschluss entgegen.

Am Abzweig an der Talstation der Materialseilbahn zur Neuen Prager Hütte verlassen wir den Hauptweg. Von hier aus geht es nach links abzweigend auf einem Steig weiter. Wir queren die Brücke über den **Gschlössbach ❷** und folgen den Wegweisern mit einem Schwenk

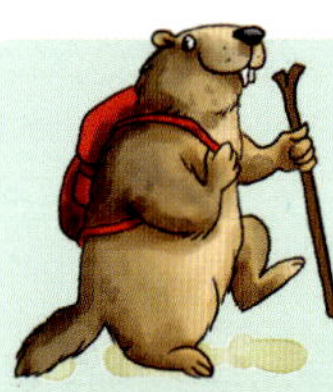

Hallo Kinder,

schon zu Beginn dieser Wanderung erwartet euch ein absolutes Highlight, nämlich die Fahrt mit dem Panoramazug ins Gschlösstal. Ein Traktor zieht die Panoramawagen, von denen ihr die Aussicht rundherum genießen könnt, bis zum Venedigerhaus. Dabei passiert ihr die Felsenkapelle Gschlösstal, die auch als Maria-Schnee-Kapelle bekannt ist. Um sie zu entdecken, müsst ihr auf dem Hinweg in Fahrtrichtung rechts aus dem Fenster schauen. Diese Kapelle entstand in einer natürlichen Höhle. Die hübsche Fassade aus Feldsteinen wurde davorgebaut. Am Venedigerhaus angekommen könnt ihr in der Ferne schon die eindrucksvollen Gletscher der Venedigergruppe erkennen. Ihnen kommt ihr im Verlauf der Wanderung noch sehr nah.

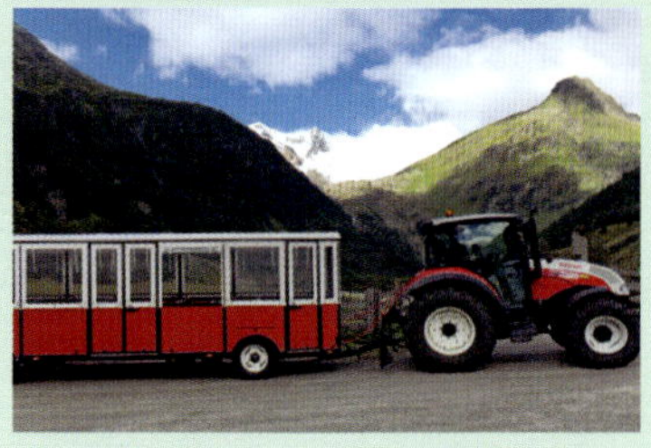

Die Fahrt mit dem Panoramazug ist ein tolles Erlebnis.

Highlights

- ★ Fahrt mit dem von einem Traktor gezogenen Panoramazug (alternativ mit dem Hüttentaxi) durch das malerische Innergschlöss.
- ★ Unterwegs treffen wir auf Schafe und Ziegen und entdecken mit etwas Glück Murmeltiere.
- ★ Großartiger Blick auf das Schlatenkees.
- ★ Alte Prager Hütte – höchstes Museum Österreichs.
- ★ Übernachtung auf der Neuen Prager Hütte in hochalpiner Kulisse.

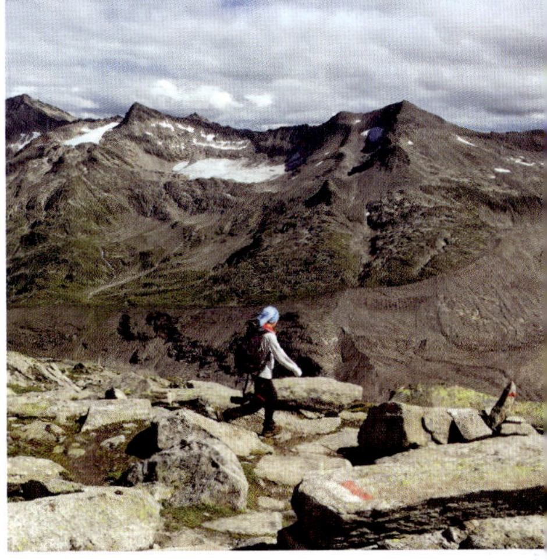

Auf dem Abstieg von der Neuen zur Alten Prager Hütte.

nach rechts. Nun geht es ordentlich bergan auf den vor uns liegenden Bergrücken. Mühevoll steigen wir den sich in scheinbar endlosen Serpentinen am Hang hinaufschlängelnden Pfad empor. Stellenweise helfen uns Treppen aus Felsplatten beim Aufstieg. Beim Blick zurück ins Gschlösstal wird das Venedigerhaus immer kleiner. Zahlreiche Schafe und Ziegen grasen auf den Bergwiesen und kommen neugierig auf uns zu. Mit etwas Glück können wir auch Murmeltiere entdecken.

Dann erkennen wir endlich die kleine Dachspitze der Alten Prager Hütte etwas oberhalb. Doch es liegen noch ein paar Zick-Zack-Kehren vor uns, bis wir es geschafft haben und an der **Alten Prager Hütte ❸**, 2489 m, ankommen. Hier lohnt sich nun eine ausgiebige Pause mit Blick auf das majestätische Gletscherpanorama. In der Ferne sehen wir bereits das Tagesziel, die Neue Prager Hütte. Doch es sind weitere rund 300 Höhenmeter bis zum Ziel zu überwinden und etwas mehr als eine Stunde Gehzeit. Jetzt folgt der schönste und alpinste Teil des Weges. Stetig begleitet von dem Panorama auf die lang gestreckte Zunge des Schlatenkees und die umliegenden Berggipfel wandern wir auf die Großvenedigergruppe zu. Bei Sonnenschein bilden das Blau des Himmels sowie das Weiß des Gletschers die perfekte Harmonie – eine atemberaubende Aussicht. Der Weg verläuft in kleinen Schlenkern kontinuierlich bergan durch das offene Gelände. Zu guter Letzt wird es dann noch mal etwas mühsam. Die Neue Prager Hütte thront auf einem felsigen Plateau und über großes Blockwerk und Geröll steigen wir das restliche Stück in hochalpiner Kulisse hinauf. Dann erreichen wir die **Neue Prager Hütte ❹**, 2796 m, in der wir uns eine wohlverdiente Mahlzeit schmecken lassen.

Anschließend oder nach einer Hüttenübernachtung am Tag darauf geht es auf demselben Weg wie beim Aufstieg zurück ins Tal, wobei wir die herrliche Aussicht jetzt in der Gegenrichtung entspannt genießen können. Vom **Venedigerhaus ❶** nehmen wir das Hüttentaxi zurück zum Matreier Tauernhaus. Hierfür sind allerdings die letzten Abfahrtszeiten des Tages im Auge zu behalten, sonst heißt es zu Fuß zurück.

8.00 Std. | 14.7 km | ↗ 1160 m | ↘ 1160 m | ab 10 Jahren

36 St. Pöltner Hütte, 2481 m

Vom Matreier Tauernhaus

Anspruchsvolle Bergtour über den Drei-Seen-Weg

Hoch über dem Felber Tauern und inmitten einer eindrucksvollen Gebirgslandschaft thront die St. Pöltner Hütte an der Grenze zwischen (Ost-)Tirol und Salzburg. Oft liegt auf dem alpinen Steig über den Drei-Seen-Weg und die Messelingscharte im Sommer noch vereinzelt Schnee, der die Kinderaugen zum Leuchten bringt und an heißen Tagen die Möglichkeit zu einer erfrischenden Schneeballschlacht bietet. Eindrucksvolle Gletscherblicke auf das Massiv des Großvenedigers sind genauso garantiert wie Spaß an kristallklaren Bächen und Bergseen, die zum Erfrischen und Steine schnippen einladen. Rauschende Wasserfälle lassen uns staunen. Die Übernachtung in der urigen Hütte und das Schauspiel der abends über den Bergen versinkenden Sonne und des morgendlichen Sonnenaufgangs runden die erlebnisreiche Wanderung ab.

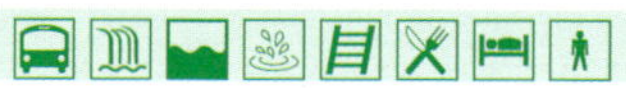

Ausgangspunkt: Matreier Tauernhaus, 1512 m (Navi: Tauer 22, 9971 Matrei). Anfahrt zum kostenpflichtigen Parkplatz aus Richtung Lienz über die Felbertauern Straße bis fast zum Portal des Felbertauerntunnels, vorher links abbiegen Richtung Matreier Tauernhaus.

Anreise mit ÖV: Mit der Postbus-Linie 955 Lienz – Matrei – Matreier Tauernhaus bis zur Endstation. Der Bus verkehrt von ca. Ende Mai bis Ende September. Die Nutzung mit Gästekarte ist kostenlos.

Ausrüstung: Knöchelhohe Bergschuhe. Im Sommer kann es weiter oben, besonders um die Messelingscharte sehr kalt werden, dementsprechend sollte angepasste Kleidung getragen werden und mitunter empfehlen sich Handschuhe. Ausreichend Verpflegung für ein schönes Picknick an den Seen, Utensilien für die Übernachtung auf der Hütte.

Anforderungen: Tour für bergerfahrene, konditionsstarke Kinder. Trittsicherheit ist erforderlich. Der Weg führt überwiegend über einen Steig. Beim Abstieg kann abschnittsweise ein Almgüterfahrweg genutzt werden. Im Sommer ist mit Restschneefeldern, die vorsichtig zu überqueren sind, zu rechnen. Ca. 30 Minuten vor der Hütte ist eine unschwierige/nicht ausgesetzte – mit Stahlseil gesicherte – Passage über den Weinbichl zu überwinden.

Einkehr: Matreier Tauernhaus, Tel. +43 4875 8811, www.matreier-tauernhaus.com, geöffnet Sommer- und Wintersaison, Übernachtung möglich (2- und Mehrbettzimmer, Reservierung per E-Mail oder telefonisch). **St. Pöltner Hütte**, Tel. +43 6562 6265, mobil: +43 664 6336120, www.alpenverein.at/stpoeltnerhuette, geöffnet von Mitte Juni bis Mitte September, Übernachtung möglich (Zimmer und Matratzenlager, Reservierung telefonisch).

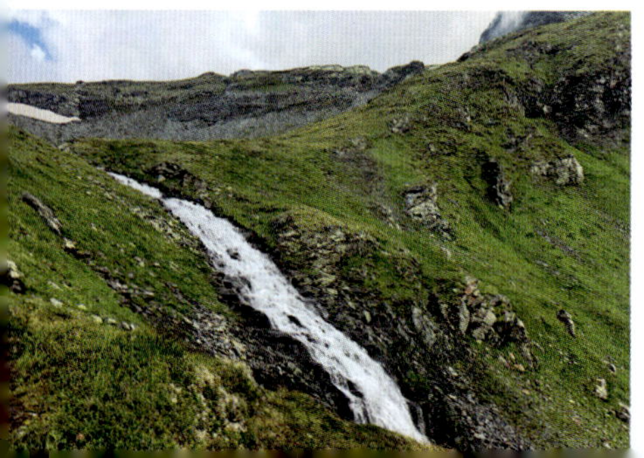

Naturschauspiele: die Wasserfälle des Messelingbachs.

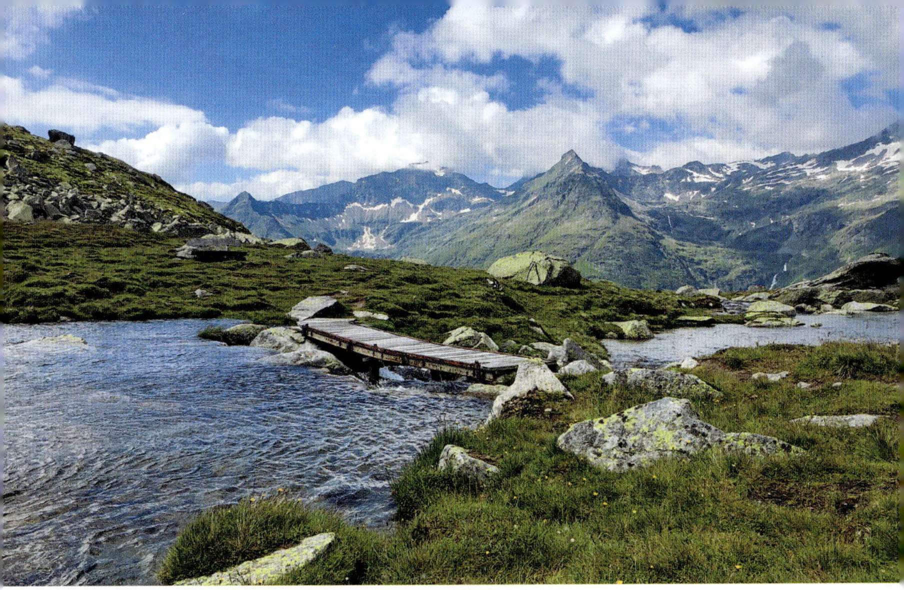

Eine Brücke über den Messelingbach führt zur unbewirtschafteten Grünseehütte.

Vom Wanderparkplatz unweit des **Matreier Tauernhauses ❶** führt uns der Fahrweg zunächst ein kurzes Stück in Richtung Gschlösstal. Nach den letzten Häusern biegen wir rechts auf den Steig zum Venedigerblick ab. In unzähligen Kehren winden wir uns nun im Zick-Zack-Kurs den Hang steil aufwärts bis zur ehemaligen Bergstation eines Sesselliftes, der schon vor vielen Jahren von einer Lawine zerstört wurde. Heute erinnern nur noch ein paar Betonfundamente an die einstige Liftanlage und das Panoramarestaurant, das sich früher einmal hier befand. Nicht verschwunden ist allerdings der traumhafte Ausblick in Richtung des majestätischen Gletschers des Großvenedigers. Imposant ragt die weiß strahlende Fläche im Hintergrund des Gschlösstals vor uns auf.
Wir queren einen Almgüterfahrweg und wandern weiter geradeaus

Highlights

- ★ Hochgebirgswanderung in eindrucksvoller Landschaft.
- ★ Drei Bergseen und tosende Wasserfälle.
- ★ Abenteuerliche Kletterei auf einem gesichterten Steig zum Weinbichl.
- ★ Übernachtung auf der St. Pöltner Hütte.

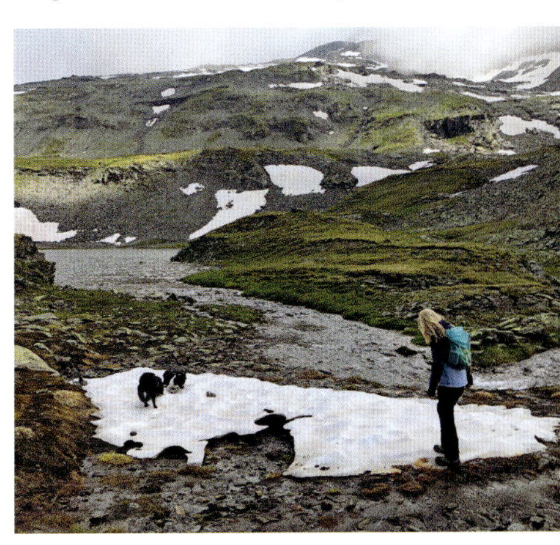

Hoch über dem Felbertauern liegt auch im Sommer noch Schnee.

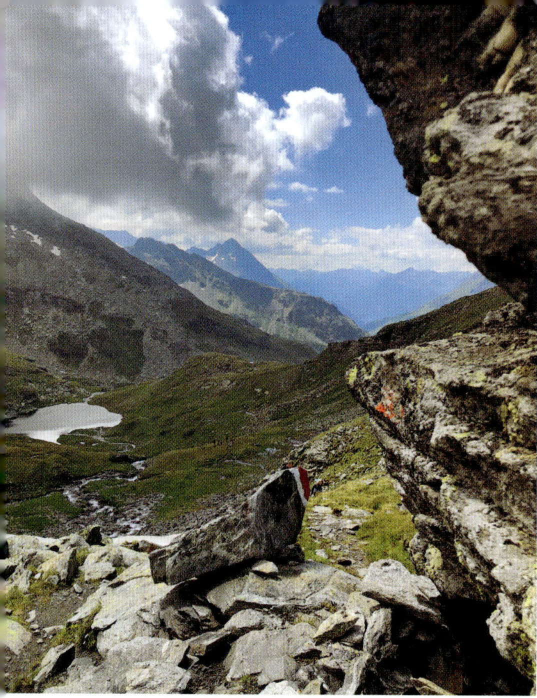

Aufstieg zur Messelingscharte.

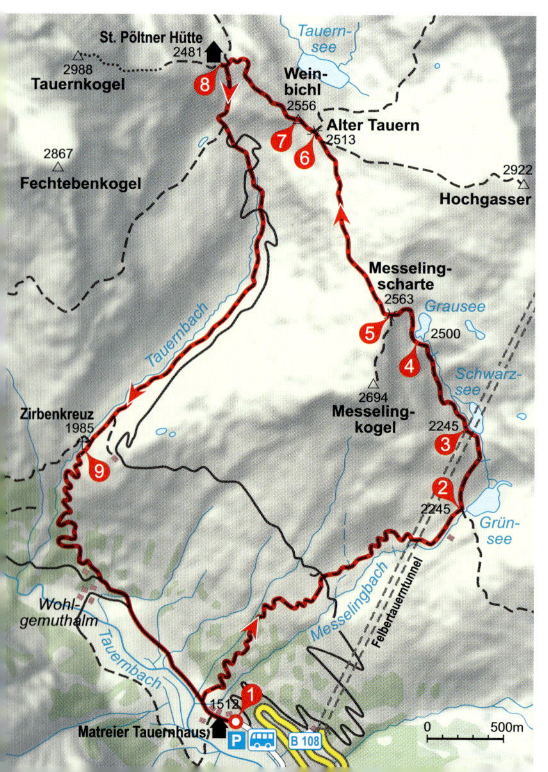

durch die feuchten Wiesen der Hochebene vom Venedigerblick. Während des weiteren Aufstiegs begleitet uns stets der munter dahin plätschernde Messelingbach, der sich vom Grünsee kommend schließlich über felsige Kaskaden ins Tal ergießt. Genau diese Steilstufe heißt es jetzt zu überwinden. Abermals geht es in vielen Serpentinen bergan, bis das Dach der kleinen Grünseehütte vor uns auftaucht. Die malerisch gelegene Hütte ist nicht bewirtschaftet, dennoch bietet sich hier oben ein schöner Platz für eine Pause an. Eine Bank ist dazu auch vorhanden. Der gerade einmal 3,5 Meter tiefe **Grünsee 2** schlummert friedlich in seinem Talkessel, umringt von blühender Alpenflora, und macht seinem Namen alle Ehre. Es lohnt sich, die Schuhe auszuziehen und die Zehen in das erfrischende Wasser einzutauchen.

Links oberhalb sehen wir bereits den nächsten Wasserfall des Messelingbachs den Berg hinabrauschen. Dort oben, etwa 100 Höhenmeter weiter, befindet sich der Schwarzsee. Der Steig führt uns am Grünsee links haltend weiter bergauf. In Höhe des **Schwarzsees 3**, der genauso dunkel erscheint wie sein Name und mit 11,5 Metern deutlich tiefer ist als die beiden anderen Seen, verläuft einige hundert Meter tiefer im Berg der Felbertauerntunnel.

Der letzte der drei Seen kündigt sich anschließend wiederum durch einen Wasser-

fall an. Stufe um Stufe, von See zu See, erleben wir ein atemberaubendes Naturschauspiel. Der Steig wird merklich felsiger und alpiner. Auf etwa 2500 m Höhe erreichen wir den **Grausee** 4. Ähnlich wie der Grünsee ist auch dieser mit gerade einmal drei Metern Tiefe eher flach. Rings um den Grausee ragen Felswände steil gen Himmel und bilden einen faszinierenden Anblick. War der Weg bis hierher vom Wasser geprägt, tauchen wir nun in eine hochalpine Gebirgslandschaft ein. Über steiniges Gelände geht es zum höchsten Punkt der Wanderung – der **Messelingscharte** 5, 2563 m.
Oben angekommen können wir bei gutem Wetter bis zur Venedigergruppe schauen und erkennen rechter Hand bereits die St. Pöltner Hütte. Dementsprechend wenden wir uns nun rechts dem schwarz markierten Steig zu. Auf dem breiten Bergrücken verläuft der Weg weitestgehend eben und ohne merkliche Steigungen über felsigen Untergrund und mitunter ein paar Altschneefelder, auf denen etwas Achtsamkeit geboten ist.
Am markierten Passübergang **Alter Tauern** 6, 2513 m, ragt der gewaltige Felsrücken des **Weinbichl** 7

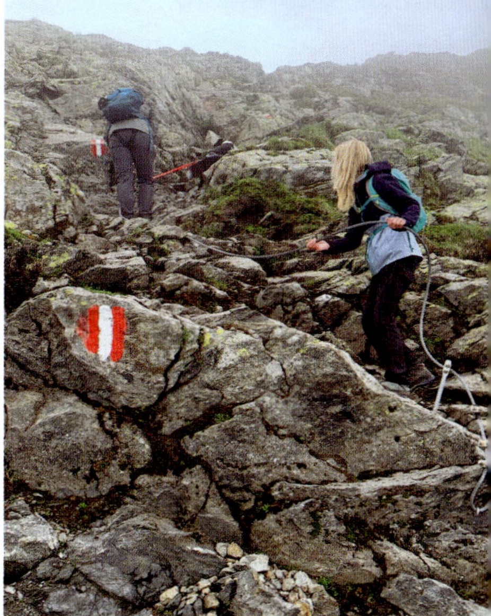

Kraxeleinlage am Weinbichl: Am Seil geht's einfacher hinauf.

vor uns auf. Ein gut 40 Meter langes Stahlseil ist fest im Gestein verankert und hilft uns beim Aufstieg und der kleinen Kletterei. Ausgesetzt ist der kurze Klettersteig zwar nicht, dennoch ist Vorsicht geboten. Anschließend wandern wir auf dem Rücken des Weinbichl weiter geradeaus und blicken an seinem Ende auf die St. Pöltner Hütte hinab. Es empfiehlt sich, den folgenden, recht

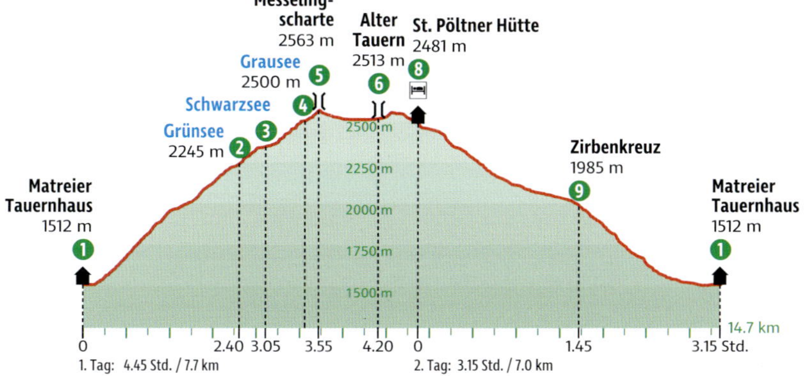

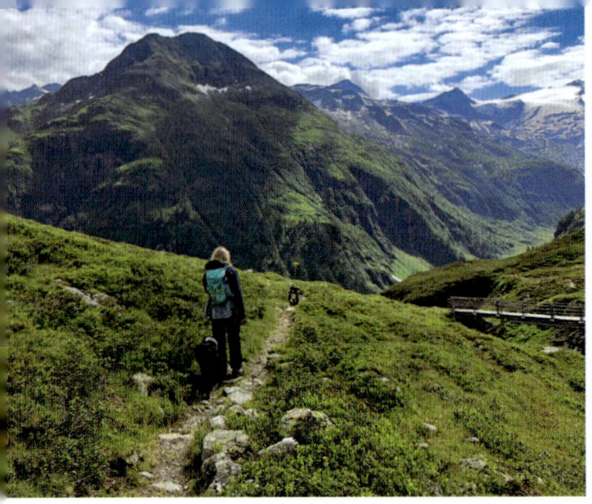

Abstieg von der St. Pöltner Hütte entlang des Tauernbachs.

steilen Abstieg sehr aufmerksam und langsam anzugehen. Hier besteht Rutschgefahr, weil der Weg mit kleinem, schottrigem Gesteinsbruch bedeckt ist. Unten angekommen führt der Steig durch eine Mulde und auf der anderen Seite noch einmal wenige Meter bergauf bis zur **St. Pöltner Hütte ❽**, 2481 m. In der gemütlichen Hütte können wir uns ausruhen und für die Übernachtung einrichten, bevor es am nächsten Tag an den Abstieg geht.

Vor der Hütte wenden wir uns dann nach rechts den Hang hinab. Die mitten durch das Tal verlaufende Hauptstromtrasse von Kaprun nach Lienz mit ihren riesigen Strommasten prägt das Landschaftsbild und weist uns den Weg. Kurz bevor der Steig den Almgüterfahrweg kreuzt, biegt der Weg zur Neuen Prager Hütte nach rechts ab; wir halten uns hier links und bleiben auf unserem Steig. Während uns beim Aufstieg der Messelingbach begleitet hat, ist es beim Abstieg der Tauernbach. Neben ihm plätschern unzählige Rinnsale durch die Wiesen und der Weg ist nass.

Wir folgen schließlich einem Abzweig nach rechts in Richtung Außergschlöss. An der nächsten Abbiegung halten wir uns links, passieren nicht die Brücke über den Tauernbach, sondern bleiben auf seiner linken Seite und erreichen kurz darauf das **Zirbenkreuz ❾**, 1985 m. Auf einer Bank können wir Platz nehmen und zuschauen, wie sich der Tauernbach durch die enge Felsenschlucht stürzt. Dann folgen wir weiter dem Steig, der sich in einem unendlich erscheinenden Zick-Zack-Kurs den Hang hinunterschlängelt. Überall quillt Wasser aus dem Erdreich, der Boden ist matschig. Dort wo der Steig schließlich auf den Fahrweg ins Gschlösstal trifft, biegen wir ein letztes Mal nach links ab und erreichen kurz darauf wieder das **Matreier Tauernhaus ❶**.

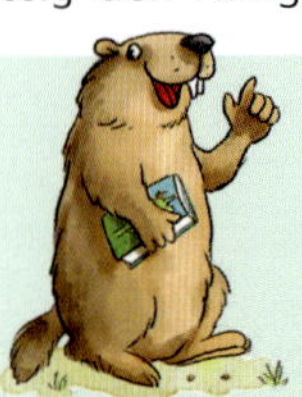

Hallo Kinder,

wusstet ihr, dass die Wanderung zur St. Pöltner Hütte durch ein geschichtlich bedeutsames Gebiet führt? Schon vor vielen Hunderten von Jahren zogen Menschen mit ihren Saumtieren (das sind Lasttiere wie Esel, Maultiere und Maulesel) über den Hochgebirgspass, um landwirtschaftliche Erzeugnisse und Bergwerksprodukte über den Höhenzug ins nächste Tal zu transportieren. Wenn ihr am Passübergang »Alter Tauern« steht, schaut euch um und stellt euch vor, welche Strapazen und Mühen die Menschen auf sich nehmen mussten, denn einen Tunnel, wie heute den Felbertauerntunnel, gab es damals noch nicht.

ab 3 Jahren | 2.00 Std. | 4.1 km | ↗ 260 m | ↘ 260 m

37

Porzehütte, 1942 m

Durch das Tilliacher Tal

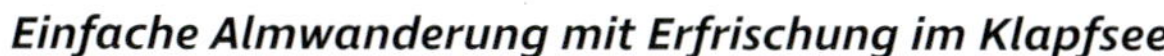

Einfache Almwanderung mit Erfrischung im Klapfsee

Mystisch grün schimmert der Klapfsee in seinem Talkessel im Tilliacher Tal, das auch Dorfer Tal genannt wird. Es ist jedoch nicht zu verwechseln mit dem Dorfer Tal bei Kals (siehe Tour 21). Am flachen Ufer des hinteren Bereichs des Sees schwingen die Grashalme der Feuchtwiesen in der warmen Sommerbrise. Darüber thront die mächtige Felsformation der Porze, zu der sich Nadelwälder und grüne Wiesen emporziehen. Von dieser kleinen Oase im Talschluss, die mit dem Auto erreichbar ist, führt eine einfache und schon für die Kleinkinder geeignete Rundwanderung zur gemütlichen Porzehütte. Ein schöner Sommertag ist hier garantiert.

    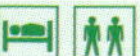

Ausgangspunkt: Kostenfreier Parkplatz Klapfsee, 1680 m (Navi: 9942 Obertilliach; N46.665803, E12.582780). Anfahrt von Lienz über das Pustertal Richtung Sillian, in Tassenbach abzweigen ins Lesachtal und weiter bis Obertilliach, dort der Beschilderung Richtung Klapfsee/Porzehütte folgen.
Anreise mit ÖV: Nicht empfehlenswert.
Ausrüstung: Feste, profilierte Schuhe für den Steig, für den Fahrweg sind Trekkingsandalen ausreichend. Badesachen für die Erfrischung im Klapfsee.
Anforderungen: Einfache Wanderung. Der Aufstieg erfolgt über den Almgüterfahrweg, der Abstieg über einen einfachen Steig.
Einkehr: Porzehütte, Tel. +43 664 3256452, www.alpenverein.at/porzehuette, geöffnet von Mitte Juni bis Ende September, Übernachtung im Matratzenlager möglich.
Variante: Bei Auf- und Abstieg auf dem Almgüterfahrweg kann die Wanderung auch mit einem geländegängigen Kinderwagen unternommen werden.

Die Holzplattformen am Klapfsee laden zum Sonnen und Füße kühlen ein.

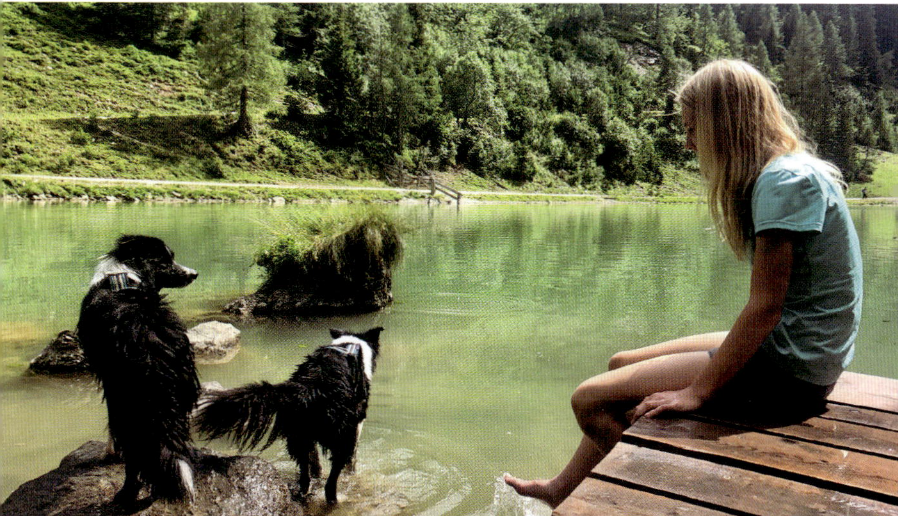

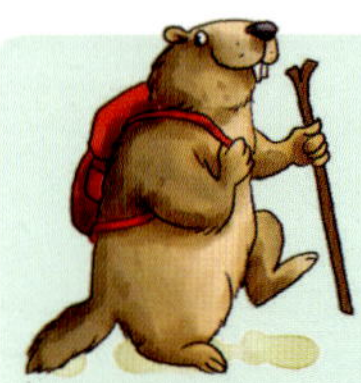

Hallo Kinder,

die Wanderung zur Porzehütte beginnt am idyllischen Klapfsee. Hier angekommen, möchtet ihr sicher am liebsten sofort ins Wasser springen. Doch das heben wir uns für den Ausklang der Tour auf. Erst einmal steht eine einfache Rundwanderung auf dem Programm, bei der ihr euch auf der Porzehütte stärken könnt. Nach dem Abstieg lockt dann das Wasser. Rund um den Klapfsee verläuft ein abenteuerlicher Steig, der euch auch zu zwei Plattformen führt, auf denen ihr es euch gemütlich machen könnt. Das Wasser des Klapfsees ist im Gegensatz zu anderen Bergseen eher milchig statt glasklar, der Boden ist weich und sumpfig. Aber eine kühle Erfrischung für die Füße oder Steine schnippen bringt sicher viel Spaß. Probiert's aus!

Vom Parkplatz am **Klapfsee ❶** wandern wir auf dem Almgüterfahrweg Richtung Porzehütte. Der Aufstieg beginnt direkt vor dem Nordostufer des aufgestauten Gewässers und läuft zunächst parallel an ihm entlang. Der Weg beschreibt einige Kehren, sodass wir abwechselnd mit Blick in Richtung Talschluss oder nach Obertilliach aufsteigen. Anfänglich geht es durch Nadelwald, doch mit jedem Höhenmeter lichtet sich die Vegetation mehr und macht den Almwiesen Platz. Kühe und Pferde weiden am Wegesrand. Die Kehren folgen schließlich in enger werdenden Abständen aufeinander, und nach einer guten Stunde erreichen wir die **Porzehütte ❷**, 1942 m. Sie ist ein beliebter Stützpunkt am Karnischen Höhenweg am Fuße der beeindruckenden Erscheinung der Porze. Etwas weiter oberhalb der Hütte gut erkennbar befindet sich das Tilliacher Joch, über das die Grenze zu Italien verläuft. Die im Sommer bewirtschaftete Porzehütte wurde in den letzten Jahren umfangreich modernisiert und bietet sowohl im Inneren als auch draußen auf der Sonnenterrasse genügend Platz für ihre Gäste. Hier können wir nun einkehren, bevor wir uns an den Abstieg zurück zum Klapfsee machen.

Wer nicht mit dem Kinderwagen unterwegs ist, wählt dafür den Rückweg über den Steig. Um zum Beginn des Steigs zu gelangen, gehen wir ein Stück auf dem Fahrweg zurück. Nach der ersten Linkskehre zweigt zunächst ein kurzes Stück des Steigs nach rechts ab und trifft nach

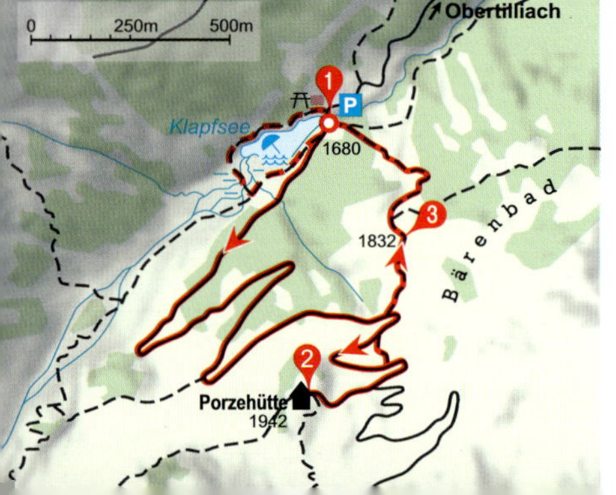

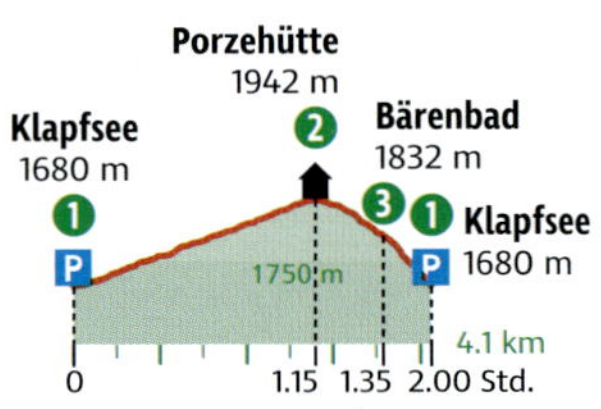

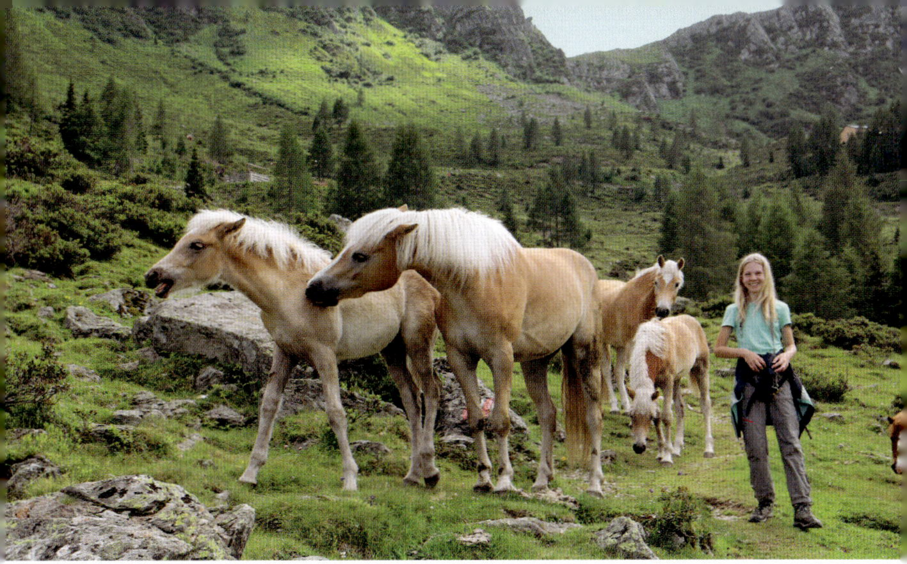

Freundliche Begegnung mit Pferden auf dem Weg zum Bärenbad.

ein paar Metern nochmals auf den breiten Weg. An der kommenden Linkskehre des Fahrwegs biegen wir erneut rechts auf den Steig ab und bleiben nun bis ins Tal zurück auf ihm. Das offene Gelände ist geprägt von lichtem Nadelwald und Alpenrosensträuchern. Rund um das sogenannte **Bärenbad** ❸, 1832 m, grasen Kühe und Pferde.

Weiter unten wird die Vegetation wieder dichter und der Pfad schlängelt sich kontinuierlich bergab, bis wir wieder am Klapfsee ankommen. Am See laden zwei Holzplattformen zum Sonnenbaden ein und ein See-Rundweg dazu, noch ein paar Schritte zu machen (entlang des nordwestlichen Seeufers sollten kleine Kinder an der Hand geführt werden, weil der Steig sehr schmal ist und etwas holprig am Hang entlang verläuft). So können wir den Ausflug an diesem Ort perfekt ausklingen lassen.

Highlights

- ★ Einfache Wanderung mit Einkehrmöglichkeit in der Porzehütte.
- ★ Pferde und Kühe auf den Almwiesen.
- ★ Planschen, Sonnenbaden oder Steine schnippen am milchig grünen Klapfsee.
- ★ Abenteuerlicher See-Rundweg.

Ein Holzbohlenweg verläuft am südlichen Seeufer durch die feuchten Wiesen.

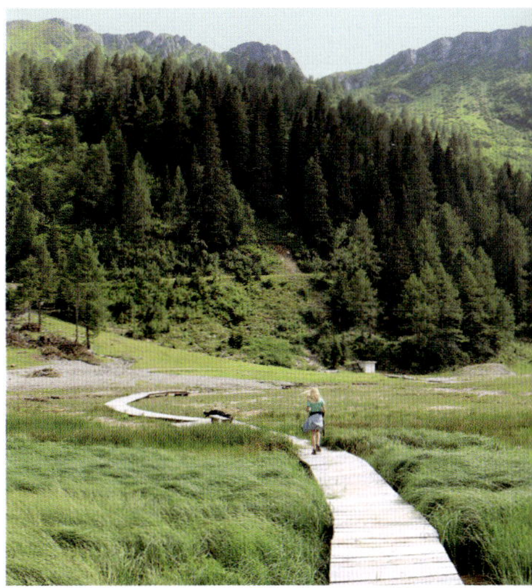

5.30 Std. | 11.8 km | ↗940 m | ↘940 m | ab 8 Jahren

38

Obstansersee-Hütte, 2304 m

Von Kartitsch durch das Winkler Tal

Treppensteigen entlang spektakulärer Felswände
Diese für Osttirol wohl einzigartige Tour besticht mit einer äußerst interessanten und aufregenden Wegführung entlang senkrecht aufragender Felswände. Als Belohnung für den anstrengenden Aufstieg über viele Treppenstufen warten in der Obstansersee-Hütte traditionelle hausgemachte Speisen – von süß bis herzhaft ist alles dabei. Unbedingt erforderlich für die Wanderung ist schönes Wetter, da es bei Nässe auf den steinigen Pfaden und den Treppen rutschig werden kann. Unterwegs bestaunen wir imposante Wasserfälle und finden zahlreiche Möglichkeiten zur Erfrischung und zum Füße kühlen. Auf einer kleinen Anhöhe am Obstanser Boden steht die hübsche, in Holzbauweise und mit Schindeldach errichtete Prinz-Heinrich-Kapelle. Sie erinnert an die Karnische Front, die hier oben im Ersten Weltkrieg verlief.

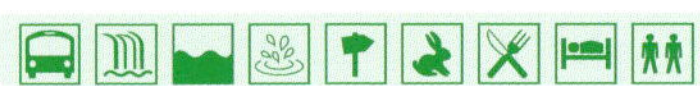

Ausgangspunkt: Kostenfreier Parkplatz am Sportzentrum Kartitsch, 1418 m (Navi: 9941 Kartitsch; N46.718387, E12.502066). Anfahrt von Lienz über das Pustertal Richtung Sillian, in Tassenbach abzweigen ins Lesachtal und weiter bis Kartitsch, dort der Beschilderung Richtung Sportzentrum folgen.
Anreise mit ÖV: Mit der Postbus-Linie 961 Lienz – Sillian bis Haltestelle Tassenbach Bahnhof (Vorplatz) und weiter mit der Postbus-Linie 965 Richtung St. Lorenzen i. L. bis Haltestelle Kartitsch Gemeindeamt (Nutzung mit Gästekarte kostenlos), von hier aus zu Fuß weiter (hin und zurück zusätzlich etwa 2 km) oder mit dem Hüttentaxi (Taxi Bodner, Tel. +43 664 161 8723) bis zum Talschluss.
Ausrüstung: Knöchelhohe, profilierte Bergschuhe und Badesachen.
Anforderungen: Insbesondere während des Aufstiegs über die Geländestufe zum Obstanser Boden sind Trittsicherheit und Ausdauer notwendig, da der Weg mühevoll über zahlreiche Stufen und felsiges Gelände bergauf führt. Sicherungen zum Abhang sind da, wo sie erforderlich sind, vorhanden. Kleine Kinder sollten im Bereich der Sicherungen an der Hand geführt werden. Bei Nässe und schlechtem Wetter sollte die Tour aufgrund der Rutschgefahr nicht begangen werden.
Einkehr: Obstansersee-Hütte, Tel. +43 4848 5422, www.alpenverein.at/obstanserseehuette, geöffnet von etwa Anfang Juli bis Ende September, Übernachtung möglich (Zimmer- und Matratzenlager, Reservierung online über die Webseite).

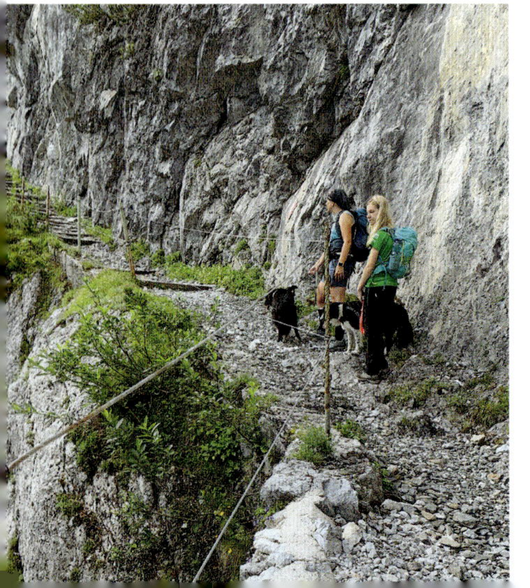

Stahlseile geben ein sicheres Gefühl an den steilen Felsabhängen.

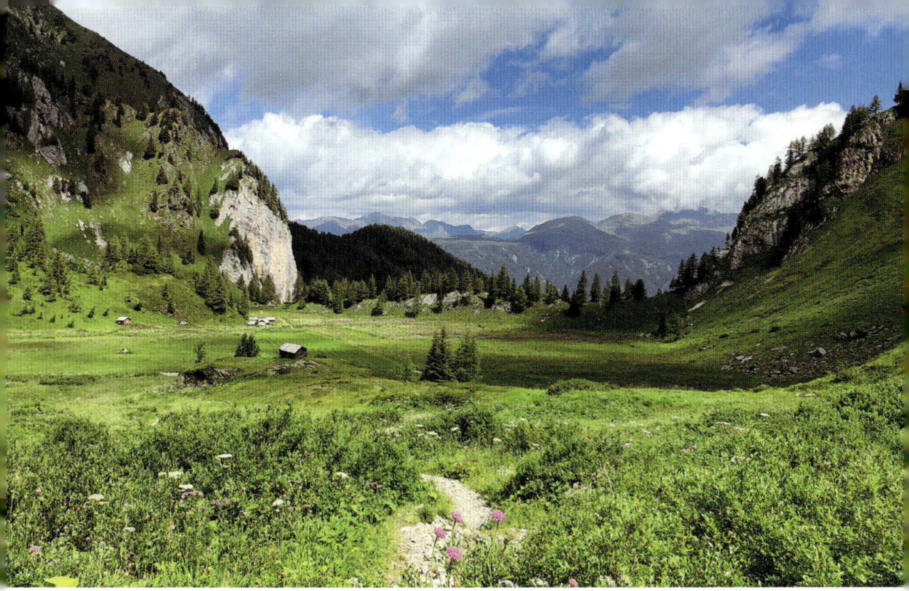

Blick über den Obstanser Boden.

Vom Parkplatz am **Sportzentrum in Kartitsch 1**, 1418 m, führt uns anfangs ein Forstweg in das Winkler Tal hinein. In dem grünen, bewaldeten Tal ist es angenehm schattig. Wir streifen eine Quelle, an der Wasser in einen Trog plätschert, und treffen an einer Wiese auf einen **Holzunterstand 2** mit Sitzplatz, der zu einer kurzen Pause einlädt. Kurz darauf überqueren wir den Bach und wandern weiter auf die unüberwindbar erscheinenden und am Talschluss steil aufragenden Felswände zu. Ein Wasserfall rauscht darüber in die Tiefe. Am Abzweig zum Wasserfall biegen wir rechts ab. Etwas weiter endet der breite Forstweg und wir folgen nun dem Steig an der rechten Talseite bergauf. In unzähligen Kehren geht es aufwärts und umso höher wir kommen, desto mehr lichtet sich die Vegetation und der Untergrund wird felsiger. Kleine Tafeln am Wegrand informieren über die hier wachsenden Pflanzen.

Der zunächst noch schottrige und steinige Weg wird schließlich immer treppenartiger. Mit Holzplanken sind Stufen angelegt, die es Stück für Stück hinaufgeht. Links fallen die Felswände ins Tal, rechts steigen sie steil empor. Ein Zaun sichert den

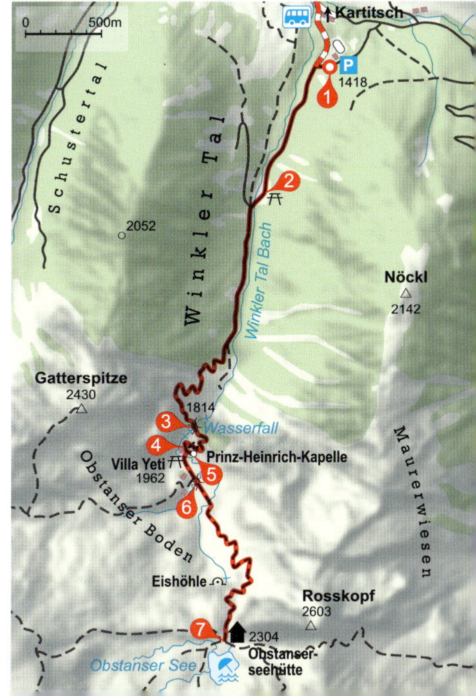

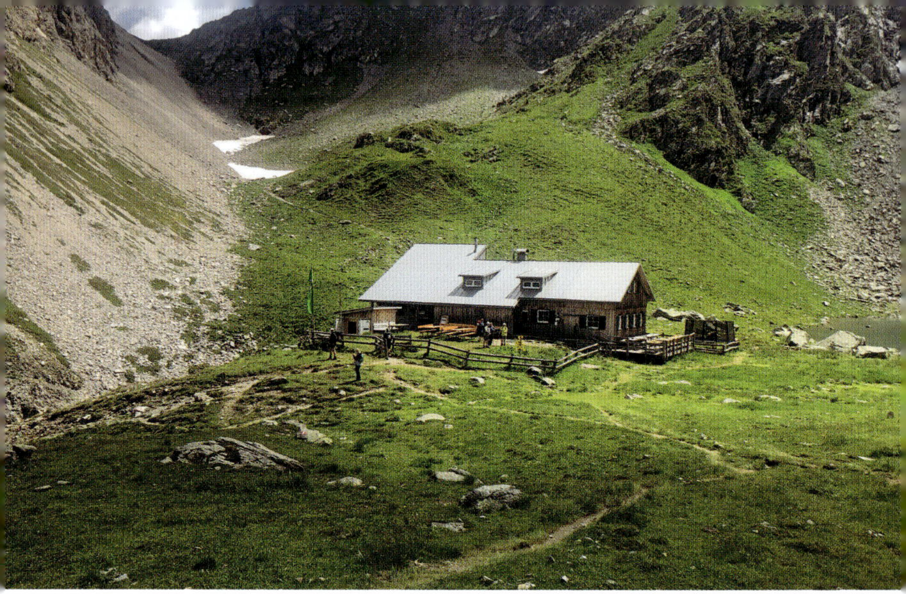

Die Obstansersee-Hütte am gleichnamigen See.

Weg. Hier ist Ausdauer gefragt, denn die Treppen scheinen kein Ende zu nehmen. An einer Stelle ragt der Fels dicht über unsere Köpfe und ein Holzbohlenweg führt darunter hindurch – Achtung, nicht den Kopf stoßen! Erfrischung finden wir schließlich auf der Brücke über den **Wasserfall ❸**, auf der wir den Sprühnebel des Wassers auf der Haut spüren.

Noch ein paar Kehren weiter, dann treten wir zwischen zwei Felsen in den Obstanser Boden ein. Die grüne Hochebene steht in sattem Kontrast zu dem rauen Felsen, an dem wir hochgestiegen sind. Beschaulich plätschert der Bach durch die Wiese, auf den Weiden grasen Kühe, Heuschober stehen in der Sonne. Am Unterstand Obstanser Boden, gleich bei der **Villa Yeti ❹**, 1962 m, befindet sich auch ein Rastplatz, wo wir dieses malerische Ambiente in Ruhe genießen können. Ein paar Schritte

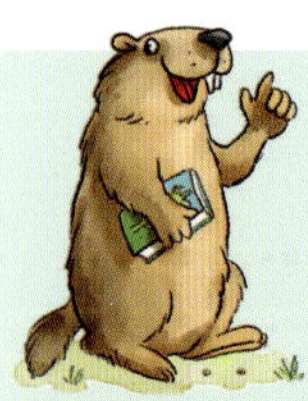

Hallo Kinder,

auf dieser Tour erwarten euch viele abenteuerliche Bergmomente. Besonders aufregend ist der Aufstieg über die Felsstufe zum Obstanser Boden. In unzähligen Kehren windet sich der Steig an der steilen Felswand bergauf und die Treppenstufen, die euch sicher nach oben bringen, scheinen kein Ende zu nehmen. Oben angekommen, könnt ihr erst einmal an der Villa Yeti rasten, bevor es durch das malerische Tal und anschließend über die nächste Geländestufe aufwärts geht. Hier könnt ihr mit etwas Glück Murmeltiere entdecken und im Felsen oberhalb des Talschlusses erkennt ihr die Eishöhle. Am Obstanser See angekommen, wagen sich die ganz Mutigen ins Wasser. Wem das zu kalt ist, nimmt das Tretboot.

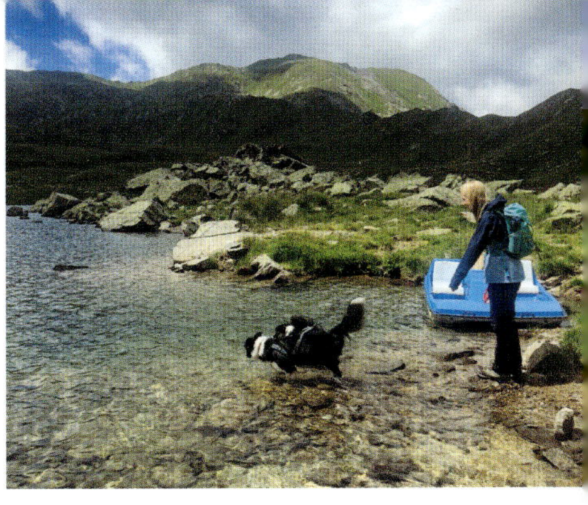

Der Obstanser See lädt an warmen Sommertagen zum Baden und Tretbootfahren ein.

weiter liegt der **Abzweig zur Prinz-Heinrich-Kapelle ❺**, die sich in Sichtweite befindet und einen kurzen Abstecher wert ist.
Danach führt uns eine Brücke erneut über den Bach und wir durchqueren geradewegs den Obstanser Boden, vorbei an den urtümlichen **Heuhütten ❻** und ein paar Kühen.
Am Talschluss angekommen ist die nächste Geländestufe zu erklimmen. Der schottrige Weg windet sich Stück für Stück an der linken Talseite durch hohe Sträucher und Alpenblumen hinauf. Rechts oberhalb am Felsen erkennen wir einen Wasserfall und gleich daneben die sogenannte Eishöhle. Durch einen Taleinschnitt geht es nun dem Ziel entgegen und bald darauf stehen wir am Eingang zur nächsten Hochebene, auf der sich das Ziel befindet. Die **Obstansersee-Hütte ❼**, 2304 m, direkt am Ufer des gleichnamigen Sees, lockt mit hausgemachtem Essen zur Einkehr. Bei angenehmen Sommertemperaturen bietet sich anschließend Erfrischung im See oder eine Fahrt mit dem Tretboot an. Der Talboden ist umringt von den Gipfeln des Rosskopfs, der Pfannspitze und des Obstanser Sattels an der Grenze zu Italien, über die auch der Karnische Höhenweg verläuft.

Highlights

★ Spektakulärer Aufstieg mit vielen Stufen durch eine steil aufragende Felswand.

★ Almidylle am Obstanser Boden mit der Villa Yeti und der Prinz-Heinrich-Kapelle.

★ Einkehrmöglichkeit in der Obstansersee-Hütte und Tretbootfahren auf dem Obstanser See.

★ Möglichkeiten zum Erfrischen im See und im Winklertalbach.

Nach eingehender Betrachtung des Panoramas machen wir uns auf den Rückweg. Dazu wandern wir denselben Weg zurück, den wir gekommen sind, und können im Winkler Tal noch einmal rasten – entweder am Bach, um uns erneut die Füße zu kühlen, auf einer Bank oder an dem **Holzunterstand ❷** mit Sitzplatz, den wir schon vom Hinweg kennen.

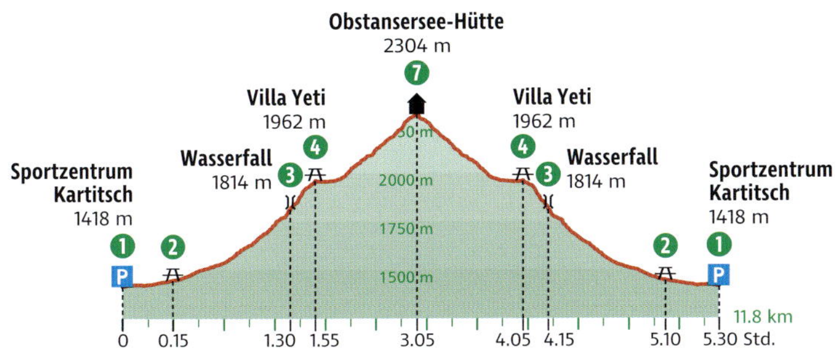

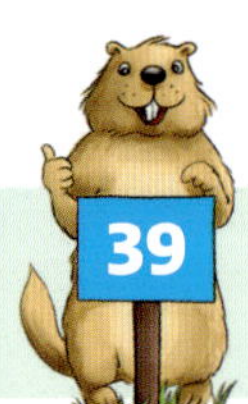

3.00 Std. | 6.4 km | ↗350 m | ↘350 m | ab 4 Jahren

39 Golzentipp, 2317 m

Über Jochsee und Speicherteich

Zur Kindermeile am Abenteuerberg

Auf der Wanderung rund um den Golzentipp ist für Groß und Klein etwas geboten. Bequem geht es mit der Bergbahn auf den Aussichtsberg. Oben angekommen gibt es für die Kids kein Halten mehr. Während die Kleinen die Spielstationen erkunden, können die Erwachsenen das wunderbare Panorama genießen. Kleine Heuschupfen verstecken sich in den Wiesen und der Jochsee glitzert im Sonnenschein. Am blau schimmernden Speicherteich laden geschwungene Holzliegen zur gemütlichen Pause ein. Am einfach zu erreichenden Gipfel des Golzentipp können wir uns ins Gipfelbuch eintragen und schließlich an der Conny Alm mit einem Naturspielplatz einkehren, bevor wir mit der Bergbahn wieder sanft ins Tal schweben. Ein abwechslungsreicher Familien-Ausflug bei dem alle auf ihre Kosten kommen. Die Wanderung über die Kindermeile ohne Gipfelaufstieg ist auch mit dem Kinderwagen möglich.

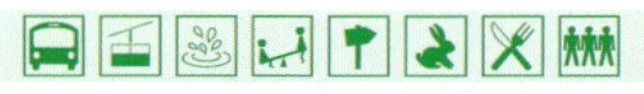

Ausgangspunkt: Talstation Golzentippbahn, 1430 m (Navi: Dorf 135, 9942 Obertilliach) mit kostenfreiem Parkplatz. Anfahrt von Lienz über das Pustertal Richtung Sillian, in Tassenbach abzweigen ins Lesachtal und weiter bis Obertilliach.

Anreise mit ÖV: Mit der Postbus-Linie 961 Lienz – Sillian bis Haltestelle Tassenbach Bahnhof (Vorplatz) und weiter mit der Postbus-Linie 965 Richtung St. Lorenzen i. L. bis Haltestelle Obertilliach Ort (Nutzung mit Gästekarte kostenlos).

Bergbahn: Infos u. Betriebszeiten unter https://obertilliacher-bergbahnen.com.

Ausrüstung: Trekking- oder Sportschuhe, ein Handtuch, falls die Kinder beim Spielen am Jochsee nass werden.

Anforderungen: Die Wanderung über die Kindermeile führt über einen breiten Forstweg; der Weg zum Gipfel und weitere Abschnitte verlaufen auf einem einfach zu begehenden Steig überwiegend durch offene Wiesenflächen.

Einkehr: Panoramarestaurant Conny Alm, Tel. +43 4847 5134 oder +43 664 9299829, www.connyalm.at, geöffnet Sommer- und Wintersaison, Übernachtungsmöglichkeit im Bergsteigerlager für 10 Personen.

KInderwagen-Variante: Die Kindermeile ist als separate Wanderung (ohne Aufstieg auf den Gipfel des Golzentipp) auch für geländegängige Kinderwagen geeignet und dauert etwa 2 Std. (5,6 km, 140 Hm).

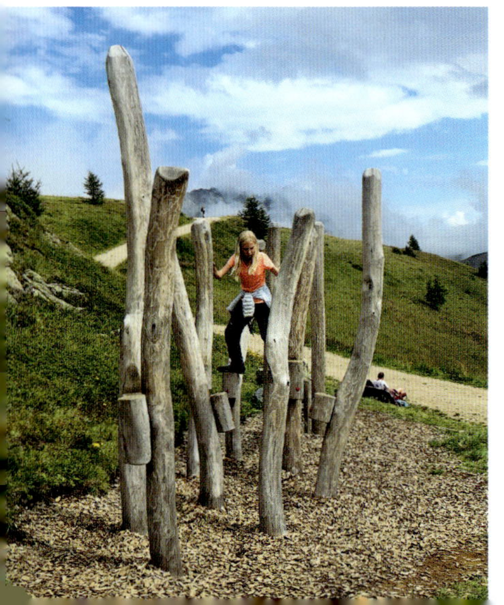

Von Stange zu Stange: Hier ist Koordination gefragt.

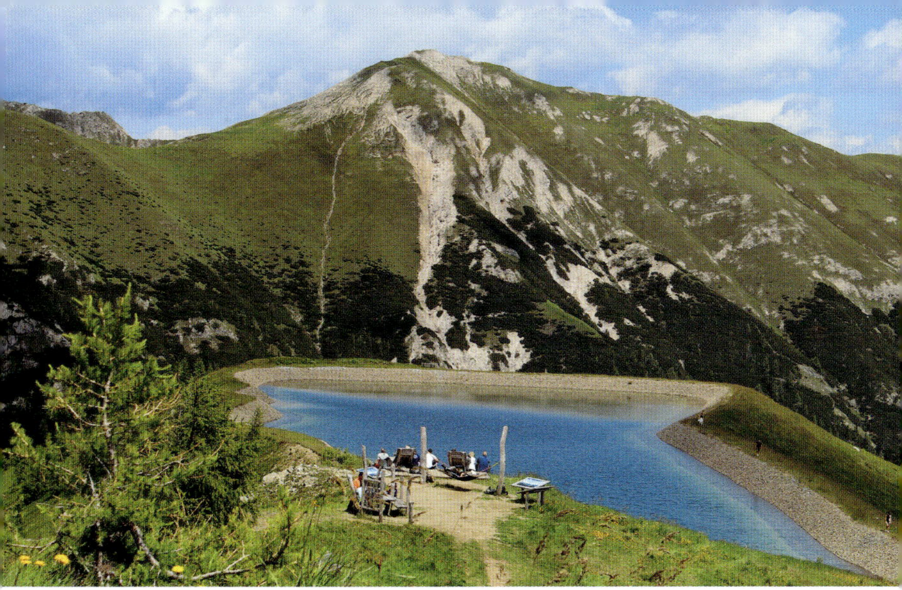

Am Speicherteich bietet sich ein schöner Pausenplatz zum Spielen und Ausruhen an.

Von der **Talstation der Golzentippbahn ❶** fahren wir komfortabel mit der Seilbahn hinauf zur **Bergstation ❷**. Nach dem Ausstieg halten wir uns links und folgen dem breit angelegten Wanderweg, an dem wir schon bald auf die erste Spielstation der **Kindermeile** treffen. Hier kann musiziert, balanciert, gekrabbelt und geschauspielert werden. Am nächsten Abzweig wenden wir uns erneut nach links und kurz darauf nach rechts. Wir verlassen den Hauptweg und folgen einem Pfad den Berg hinauf. Dabei wandern wir parallel zu einem Skilift, der sich rechter Hand befindet, während wir nach links den Blick über die ins Tal abfallenden Hänge genießen. Oben angekommen, vereint sich der Steig auf Höhe des **Jochsees ❸** wieder mit dem Hauptweg. Am Ufer des flachen Sees tummeln sich im Sommer unzählige Kaulquappen und auch Molche gibt es zu entdecken. Gleich daneben befinden sich ein Traktor, den selbst die Kleinsten steuern können, und ein Wasserspielgerät.

Nach ausgiebiger Erkundung folgen wir dem Hauptweg in Richtung Golzentippgipfel immer geradeaus und ignorieren die abzweigenden Wege. Das Gipfelkreuz ist bereits zu erkennen, sodass wir keine Orientierungs-

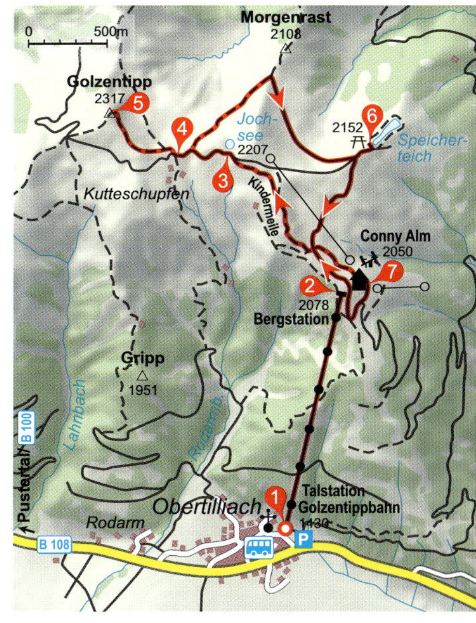

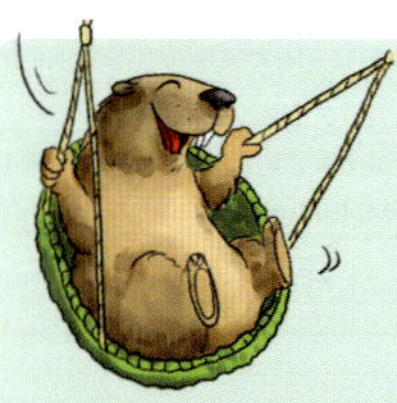

Hallo Kinder,

auf dem Abenteuerberg Golzentipp wird das Wandern auch für Wandermuffel zur großen Freude, denn hier oben erwarten euch gleich elf erlebnisreiche Spielstationen. Beim Toben, Entdecken und Erkunden vergeht die Zeit wie im Flug. Ihr könnt klettern, balancieren, Memory spielen, ein Labyrinth erkunden und so einiges mehr. Nebenbei erklimmt ihr dann noch den Gipfel des Hausbergs von Obertilliach, den Golzentipp. Und wenn ihr dann noch nicht müde seid, wartet an der Conny Alm noch ein Naturspielplatz auf euch. Ihr werdet staunen, was es hier alles zu erleben gibt!

probleme haben. Zur Linken passieren wir die **Kutteschupfen ❹**. Über den breiten Bergrücken führt uns schließlich der Gailtaler Höhenweg dem Ziel entgegen. Am Gipfel des **Golzentipp ❺**, 2317 m, angekommen, werden wir mit einer spektakulären 360-Grad-Panoramaaussicht belohnt. Besonders der benachbarte Spitzenstein sticht in nordwestlicher Richtung hervor. Am Gipfelkreuz befindet sich ein Gipfelbuch, in das wir uns eintragen können. Rundherum sind Tafeln mit Hinweisen zu den umliegenden Gipfeln aufgestellt.

Über den breiten Bergrücken geht es bequem hinauf zum Golzentipp.

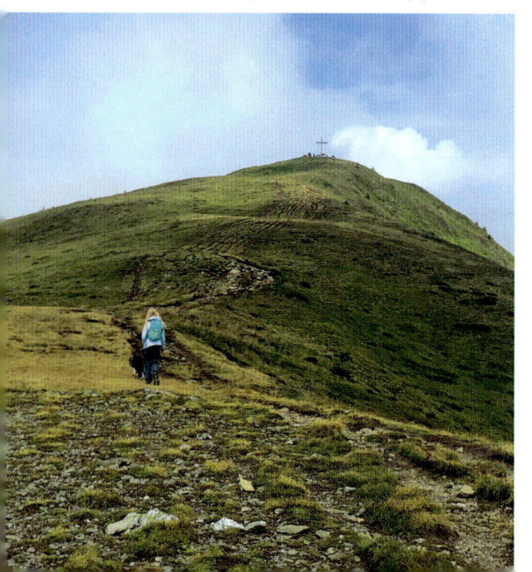

Danach machen wir uns an den Abstieg und wandern zunächst zurück in die Richtung, aus der wir gekommen sind. Doch statt des Abzweiges zum Jochsee wählen wir nach den **Kutteschupfen ❹** den linken Weg in Richtung Morgenrast. An der nächsten Weggabelung halten wir uns rechts und umrunden eine kleine Bergkuppe. In einiger Entfernung erkennen wir nun bereits den Speicherteich, der das Hochplateau des Laba, 2154 m, beherrscht und tiefblau leuchtet. Begleitet von dem Ausblick auf die umliegenden Gipfel

Highlights

- ★ Bequeme Auffahrt mit der Golzentippbahn auf den Abenteuerberg.
- ★ Kindermeile mit elf liebevoll gestalteten Spielstationen zum Toben, Relaxen und Erkunden.
- ★ Plansch- und Bademöglichkeit im Jochsee.
- ★ Einfacher Gipfel mit Gipfelbuch und herrlicher Panoramaaussicht.
- ★ Naturspielplatz an der Conny Alm mit Kletterwand, Wasserspiel, Baumhaus, Heuhüpfhütte und vielem mehr.

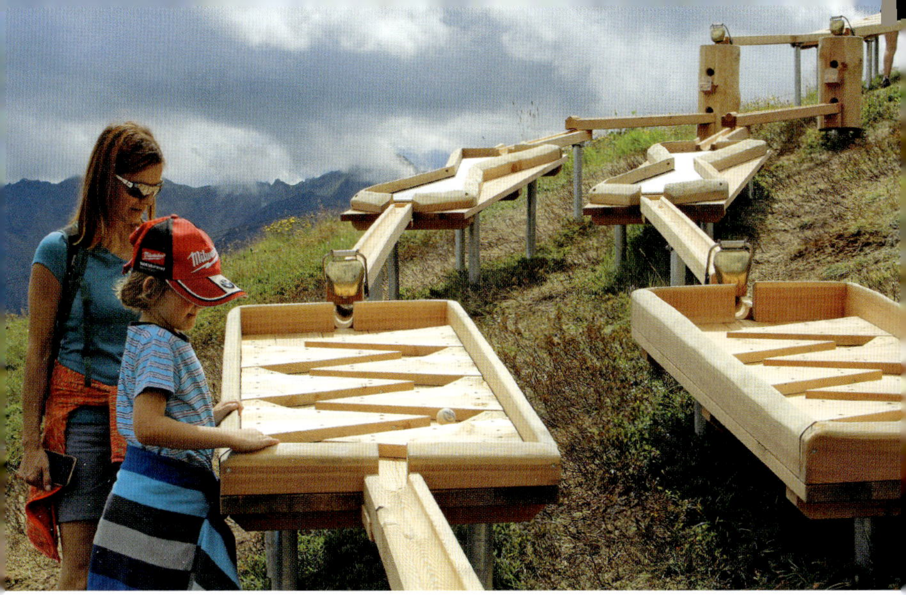

Die überdimensionale Murmelbahn ist nur eines der Highlights an Spielstationen.

wie Alplspitze oder Kofelspitz geht es dem nächsten Ziel entgegen. Kurz vor dem Speicherteich gelangen wir wieder auf den breiten Hauptweg und zu weiteren Spielstationen für die kleinen Entdecker. Ein Labyrinth, ein Memory und ein Verzerrspiegel sorgen für vergnügliches Treiben. Am **Speicherteich 6** selbst befinden sich bequeme Holzliegen, die zum Sonnenbaden einladen.
Anschließend geht es ein kurzes Stück zurück, bevor wir links abzweigen. In einem weiten Bogen verläuft der Hauptweg, vorbei an den nächsten Entdeckerplätzen mit Kletterparcours und Rücken-Massagestelle für die Eltern, bis zur **Conny Alm 7**, 2050 m. Das Panoramarestaurant bietet jetzt eine willkommene Stärkung, und zur Freude der Kinder gibt es hier auch einen liebevoll angelegten Naturspielplatz mit einem Tunnel durch den Berg, Wasserspielplatz, Rutsche und einigem mehr.
Zur schon in Sichtweite gelegenen **Bergstation der Golzentippbahn 2** sind es nur noch ein paar Meter. An der Conny Alm halten wir uns rechts, biegen alsbald nochmals rechts ab und erreichen die Gondel, die uns wieder hinunter ins Tal bringt.

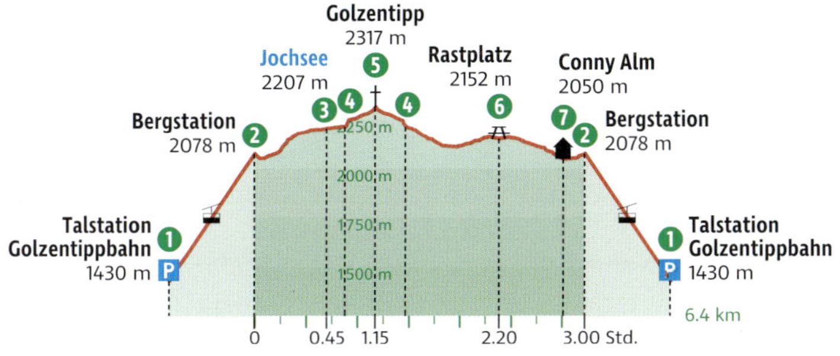

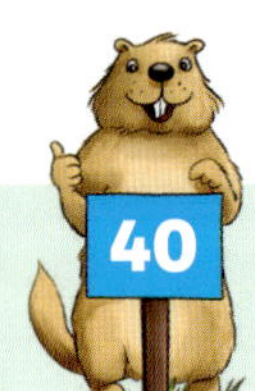

3.30 Std. | 6.1 km | ↗ 520 m | ↘ 520 m | ab 5 Jahren

Sillianer Hütte, 2447 m

Von der Leckfeldalm

Auf den Karnischen Kamm an der Grenze zu Italien

Das Highlight dieser Tour, die Sillianer Hütte, ist ein beliebtes Wanderziel. Nicht nur, weil der Karnische Höhenweg hier vorbeiführt, sondern auch, weil sie aufgrund ihrer Lage direkt auf dem Kamm aus zwei Tälern einfach zu erreichen ist. Wir starten von österreichischer Seite aus Richtung Sillian, während sich von italienischer Seite die Wanderer aus Sexten nähern und dabei sogar noch den Vorteil einer Seilbahn haben. Und so herrscht hier oben fröhliches Treiben mit einem Mix aus italienischem und österreichischem Flair und unterschiedlichen Sprachen.

Die Sillianer Hütte auf dem Karnischen Kamm.

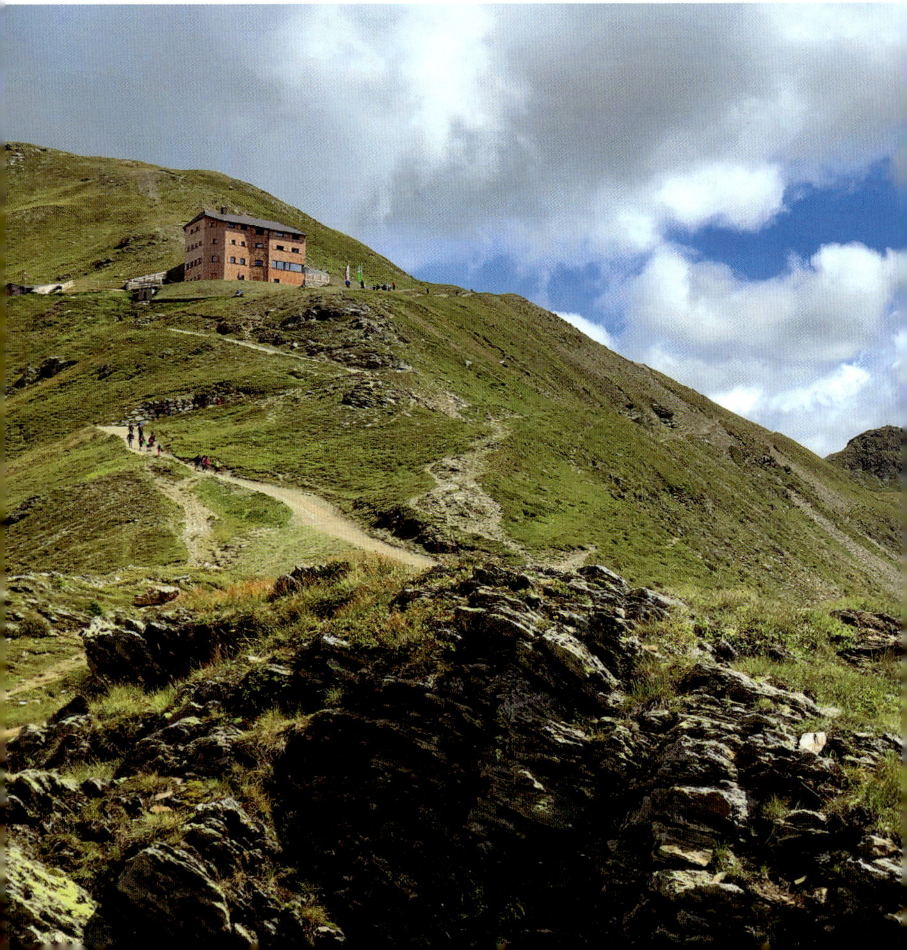

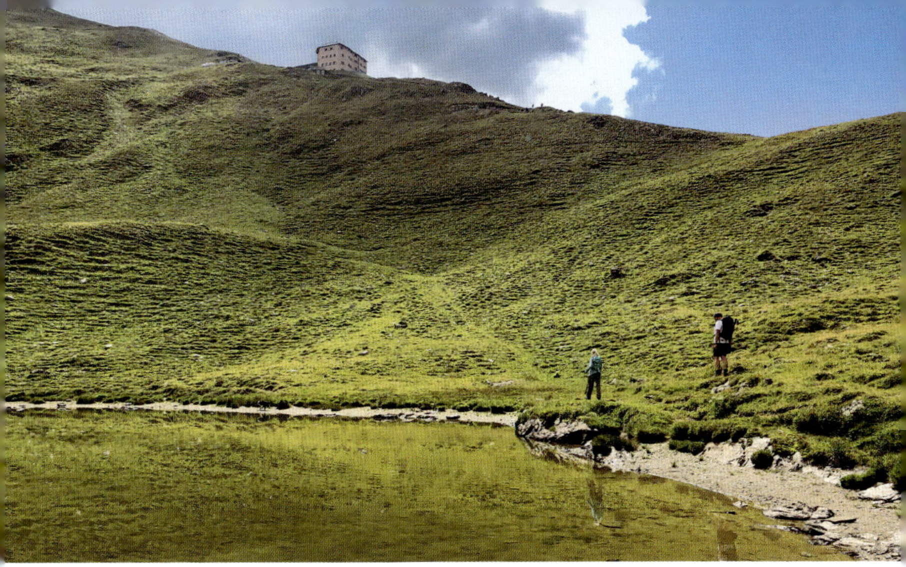

Der Füllhornsee liegt in einer kleinen Mulde unterhalb des Ziels, das bereits in Sichtweite ist.

   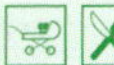 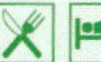 

Ausgangspunkt: Parkplatz der Leckfeldalm, 1925 m (Navi: Sillian 181a, 9920 Sillian). Anfahrt von Lienz über das Pustertal nach Sillian, den Wegweisern Richtung Wichtelpark folgen; hier links abbiegen, Achtung Mautschranke, danach über die kostenpflichtige Mautstraße bis zur Leckfeldalm.
Anreise mit ÖV: Mit der Postbus-Linie 961 Lienz – Sillian bis Haltestelle Sillian Marktplatz (Nutzung mit Gästekarte kostenlos), alternativ mit dem Zug vom Bahnhof Lienz bis Sillian, von hier aus weiter mit dem Hüttenshuttle der Leckfeldalm (kostenpflichtig, Tel. +43 664 3412813).
Ausrüstung: Trekking- oder Sportschuhe. Handtuch für die Planscherei im Füllhornsee und ggf. Badesachen.
Anforderungen: Die einfache Wanderung verläuft vollständig auf einem Forstweg; ein geländegängiger Kinderwagen kann genutzt werden
Einkehr: **Leckfeldalm**, Tel. +43 664 3412813, www.leckfeldalm.at, geöffnet während der Sommersaison, Übernachtung möglich (Zwei-, Drei- oder Vierbettzimmer, Buchung telefonisch). **Sillianer Hütte**, Tel. +43 664 5323802, www.sillianerhuette.at, geöffnet von ca. Juni bis Ende September, Übernachtung möglich (Zwei- oder Mehrbettzimmer, Matratzenlager).

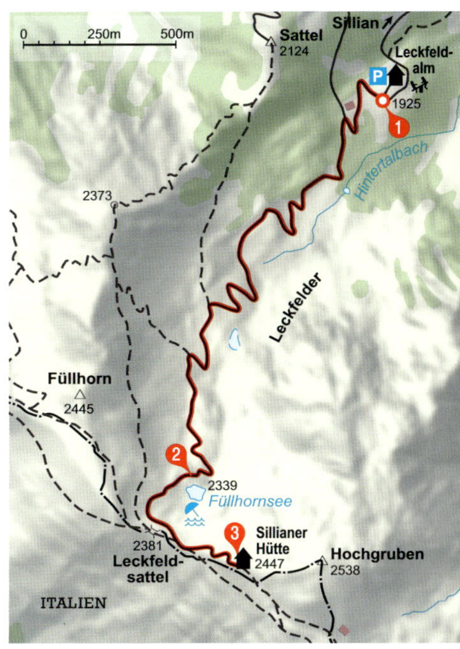

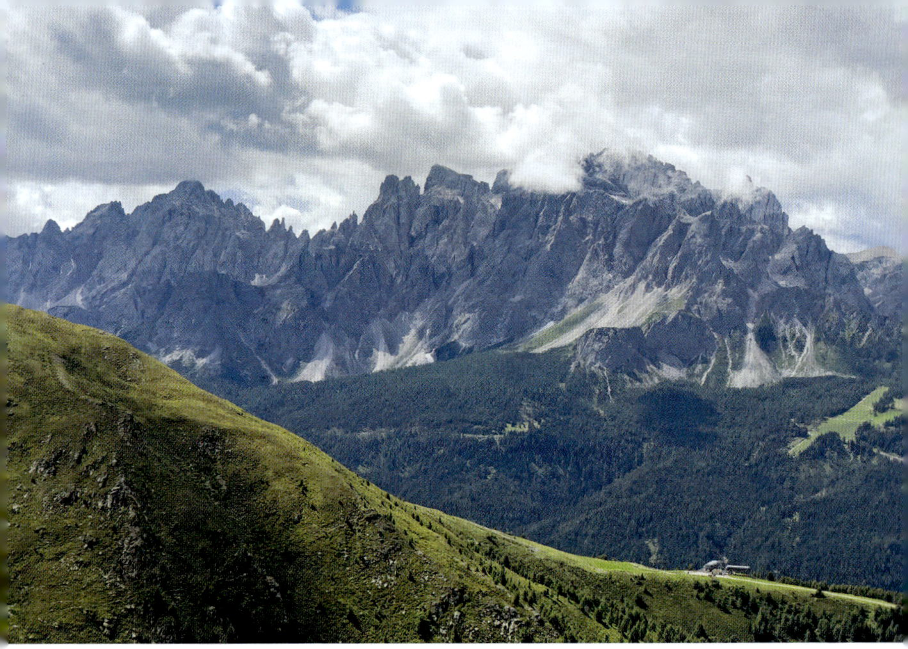

Ausblick auf die Sextener Dolomiten jenseits der Grenze in Italien.

Vom **Parkplatz der Leckfeldalm ❶** folgen wir dem Forstweg, der sich in zahlreichen Kehren durch das Trogtal zum Karnischen Kamm und bis zum Ziel hinaufschlängelt. Anfänglich säumen noch ein paar Nadelbäume den Weg, doch Meter für Meter lichtet sich die Vegetation. Am Wegrand laden Bänke zur Pause ein. Der Hintertalbach plätschert gemächlich durch die Wiesen. Zahlreiche Felsbrocken liegen verstreut auf den Hängen und bieten den Kindern ein wenig Kraxelspaß. Die Sillianer Hütte kommt schon bald in Sicht. Die erst 2019 umfangreich renovier-

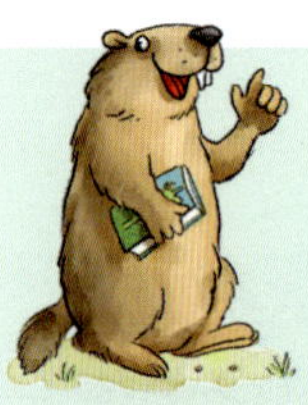

Hallo Kinder,

die Sillianer Hütte befindet sich direkt am Karnischen Höhenweg. Dieser Fernwanderweg wird auch Friedensweg oder auf Italienisch Via della Pace genannt. Über 150 Kilometer verläuft er über den Kamm der Karnischen Alpen direkt an der Grenze von Österreich zu Italien. Ursprünglich wurde der Weg als Versorgungsweg während des 1. Weltkriegs angelegt. Ruinen alter Kriegsstellungen zeugen heute von der traurigen Vergangenheit und den Kämpfen, die im Gebirge stattgefunden haben. Der Karnische Höhenweg streift auch die Porzehütte, die ihr auf Tour 37 kennenlernen könnt, oder die Obstansersee-Hütte von Tour 39. Die Sillianer Hütte liegt im Unterschied zu den anderen beiden Tourenzielen direkt auf dem Bergkamm und bietet damit ein faszinierenden Blick auf die schroffen Felsen der Sextener Dolomiten.

te und erweiterte Hütte thront links oben am Bergkamm. Doch ein paar Kehren liegen noch vor uns.

Unterhalb des Ziels liegt in eine Mulde gebettet der **Füllhornsee** ❷. Molche sonnen sich in den flachen Uferbereichen und wir können eine kurze Pause einlegen und etwas Wasserspaß genießen. Anschließend steigen wir die letzten Meter bis zum Karnischen Kamm und dem Leckfeldsattel empor. Von hier aus blicken wir ins gegenüberliegende Tal und auf die Sextener Dolomiten mit ihren spitzen und eindrucksvollen Felszacken. Über den Kammweg ist es dann nicht mehr weit bis zur **Sillianer Hütte** ❸, 2447 m. Je nach Wetter können wir auf der Terrasse Platz nehmen oder im Warmen in der Hütte und uns die Jause schmecken lassen.

Im Anschluss machen wir uns auf den Rückweg ins Tal. Auch hier wählen wir den Fahrweg, was nicht weiter stört oder langweilig wird, denn nun haben wir während des Abstiegs den schönen Blick ins Pustertal vor uns. Unterwegs können wir nochmals auf einer der Bänke rasten und abschließend in der **Leckfeldalm** ❶ einkehren, um den Tag ausklingen zu lassen.

Highlights

★ Einfache Tour mit tollem Panorama auf die Sextener Dolomiten.

★ Einkehrmöglichkeiten an Start und Ziel in der Leckfeldalm und Sillianer Hütte.

★ Plansch- und Bademöglichkeit im Füllhornsee.

★ Spielplatz an der Leckfeldalm mit Spielhaus, Rutsche und Schaukel.

★ Nach der Wanderung lohnt sich noch ein Ausflug in den Wichtelpark Sillian (siehe Freizeittipp C4).

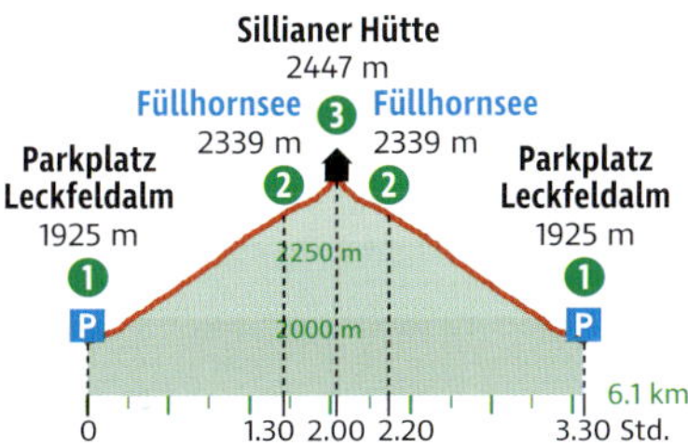

Rund um die Leckfeldalm ist viel Platz zum Spielen für die Kinder.

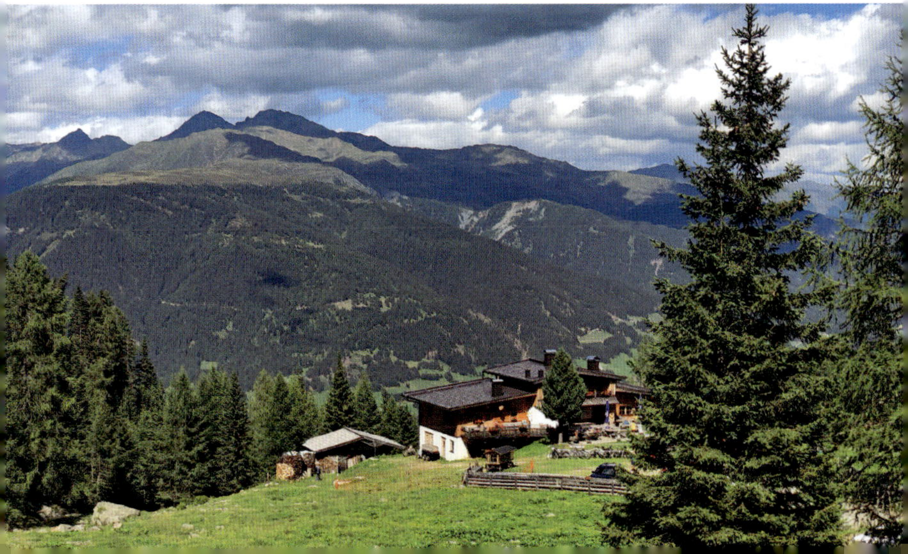

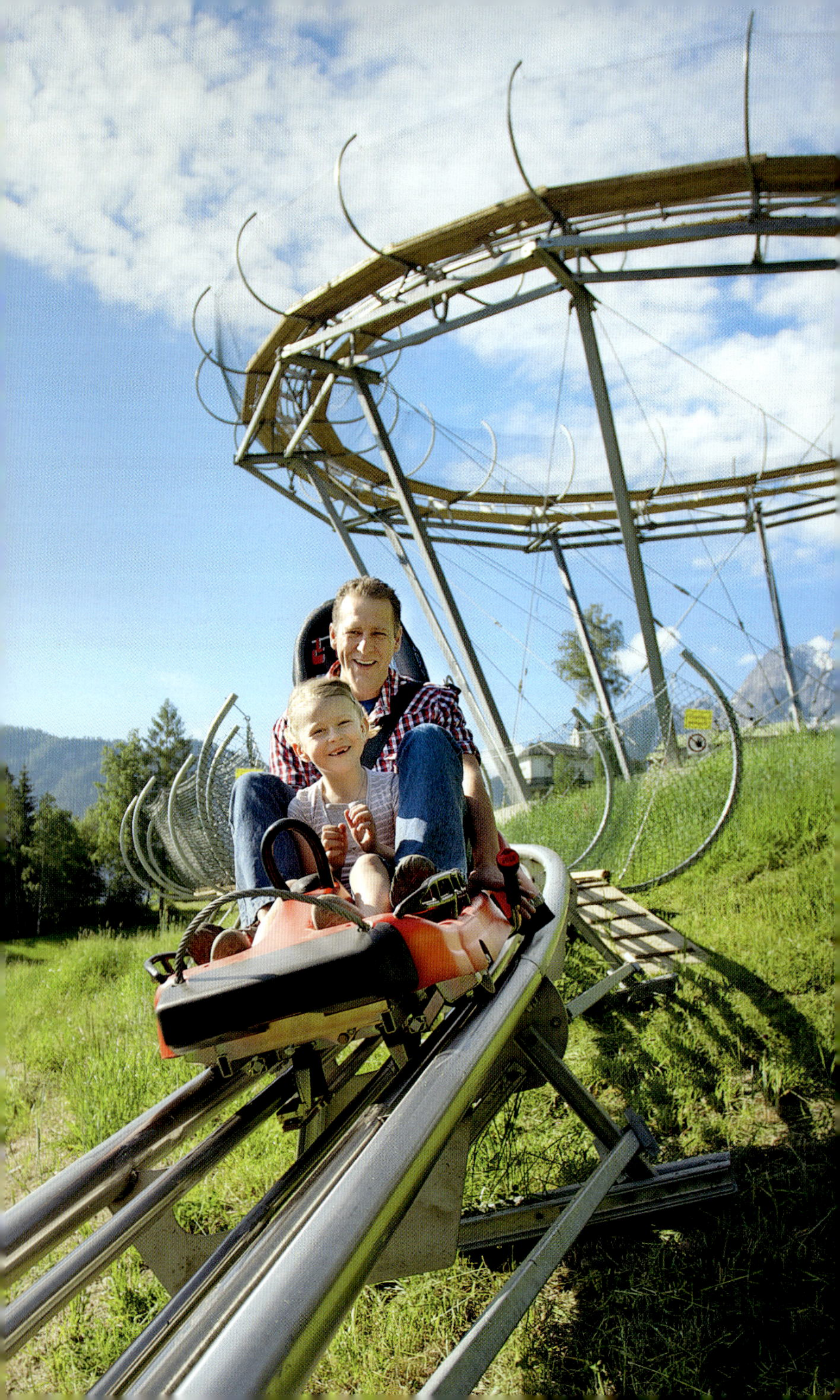

Freizeit- und Schlechtwettertipps

Sommerrodelbahnen und Riesenschaukeln

A1 Alpine Coaster »Osttirodler«

Am Hochstein befindet sich einer der aufregendsten und längsten Alpine Coaster der Alpen – der »Osttirodler«. Auf einer Stecke von 2,7 km geht es – nach der Auffahrt mit dem Sessellift oder in einer der geschlossenen Seilbahnkabinen – auf den modernen Sommerrodel-Schlitten durch den Wald bergab ins Tal. Rasante Kurven, flotte Wellen und zum Schluss eine schwindelerregende Spirale machen die Fahrt zu einem Erlebnis für die ganze Familie.

Infos, Öffnungszeiten und Preise: www.osttirodler.com, Tel. +43 4852 6397530.

Anfahrt: Iseltaler Str. 27, 9900 Lienz.

Anreise mit ÖV: Mit der Regionalbus-Linie 2 oder mit der Buslinie 962 Lienz – Abfaltersbach bis zur Haltestelle Lienz Hochstein/Schloss Bruck.

A2 Fun Alpin Osttirol

Die Sommerrodelbahn Fun Alpin Osttirol gehört zur Erlebniswelt Assling und kann unabhängig von einem Besuch des Wildtierparks genutzt werden. Die 360 m lange Strecke verläuft auf runden Schienen in zehn Kurven über einen sonnigen Berghang, sodass die herrliche Aussicht bei der kurzweiligen und spritzigen Fahrt genossen werden kann.

Infos, Öffnungszeiten und Preise: www.erlebniswelt-assling.at, Tel. +43 4855 20474.

Anfahrt: Oberassling 58, 9911 Assling.

Anreise mit ÖV: Buslinie 962 Lienz – Abfaltersbach, verkehrt Mo–Fr, Ausstieg Assling Wildpark.

A3 Megadive – die Riesenschaukel im Lesachtal

Die größte Schaukel der Alpen, einzigartig in Europa und nichts für schwache Nerven befindet sich bereits auf Kärntener Seite im Lesachtal. Von einer 70 Meter hohen Brücke schwingt sie über den Abgrund. Das Mindestalter für den Nervenkitzel beträgt 10 Jahre. Eine Anmeldung ist erforderlich. Geöffnet Mai bis September.

Infos: www.fitundfun-outdoor.com/sommer/megadive.

Treffpunkt: Mega-Dive Camp, Gailtal Straße, Podlaniger Brücke – B111 zwischen St. Jakob und Birnbaum.

Anreise mit ÖV: Buslinie 965 Sillian – St. Lorenzen i. L., von der Endstation weiter mit Buslinie 5050 St. Lorenzen im Lesachtal – Kötschach, Ausstieg: Birnbaum, Fußweg noch 1,2 km.

Natur- und Freibäder

Informationen zu allen Schwimmbädern sind auch gesammelt auf der Webseite www.osttirol.com/entdecken-und-erleben/sommer/wasser-und-outdoor/schwimmen zu finden.

B1 Dolomitenbad Lienz

Mitten im Talboden von Lienz liegt mit großartiger Aussicht auf die umliegenden Berge das Dolomitenbad. Ein Frei- und Hallenbad laden große und kleine Besucher ein. Zum Freibad zählen eine weitläufige 20.000 m² große Liegewiese, vier beheizte Schwimmbecken, ein 1-m- und 3-m-Sprungturm, eine Spiel- und Wasserwelt mit Wildbach für die kleinsten

Spaß für die ganze Familie: einmal mit dem Osttirodler ins Tal flitzen.

Besucher, zwei Beach-Volleyball-Felder und eine flotte Wasserrutsche von 60 m Länge. Das Hallenbad verfügt auch über einen Sauna-Bereich. Gastronomie und kostenlose Parkplätze sind vorhanden.
Infos, Öffnungszeiten und Preise: www.dolomitenbad.at, Tel. +43 4852 63820.
Anfahrt: Rechter Drauweg 1b, 9900 Lienz.
Anreise mit ÖV: Regio-Bus-Linie 1, Ausstieg am Dolomitenstadion; gemäß Sommerfahrplan auch Linie 2.

B2 Strandbad Tristacher See

Der Tristacher See ist Osttirols einziger Naturbadesee und liegt am Hang des Rauchkofels. Am Ufer des Sees befinden sich eine große Liegewiese, ein Beach-Volleyballplatz, vier Badestege, ein Sprungturm sowie ein Kinderspielplatz. Schlauchboote dürfen mitgebracht werden. Ein Luftkompressor kann vor Ort gebührenpflichtig ausgeliehen werden. Die Wassertemperatur beträgt in den Sommermonaten angenehme 24° C.
Infos, Öffnungszeiten und Preise: www.dolomitenbad.at, Tel. +43 4852 65601.
Anfahrt: Über Tristach zum Parkplatz Seewiese (kostenpflichtig; Navi: Seewiese, 9907 Tristach).
Anreise mit ÖV: Regio-Bus-Linien 1 und 2 gemäß Sommerfahrplan, Ausstieg Linie 1 Tristach Seewiese, Linie 2 Parkhotel Tristacher See.

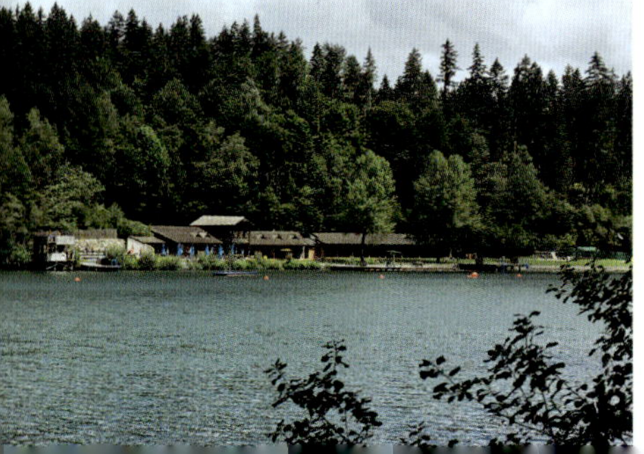

B3 Freibad Dölsach

Im Freibad Dölsach warten ein Sportbecken mit Sprungsockeln, ein Nichtschwimmerbecken und ein Babybecken auf die Gäste. Dazu gibt es ein Beach-Volleyballfeld, eine Tischtennisplatte, einen Spielplatz und ein gastronomisches Angebot.
Infos, Öffnungszeiten und Preise: www.doelsach.at, Tel. +43 4852 68233.
Anfahrt: Dölsach 5a, 9991 Dölsach.
Anreise mit ÖV: Bahn-Linie S1 von Lienz Banhnhof nach Dölsach Bahnhof, dann 1,4 km Fußweg. Alternativ mit der Postbus-Linie 940/941 Lienz – Lavant/Nikolsdorf bis zu den Haltestellen Dölsach Gh. Kreuzwirt oder Gödnach Ort, dann jeweils ca. 750 m Fußweg. Auch die Linie 942 Lienz – Winklern i. M. fährt zur Haltestelle Dölsach Gh. Kreuzwirt.

B4 Waldschwimmbad Leisach

Das Waldschwimmbad Leisach liegt direkt an der Drau und ist umgeben von angenehm schattenspendenden Bäumen. Für die kleinen Gäste gibt es ein extra Baby- sowie ein Kinderbecken, eine Rutsche sowie einen Spielplatz. Für das leibliche Wohl ist ebenso gesorgt.
Infos, Öffnungszeiten und Preise: https://leisach.gv.at (unter Wirtschaft/Tourismus), Tel. +43 4852 62660.
Anfahrt: Leisach 101, 9909 Leisach.
Anreise mit ÖV: Mit der Postbus-Linie 961 Lienz – Sillian bis Haltestelle Leisach Ort, von hier 500 m Fußweg.

B5 Vithal Freizeitzentrum Assling

Das Freizeitzentrum Vithal bietet ein beheiztes Freibad, einen Abenteuerspielplatz, einen Funcourt und Tennisplätze. Das Café Vithal lädt zur gemütlichen Einkehr ein. Geöffnet von Mai bis Oktober.

Strandbad am Tristacher See.

In den Hochseilgärten gibt es Parcours in unterschiedlichen Höhen und Schwierigkeitsgraden.

Infos, Öffnungszeiten, Preise: www.assling.at/freizeitzentrum_vithal, Tel. +43 4855 8305.
Anfahrt: Thal-Aue 126, 9911 Assling.
Anreise mit ÖV: Mit der Postbus-Linie 961 Lienz – Sillian bis Haltestelle Thal Ort.

B6 Freischwimmbad Matrei i. O.

Neben einem großen Schwimmbecken gibt es hier ein Nichtschwimmerbecken mit Rutsche und zwei Kinderplanschbecken. Sportbegeisterte Kids können sich beim Fußball, Tischtennis und Beachvolleyball auspowern. Das Schwimmbad-Buffet sorgt für Stärkung. Geöffnet Ende Mai bis Ende August bei Badewetter.
Infos, Öffnungszeiten, Preise: Gemeindeamt Matrei, Tel. +43 4875 6455.
Anfahrt: 9971 Matrei i. O. Über die Virgener Landesstraße Richtung Virgental und gleich nach der Brücke über den Tauernbach links in den Stichweg Bruggen einbiegen.
Anreise mit ÖV: Mit der Postbus-Linie 951 Lienz – Huben – Prägraten bis Haltestelle Matrei i. O. Auerfeld, von hier aus ca. 550 m Fußweg Richtung Matrei und vor dem Tauernbach rechts in den Stichweg abzweigen.

B7 Freischwimmbad Virgen

Highlights sind ein 50-m-Sportschwimmbecken, eine 48-m-Wasserrutsche, ein 3-m-Sprungturm und zahlreiche Sportmöglichkeiten zum Tennis, Beachvolleyball oder Tischtennis spielen sowie ein Kinderspielplatz. Natürlich ist auch für Verpflegung gesorgt. Geöffnet Ende Mai bis Ende August bei Badwetter.
Infos, Öffnungszeiten und Preisen: Tel. +43 4874 52117.

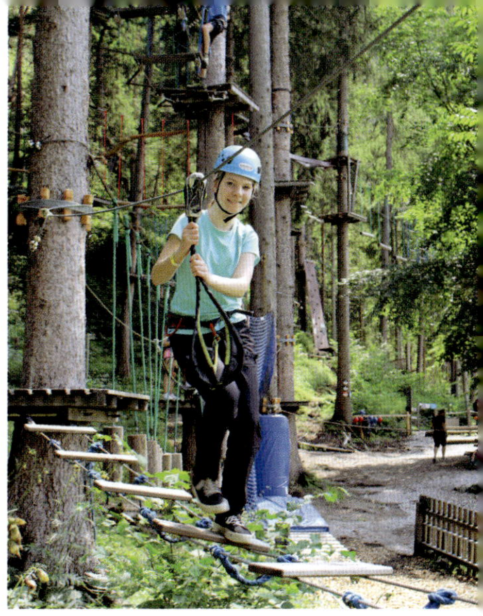

Anfahrt: Angerweg 23, 9972 Virgen. Von Matrei aus über de Virgentaler Landesstraße.
Anreise mit ÖV: Mit der Postbus-Linie 951 Lienz – Huben – Prägraten bis Haltestelle Virgen Mellitzbrücke, zu Fuß entgegen der Fahrtrichtung ein kurzes Stück zurück und gleich nach Überquerung des Mellitzbachs links in den Angerweg zum Schwimmbad (ca. 200 m).

Kletterparks und Hochseilgärten

C1 Kletterpark Lienz

Der Kletterpark Lienz befindet sich am Erlebnisberg Hochstein und ist der größte Hochseilgarten Tirols. 18 Parcours in allen möglichen Schwierigkeitsgraden und mit aufregenden Elementen stehen für alle Altersklassen ab 2 Jahren zur Verfügung. Die Anreise erfolgt mit der Schlossbergbahn.
Infos, Öffnungszeiten und Preise: www.kletterpark-lienz.at, Tel. +43 664 1212899.

Anfahrt: Iseltaler Str. 27, 9900 Lienz. Anreise mit ÖV: Mit der Regionalbus-Linie 2 oder mit der Buslinie 962 Lienz – Abfaltersbach bis zur Haltestelle Lienz Hochstein/Schloss Bruck.

C2 Kletterpark Galitzenklamm

Kleiner, aber feiner Kletterpark direkt an der Galitzenklamm. Für Kinder gibt es einen 2 m hohen Parcours mit zehn abenteuerlichen Elementen. Außerdem sind zwei weitere Parcours mit aufregenden Holzleitern, schwebenden Elementen, beweglichen Balken und mehr im Einsatz. Highlight ist der Flying-Fox-Parcours mitten über den Galitzenbach in 25 m Höhe. Zudem verlaufen mehrere anspruchsvolle Klettersteige mitten durch die Klamm.

Infos, Öffnungszeiten und Preise: www.kletterpark-lienz.at/kletterpark-galitzenklamm, Tel. +43 664 1212899.

Anfahrt: Galitzenklamm 3, 9908 Amlach.

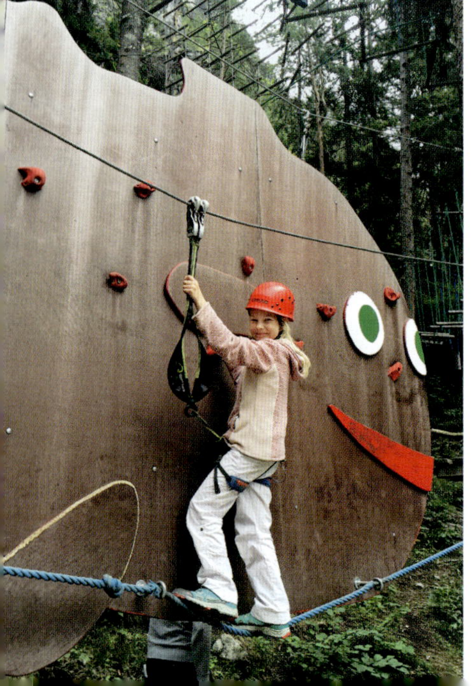

Anreise mit ÖV: Mit der Postbus-Linie 961 Lienz – Sillian oder 962 Lienz – Abfaltersbach bis Haltestelle Leisach Gries, von dort ca. 600 m Fußweg.

C3 WALU's Kletterwelt – Kletterpark St. Jakob im Defereggental

Ein Hochseilgarten für die ganze Familie unmittelbar neben dem Wasserspielplatz im Zentrum von St. Jakob im Defereggental. Verschiedene Schwierigkeitsgerade sind zu erkunden.

Infos, Öffnungszeiten und Preise: www.kletterpark-lienz.at/kletterpark-st-jakob-im-defereggent, Tel. +43 664 1212899.

Anfahrt: Oberrotte neben dem Wasserspielplatz, 9963 St. Jakob in Defereggen.

Anreise mit ÖV: Mit der Postbus-Linie 951 Lienz – Huben bis Haltestelle Huben Ort, weiter mit der Linie 953 Huben – St. Jakob i. D. bis Haltestelle St. Jakob i. D. Forellenhof (verkehrt ca. Ende Mai bis Ende September), von dort ca. 400 m Fußweg.

C4 Wichtelpark Sillian

Im Wichtelpark Sillian kann nach Herzenslust getobt werden. Es gibt hier einen Hochseilgarten, ein Autodrom, eine Seilrutsche in luftiger Höhe, eine 30 m lange Röhrenrutsche, Wippen, Schaukeln, Kletterwände, eine Wasserspielanlage und einen 18-Loch Minigolfplatz.

Infos, Öffnungszeiten und Preise: www.wichtel.at, Tel. +43 50 212300.

Anfahrt: Sillian 143a, 9920 Sillian.

Anreise mit ÖV: Mit der Postbus-Linie 961 Lienz – Sillian bis Haltestelle Sillian Marktplatz, von hier noch ca. 700 m Fußweg.

Kindgerechte Hindernisse bringen auch den Kleinen schon viel Spaß im Kletterpark Galitzenklamm.

Im Nationalparkhaus Matrei können die Hohen Tauern interaktiv erlebt werden.

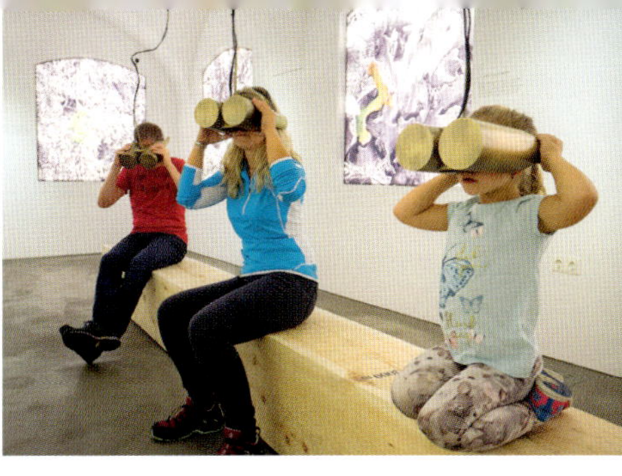

C5 Kletterpark Großvenediger Adventures

Der Hochseilgarten erstreckt sich inmitten eines herrlichen Lärchenwaldes auf über 1300 m² Fläche und bietet zahlreiche Parcours mit unterschiedlichen Höhen und Schwierigkeitsgraden. Auf der Mini-Tour können bereits Kinder ab 3 Jahren klettern. Dazu gibt es eine Slackline-Tour, einen Parcours aus zehn Seilrutschen sowie eine Riesenschaukel in 15 m Höhe.
Infos, Öffnungszeiten und Preise: www.grossvenediger-adventures.at, Tel. +43 680 1452075.
Anfahrt: St. Andrä 19, 9974 Prägraten am Großvenediger.
Anreise mit ÖV: Mit der Postbus-Linie 951 Lienz – Huben – Prägraten bis Haltestelle Prägraten a. G. Ströden.

Bike-Parks

D1 BikePark Lienz

Insgesamt 12 km beste Single-Trails stehen im Bikepark Lienz am Hochstein zur Verfügung. Vom Einsteiger bis zum Profi warten Routen wie der Flow Family Trail, der Alban Lakata Trail, die Welcome to the Jungle Line und der Peter Sagan Trail sowie ein PumpTrack auf die abenteuerlustigen Biker. Wer kein eigenes Bike hat, kann sich eins im Verleihcenter mieten. Hier wird auch bei Pannen geholfen. Für Stärkung sorgt die Bikebar. Und wer fachkundige Anleitung und einen Guide benötigt, kann sich in der Bike School umsehen (Info unter: www.glockner-adventures.de).
Infos, Öffnungszeiten und Preise: www.lienzer-bergbahnen.at/sommerausflugsziele/bikepark-lienz, Tel. +43 4852 63975.
Anfahrt: Iseltaler Str. 27, 9900 Lienz.
Anreise mit ÖV: Mit der Regionalbus-Linie 2 oder mit der Linie 962 Lienz – Abfaltersbach bis zur Haltestelle Lienz Hochstein/Schloss Bruck.

Nationalpark Hohe Tauern Besucherzentren

Aktuelle Öffnungszeiten der einzelnen Besucherzentren sind unter www.hohetauern.at zu finden.

E1 Nationalparkhaus Matrei

Interaktive Ausstellung über die (Er-)Lebensräume des Nationalparks Hohe Tauern. Der Eintritt ist frei.
Info: Tel. +43 4875 516110.
Anfahrt: Kirchplatz 2, 9971 Matrei.
Anreise mit ÖV: Mit der Postbus-Linien 951 Lienz – Huben bis Haltestelle Huben Ort, weiter mit der Linie 953 Huben – St. Jakob i. D. bis Haltestelle Matrei i. O. Mittelschule (verkehrt ca. Ende Mai bis Ende September).

E2 Besucher- u. Informationszentrum »Glocknerwinkel«

Ausstellung rund um den Großglockner und die »Big Five« des Nationalparks im Ködnitztal. Mit etwas Glück und unter fachmännischer Anleitung können Murmeltier, Gämse, Steinbock, Steinadler und Bartgeier

durch die bereitgestellten Spektive (Swarovski Testzentrum) im Besucherzentrum selbst beobachtet werden. Der Eintritt ist frei.
Info: Tel. +43 4875 516110.
Anfahrt: Parkplatz Glocknerwinkel am Lucknerhaus (Navi: Glor-Berg 16, 9981 Kals am Großglockner). Anfahrt über die gebührenpflichtige Kalser Glocknerstraße (Ticket an der Schranke lösen, die Gebühr ist vor der Rückfahrt am Automaten am Parkplatz zu bezahlen).
Anreise mit ÖV: Mit der Postbus-Linie 951 Lienz – Huben bis zur Haltestelle Huben Ort, weiter mit der Linie 952 Huben – Kals bis Haltestelle Kals Lucknerhaus (verkehrt ca. Ende Mai bis Ende September).

E3 Glocknerhaus mit Glocknerausstellung

Ausstellung über die Kultur und die Landschaft rund um den Großglockner sowie Wissenswertes über Österreichs höchsten Berg. Auch eine kleine Mineralienschau kann hier besichtigt werden.
Infos, Öffnungszeiten und Preise: www.kalskommunikation.at/wer-wo-was/glocknerausstellung.
Anfahrt: Ködnitz 7, 9981 Kals a. G.
Anreise mit ÖV: Mit der Postbus-Linien 951 Lienz – Huben bis Haltestelle Huben Ort, weiter mit der Linie 952 Huben – Kals bis Haltestelle Kals a. G. Gemeindesamt (verkehrt ca. Ende Mai bis Ende September).

E4 Erlebnis Zirbe

Erlebnisausstellung über die Zirbe und die Ökologie des Zirbenwaldes. Der Eintritt ist frei.
Info: Tel. +43 4875 516110.
Anfahrt: Unterrotte 44, 9963 St. Jakob in Defereggen.
Anreise mit ÖV: Mit der Postbus-Linie 951 Lienz – Huben bis Haltestelle Huben Ort, weiter mit der Linie 953 Huben – St. Jakob i. D. bis Haltestelle St. Jakob i. D. Gemeindeamt (verkehrt ca. Ende Mai bis Ende September).

In den Besucherzentren des Nationalparks kann die Bergwelt mit Kindern bei schlechtem Wetter auch indoor erlebt werden.

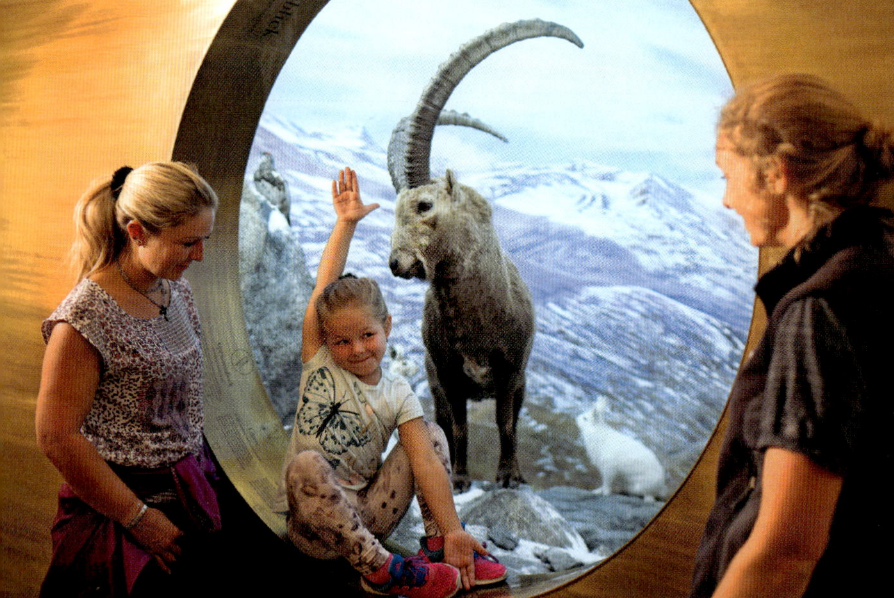

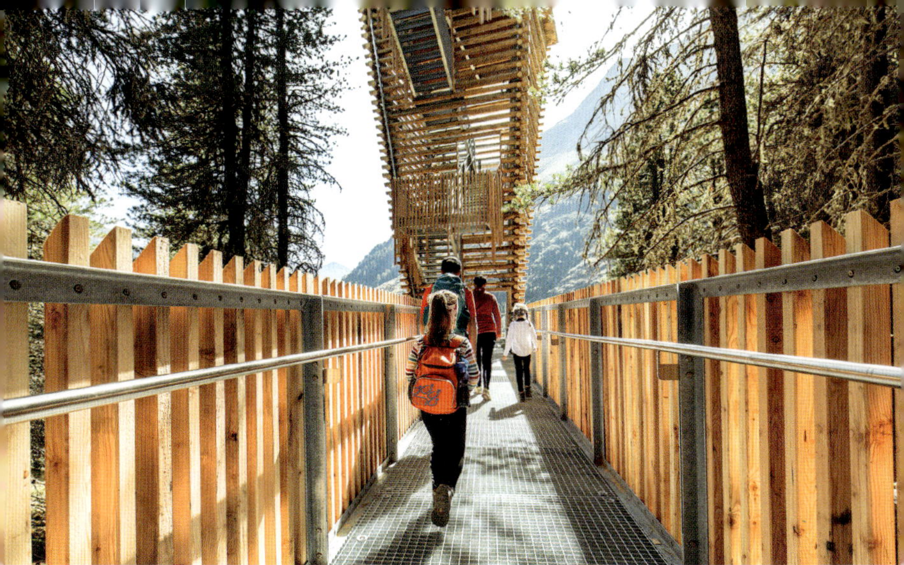

Hoch hinauf geht's am Wildtierbeobachtungsturm im Oberhauser Zirbenwald.

E5 Wildtierbeobachtungsturm Oberhauser Zirbenwald

Im Oberhauser Zirbenwald befindet sich ein 22 m hoher Wildtierbeobachtungsturm über drei Stockwerke mit angebrachten Spektiven, die Groß und Klein zu Wildtierbeobachtungen einladen. Auf dem Weg zum Aussichtsturm stehen Schautafeln mit Informationen zum Ökosystem Zirbenwald. Ein Besuch des Wildtierbeobachtungsturms ist auch Bestandteil der Wanderung zur Jagdhausalm (Tour 22).

Anfahrt: Parkplatz Alpengasthaus Oberhaus (Navi: Oberhaus 1, 9963 St. Jakob i. D.). Anfahrt auf der kostenpflichtige Maustraße ab Erlsbach, Parkplatz kostenfrei.

Anreise mit ÖV: Mit der Postbus-Linie 951 Lienz – Huben bis Haltestelle Huben Ort, weiter mit der Linie 953 Huben – St. Jakob i. D. bis Haltestelle St. Jakob i. D. Katzleitenbrücke (verkehrt ca. Ende Mai bis Ende September), mit ÖPNV aber deutlich längerer Fußweg; ggf. ab hier mit Mountainbike oder E-Bike über den Forstweg bis ans Ziel.

E6 Virgen jenseits der Zeit

Dauerausstellung in der Nationalparkinfostelle Virgen über die Menschen der Region und ihr Leben von der Vergangenheit bis in die Gegenwart. Von Mai bis Oktober täglich geöffnet, außerhalb Sonderöffnungszeiten. Eintritt frei.

Info: Tel. +43 50 212520.

Anfahrt: Virgentaler Str. 77, 9972 Virgen.

Anreise mit ÖV: Mit der Postbus-Linie 951 Lienz – Matrei – Prägraten bis Haltestelle Virgen Kirche.

Erlebnis- und Tierparks

- Familienpark Zettersfeld, siehe Tour 3
- Kindermeile Golzentipp, siehe Tour 39

F1 Vitalpinum Wohlfühl- und Erlebnisgarten

Das Vitalpinum wurde auf dem Areal der Ersten Tiroler Latschenölbrennerei erbaut. Der 6500 m² große Park macht die Natur mit allen Sinnen

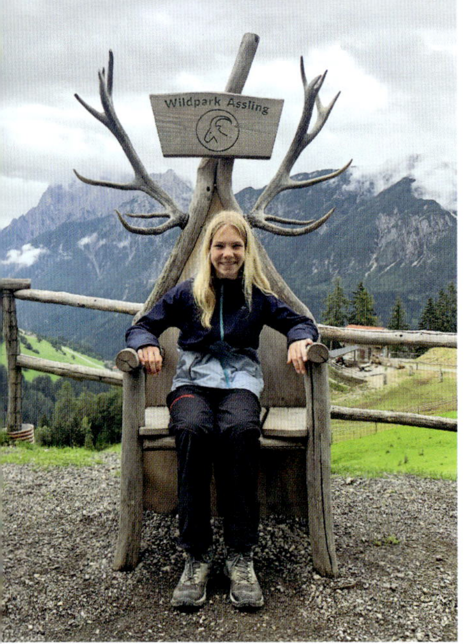

Der passende Ort im Wildpark Assling für ein Erinnerungsfoto.

spürbar. Es gibt einen Wohlfühlgarten, eine Schaubrennerei, einen Zirbenkraftplatz, ein Heilkräuterfeld und einen Spielpark mit Höhle, Kletterfels, Rutsche, Sandlandschaft und Wasserspielen.
Infos, Öffnungszeiten und Preise: www.vitalpinum.com, Tel. +43 4855 81009.
Anfahrt: Thal-Aue 13, 9911 Assling.
Anreise mit ÖV: Mit der Postbus-Linie 961 Lienz – Sillian bis Haltestelle Thal Gh Wilfernerhof.

F2 Wildpark Assling

Im Wildpark Assling lassen sich zahlreiche heimische Wildtiere beobachten. Durch eine Fläche von 80.000 m² verläuft ein Rundwanderweg, der in rund anderthalb Stunden an den 35 unterschiedlichen Tierarten vorbeiführt. Murmeltiere, Alpensteinböcke, Wisente, Goldschakale, Esel, Ziegen, Wildschweine, Greifvögel und viele mehr lassen sich in dem weitläufigen Areal in Ruhe betrachten. Zum Austoben gibt es einen Waldspielplatz und Andenken an den Besuch sind im Souvenirshop erhältlich. Das Gasthaus Bärenwirt bietet im Anschluss an den Besuch typische Tiroler Köstlichkeiten.
Infos, Öffnungszeiten und Preise: www.erlebniswelt-assling.at, Tel. +43 4855 20474.
Anfahrt: Über die Pustertaler Höhenstraße nach Oberassling 58, 9911 Assling.
Anreise mit ÖV: Mit der Postbus-Linie 962 Lienz – Abfaltersbach (Mo–Fr) bis zur Haltestelle Assling Wildpark.

F3 Lienzer Schlossberg

Neben dem Hochseilgarten (siehe C1) und dem Alpine Coaster (siehe A1) bietet der Lienzer Schlossberg Familien eine abwechslungsreiche Erlebniswelt. Am Berggasthaus Moosalm warten ein Streichelzoo und ein Waldkinderspielplatz auf kleine und große Tierfreunde und Entdecker.
Infos: www.moosalm.info/rund-ums-haus/streichelzoo.
Anfahrt: Iseltaler Str. 27, 9900 Lienz.
Anreise mit ÖV: Mit der Regionalbus-Linie 2 oder mit der Buslinie 962 Lienz – Abfaltersbach bis zur Haltestelle Lienz Hochstein/Schloss Bruck. Von hier aus entweder mit der Schlossbergbahn hinauf oder in etwa 1 Std. zu Fuß.

F4 Wassermythos Ochsenlacke

Zum Wassermythos Ochsenlacke geht es mit der Bergbahn im Skizentrum St. Jakob im Defereggental bis auf 2350 m hoch hinaus. Oben angekommen, warten fünf überdimensionale Spielgeräte sowie eine spektakuläre Aussichtsplattform auf die Besucher. Hier kann nach Herzenslust geklettert, balanciert, gekrabbelt, geschaukelt und getobt werden. Wer hier auch wandern möchte, kann den kleinen See unrunden oder den Leppleskofel (2811 m) besteigen. Zur Einkehr lockt die Mooseralm. Die Bergbahn ist im Sommer nur bei schönem Wetter in Betrieb. Aktuelle Betriebszeiten unter www.stjakobski.at/de.

Hinweis: Der Weg zur Ochsenlacke ist nicht kinderwagengeeignet.

Anfahrt: Skizentrum St. Jakob, Brunnalm Talstation, 9963 St. Jakob in Defereggen.

Anreise mit ÖV: Mit der Postbus-Linie 951 Lienz – Huben bis Haltestelle Huben Ort, weiter mit Linie 953 Huben – St. Jakob i. D. bis Haltestelle Brunnalm (verkehrt ca. Ende Mai bis Ende September).

Wasserfälle und Schluchten

- Frauenbach Wasserfall, siehe Tour 8
- Dabaklamm, siehe Tour 21
- Umbalfälle, siehe Tour 30

G1 Galitzenklamm

Die Galitzenklamm ist nicht nur für Kletterfreudige (siehe Ausflugstipp C2) ein abenteuerliches Ziel. In luftiger Höhe führt auch ein Wasserschaupfad tief hinein in die enge Schlucht, durch die sich der Wildbach in die Tiefe stürzt. Bei einem Besuch der Galitzenklamm spüren wir nicht nur den feinen Sprühnebel des Wassers auf der Haut, sondern können auch die sich im Sonnenschein bildenden Regenbögen bewundern. Anschließend laden ein Wasserspielplatz zum Toben, Bänke zum Rasten und eine Jausenstation zur Einkehr ein.

Infos, Öffnungszeiten und Preise: www.osttirol.com/sommer/wandern/familienurlaub/ausflugsziele-fuer-familien/galitzenklamm/wasserschaupfad, Tel. +43 664 1212899.

Anfahrt: Galitzenklamm 3, 9908 Amlach.

Anreise mit ÖV: Mit der Postbus-Linie 961 Lienz – Sillian oder 962 Lienz – Abfaltersbachbis zur Haltestelle Leisach Gries, dann ca. 600 m Fußweg.

Auf Holzbohlenwegen in luftiger Höhe geht es mitten in die Galitzenklamm.

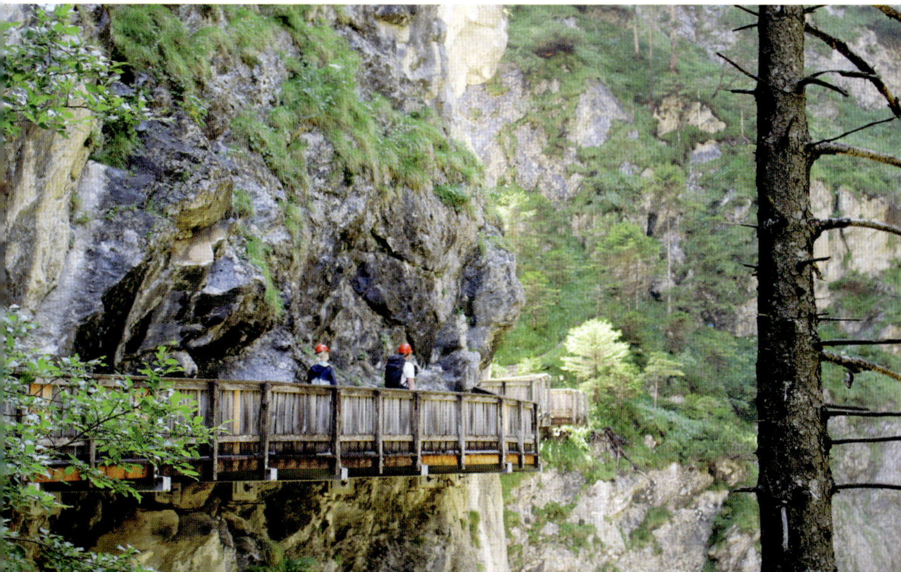

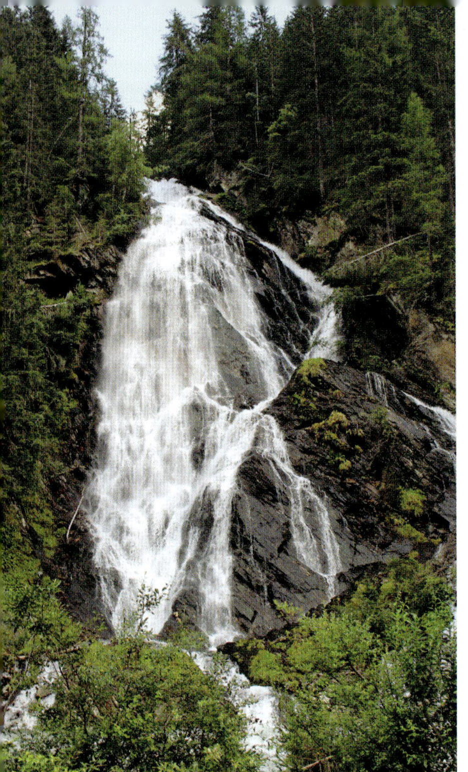

Der Schleierwasserfall liegt direkt an der Kalser Landesstraße und ist nicht zu übersehen.

G2 Schleierwasserfall

Am Schleierwasserfall stürzt sich der Staniskabach effektvoll über die Felsen und vereint sich im Tal mit dem Kalser Bach. Der eindrucksvolle Schleierwasserfall ist jederzeit frei zugänglich und befindet sich unmittelbar und unübersehbar an der Kalser Landesstraße von Huben aus in Richtung Kals am Großglockner. Ein großer Parkplatz befindet sich direkt am Wasserfall.

Anfahrt: Kalser Landesstraße, 9981 Kals a. G.

Anreise mit ÖV: Mit der Postbus-Linie 951 Lienz – Huben bis Haltestelle Huben Ort und weiter mit der Linie 952 Huben – Kals bis Haltestelle Kals a. G. Haslach.

Museen, Ausstellungen und Burgen

H1 Schloss Bruck

Das Schloss Bruck wurde zwischen 1252 und 1277 von den Grafen von Görz erbaut. Seit 1942 ist es im Besitz der Stadt Lienz und beherbergt das städtische Museum und eine umfangreiche Sammlung des Osttiroler Malers Albin Egger-Lienz. In den Sommermonaten finden im Schlossinnenhof Konzerte statt. Ausstellungsthemen wechseln sich regelmäßig ab. Im Schloss können sogar Kindergeburtstage gefeiert werden und an den Familiensonntagen finden spezielle Programme für Kinder statt. Das Schlosscafé lädt zur Einkehr und im Museumsshop können Andenken erworben werden.

Infos, Öffnungszeiten und Preise: www.museum-schlossbruck.at/besucher-information/allgemein.html, Tel. +43 4852 62580.

Anfahrt: Schlossberg 1, 9900 Lienz.

Anreise mit ÖV: Mit der Regionalbus-Linie 2 oder mit der Buslinie 962 Lienz – Abfaltersbach bis zur Haltestelle Lienz Hochstein/Schloss Bruck.

H2 Burg Heinfels

Der Bau der Burg Heinfels begann im Jahre 1210 durch die Grafen von Görz. Im Laufe der Jahrhunderte erlebte die Anlage eine wechselhafte Geschichte, die mit dem Verfall der Anlage endete. Erst 2007, als die Burg von der Firma Loacker gekauft wurde, entstanden Pläne zum Wiederaufbau der historischen Anlage. Diese wurden 2016 bis 2020 mit viel Unterstützung umgesetzt. Heute erstrahlt die Burg in neuem Glanz. Im Burgmuseum kann die Geschichte der Burg erkundet werden. Auch geführte Besichtigungen werden angeboten. Es gibt einen Andenkenshop sowie eine Burgschänke.

Infos, Öffnungszeiten und Preise: www.burg-heinfels.com, Tel. +43 664 1677078.

Anfahrt: Auf der B100 durch das Pustertal nach Panzendorf 1, 9919 Heinfels.

Anreise mit ÖV: Mit der Postbus-Linie 961 Lienz – Sillian bis Haltestelle Panzendorf, Gemeindeamt Heinfels oder mit dem Zug vom Bahnhof Lienz Richtung Sillian bis Haltestelle Heinfels.

H3 Römermuseum Aguntum – Archäologischer Park

Aguntum, einst eine blühende römische Stadt, ist heute eine bedeutende archäologische Ausgrabungsstätte mit angeschlossenem Museum. Während wir durch die historischen Gemäuer streifen, wird die Vergangenheit in der Fantasie wieder lebendig. Von dem Aussichtsturm lässt sich ein Blick aus der Vogelperspektive auf die Anlagen werfen. Im Museum veranschaulicht ein winziges Kino das frühere Leben in Aguntum. Und wer sich selbst einmal wie eine Römerin oder ein Römer fühlen möchte, kann sich in der Kleiderkammer in das passende Outfit werfen. In der Aguntum Taverna sind internationale sowie heimische Osttiroler und Tiroler Spezialitäten erhältlich.

Infos, Öffnungszeiten und Preise: www.aguntum.at.

Anfahrt: Römerstraße 1, 9991 Dölsach.

Anreise mit ÖV: Mit der Buslinie 940/941 Lienz – Lavant/Nikolsdorf oder Linie 942 Lienz – Winklern i. M. bis Haltestelle Stribach Aguntum, dann noch ca. 600 m Fußweg.

H4 Talschaftsmuseum »Zeitreise Defereggen«

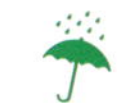

Das Talschaftsmuseum in St. Jakob zeigt zahlreiche archäologische Funde aus dem Defereggental; so auch das in Tour 25 genannte Boot, welches Taucher im Obersee entdeckt haben. Die ältesten Fundstücke stammen aus der Mittleren Steinzeit (ca. 8000–5000 Jahre vor Christus). Das Museum befindet sich im Untergeschoss des Musikpavillons in St. Jakob.

Öffnungszeiten: Täglich 9–20 Uhr geöffnet. Der Eintritt ist frei.

Infos: www.defereggental.eu (unter St. Jakob, Kultur), Tel. +43 4873 6320.

Anfahrt: Unterrotte 75, 9963 St. Jakob in Defereggen.

Anreise mit ÖV: Mit der Pustbus-Linie 951 Lienz – Huben bis Haltestelle Huben Ort, weiter mit der Linie 953 Huben – St. Jakob i. D. bis Haltestelle St. Jakob i. D. Gemeindeamt (verkehrt ca. Ende Mai bis Ende September).

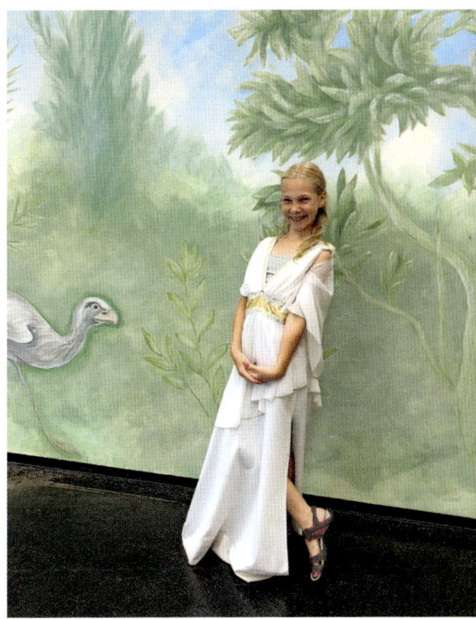

Durch das Römermuseum Aguntum spazieren wir im passenden Gewand.

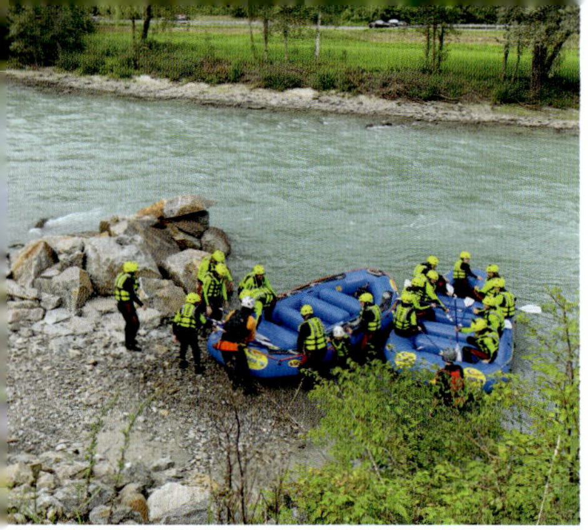

Ein abenteuerliches und feuchtfröhliches Erlebnis ist das Rafting.

Sportliche Erlebnisse

⓫ Rafting auf der Isel

Eine geführte Wildwasserfahrt in einem großen Schlauchboot auf der Isel ist ein Spaß für die ganze Familie. Familienfreundliche Touren werden u. a. angeboten von:

- COOL's Lienz – Center of Outdoor Lienz, Pfister 3, 9900 Lienz, www.cools-lienz.at, Tel. +43 676 5566019.
- ADVENTUREPARK Osttirol, 9951 Ainet 108b, www.ota.at, Tel. +43 664 3560450.
- Eddy Rafting, 9951 Ainet, www.eddyrafting.com, Tel. +43 650 3368000.

Weitere Anbieter unter: www.osttirol.com/entdecken-und-erleben/sommer/wasser-und-outdoor/rafting.

⓬ Tandemflug Gleitschirmfliegen

Einmal wie ein Vogel abheben und die Berge und Täler aus der Luft betrachten, das ist ein absolutes Abenteuer. In Osttirol bieten mehrere Flugschulen Tandemflüge an. Ein Mindestgewicht von 30 kg ist Voraussetzung. Beliebter Startplatz für Tandemflüge ist das Zettersfeld. Hier geht es mit Seilbahn und Sessellift bis zum Startplatz aufs Steinermandl und mit dem Gleitschirm zurück ins Tal. Buchbar z. B. hier:

- AIRTIME Austria, Manfred Lobenwein, Oberlienz 6, 9903 Oberlienz, www.airtime-austria.com, Tel. +43 676 7410906.
- Gleitschirm Tandemflug, Daniel Kofler, Weidachweg 16, 9990 Nußdorf, www.gleitschirm-tandemflug.com, Tel. +43 676 7293888.
- Flugschule und Tandemtaxi Bruno Girstmair, Beda-Weber-Gasse 4, 9900 Lienz, www.flugschule-lienz.at, Tel. +43 676 4775783.

⓭ Lamatrekking mit den Dolomitenlamas

Mit Tieren zu wandern ist immer ein besonderes Erlebnis. Beim Lamatrekking geht es mit den friedlichen Tieren auf Tour. Es werden unterschiedliche Streckenlängen von kurzen Schnuppertouren bis zu Mehrtagestouren angeboten. Eine frühzeitige Buchung ist sinnvoll.

Infos: Martin Lobenwein, www.dolomitenlama.at, Tel. +43 664 4312729.

Weitere Ausflugsziele in der Umgebung

J1 Loacker Genusswelt

Ein Paradies für Naschkatzen bietet die Loacker Genusswelt in Heinfels. Hier kann die Geschichte der bekannten Waffel-, Patisserie- und Schokospezialitäten erkundet werden. Im Markengeschäft darf nach Herzenslust eingekauft werden. Dazu gibt es eine Mitmach-Konditorei und ein Café. Vor dem Gebäude steht mit einer Höhe von 7,5 Metern die größte Quadratini-Packung der Welt.

Infos: www.loacker.com/de/de/loacker-erleben/genusswelt.

Anfahrt: Panzendorf 196, 9919 Heinfels.

Anreise mit ÖV: Mit der Postbus-Linie 961 Lienz – Sillian bis Haltestelle Panzendorf, Gemeindeamt Heinfels oder mit dem Zug vom Bahnhof Lienz Richtung Sillian bis Haltestelle Heinfels, von dort ca. 650 m Fußweg.

J2 Sennerei Drei Zinnen Schaukäserei

Ideal in Verbindung mit der Tour 25 um den Obersee und der Abfahrt nach Südtirol über den Staller Sattel ist ein Besuch der Sennerei Drei Zinnen in Toblach. Im Werksverkauf können die Produkte der Sennerei erworben werden und in der Schaukäserei erwartet die Besucher ein Museum, das Einblick in die Milchverarbeitung und Käseherstellung gibt.

Infos: www.3zinnen.it, Tel +39 0474 971300.

Anfahrt: Pustertaler Straße 3c, I-39034 Toblach.

Anreise mit ÖV: Nicht empfehlenswert.

J3 Weissensee Kärnten

Zwar schon im Nachbarbundesland Kärnten, aber in relativ kurzer Fahrzeit von Osttirol erreichbar befindet sich der Weissensee. Der idyllisch zwischen den Bergen eingebettete See auf einer Höhe von 930 m besticht mit kristallklarem Wasser in 1-A-Trinkwasserqualität. Im Sommer locken Badetemperaturen von bis zu 25 Grad. Es gibt ein Freibad, Möglichkeiten zum Stand-Up-Paddeling, Tretbootfahren, Tauchen und mehr. Außerdem können Seerundfahrten mit der Weissensee Schiffahrt unternommen werden.

Infos: www.weissensee-schifffahrt.at oder www.weissensee.com.

Anfahrt: Techendorf 78, 9762 Weissensee.

Anreise mit ÖV: Nicht möglich.

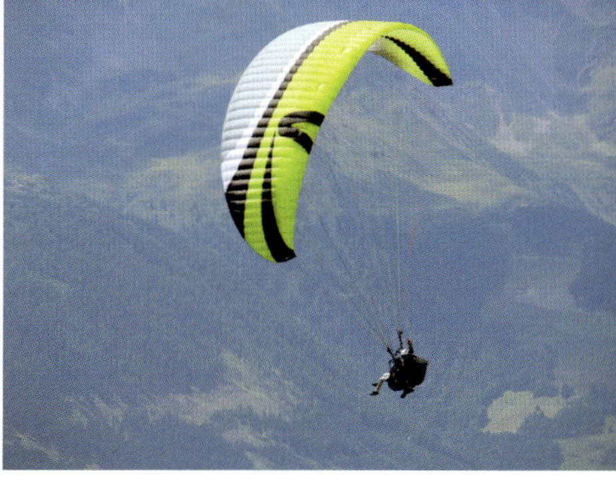

Osttirol aus der Luft erleben: Wer sich traut, unternimmt einen Tandem-Gleitschirmflug.

Die angenehme Temperatur des Weissensees bietet Badevergnügen pur.

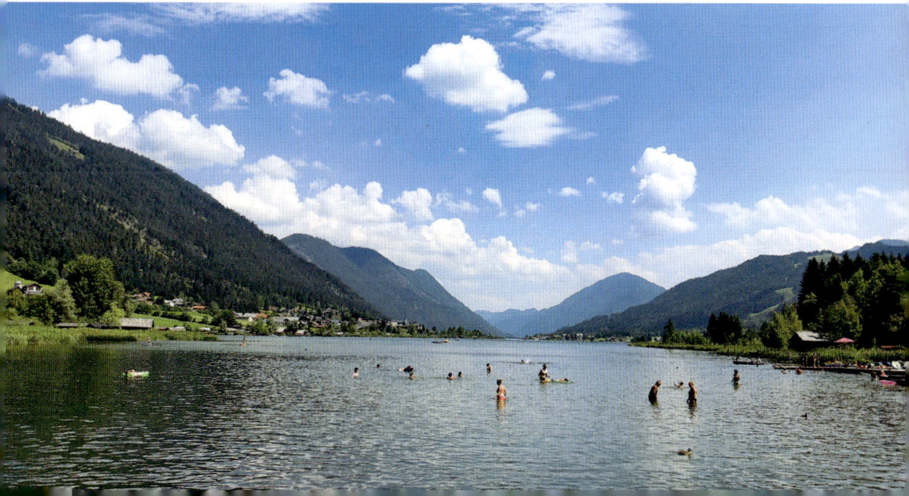

Stichwortverzeichnis

Impressum

Umschlagbilder: Oben: Auffahrt mit dem Sessellift auf den Schlossberg (Freizeittipps A1, C1) und Spaß im Kletterpark Galitzenklamm (Freizeittipp C2). Unten: Auf dem Weg zur St. Pöltner Hütte (Tour 36).

Bild Seite 1: Alpakas an der Lienzer Hütte (Tour 9).
Bild Seite 22/23: Auf dem Weg zur Essener und Rostocker Hütte (Tour 29).

Bildnachweis: Alle Fotos von der Autorin mit Ausnahme der Bilder auf S. 15 (Tourismusverband Osttirol, Ramona Waldner), S. 17, 139, 187, 188 (Nationalpark Hohe Tauern, Martin Lugger), S. 58, 157 (Nationalpark Hohe Tauern, Assil), S. 61 (Nationalpark Hohe Tauern, Sebastian Hoehn), S. 85, 87 (Nationalpark Hohe Tauern, Mathaeus Gartner), S. 108, 189 (Nationalpark Hohe Tauern, Ramona Waldner), S. 175, 177 (Tourismusverband Osttirol), S. 182 (Martin Lugger).

Die Autorin: Dina Knorr wurde die Liebe zu Osttirol schon in Kindertagen in die Wanderschuhe gelegt. Mittlerweile erkundet die eigentlich aus dem Ruhrgebiet stammende freiberufliche Autorin mit ihrer eigenen Familie die Region und weiß aus Erfahrung, worauf es beim Wandern mit Kindern ankommt und wo es die schönsten Fleckchen in Osttirol für Familien gibt. Zu aktuellen Themen rund ums Wandern und Reisen mit Kind und Hund berichtet sie auch in ihrem Blog unter www.borderherz.de.

Kartografie: Tourenkarten im Maßstab 1:25.000 bis 1:75.000 © Bergverlag Rother GmbH, München (gezeichnet von Martina Rieger, Gröbenzell), Übersichtskarte im Maßstab 1:300.000 © Freytag & Berndt, Wien

Illustrationen: Alle Illustrationen von Stephanie Stickel (www.stephanie-stickel.de).

Die Ausarbeitung aller in diesem Führer beschriebenen Touren erfolgte nach bestem Wissen und Gewissen der Autorin. Die Benutzung dieses Führers geschieht auf eigenes Risiko. Soweit gesetzlich zulässig, wird eine Haftung für etwaige Unfälle und Schäden jeder Art aus keinem Rechtsgrund übernommen.

1. Auflage 2022

ISBN 978-3-7633-3292-2

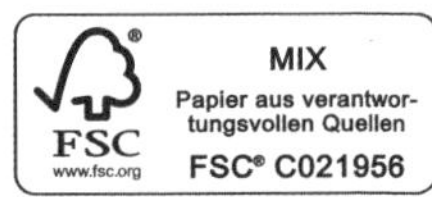

Wir freuen uns über jeden Korrekturhinweis zu diesem Wanderbuch!
Bitte per E-Mail an: **leserzuschrift@rother.de**

ROTHER BERGVERLAG · Keltenring 17 · D-82041 Oberhaching
Tel. +49 89 608669-0 · www.rother.de